W0034221

Edition Akzente
Herausgegeben von Michael Krüger

Michael Niehaus
Das Buch der wandernden Dinge

Carl Hanser Verlag

Für Monika, Judith und Hannah

1 2 3 4 5 13 12 11 10 09

ISBN 978-3-446-23405-5
Alle Rechte vorbehalten
© 2009 Carl Hanser Verlag München
Umschlag: Peter-Andreas Hassiepen, München
Umschlagmotiv: © Typo II, Komposition von
Ursula Stalder / Foto Paul Rigert
Satz: Memminger MedienCentrum AG, Memmingen
Druck und Bindung: Friedrich Pustet, Regensburg
Printed in Germany

Inhalt

Vorgaben (Herrschaftliche Gaben – Gaben an den
Herrscher – Zur Frage der Überlieferung – Anhang über
ein Vermächtnis mit Auflage)

Eine Geschichte wird Paradigma (The Purloined Letter –
Brief, Buchstabe – Die Ebene der Geschichte)

Unser Ding (Theorie – Wandern)

Einführung.
Das wandernde Ding zeichnet sich ab

Rechtssachen

AUFTAKT. Beginnen wir mit etwas anderem – mit dem unheimlichen Gebäude, das Theodor Storms beklemmender Erzählung *Bulemanns Haus* den Titel gegeben hat. Niemand weiß, warum es seit Menschengedenken leersteht, in der Düsternstraße einer norddeutschen Seestadt. »Am meisten Auskunft«, heißt es zurückhaltend, »scheint noch ein alter, in einem entfernten Stadtviertel lebender Mann geben zu können, der vor Jahren Organist an der St. Magdalenen-Kirche gewesen ist.« Er erinnert sich »noch sehr wohl des hagern Mannes«, der dort in seiner Knabenzeit vor siebzig Jahren »mit einer alten Weibsperson wohnte« und mit dem Vater des Organisten, einem Trödler, »in lebhaftem Verkehr« stand (407). Aber gegen das abschließende Wort des Gewährsmannes, dieser Herr Bulemann müsse »längst dahin getragen sein, von wannen niemand wiederkehrt«, erhebt die Erzählung Einspruch: »Herr Bulemann ist nicht aus seinem Haus getragen worden; er lebt noch jetzt darin.« (408) Und das hängt mit einem silbernen Becher zusammen.

Herr Bulemann hat, aus Übersee zurückgekehrt, das Erbe seines als Pfandleiher tätigen Vaters angetreten, der in diesem Haus eine unübersehbare Menge an nicht mehr abgeholten Pfändern angesammelt hatte. Nachdem er die Wertgegenstände unter der Hand – da sie noch immer von den vormaligen Eigentümern ausgelöst werden könnten – an den erwähnten Trödler verkauft hat, teilt er sich seinen Geldvorrat für den Rest seines Lebens so ein, dass er sein Haus nicht mehr verlassen muss. Mit seinen beiden Katzen lebt er im oberen Stockwerk, den Umgang mit seiner Haushälterin beschränkt er auf das Notwendigste, um sich ganz dem immer neuen Berechnen seiner Ausgaben widmen zu können. In diesem Halbleben wird er gestört von seiner verwitweten Halbschwester, die in derselben Stadt unter dürftigsten Verhältnissen ihren Sohn Christoph großzieht. Mit dem schwindsüchtigen Knaben an der Hand trägt sie ihre Bitte vor: »Dein Vater hat ein paar Jahre vor seinem Tode, da ich in bitterster Not war, ein silbern Becherlein von mir in Pfand genommen.« (414) Sie möchte dieses Becherlein zurückhaben, weil ihr dreimal im Traum ihrer beider Mutter auf dem Kirchhof erschienen ist mit dem »kleinen Becher in der Hand, den ich einst als Kind von ihr geschenkt erhalten«, und als sie im Traum mit ihrem kranken Sohn näher gekommen sei, habe die Mutter den Becher an die Lippen gesetzt und ihr mit den Worten »Zur Gesundheit!« (415) lächelnd zugenickt.

Christophs Mutter hat also den ihr von ihrer Mutter geschenkten Becher bei ihrem Stiefvater in Pfand gegeben und erbittet ihn nun von dessen Sohn zurück, ohne das Geld für die Auslösung zu haben. Herr Bulemann, der den Becher schon vor vielen Jahren an dem Trödler verkauft hat, sagt dazu nur: »Mit Träumen löst man keine Pfänder ein« (415), und die entscheidende Szene der Erzählung endet damit, dass Bulemann den kleinen Christoph im Zorn die Treppe herunterstößt, worauf die Mutter ihn mit den Worten »Mögest du verkommen bei deinen Bestien« (415) verflucht. Als Christoph kurz darauf – zumindest mitverschuldet durch diese Gewalttätigkeit – stirbt und Bulemann von seiner Haushälterin verlassen wird, wachsen seine Katzen tatsächlich zu monströsen Bestien heran und lassen ihn nicht mehr aus dem Haus: »Unten in der Haustür verrostete das Schloß, den Messingklopfer überzog der Grünspan, und zwischen den Treppensteinen begann das Gras zu wachsen.« (422)

Damit könnte die Sache zu einem wenig befriedigenden Ende gekommen sein. Tatsächlich aber gibt die von Storm ohnehin seltsam zusammengesetzte Erzählung einen doppelten Nachtrag. Er betrifft den silbernen Becher. Er betrifft das Nachleben. Beim Begräbnis des kleinen Christoph kommt die Mutter mit dessen väterlichem Freund ins Gespräch. Es ist der damals noch junge Organist, der Sohn des Trödlers, an den der Herr Bulemann den silbernen Becher verschachert hat. Als ihm die Mutter von ihrem dreifachen Traum erzählt, erwidert der junge Mann, er selber hätte ihr diesen Becher geben können: »mein Vater, der ihn vor Jahren mit vielen andern Dingen von Eurem Bruder erhandelte, hat mir das zierliche Stück einmal als Weihnachtsgeschenk gegeben« (423).

Der Becher verbindet also die Figuren dieser Geschichte: Die Mutter Bulemanns und seine Halbschwester, Bulemann selbst, den Trödler, dessen Sohn – und schließlich den toten Christoph. Denn der Organist erklärt nach einigem Besinnen: »Den Becher soll unser Christoph dennoch haben«. Er wird ihm aber nicht etwa nachträglich ins Grab gegeben, sondern »an einen Sammler solcher Pretiosen um einen guten Preis« verkauft. Und mit dem Geld lässt der junge Organist eine Marmortafel errichten, »auf welcher das Bild des Bechers ausgemeißelt wurde. Darunter standen die Worte eingegraben: ›Zur Gesundheit!‹« (423)

Soweit der erste Nachtrag. Zum zweiten, abschließenden Nachtrag leitet die Erzählung mit einer betont auktorialen Geste über: »Aber wir müssen das friedliche Kindergrab verlassen und, wenn der Bericht zu Ende geführt werden soll, drüben in der Stadt noch einen Blick auf das alte Erkerhaus der Düsternstraße werfen.« Am Schluss werden also zwei Orte einander gegenübergestellt: das Grab des unschuldigen Kindes, und das Erkerhaus, das Grab eines Friedlosen. Denn dort hat der Hunger den Herrn Bulemann nicht getötet, durch »den Mangel an Nahrung« ist sein Leib nur »verdorrt und eingeschwunden«, weswegen er im Laufe der Jahre »kleiner und kleiner geworden« (424) ist. Auch nach dem Tod der Katzen kann er dieses Grab jetzt, wenn er etwa in Vollmondnächten aufwacht, nicht mehr verlassen. Dass von seiner Stimme gesagt wird, sie sei »wie das Wispern eines kranken Kindes«, verstärkt die Parallele zum durch seine Schuld verstorbenen Christoph. Als einmal unten an der Haustür der

Messingklopfer betätigt wird, glaubt Bulemann zunächst, der kleine Christoph wolle seinen Becher. Aber er hat nicht die Kraft, sich bemerkbar zu machen. Er will dem Unbekannten sein ganzes Hab und Gut geben, bis auf den Becher, den er nicht hat, denn der sei »das Eigentum des kleinen Christoph« (426).

Was hat es nun mit diesem Becher auf sich? Einerseits wird man kaum bestreiten wollen, dass er ein wanderndes Ding ist, das die Figuren dieser Geschichte miteinander verknüpft. Andererseits taucht der Becher selbst in der Erzählung eigentlich nicht auf. So viel auch von ihm die Rede ist – in keiner Szene ist er anwesend. Bevor die Erzählung einsetzt, ist der Becher schon durch alle Hände gegangen. Nur der Verkauf, mit dessen Erlös die Marmortafel mit dem *Abbild* des Bechers errichtet wird, fällt in die Zeit der Erzählung. Mit diesem Verkauf verschwindet der Becher aus der Geschichte, ohne dass sein weiteres Schicksal interessierte. Denn worum es geht, ist nicht der Becher als stoffliches Ding, sondern als unstoffliches *Symbol.* Das stoffliche Ding, dessen höhere Bedeutsamkeit erst nachträglich durch die Instanz des Traums verfügt wird, ist offenbar zu einer *Transsubstantiation* bestimmt. Sein Wandern ist nur Vorgeschichte. Zum in den Grabstein eingemeißelten Bild geworden, verheißt er die jenseitige Gesundheit des toten Knaben, dessen sterbliche Überreste darunter liegen. In genauem Gegensatz zur Zeichenproduktion dieser Grabstätte steht das Häusergrab Bulemanns. Dieses Haus setzt kein Zeichen. Hier gibt es keine Transsubstantiation. Hier haust ein auf seinen Körper reduziertes Subjekt, das weder sterben noch handeln kann.

Theodor Storms *Bulemanns Haus* zeigt uns eine beklemmende stationäre Welt, in der alles auf die unverrückbaren Orte zuläuft, die an seinem Ende stehen. Zwar gibt es Veränderung, aber es gibt kein Fortkommen. Die *Immobilien* sind das Wesentliche, die *beweglichen Dinge* sind unwesentlich. Sie gleichen dem Geld, in das sie verwandelt werden können, dem Geld, das sich in alles verwandeln kann und darum nichts ist. Mittels Geld wird der Becher in das Abbild eines Bechers verwandelt, während das Ding selbst aus der Geschichte verbannt wird. Freilich wirft es ein merkwürdiges Licht auf das Symbol, dass man es *kaufen* können soll. An dieser *Aufhebung*, könnte man sagen, ist etwas falsch.

Ein *Buch der wandernden Dinge* muss von anderen Geschichten handeln, oder es muss die Geschichten unter einem anderen Blickwinkel betrachten – unter einem Blickwinkel, von dem aus die Dinge nicht darauf reduziert sind, zum Symbol erhoben zu werden. Ein Symbol als solches kann nicht wandern. Denn was wandert, hat Teil an einer Materialität, die in der Lage ist, uns diesseits des Grabes in eine wesentliche *Unruhe* zu versetzen. Was wandert, ist nicht für alle da. Es gehört nicht allen gleichermaßen. Wie man auch an der Vorgeschichte des zum Abbild bestimmten Bechers in Theodor Storms Erzählung sehen kann, verschaffen uns nicht zuletzt Rechtssachen einen Zugang zu diesem Blickwinkel.

BEWEGLICHE SACHEN. Dinge, die wandern können, heißen im Recht bewegliche Sachen, *mobilia*. Wer eine bewegliche Sache besitzen will, muss sie an sich nehmen, muss sie festhalten. Jemand *hat* eine Sache nur, solange er die Hand auf sie legen kann, solange man sie ihm noch nicht entwunden hat. Er hat sie nur vorläufig. Freilich gibt es seit dem Römischen Recht die Unterscheidung zwischen Besitz und Eigentum. Wer eine Sache in Händen hat, ist damit natürlich noch nicht ihr rechtmäßiger Eigentümer. Wenn der Besitzer auf die Herausgabe der beweglichen Sache verklagt wird, wird diese vor Gericht gebracht. Kläger und Beklagter berühren den Streitgegenstand mit einem Stab (einer *festuca*) und machen mit dieser – gleichsam in Parenthese gesetzten – Ergreifung ihre Ansprüche geltend. Auch beim Übereignungsgeschäft, der *mancipatio*, ist es erforderlich, dass der Käufer die Sache mit der Hand ergreift (und in Anwesenheit von fünf Zeugen eine Formel spricht).

Das Römische Recht hat aber nicht nur die messerscharfe,

keine Mischformen zulassende Unterscheidung zwischen dem möglicherweise unrechtmäßigen Besitzer und dem rechtmäßigen Eigentümer in die Welt gesetzt (die dem germanischen Recht fremd ist). Es hat auch erklärt, wie sich der Besitz, das tatsächliche Festhalten an der beweglichen Sache, in ein rechtmäßiges Eigentum verwandeln kann: durch Ersitzung (*usucapio*). In der Ersitzung wird besonders deutlich, dass der Erwerb einer Sache keine Angelegenheit zwischen Zweien ist.

»Niemand kann mehr Recht auf einen anderen übertragen, als er selber hat.« Dieser Rechtssatz Ulpians in den *Digesten* (D 50.17.54) findet auch beim Erwerb von Sachen Anwendung. Wer eine Sache von jemandem erwirbt, der gar nicht ihr rechtmäßiger Eigentümer war, kann folglich durch den Kauf auch seinerseits nicht rechtmäßiger Eigentümer werden. Insofern man den *mobilia* ihre Vorgeschichte – den Weg, den sie genommen haben – nicht ansehen kann, weiß man auch nicht, ob man ihr rechtmäßiger Eigentümer geworden ist. Hier kommt nun die *Ersitzung* des Eigentums zu ihrem Recht. Nach Römischem Recht hatte man in diesem Falle nach einem Jahr unwidersprochenen Besitzes die Rechtmäßigkeit ersessen und konnte so zum Eigentümer werden.

Das gilt aber nur, wenn der Erwerb dieser Sache auch *gutgläubig* war. Überhaupt erfüllt der gutgläubige Erwerb im bürgerlichen Recht unter bestimmten Voraussetzungen die gleiche Funktion wie die Ersitzung. Daher hat man sie anfangs auch als *usucapio sine tempore* bezeichnet. In den *metaphysischen Anfangsgründen der Rechtslehre* erklärt Kant über die »Erwerbungsart durch Ersitzung«, dass die Frist nur gesetzt ist, um einem Vorbesitzer die Möglichkeit zu geben, seine Besitzansprüche zu dokumentieren. Und er macht auf den theoretischen *regressus ad infinitum* aufmerksam, von dem andernfalls jeder Erwerb betroffen wäre: Er würde immer nur »provisorisch (einstweilig) sein, weil die Geschichtskunde ihre Nachforschung bis zum ersten Besitzer und dessen Erwerbakt hinaus zurückzuführen nicht vermögend ist« (§ 33).

Der Vorbesitzer ist der Dritte. Wem eine Sache durch Diebstahl oder Raub abhandengekommen war, der konnte nach germanischem Recht mit seinen Hausmannen oder Nachbarn die Spur des Diebes verfolgen. Wenn er auf diese Weise in ununterbrochener Spurfolge das Haus des Diebes erreichte, so musste dieser eine Haussuchung dulden, wenn er nicht behandelt werden wollte wie einer, den man auf frischer Tat ertappt hat. Wurde die fragliche Sache bei ihm gefunden, so konnte er jedoch unter Berufung auf einen *Vorbesitzer* als den sogenannten *Gewähren* den Diebstahl bestreiten. Der Spurfolger durfte – wie man im *Handwörterbuch zur deutschen Rechtsgeschichte* nachlesen kann – die Sache dann erst an sich nehmen, »nachdem er feierlich gelobt hatte, sein Recht an der Sache gegen den genannten Gewähren zu vertreten«.

In ähnlicher Weise war auch das spätere »Anfangsverfahren« von diesem Rückgriff auf den Gewähren gekennzeichnet. In diesem Verfahren konnte der Besitzer, dessen Eigentum an einer beweglichen Sache bestritten wurde, seinen Besitz »durch sofortige Nennung des Mannes« verteidigen, von dem er die Sache erhalten hatte. Damit entstand der »Zug auf den Gewähren«, auch *»Dritthandverfahren«* genannt. Zulässig war er allerdings nur bei Gegenständen, die durch eine Marke oder ein Zeichen identifizierbar waren. Konnte der Besitzer vor Gericht dem Vormann eine solche Sache übergeben, so hatte er sich vom Diebstahlsvorwurf gereinigt, und dieser Vormann wurde zum Beklagten; dieser »konnte sich jedoch nun wieder seinerseits auf einen Vormann berufen und diesem die Sache zuschieben, dieser wieder einem Dritten usf.« (I, 160 ff.).

Solche Verfahrensweisen im Recht legen eine allgemeine Struktur frei: Mitglieder einer Kultur verketten sich unter dem Zeichen von Gegenständen, die wandern *können.* Nur auf den ersten Blick sind Gabe und Tausch grundlegender. Was mir gegeben wird, kann ich ebenso weitergeben wie das, was ich im Tausch bekommen habe. Ich kann ein Werkzeug weiterreichen, das mir gereicht wurde. Ich kann jemandem ein Beutestück zur Aufbewahrung geben im Vertrauen, dass er es nicht weitergeben wird. Insofern jeder in der Position dessen ist, der etwas weitergeben oder weiterreichen kann, gibt es das soziale Band. Auch der Gebrauch der Sprache für die menschliche Kommunikation beruht nicht auf Signalen zwischen Sender und Empfänger (wie etwa bei den Bienen), sondern darauf, dass man etwas *weitersagen* kann.

SACHHERRSCHAFT. Für den Besitz ist die Körperlichkeit der Sache wesentlich. Denn der Besitz ist *tatsächliche Sachherrschaft*. Zu dieser tatsächlichen Sachherrschaft gehört notwendig ein auf den *Besitz gerichteter Wille*. Ein Besitz, von dem man *nicht das Geringste* weiß, ist keiner (ohne dass man freilich im Einzelnen wissen müsste, was man besitzt). Besitzen kann jedes Kind. Es hat eine sogenannte »Herrschaftsfähigkeit«, der zufolge man ihm die Sache gegen seinen Willen entreißen müsste. Wenn – so ein Beispiel aus dem Lehrbuch über das *Mobiliarsachenrecht* von Walter Gerhardt – ein sechsjähriger Junge sein Fahrrad auf dem Spielplatz vergessen hat, ist er des Besitzes darum noch nicht verlustig gegangen. Ein anderer Junge, der erfreut mit dem Fahrrad auf dem Spielplatz herumkurvt, ist keineswegs schon der Besitzer. »Die zur tatsächlichen Herrschaftsgewalt erforderliche Beziehung zwischen Person und Sache muß zwar von einer gewissen Intensität sein, es bedarf jedoch nicht unbedingt einer unmittelbaren physischen Innehabung« (15). So kommt es bei *vergessenen Sachen* darauf an, ob man in etwa weiß, wo sie sich befinden, und ob man zu ihnen zurückkehren kann, um sie wieder an sich zu nehmen.

Aber ich bin nicht das einzige Kriterium dafür, ob etwas noch in meinem Besitz ist oder nicht, auch die anderen entscheiden mit darüber. Es ist nämlich die Frage, ob »die Achtung anderer vor fremdem Besitz noch festzustellen oder üblicherweise anzunehmen wäre« (15). Wenn der Junge mit dem Fahrrad des anderen davonfährt, dann ist es jedenfalls in seinen Besitz übergegangen. Solche Überlegungen sind von Bedeutung, weil der Besitz einerseits als »*tatsächliche Ge-*

walt über eine Sache gekennzeichnet« (17) ist, andererseits aber eine »rechtlich geschützte Rechtsposition« darstellt.

Dazu heißt es: »Nicht das Recht des Stärkeren soll über den Besitz und dessen Fortdauer entscheiden.« (16) Aber vielleicht das Recht des Listigeren. Denn die Abweisung des Rechts des Stärkeren muss eben gerade deshalb betont werden, weil der Besitz auf merkwürdige Weise an der Grenze zwischen Recht und Gewalt angesiedelt ist. So schützt das Recht die tatsächliche Gewalt, die ein Besitzender möglicherweise ausübt, auch dann, wenn der Besitz unrechtmäßig ist. Unter anderem impliziert der sogenannte *Besitzschutz* ein »Selbsthilferecht«. Auch der Dieb darf Gewalt anwenden, um seinen Besitz zu verteidigen. Er darf es sogar dann, wenn es sich um einen Angriff des Eigentümers handelt. Die Paradoxie dieser Sache liegt auf der Hand: Wenn ich mit der Sache zugleich ein Recht in die Hand bekommen habe, so müsste eigentlich derjenige, der sie mir entreißen kann, *sogleich* ebenfalls einen »Besitzschutzanspruch« erwerben.

Für eine Abmilderung dieser Paradoxie sorgt die sogenannte *Besitzkehr.* Sie verweist zurück auf archaische Rechtsvorstellungen. Im germanischen Recht durfte man dem Dieb, den man noch auf der Flucht ergriffen hatte, die Beute im Handhaftverfahren wieder abnehmen und ihn sogar erschlagen. Die Besitzkehr nach § 859 des Bürgerlichen Gesetzbuches rechtfertigt entsprechend »Gewaltakte auch noch im engeren *unmittelbaren Anschluß* an die verbotene Eigenmacht oder bei der *Verfolgung auf frischer Spur*« (23). Solange der auf die entwendete Sache gerichtete Besitzwille – so die dahinterliegende Konstruktion – noch nicht abgerissen ist, solange man die Sache noch nicht *aufgegeben* hat, darf man Gewalt anwenden, um sich ihrer wieder zu bemächtigen. Das Paradox ist damit allerdings nur verlagert: Denn wer ist in diesem in die Länge gezogenen Moment der Besitzer? Wenn der Beraubte oder Bestohlene nach Maßgabe des Besitzschutzes noch Gewalt gegen den Dieb oder den Räuber ausüben darf, so dürfte dieser seinerseits schon zur Selbsthilfe gegenüber einem *Dritten* greifen, der ihm seinen Besitz entreißen wollte.

Das Recht schützt den Besitz nicht zuletzt zur Wahrung des Rechtsfriedens. Es gilt nämlich die sogenannte *Vermutenswirkung* des Besitzes: Man muss *vermuten*, dass der Besitzer auch der Eigentümer ist, dass es sich um einen rechtmäßigen Besitz handelt. Nach der *Publizitätsfunktion* zeigt sich der Besitzer gewissermaßen als Eigentümer vor. Nur unter dieser Voraussetzung kann es auch den *gutgläubigen Erwerb* geben. Der Erwerbende darf in der Regel davon ausgehen, dass es bei seinem Erwerb ›mit rechten Dingen‹ zugeht; er darf davon ausgehen, dass nicht noch ein Dritter ins Spiel kommt.

DINGLICHE RECHTE. Als »dingliches Recht« wird das Recht einer Person zur unmittelbaren Herrschaft über eine *ganz bestimmte* Sache bezeichnet, das *jedem* Dritten gegenüber wirkt. Es wirkt nach dem sogenannten *Absolutheitsprinzip* – wie Vieweg und Werner in ihrem *Sachenrecht* schreiben – »nicht nur relativ gegenüber einer bestimmten Person, sondern absolut gegenüber jedermann« (4). Wer diese vom Recht geschützte unmittelbare Sachherrschaft hat, darf sie gegen jeden Eingriff von außen verteidigen. Die anderen kommen nur als potentielle Störer vor. Die positive Seite des dinglichen Rechtes ist der *Genuss* der Sache, aus dem die Dritten ausgeschlossen sind und dessen Art und Weise das Recht nicht mehr bekümmert. Das »dingliche Vollrecht« ist das *Eigentum*. Es gilt als »umfassendes Herrschaftsrecht«. In ihm hat man – so scheint es – die Sache *für sich allein*.

Warum ist zwar von *dinglichen* Rechten die Rede, nicht aber von *Dingen*, sondern von *Sachen*? Das Ding verwandelt sich, wenn es zu jemandes Eigentum wird, nicht vollständig in eine Sache. Das Ding ist stets mehr als die Sache, und in der Sache bleibt das Ding irgendwie enthalten. Von hier aus gesehen kann es die Sache der Psychoanalyse sein, die Frage nach dem Ding zu stellen. Jacques Lacan hat dies in *Die Ethik der Psychoanalyse* ausführlich getan. »Die *Sache*«, sagt er, »ist das, dem die juristische Fragestellung gilt« (57); sie gehört zur Welt des Tauschs und des Verkehrs, sie gehört zur symbolischen Ordnung: »*Sache* und *Wort* sind also fest aneinander gebunden, bilden ein Paar. *Das Ding* hat seinen Ort anderswo« (59). *An sich* ist uns das Ding (wie bei Kant) entzogen, ist es »das wirkliche Geheimnis« (59). Die Dinge gehören der »stummen Realität« an. Aber »stumme Dinge sind nicht ganz dasselbe wie Dinge, die keinerlei Verhältnis zu Worten haben« (70).

Das macht sich in der Rede von den ›dinglichen Rechten‹ bemerkbar. Neben dem dinglichen Vollrecht des Eigentums gibt es noch die sogenannten »beschränkt dinglichen Rechte« – die Erwerbsrechte (wie das Vorkaufsrecht), die Nutzungsrechte (wie den Nießbrauch), die Sicherungs- bzw. Verwahrungsrechte (wie das Pfandrecht). Doch nicht nur diese, auch das Eigentum ist nur ein Recht *am* Ding als einer körperlichen Sache. Es ist zwar ein umfassendes, nicht aber ein *unbeschränktes* Herrschaftsrecht. Damit ist nicht nur gemeint, dass der Gebrauch beweglicher Sachen in die Rechte Dritter nicht eingreifen darf, und auch nicht nur, dass das Eigentum, wie es in Artikel 14 unseres Grundgesetzes heißt, »verpflichtet«, dass sein Gebrauch auch dem »Wohle der Allgemeinheit dienen« soll.

Es hängt auch damit zusammen, dass sich die bewegliche Sache auch *irgendwo* befinden muss. Der Eigentümer muss sie deponieren können. Das heißt, dass die Sache an ihrem Ort *zu viel* sein kann. Und was zu viel sein kann, kann man loswerden wollen. Dann hat das Eigentum aufgehört, ein *Gut* zu sein, das zu einem Genuss berechtigt. Zur Herrschaftsbefugnis des Eigentümers über eine Sache gehört auch, dass er mittels *Eigentumsaufgabe* auf sie verzichten kann. Durch Eigentumsaufgabe wird die Sache herrenlos: Ein jeder kann sie an sich nehmen. Eine Sache jedoch, die niemand an sich nehmen will, ist Abfall. Wenn die bewegliche Sache zum Abfall wird, den man abstoßen möchte, insistiert sie als körperliches *Ding*, das uns anhaftet: Die Eigentumsaufgabe ist ein Rechtsgeschäft, das schon deshalb nicht ohne weiteres einseitig voll-

Existenz der Dinge

zogen werden kann, weil es kein Niemandsland gibt. Das dingliche Vollrecht hat eine Kehrseite. Es gibt ein Abfallbeseitigungsgesetz. Man darf das Auto, das aus dem Verkehr gezogen werden soll, nicht im Wald stehenlassen.

SACHGESCHICHTEN. Wie wäre es, wenn es mit der ›Vermutenswirkung‹ des Besitzes stets seine Richtigkeit hätte, wenn der unmittelbare Besitzer stets auch der Eigentümer wäre? In einer solchen Welt gäbe es keine beschränkten dinglichen Rechte. Es gäbe zwar geschenkte und gewonnene, nicht aber gestohlene oder verliehene Gegenstände. Jeder Finder einer verlorenen Sache wäre sofort ihr Eigentümer. Jedes Mal, wenn eine bewegliche Sache von einer Hand in die andere übergeht, würde damit auch das umfassende Herrschaftsrecht an den anderen übergehen. Und es gäbe keinen Dritten mehr, der dazwischentreten könnte. In einer solchen, sehr vereinfachten Welt hätten die beweglichen Sachen – in rechtlicher Hinsicht – keine Vergangenheit mehr, keine Geschichte.

Die zukünftige Welt, die Jorge Luis Borges in *Tlön, Uqbar, Orbis Tertius* schildert, ist ein wenig von dieser Art. Denn es ist eine Welt des vollendeten Idealismus, in der die Menschen nicht glauben, dass die Gegenstände eine von ihrer Beziehung zu ihnen unabhängige Existenz besitzen. Sie glauben also gewissermaßen, dass es zwar Sachen gibt, aber keine Dinge. In der Welt von Tlön konstruiert ein ketzerischer Philosoph die folgende Fallgeschichte: »*Am Dienstag überquert X einen menschenleeren Weg und verliert neun Kupfermünzen. Am Donnerstag findet Y auf dem Weg vier Münzen, die der Regen vom Mittwoch ein wenig geschwärzt hat. Am Freitag findet Z drei Münzen. Am Freitag morgen findet X zwei Münzen im Flur seines Hauses.*« Und er stellt die »These« auf, dass es sich um *dieselben* Münzen handeln muss, die »*wenn auch auf eine geheime, menschlichem Verstehen unzugängliche Art*« die ganze Zeit über existiert haben (141). Für die Bewohner von Tlön ist diese Behauptung so absurd, als wollte man aus dem Umstand, dass neun

Identität der Dinge

Menschen »in neun aufeinanderfolgenden Nächten einen heftigen Schmerz« (141) erleiden, auf die *Identität* dieses Schmerzes schließen, als ob dieser – wie ein Ding – vom einen zum anderen wandere.

In der wenig konsistenten Welt von Tlön wäre es also einfach, das Eigentum aufzugeben; es wäre undenkbar, den Eigentümer deponierter Giftfässer ausfindig zu machen. Für *Dinge* ist hier kein *Platz*. Die beweglichen Sachen müssen unmittelbar von Hand zu Hand gehen. Es gäbe nur eine ununterbrochene Kette von Besitzern. Wenig konsistent ist freilich auch die *Fiktion*, die Borges von der Welt Tlöns entwirft. Statt der Münzen, deren Identität sich tatsächlich nicht ermitteln lässt (bei denen es schwer ist, das *Spezialitätsprinzip* des Sachenrechts durchzuhalten), hätte der ketzerische Philosoph nur etwa ein paar Photographien oder Briefe zur Grundlage seiner Fallgeschichte machen müssen. Und entsprechend lässt sich das im Wald stehengelassene Auto zunächst einmal mittels seines Kennzeichens identifizieren, das demjenigen auf einem Fahrzeugbrief entspricht, der nun eine ununterbrochene Kette zwar nicht der Besitzer, wohl aber der Eigentümer verbürgt.

Der Kraftfahrzeugbrief ist gewissermaßen das Paradigma für das Wandern eines Dings in seiner geordneten Form, er enthält die Vorgeschichte eines Autos vom ersten bis zum jetzigen Eigentümer. In ähnlicher Weise wird eine Art Typenschein für Kunstgegenstände gefordert. Die 2003 auf einer Archäologentagung in Berlin verabschiedete *Berliner Resolution* schlägt vor, für alle auf dem Markt angebotenen Objekte ein *Pedigree*, einen Stammbaum einzuführen, der die nötigen Informationen über ihre Herkunft enthält, um den legalen Handel mit archäologischen Objekten zu unterstützen. Eine eigentliche *Geschichte* dokumentiert sich in dieser bloßen Sukzession der Eigentümer aber nicht. Die *Verwicklungen* ergeben sich erst auf der darunterliegenden Ebene – dort, wo Beisitzer und Eigentümer auseinanderfallen und wo beschränkt dingliche Rechte eingreifen.

Sachgeschichten / Verkettung

Da das Recht dazu da ist, Ordnung in die Verwicklungen zu bringen, ist zum Beispiel Walter Gerhardts *Mobiliarsachenrecht* voll von Fallbeispielen, in denen Besitz und Eigentum fraglich sind, in denen die Sache *auf Abwege* gerät. Die zu klärende Verwicklung entsteht dabei regelmäßig daraus, dass mehr als nur zwei an der Sache beteiligt sind. Ein Dieb wirft den erbeuteten Schmuck in einen unbekannten Briefkasten. Wer ist der Besitzer? Niemand, bevor nicht der Inhaber einen »Besitzwillen« (18) an diesem unüblichen Inhalt seines Briefkastens bekundet. Jemand hat an einen Bekannten für zwei Tage ein Buch verliehen, das dieser für drei Monate an einen Dritten weiterverliehen hat. Kann der Eigentümer die vorzeitige Herausgabe des Buches erwirken? Ja, denn es gibt ein »Rechtsband zwischen Eigentümer und Sache«, das der Sache »gewissermaßen ›auf der Spur nachfolgt‹« (55). Ein Landstreicher lagert am Rande einer Obstplantage und möchte herannahende Damen mit Früchten beschenken. Kann er einen Eigentumserwerb bewerkstelligen? Ja, er muss sich auf das Grundstück der Plantage begeben, um den Damen als Berechtigter zu erscheinen, und ihnen dann auf dem Wege der »Aneignungsgestattung« (133) die Früchte reichen. Ein Student unterschlägt ein von ihm aus der Bibliothek entliehenes Anatomiebuch, indem er Stempel usw. entfernt. Nachdem er es aber im Freibad liegengelassen hat; findet es eine junge Frau, die es einem Freund schenkt. Kann die Bibliothek die Herausgabe des Buches fordern, obwohl der Freund durch gutgläubigen Erwerb Eigentümer geworden ist? Ja, da er »die Sache unentgeltlich erworben hat« (110).

All dies sind kleine Sachgeschichten, in denen die beteiligten Subjekte durch eine Kette miteinander verbunden sind. Sie wird gestiftet durch den Abweg, den die Sache in dem Moment nimmt, in dem sie nicht mehr in den Händen ihres rechtmäßigen Eigentümers ist. Am deutlichsten wird dies bei der Frage des letzten Beispiels, ob sich die Kette rechtmäßig dadurch zu schließen hat, dass die Sache wieder an ihren Eigentümer zurückgegeben wird. Dieser im Raume stehende

Herausgabeanspruch, die *rei vindicatio*, betrifft stets die Sache selbst: Es geht nicht um die Begleichung einer Schuld, sondern um das Recht an dieser unverwechselbaren Sache, das ihr von Besitzer zu Besitzer auf der Spur bleibt. Daher ist es nur folgerichtig, dass das Bürgerliche Gesetzbuch (anders als das Römische Recht) einen Unterschied macht hinsichtlich der Art und Weise, wie die Sache auf ihren Abweg geraten ist. Hätte der Freund im letzten Beispiel das Anatomiebuch von der Finderin *käuflich* erworben, besäße die Bibliothek keinen Herausgabeanspruch mehr. Denn sie hat das Buch, indem sie es entliehen hat, *selbst aus der Hand gegeben* und damit den möglichen Abweg eingeleitet. Nach einem Prinzip, das man bisweilen mit dem alten Rechtssprichwort »Hand wahre Hand« umschreibt, muss sie sich an den halten, der ihr Vertrauen missbraucht hat.

Ist die Sache dem Eigentümer hingegen *abhanden*gekommen – durch Verlust oder durch Diebstahl –, so besteht der Herausgabeanspruch fort, wie weit sich die Sache auch von ihrem Eigentümer entfernt haben mag. Bedeutsam ist das vor allem im Bereich der Kunstgegenstände, wo das, was durch viele Hände gegangen ist, nicht an Wert verliert. Dort vor allem legt sich der »Makel des Diebstahls«, wie Wilhelm Weimar im *Rechtsberater für den Kunstsammler* formuliert, »wie ein ›Bann‹ um die Sache« (67). Nur zweierlei kann diesen ›Bann‹ lösen, kann die Spurfolge dauerhaft unterbrechen: wenn jemand nach Artikel 937 des Bürgerlichen Gesetzbuches im guten Glauben die gestohlene Sache erwirbt und zehn Jahre unwidersprochen lang in Besitz hält und wenn jemand den gestohlenen Gegenstand auf einer öffentlichen Auktion erwirbt: »Da hinter der Versteigerung die Staatsgewalt steht, wird damit auch der Makel des Diebstahls wettgemacht.« (67) Damit könnte eine neue Sachgeschichte beginnen.

Geschichten und Dinge

TALER, TALER, DU MUSST WANDERN. Dies ist der Name eines
alten Kinderspiels: Die Mitspieler bilden einen Kreis um den
Verstecker und den Sucher. Sie legen ihre Hände so zusam-
men, dass nach oben hin eine kleine Öffnung entsteht. Der
Verstecker klemmt sich den Taler zwischen die ebenfalls anei-
nandergelegten Hände. Dann geht er im Kreis herum, hält
seine Hände nacheinander jeweils unmittelbar über die jedes
Mitspielers; bei einem lässt er den Taler unauffällig in dessen
Hände gleiten. Der Sucher muss genau aufpassen und nach
Ablauf einer Runde raten, wem der Taler übergeben wurde.
Rät er richtig, wird er zum nächsten Verstecker. Dazu wird das
Lied gesungen: »Taler, Taler, du musst wandern / Von der ei-
nen Hand zur andern. / Das ist schön, das ist schön, / Taler,
Taler lass dich nicht seh'n!«

In diesem Spiel geht es offensichtlich nicht um Besitz und
Eigentum. Es geht nicht darum, dass die Mitspieler eine Sache an sich nehmen oder erwerben wollen, sondern darum,
sie heimlich loszuwerden und unerkannt in den Händen zu
halten. Nur einer der Mitspieler hat den Taler in seinen Händen, aber alle Mitspieler sind dadurch miteinander verbunden, dass sie den Taler in ihren Händen halten *könnten*. Sie
haben die Fähigkeit und die Möglichkeit dazu. Das Ding erfüllt nur die Funktion dieser Verknüpfung. Es verkörpert das
Prinzip des Wanderns, da es an sich austauschbar ist durch jeden anderen Gegenstand, dessen unerkannter Träger das
Subjekt sein könnte. So gibt es beispielsweise eine Variante
dieses Spiels, die *Ringlein, Ringlein, du musst wandern* heißt. Darin ist der Ring an einer Schnur aufgereiht, die durch die
Fäuste der im Kreis sitzenden Mitspieler verläuft. Der Ring
wird nun durch Hin-und-her-Bewegen der Fäuste weitergegeben. Um den Ratenden in der Mitte zu täuschen, bewegen
aber auch die übrigen Mitspieler ihre Hände auf dem Faden
hin und her, als würden sie den Ring weitergeben. Der Ring
gehört niemandem; er gehört dem Band, das die Mitspieler

miteinander verbindet. Die Verbundenheit schlägt sich darin nieder, dass sie *gemeinsame Sache* machen, indem sie Übergaben simulieren, um von der wirklichen Übergabe abzulenken.

Wer verbergen will, dass er etwas hat, hat es offenbar nicht rechtmäßig. Und wenn er seinen Besitz zeigen würde, wäre offenkundig, dass er unrechtmäßiger Besitzer ist. Wer ein bekanntes Kunstwerk entwendet, kann es nur heimlich weiterverkaufen oder für sich allein genießen. Das Ding als Beute, die man nicht zeigen darf, weil alle sie kennen – dies wäre in etwa die Analogie dieser Kinderspiele zum wirklichen Leben. Es muss aber noch etwas hinzukommen: Zum Genuss und zum Weiterverkauf ist es schon zu spät. Man hat nichts mehr davon, dass man etwas hat. Dadurch wird das Kinderspiel zur Umkehrung der bürgerlichen Welt, ihren Eigentumsverhältnissen und ihren Sachgeschichten. Es modelliert die Situation des Diebes, der die Beute in einen Briefkasten wirft, weil man ihm bereits auf den Fersen ist, weil man seine Spur aufgenommen hat. Auch hier drängt sich die Dinglichkeit der Sache in dem Bemühen auf, sie loszuwerden. Aber nicht deshalb, weil sie zu Abfall geworden ist, sondern weil sie den Besitzer verrät. Die Sache hat aufgehört, ein Gut zu sein. Sie ist zu einem Indiz geworden, zu einem Zeichen. Aber eben nicht zu einem Zeichen, das mir *gehört*, das ich – etwa als Zeichen der Macht oder des Reichtums – in die Welt senden will, sondern zu einem Zeichen, das mich – möglicherweise – *bezeichnen* wird.

In den Kinderspielen mit dem Ringlein und dem Taler ist diese Situation zur Struktur erhoben. Es gibt nur noch Diebe, die sich die Beute zuspielen, und es gibt das Auge des Gesetzes, unter dem sich das Ding in ein reines Zeichen verwandelt, dessen Materialität gleichwohl unverzichtbar ist – in einen Signifikanten, der nichts bedeutet, sondern nur bezeichnet. Denn was bedeutet es, wenn man mit dem Ring ertappt wird? Man wird dadurch nur als der Ertappte bezeichnet. Weiter nichts. Wenn mir der Ring zugeschoben wird oder der

Ich werde vom Ding bezeichnet

Taler zugefallen ist, mittels dessen ich bezeichnet werden kann, versetzt mich das Ding, das ich habe, ohne mein Zutun in eine *Subjektposition*, der ich mich nur entledigen kann, indem ich es weitergebe. Und solange ich es noch nicht weitergegeben habe, drängt sich mir das Ding in der *Frage* auf, ob es mich bezeichnet haben wird. Immerhin *kann* ich es weitergeben, weil das Zeichen kein *Mal* ist.

DAS DREIECK. Erst unter Berücksichtigung dieser Dimension können Sachgeschichten zu Geschichten von wandernden Dingen werden: Solche Geschichten erzählen davon, wie Dinge ihre Träger in eine Subjektposition versetzen, die jenseits der Sachherrschaft liegt, und wie sie Konstellationen zwischen Subjekten manifest machen, von denen diese nichts gewusst haben. Das Ding fällt jemandem unerwartet in die Hände, es besitzt ungeahnte Eigenschaften, sein Besitz zeitigt unvorhergesehene Folgen, es legt überraschende Verbindungen frei. Es ist Frage oder stumme Antwort.

In ihrem Kern beruht die Geschichte von den wandernden Dingen auf einer intersubjektiven Verkettung von mindestens drei Personen. Dabei kann es ohne weiteres ›mit rechten Dingen‹ zugehen. Das Wandern muss rechtlich gesehen keineswegs ein Abweg sein, sondern kann sich völlig nach den Formen der Eigentumsübertragung vollziehen. Oder anders gewendet: Aus der Perspektive des wandernden Dings erscheint jeder Weg als Abweg. Ein unscheinbares, aber gerade deshalb bezeichnendes Beispiel für das intersubjektive Dreieck bietet eine Erzählung von Alfred de Musset mit dem Titel *Die beiden Geliebten*. Sie zeigt darüber hinaus alle Kennzeichen, die die Verwendungsweise des wandernden Dings im 19. Jahrhundert charakterisieren.

Der Held dieser Geschichte, ein junger Mann aus gutem Hause namens Valentin, hat zwei Geliebte, die einander zwar äußerlich ähneln, nicht aber in ihrem Charakter und in ihren Lebensverhältnissen: Die reiche, verheiratete Marquise de Parnes ist leichtfertig und kokett, die arme, verwitwete

Wege, die die Dinge gehen

Frau Delaunay ist arbeitsam und zurückhaltend. Valentin liebt sie beide und kann sich nicht zwischen ihnen entscheiden; denn er selbst vereinigt in sich – wie der Erzähler gleich anfangs vermerkt – »sozusagen zwei verschiedene Personen« (5). Wenn er als »Advokat ohne Praxis« zu Geld gekommen ist, nimmt er eine Loge im Theater, und der Wagen, der ihn dorthin bringt, muss »schön gepolstert« sein. Hat er keins, trinkt er »guten Muts den Krätzer in einer Dorfschenke« und stellt sich »hinten an, um einen Parterreplatz zu bekommen« (6).

Ein ganze Zeit lang besucht Valentin seine beiden Geliebten, die nichts voneinander wissen. Er kann sich nicht entscheiden, und er kann sich nicht davon überzeugen, dass er sich entscheiden muss. Die Entscheidung wird herbeigeführt durch ein Kissen, an dem die arme Frau Delaunay an den langen Abenden oft im Beisein ihres Geliebten stickt. Als der Marquise bei einem abendlichen Zusammensein im Garten mit Valentin die Härte der Holzbank auffällt, kündigt sie an, ihm ein Kissen zu schenken. Tatsächlich erhält er am nächsten Tag »ein elegantes Kanapee mit einem schön gestickten Kissen, im Auftrag der Frau von Parnes« (49). Es ist natürlich das Kissen, das seine andere Geliebte nach Fertigstellung zum Verkauf in ein Geschäft gegeben hat. Valentin hat also der langsamen Entstehung des Kissens beigewohnt; es ist dann zu einem Geschäft gewandert; dort hat es die Marquise kurzerhand erstanden, um es Valentin zu schenken. An und für sich hat das Ding einen ganz gewöhnlichen Weg genommen: Beinahe alle Dinge, die wir verschenken, haben wir nicht selbst hergestellt, sondern erworben oder bekommen. Nur ein einziger Zufall war erforderlich, um die Verkettung von Hersteller, Käufer und Beschenktem in ein Dreieck zu verwandeln. Daran knüpfen sich nun eine Reihe von Fragen.

Zum Ersten: Wie wird die das Dreieck konstituierende Identität überhaupt erkannt? Von dem Kissen wird gesagt, es sei keineswegs »etwas Besonderes daran« gewesen, die Stickerei war vielmehr »ein Blumenkranz wie auf allen Stickereien der Welt« (49). Was Frau Delaunay mit ihrer Hände Arbeit hergestellt hat, ist kein Produkt mit ihrer Handschrift, es hat seinen Wert allein durch die gewissenhafte Ausführung und vor allem durch die Arbeitszeit, die darin steckt. Daher zweifelt Valentin zunächst auch an der Identität des Kissens. »Aber plötzlich sahen seine Augen einen kleinen Fleck auf dem weißen Grund. Er hatte sich nicht getäuscht; denn er selbst war es gewesen, der ihn verursachte, als er einen Tintentropfen auf Frau Delaunays Arbeit spritzte, da er neben ihr schrieb.« (49) Die Handarbeit hat sich unter den Marktbedingungen des 19. Jahrhunderts so weit standardisiert, dass die Identität eines Stückes nur in einem unscheinbaren – allein der detektivischen Untersuchung sichtbaren – Makel bestehen kann, der sich (als ein *Mal*) nicht mehr entfernen lässt.

Der zusätzliche Umstand, dass Valentin selbst für diesen Makel verantwortlich ist, wird zwar in der Erzählung nicht weiter ausgeführt, lädt aber zu weitergehenden Überlegungen ein. Denn man könnte auch sagen, dass es dieser Fleck ist, der wandert, und dass das Kissen nur dessen Träger ist. Neben der symbolischen *Bedeutung*, die darin liegen mag, dass ein Mann durch den achtlosen Gebrauch einer Feder mit einer Flüssigkeit das weiße Kissen einer Frau verunreinigt (und damit zusätzlich auf ökonomischer Ebene ein Wertverlust der erwerbsmäßigen Handarbeit droht), ist vor allem *bezeichnend*, dass mit dem Kissen zugleich dieser Spritzer zu seinem Urheber *zurückkehrt* und sich dort in eine *Botschaft* verwandelt, die der junge Mann allerdings zunächst nicht entziffern kann.

Das führt zur zweiten Frage: Wie wird das Wandern des Dings in Beziehung auf das Dreieck interpretiert? Valentin weiß zunächst nicht, »wie er sich das alles erklären soll« (49). Eine seiner Vermutungen geht dahin, »der Zufall habe die beiden Frauen zusammengebracht, sie hätten sich ausgesprochen und schickten ihm nun dieses Kissen aus gemeinsamem Plan, um ihn wissen zu lassen, daß seine Treulosigkeit entdeckt sei« (50). Diese Vermutung ist ebenso abwegig wie verräterisch: Das Dreieck, das durch das Wandern des Dings an die Stelle der beiden isolierten Liebesbeziehungen getreten ist, wird durch die Mutmaßung eines Komplotts, in dem die Frauen gemeinsame Sache machen, sogleich wieder eingeklappt. Die ihm unzugängliche dritte Seite des Dreiecks wird vom Subjekt sofort als ›stärker‹ phantasiert denn die beiden Seiten, die es zu überblicken meinte. Entsprechend verhält es sich in den verschiedenen Dreiecksgeschichten, in denen das wandernde Ding – etwa das Taschentuch Desdemonas in Shakespeares *Othello* – zum Indiz der Eifersucht wird. In jedem Falle nimmt die Rückkehr des wandernden Dings die Form einer Botschaft an. Für die durch das Wandern des Dings hergestellte intersubjektive Struktur ist darüber hinaus charakteristisch, dass das betreffende Subjekt sie nicht ohne weiteres kommunikativ auflösen kann. Der sich gesprächsweise bei Frau Delaunay vortastende Valentin bekommt die ausweichende Antwort, sie habe das Kissen zwischenzeitlich zum Fertigstellen fortgegeben (50). Denn die bescheidene Witwe möchte ihrem Liebhaber nicht offenbaren, dass sie ihre Stickerei zu Markte tragen muss, um ihr Auskommen zu haben. Entsprechend wird die leichtfertige Marquise später behaupten, sie habe das Kissen selber bestickt. Klarheit verschafft sich Valentin letztlich durch seine eigene Rekonstruktionsarbeit. Dabei hilft ihm eine zweite Markierung des Dings, die zur ersten – dem Makel – genau invers ist: Bei nochmaliger Prüfung findet er nämlich am Kissen einen »kleinen Papierzettel« mit der »Adresse des Geschäfts, in dem es gekauft war« (53). Während der Tintenspritzer die Identität des Kissens verbürgt, verrät der Papierzettel, welchen Weg es genommen hat. Die eine Markierung verweist auf die Intimität des Dings, die andere hingegen auf seinen Warencharakter. Hinsichtlich des Dings als Ware muss der Spritzer unbeobachtet bleiben, hinsichtlich seiner Bedeutung innerhalb der intimen Sphäre hingegen wird der Warencharakter verleugnet. Im Geschäft, in das sich Valentin begibt und das ironischer Weise *Zum Hausvater* heißt, erfährt er nun zwar nichts über dieses besondere Kissen, wohl aber genug über die Produktions- und Vertriebsbedingungen solcher Gegenstände. Indem er diesen Einblick in die Zirkulationssphäre erhält, fällt es ihm wie Schuppen von den Augen, und er erkennt, dass beim Wandern dieses Dings alles mit rechten Dingen zugegangen ist, dass es kein Komplott und kein heimliches Belauschen gegeben hat. Seine eine Geliebte hat einfach im Vorbeigehen »vierzig bis fünfzig Franken« für »zwei Monate angestrengter Arbeit« (55) der anderen Geliebten bezahlt. Das ist Valentin hinsichtlich der einen wie der anderen Intimität eine Lehre.

Zum Dritten stellt sich die Frage, wie es um die Auswirkungen dieser Erkenntnis bestellt ist. Am Ende wird Valentin die arme Witwe wählen. Dies geschieht aber nicht als unmittelbare Folge seiner Erkenntnis, sondern am Ende der sich anschließenden Auseinandersetzungen mit der reichen Marquise. Sie nehmen ihren direkten Ausgang von dem Kissen, das Valentin von der Bank in einen Schrank räumt, weil ihm der Gedanke »unerträglich« ist, »daß die Marquise kommen, sich auf die Bank stützen und den nackten Arm auf den Spuren von der anderen Tränen ruhen lassen würde« (54). Von der Marquise auf das Fehlen angesprochen, gibt ein Wort das andere. Schließlich befiehlt ihm die Marquise, das Kissen zu holen, das sie dann zur Erde wirft und ihre Füße daraufstellt: »und wenn es schmutzig ist, wird uns Fräulein Julie ein anderes machen« (57). Ein derartiges Agieren macht Verschiedenes klar – unter anderem, dass das Ding, dessen Wandern das intersubjektive Dreieck freigelegt hat, niemandem mehr gehört.

Endlich lässt sich viertens fragen, an welche Voraussetzungen das intersubjektive Dreieck hier gebunden ist. Denn zweifellos gibt es hier noch eine *vierte Position*: das Geschäft *Zum Hausvater*. Ohne sie käme das Dreieck nicht zustande. Denn die beiden Frauen kennen sich nicht. Weil sie verschiedenen gesellschaftlichen Klassen angehören, kann es – nach der Logik dieser Geschichte – nur eine mittelbare Verbindung zwischen ihnen geben: durch die Liebesbeziehung mit demselben Mann und durch den Warenverkehr: Die eine bringt die Ware zum Geschäft, die andere erwirbt sie dort. Die vierte Position ist ein Ort des Austauschs, der von den Dingen unberührt bleibt. Dass die dritte Seite des intersubjektiven Dreiecks nur als diese verdinglichte Verbindung besteht und nur durch diese vierte Position bereitgestellt wird, gerade das ist die Botschaft, die dem Protagonisten das eigentliche intersubjektive Dreieck als die gesellschaftliche Realität virtueller Verkettung enthüllt. Das Wandern des Dings dient in dieser Erzählung des 19. Jahrhunderts also dazu, das an den Tag zu bringen, was Marx den *Fetischcharakter der Ware* genannt hat. Es zeigt sich – wie es im ersten Band des *Kapitals* heißt –, dass die Ware »ein sehr vertracktes Ding ist, voll metaphysischer Spitzfindigkeit und theologischer Mucken« (85).

DINGGESCHICHTEN. Man könnte einwenden, *Die beiden Geliebten* sei nicht die Geschichte eines wandernden Dings, sondern die Geschichte eines jungen Mannes, der sich zwischen zwei Frauen und zwei Lebenswegen entscheiden muss; das wandernde Ding sei lediglich ein *Motiv* innerhalb dieser Geschichte, das im Übrigen erst am Schluss auftauche. In der Tat handeln Geschichten von Subjekten und nicht von Dingen. Aber das heißt nicht, dass das wandernde Ding *bloß* ein Motiv ist. Denn es positioniert und verkettet die Subjekte, um die es in dieser Geschichte geht. Es setzt sie zueinander ins Verhältnis und stellt dadurch die Frage nach der intersubjektiven Struktur. Es ist daher nicht einfach ein Motiv unter anderen, sondern konstituiert sich – mehr oder weniger ausgeprägt – als etwas, was man ein *Strukturmotiv* nennen könnte. Indem das wandernde Ding die Spur einer intersubjektiven Struktur legt, wird die Struktur selbst zum Motiv der Geschichte.

Geschichten von wandernden Dingen handeln immer von Subjekten, aber sie handeln von Subjekten, insofern sie nicht Herr ihrer Handlungen sind. Sie positionieren sich nicht durch ihre Handlungen, sondern werden von einer vorgängigen Struktur positioniert, die ihnen in welcher Form auch immer zufällt. Am eklatantesten ist dies vielleicht im sogenannten *Schicksalsdrama* zu Beginn des 19. Jahrhunderts, in dem das ›Schicksalsrequisit‹ eine konstitutive Funktion innehat. Ludwig Tieck hat später sein frühes Trauerspiel *Karl von Berneck* als ersten Versuch aufgefasst, das »Schicksal« so einzuführen, dass an ein »Messer« oder an ein anderes Ding »etwas Verhängnisvolles geknüpft« werde, »was durch die Erfüllung der Vorahndung zum Orakelmäßigen erhoben« werde und die »tragische Wirkung hervorbringen« solle (1040). Natürlich sind es vor allem Waffen, die den vermeintlich selbstbestimmt handelnden Subjekten in die Hände fallen und sie scheinbar dazu auffordern, sie zu gebrauchen. Im Paradigma der Gattung, Zacharias Werners Einakter *Der vierundzwanzigste Februar,* kann das Messer vom Vater erst zu Boden geschleudert werden und zerspringen, nachdem es seinen Weg in den Körper des zu spät erkannten Sohnes gefunden hat. Später hat August von Platen unter dem Titel *Die verhängnisvolle Gabel* eine wenig überzeugende Parodie auf derlei Dinge auf die Bühne gebracht.

Geschichten handeln nicht von Dingen, sondern von Subjekten. Wenn Geschichten von Dingen handeln, werden diese Dinge zu Subjekten, die allerdings nichts *tun*, sondern nur – und zwar schuldlos – etwas *erleiden* können. So berichtet in Joseph Addisons *Adventures of a Shilling* von 1710 eine Münze in der ersten Person ihre – bis zur Umprägung und darüber hinaus reichende – Lebensgeschichte, oder James Fenimore Cooper erzählt auf beinahe zweihundert Seiten eine *Autobiography of a Pocket-Handkerchief* (in der deutschen Übersetzung *Die französische Erzieherin oder das gestickte Taschentuch*). In dem abgründigen Kunstmärchen *Der standhafte Zinnsoldat* von Hans Christian Andersen folgt die Erzählung dem stummen und starren Protagonisten, der eine lange Reise mit vielen Stationen durchleiden muss, bis sich seine Liebe in seinem bestürzenden Dahinschmelzen im Feuer zu erfüllen scheint.

Was geschieht, wenn die Erzählung außerhalb der Form des Märchens dem Ding folgt und es damit scheinbar zum Protagonisten erhebt? Sie zerfällt. Einerseits entsteht daraus eine Mehrzahl von Geschichten, die von Subjekten handeln, und andererseits wird die Geschichte des Dings zu etwas, was ihm von außen zustößt – eine Leidensgeschichte ohne Leidenden. Hier handelt es sich um eine Verwendungsweise des wandernden Dings, die für das 20. Jahrhundert charakteristisch ist.

Ein lehrreiches Beispiel für diese Struktur ist der Film *In jenen Tagen*, der von Helmut Käutner bald nach dem Zweiten Weltkrieg gedreht wurde und im Untertitel *Geschichten eines Autos* verheißt. Es handelt sich um eine Rahmenerzählung: Zwei desillusionierte junge Männer schlachten inmitten einer Trümmerlandschaft in den ersten Tagen nach dem Ende des Krieges eine alte Limousine aus. Sie fragen sich, ob es »noch Menschen gibt«, was eigentlich ein Mensch ist. Da schaltet sich eine Stimme aus dem Off ein: »Entschuldigen Sie, wenn ich mich in Ihre Unterhaltung mische. Sie können mich zwar nicht hören, denn das Schicksal hat Sie mit Verständnislosigkeit geschlagen uns gegenüber, die Sie die toten Gegenstände nennen, aber ich höre *Sie*.« Seitdem es die Männer ausschlachten, ist das Auto Zeuge ihrer »depressiven, unerquicklichen Überlegungen«, denen es jetzt »leidenschaftslos« Geschichten aus seinem »Leben« entgegenhalten will, das nun hinter ihm liegt. Diese Geschichten sollen von *Menschen* handeln.

Diese moralische Belehrung können nicht die Männer hören, an die sie gerichtet sind, sondern nur die Zuschauer, die in ihr nicht adressiert werden dürfen. Denn aus der Position des Dings sprechen muss heißen, dass Stimme und toter Körper radikal auseinanderfallen. Insofern scheint der Film, der seine Geschichten ohne Erzähler erzählt, das adäquate Medium für diese Position zu sein, die weder als homodiegetisch noch als heterodiegetisch, weder als eine Erzählung in der ersten noch als eine Erzählung in der dritten Person anzusprechen ist. Man könnte das als eine *hypothetische Erzählung* bezeichnen: Wir bekommen die Geschichten zu sehen, die ein toter Gegenstand erzählen *könnte*, wenn er *erzählen* könnte. Verstärkt wird dieser hypothetische Charakter dadurch, dass sich die Männer verhalten, *als ob* sie die Stimme des Autos hörten. Dieser Eindruck entsteht vor allem, weil die sieben Episoden aus den Jahren 1933 bis 1945, die nun in Rückblenden (und ohne Stimme aus dem Off) erzählt werden, jeweils einen materiellen Anknüpfungspunkt im Auto selbst haben. Das Auto fungiert als Zeichenträger: Jede Episode hat eine Spur hinterlassen, die nun den beiden Männern beim Ausschlachten (wundersamerweise in chronologischer Reihenfolge) ins Auge fällt und zum Anlass für die nächste Rückblende wird.

Ein in die Windschutzscheibe eingeritztes Datum, ein zwischen die Sitze gerutschter Kamm, eine Hutklammer, ein Hufeisen, Einschusslöcher, das weiß überstrichene Kennzeichen, Stroh hinter der Seitenverkleidung – daran knüpfen sich jeweils schicksalhafte Wendungen im Leben der Figuren, die ihrerseits wieder mit verschiedenen Schlüsselereignissen des Dritten Reiches verbunden sind (so betrifft etwa das eingeritzte Datum – »30.1.33« – die Jungfernfahrt des Autos, die in der Menschenmenge anlässlich Hitlers Wahl zum Reichskanzler endet und zugleich die Entscheidung bringt, dass die Frau ihrem jüdischen Geliebten ins Exil folgen wird). Das Auto bewirkt – als zum Subjekt des Erzählens gewordenes Ding – keine intersubjektive Verkettung seiner Besitzer; entsprechend bleibt der jeweilige Übergang zum nächsten Besitzer entweder unproblematisch oder unerzählt. Seine Einheit findet der Film nicht im Wandern des Dings, sondern im *Durchlauf* durch die Geschichte eines begrenzten Zeitraumes.

Der Zeitraum erschließt sich allerdings aus einer bestimmten Perspektive, die zunächst natürlich die seines katastrophalen Endes ist. *In jenen Tagen* gilt als erster und als einer der wichtigsten deutschen Filme zur Bewältigung der Zeit des Nationalsozialismus. Die ›Bewältigung‹ vollzieht sich indes mittels einer doppelten Brechung. Erstens befindet sich die Erzählung nie im Zentrum der Ereignisse, sondern gleichsam an der Peripherie ihrer Wirkung auf einzelne Subjekte – in dieser Hinsicht gleicht der Durchlauf einer Art *Randgang*. Zweitens kommen in diesen Geschichten keine Täter vor; sämtliche Figuren sind im Sinne der Ausgangsproblemstellung des Rahmens *Menschen* geblieben – sie gehören zu denen, die sich gegen die *Grande Histoire* zur Wehr setzen, sich gegen sie behaupten und trotz der Berührung mit ihr *integer* bleiben.

Wird die Geschichte eines wandernden Dings also in dem Sinne zu einer Dinggeschichte, dass die Erzählung dem Ding *folgt*, so handelt die Geschichte also gerade nicht von dem, was das Ding *tut*, welche Botschaft es in Bezug auf die intersubjektive Struktur bereithält. Seine eigene Geschichte ist eine Leidensgeschichte ohne den Leidenden. Das Ding ist ein Körper, an dem die Geschichte Spuren hinterlässt, ein Körper, der zunehmend demontiert wird und am Ende auf der Kippe (oder im Museum) enden muss. Von diesem Körper spaltet sich die Stimme ab. Das Ding wird virtuell zum *Erzähler*, der von *etwas anderem* erzählt – von Subjekten, von Menschen, die nicht durch das wandernde Ding positioniert werden, sondern durch das historische, soziale oder politische Milieu, das sie dem Zuschauer erschließen.

Unter dieser Voraussetzung wird also zwar die *Erzählung* durch das wandernde Ding strukturiert, nicht aber die Geschichte und nicht die Geschichten. Geschichten von wandernden Dingen sind – so verstanden – nicht genau das Gleiche wie Erzählungen von wandernden Dingen. Die Geschichten, die durch die Erzählung eines wandernden Dings entstehen, sind in irgendeiner Weise *exemplarisch*. Sie brauchen nicht moralische Exempel sein, wie in Käutners *In jenen Tagen*. In dem Film *Der gelbe Rolls-Royce* von Anthony Asquith aus dem Jahre 1964 zum Beispiel werden drei Episoden aus der ›Geschichte‹ einer auffälligen Luxuskarosse erzählt, deren moralische Botschaft etwas weniger eindeutig ist. So werden etwa verschiedene Verwendungsweisen des Autos gezeigt: in britischen Adelskreisen kann es zum Liebesnest werden; italienischen Mafiosi dient es zu protzigem Auftreten; im Zweiten Weltkrieg leistet es Partisanen auf dem Balkan gute Dienste. Das ist das Ende seiner europäischen Karriere. Der Film schließt mit der Verschiffung des Rolls-Royce in die Neue Welt.

Dass die im Wandern des Dings aufgereihten Geschichten etwas exemplarisch erschließen und damit in gewisser Weise didaktisch sind, wird vor allem an einem umfänglichen Roman neueren Datums deutlich, der das wandernde Ding in einer systematischen Weise verwendet: *Das grüne Akkordeon* von Annie Proulx. Ein 1890 in Italien verfertigtes Akkordeon wandert hier zusammen mit seinem Erbauer nach Amerika aus, um dann in insgesamt acht Abschnitten durch die verschiedensten ethnischen Gruppen von Migranten zu wandern. Italiener, Deutsche, Mexikaner, Franzosen, Afrikaner, Polen, Iren und Norweger werden auf diese Weise – über den ganzen Kontinent verstreut – nacheinander zu Besitzern dieses Musikinstruments, dessen Wert sich immer weiter mindert, bis es schließlich weggeworfen und von einem Truck überrollt wird. Die an und für sich strukturlose Reihung der Episoden, in denen sich das Schicksal dieses zweireihigen Knopfgriff-Akkordeons erfüllt, wird dabei von verschiedenen Strukturierungen aufgewogen. So erzählen sämtliche Episoden *auch* von einem Verbrechen (daher der Originaltitel des Buches: *Accordion Crimes*), in jeder Episode wird darüber hinaus *auch* eine weitere Abart des Akkordeons vom Piano-Akkordeon bis zum Bandoneon vorgestellt. Vor allem aber entsteht auf diese Weise *auch* eine Art exemplarischer Enzyklopädie minoritärer Musikkulturen in ihrem Spannungsfeld zur Assimilation. In diesem Sinne wird anhand des wandernden Akkordeons umfassende Musiksoziologie betrieben, in der die erschlossenen Milieus sich letztlich allesamt um den ›amerikanischen Traum‹ gruppieren (als sei er ein merkwürdiges Ding). Der Durchlauf, der das Amerika des 20. Jahrhunderts als einen soziokulturellen Raum erschließt, ist also in mehr als einer Hinsicht ein Randgang. Das Schicksal des Akkordeons reflektiert nicht zuletzt deshalb die schwindende Bedeutung musikalischer Traditionen für das Selbstverständnis ethnischer Minderheiten, weil es selbst kein von der ›offiziellen‹ Kultur geachtetes Instrument ist.

Der Klappentext zur deutschen Ausgabe bezeichnet das Wandern des Akkordeons als eine »Odyssee«. Das mag so dahingesagt sein, ist aber in einem tiefen Sinne zu verstehen. Als *Roman* – so die Gattungsbezeichnung – ist das Buch nämlich zweifelhaft. Es ist vielmehr als eine Transformation und eine Schrumpfform des Epischen mit seinem »Und dann« aufzufassen: Aus dem epischen Helden Odysseus ist ein Ding geworden.

STILLE POST. Auf der einen Seite wäre also die Erzählung, die das wandernde Ding in seiner materiellen Existenz zu ihrem Leitfaden macht, ein Grenzfall, weil sie die Geschichte nicht mehr strukturieren kann. Der entgegengesetzte Grenzfall liegt vor, wo das wandernde Ding seine Materialität vollkommen einbüßt. Hier ist wiederum ein Kinderspiel lehrreich. In *Stille Post* denkt sich ein erster Spieler ein längeres Wort oder einen kürzeren Satz aus und flüstert ihn seinem Nachbarn ins Ohr. Dieser wiederum sagt – ohne nochmals nachfragen zu dürfen – das, was er verstanden hat, dem Nächsten weiter. Und so reihum. Schließlich wird das, was beim Letzten in der Reihe angekommen ist, mit dem verglichen, was der Erste in sie eingespeist hat. Der Witz des Spieles besteht in der Differenz zwischen Input und Output, die aber kein bloßer Datenverlust ist, sondern sich vielmehr zugleich den Versuchen der Beteiligten verdankt, den Datenverlust auf der Signifikantenebene unter Zuhilfenahme gemutmaßter Bedeutungen zu restituieren. Das Subjekt befindet sich in der Position dessen, der nicht nur falsch hören, sondern auch falsch ergänzen soll. Andernfalls käme am Ende nur ein witzloses Rauschen heraus. Wäre aber jeder der Beteiligten mit einem fehlerfreien Gehör ausgestattet, würde er den Signifikanten in seiner Materialität weitergeben können, ohne nachdenken zu müssen.

Darin unterscheidet sich diese Versuchsanordnung signifikant von den Veränderungen, die Mitteilungen bei der Ausbreitung von *Gerüchten* erleiden. Zum einen breitet sich das Gerücht natürlich nach verschiedenen Richtungen hin aus, weil immaterielle Informationen mehrfach weitergegeben werden können. Aber auch, wenn man – wie es der Pionier William Stern in seiner Untersuchung *Zur Psychologie der Aussage* schon um 1900 getan hat – ein »experimentelles Gerücht« (48) erzeugt, indem man eine vorgelesene Aussage über vier Zwischenträger weitergeben lässt, haben die erschreckenden Umbildungen hier nichts mit der Materialität der Signifikanten zu tun.

Freilich gleichen sich Gerücht und *Stille Post* darin, dass sie zu ihrem Ausgangspunkt zurückkehren können. Die Minimalstruktur ist auch hier das Dreieck. Der Erste erzählt dem Zweiten etwas, der Zweite erzählt es dem Dritten weiter, und wenn es der Dritte wiederum dem Ersten erzählt, hat sich die Figur geschlossen. Dann kann der Erste feststellen, dass er die von ihm ausgesendete Botschaft nicht kontrollieren kann. So geschieht es musterhaft – und nicht zufällig – in der höfischen Überwachungsgesellschaft von Madame de Lafayettes Roman *La Princesse de Clèves* aus dem Jahre 1672. Herr von Clèves hat eines Abends etwas Persönliches über den König erfahren und erzählt seinem Freund Sancerre brühwarm die Neuigkeit, die man ihm »unter dem Siegel der Verschwiegenheit anvertraut hatte und wovon zu sprechen ich ihm aufs strengste untersagte.« Verbot und Übertretung reichen sich insoweit glücklich die Hände. Am nächsten Morgen besucht Herr von Clèves seine Schwägerin, bei der Madame Tournon zu Besuch ist. Und die Schwägerin erzählt ihm ohne weitere Bedenken, was sie gerade von Madame Tournon erfahren hat – nämlich »Wort für Wort alles, was ich am Abend vorher Sancerre mitgeteilt hatte« (40). Das Erstaunen, das Herr von

Clèves darüber zum Ausdruck bringt, muss man als heuchlerisch bezeichnen, da die anderen nur getan haben, was er getan hat – das Verbot übertreten und weitergegeben. Es hat aber noch eine andere Seite: Die Rückkehr des Mitgeteilten lässt auch Rückschlüsse zu über den *Weg*, den es genommen haben muss. Das ist auch der Grund, warum Herr de Clèves seiner Frau von dieser Episode berichtet: Er hat auf diesem Wege erfahren, dass sein Freund Sancerre ein geheimes Liebesverhältnis mit Madame Tournon hat, da er sie über Nacht aufgesucht haben muss. Allgemein gilt: Wenn ich von einem Dritten höre, was ich zu einem Zweiten gesagt habe, so kann das gegebenenfalls ein ebenso starkes Indiz für eine mir unbekannte Verbindung zwischen diesen beiden sein wie das Kissen in *Die zwei Geliebten*. Oder, insofern Worte nicht auf dem Markt feilgeboten werden, sogar ein stärkeres. Die dingliche Identität des bezeichnenden Gegenstandes wird dann durch die – stets zweifelhafte – Exklusivität der Mitteilung ersetzt.

Ein schönes Beispiel dafür, wie das Zirkulieren bezeichnender Reden ein intersubjektives Dreieck enthüllt, bietet eine Filmkomödie von René Clair mit dem vielsagenden Titel *Schweigen ist Gold*. Es ist kein Zufall, dass die betreffenden Reden hier die verdinglichte Gestalt vorgefertigter Sprüche annehmen – wieder geht es um die Ebene der Signifikanten. Der ebenso wortgewandte wie gutmütige Emile, ein Filmregisseur aus der frühen Stummfilmzeit, lebt in Liebesdingen nach dem Motto: »Frauen gibt es wie Sand am Meer«; um aber eine Frau für sich zu gewinnen, müsse man ihr sagen, sie sei »anders als die anderen«. Da Emile auch im Leben Regisseur spielen muss, predigt er seinem Schützling Jacques, dem grünen Jungen, immer wieder, mit welchen Redekünsten man die Frauen für sich gewinnt. Und es ist eben die wörtliche Umsetzung dieser Ratschläge, über die Jacques später der jungen Madeleine bei der Omnibusfahrt näherkommt, ohne zu ahnen, dass sein Mentor Emile gerade dieses Mädchen unter seine Fittiche genommen hat. Emile will Madeleine »wie ein Vater« vor jenen Männern bewahren, für die es Frauen »wie Sand am Meer« gibt. Dadurch wird sie für ihn »anders als die anderen«. Als nun offenbar wird, dass der alternde Emile sich in Madeleine verliebt hat, wird ihm von ihr entgegengehalten, dass es Frauen ja »wie Sand am Meer« gebe – denn sie hat diese Spruchweisheit bei ihrem Geliebten Jacques aufgeschnappt.

Emile kann nun Mutmaßungen darüber anstellen, wie Madeleine in den Besitz einer Spruchweisheit gelangt ist, die er seinem Schützling Jacques mit auf den Weg gegeben hatte. Aber das ist natürlich nicht alles: Bei seiner unvermuteten Rückkehr aus einem Mädchenmund hat sich sein eigener Spruch gegen ihn gekehrt. Er wird ihm zur Botschaft, wie es um seine Position in diesem intersubjektiven Dreieck bestellt ist – viel unmissverständlicher, als das mit einem stummen Ding der Fall sein könnte. Dafür kann dieser Spruch nicht stumm sein. Er kann die Funktion eines wandernden Dinges übernehmen – aber das wirkliche Ding geht eben nicht in seiner Funktion auf. Ebenso wie im umgekehrten Grenzfall, wo das Ding zum Alibi für die Spurfolge des Erzählens wird, gilt das auch hier, wo es sich in der intersubjektiven Konfiguration auflöst. Um Spruchweisheiten können sich die Hände nicht schließen, es gibt keinen Tintenspritzer an ihnen zu entdecken, man kann den Fuß nicht auf sie setzen.

STRUKTURMOTIV. Zwischen diesen beiden Grenzfällen zeichnet sich das Reich ab, in dem die wandernden Dinge ihre Kraft entfalten und als ein Strukturmotiv Beachtung finden können. Hier erschließt sich dem Blick nach und nach – und naturgemäß höchst unvollständig – ein reicher *Fundus* von Geschichten in der erzählenden Literatur, im Drama und im Film. Die verschiedensten Dinge können offen oder verdeckt vom einen zum anderen wandern: Edelsteine, Schmuckstücke, Waffen, Trophäen, Kleider, Schleier, Bücher, Briefe, Lose, Münzen, Äpfel, Körperteile oder Leichen. Sie können geraubt, gestohlen, gefunden, geschenkt, gekauft oder untergeschoben werden. Ihre Herkunft kann dunkel, sagenhaft oder alltäglich sein. Ihr Weg kann im Feuer enden, auf der Müllkippe, im Museum, in der Rüstkammer oder bei ihrem rechtmäßigen Eigentümer. Sie können an ihren Herkunftsort zurückkehren oder aus der Geschichte verschwinden.

Dieser Fundus betrifft also Verschiedenartigstes, das aber unter einem gemeinsamen Gesichtspunkt betrachtet wird: dem des Strukturmotivs. Nicht immer drängt sich dieses Strukturmotiv auf. Das Wandern des Dinges kann durchaus unauffällig sein. Man muss nicht zwangsläufig darauf zu sprechen kommen. Man ist sogar sehr selten darauf zu sprechen gekommen. Auch Edgar Allan Poes *Der entwendete Brief* ist erst durch die Lektüre Jacques Lacans zu einer Art Paradigma in dieser Sache geworden (und nicht ohne das Ding durch den Signifikanten zu ersetzen). Daher besteht der Fundus keineswegs nur aus wenig bekannten oder gar abseitigen Texten und Filmen, sondern ebenso aus kanonischen Werken, die – unter dem Blickwinkel des in ihnen wandernden Dings – in ein fremdes Licht getaucht werden können. Man kann über Lessings *Minna von Barnhelm* sprechen, indem man von den Ringen ausgeht, die durch dieses Drama wandern; über Schillers *Ring des Polykrates*; über Schürze und Schleier in Brentanos *Geschichte vom braven Kasperl und dem schönen Annerl* oder über die Uniform, die der Hauptmann von Köpenick am Ende anlegt.

Von einigen dieser Dinge soll in diesem Buch nur am Rande die Rede sein – nämlich von jenen *Wunderdingen*, wie sie uns vor allem in den märchenhaften Erzählungen begegnen. Ein unzweifelhaftes Wunderding hat vor allem *instrumentellen* Charakter. Auf übernatürliche Weise potenziert es die Fähigkeiten des Helden, der es in seinen Händen hält. Seine Eindeutigkeit überlagert die Zweideutigkeit, die den wandernden Dingen eigen ist. Zugleich kann das Wunderding, wenn es nicht mehr auf den Helden bezogen ist, zum strukturellen Mittelpunkt einer Geschichte werden, die zu groß ist, als dass sie in einem Buch der wandernden Dinge noch ihren angemessenen Platz finden könnte. Tatsächlich tragen die beiden *größten* oder *übergroßen* Geschichten des 19. und 20. Jahrhunderts ein singuläres wanderndes Ding in ihrem Titel: *Der Ring des Nibelungen* und *Der Herr der Ringe* sind gewissermaßen synthetische Großerzählungen, in denen das wandernde Ding das Erbe des Helden angetreten hat und die Frage nach dem Instrumentellen auf eine metaphysische Ebene gehoben ist.

Man kann die Geschichten von wandernden Dingen zwar in Gruppen einteilen, man kann sie unter verschiedenen Gesichtspunkten betrachten, aber man kann sie nicht gewinnbringend in ein typologisches Schema eintragen oder einem theoretischen Modell unterordnen. Die Lektüre dieser Geschichten muss sich daher zwischen Kommentar und Analyse bewegen, zwischen der Betonung des Unverwechselbaren und dem Aufweis struktureller Analogien und verborgener Regularitäten. Auf das in ihnen wirkende Strukturmotiv hin befragt, erhellen sich die Geschichten dieses Fundus wechselseitig, und es erweist sich – wenn man sich ihnen überlässt –, dass sie ihre Theorie gewissermaßen enthalten. Diese Theorie expliziert nicht zuletzt die Verführungskraft und die Beunruhigung, die den Geschichten von den wandernden Dingen innewohnt. Indem sich der Blick an die Dinge heftet, wendet er sich vom ›Subjekt der Geschichte‹ ab. Erzählt wird von der *Unterwerfung* des Subjekts unter eine Position, von seiner Unterwerfung unter ein rätselhaftes erotisches oder detektivisches Begehren, unter eine ihm vorgängige intersubjektive Struktur – erzählt wird also von der Kehrseite jeder Geschichte. Eine Geschichte diesem Fundus zuzuschlagen heißt daher, sie ihrerseits fraglich und rätselhaft werden zu lassen. Sie wird zu einem seltsamen Ding, das eine stumme Frage an uns richtet.

Übergänge. Grundformen

Übergänge zum Ersten

FESTHALTEN. Wenn man etwas haben will, muss man es in die Hand bekommen und festhalten. Das gilt ebenso gut für einen Apfel, den man vom Baum pflücken oder vom Boden aufheben möchte, wie für einen Diamanten. Während aber der Apfel zum baldigen Verzehr bestimmt ist, wird der Diamant diejenigen überdauern, deren Hände sich um ihn schließen, um ihn festzuhalten. Sie werden seine Bahn immer nur eine kurze Zeit lang angehalten haben. Die Verfallszeit des Gegenstandes begrenzt die Möglichkeiten des Gebrauchs, bestimmt sie aber nicht. Auch einen Apfel kann man einem anderen überreichen. Auch ein Apfel kann zu einem wandernden Ding werden, wenn man sich entschließt, ihn aufzuheben und nicht zu verzehren (oder wenn man sich wie Eva entschließt, nur einen Bissen zu nehmen und ihn dann weiterzureichen). Aber es hat keinen Sinn, an ihm festzuhalten und seinen Verzehr aufzuschieben, bis er faul geworden ist. Was man festhält, muss noch *haltbar* sein (was man für die Apfel*kerne* allerdings in Anspruch nehmen kann). Bei den haltbaren Dingen, die man festhält, ohne sie verzehren oder verbrauchen zu können, kann man selbst entscheiden, wann man sie wieder loslässt: Einmal aber wird man sie wieder loslassen müssen, wenn man sie nicht mit ins Grab nimmt. Und auch das Grab ist nicht sicher vor den Grabräubern, die sich etwa nach Jahrtausenden der Grabbeigaben der ägyptischen Pharaonen bemächtigen und sie wieder unter die Leute (oder in ein Museum) bringen.

Die ursprüngliche Art des Festhaltens ist die des Erbeutens. Die Geste, mit der der Jäger seine Beute ergreift und sie in Besitz nimmt, ist zunächst rein körperlicher Natur: Was zuvor frei lag, was ich aber dann mit meinen Händen ergriffen habe

43

und meine Finger nun umschließen, das kann kein anderer in seinen Händen halten; ich habe es erbeutet. Zweifellos kann das Erbeuten eine einsame Tat sein. Der Jäger kann das Wild, das er erbeutet hat, verzehren. Ihr wahres Gesicht zeigt die Beute aber erst, wenn ein anderer mit ins Spiel kommt, dem ich zuvorgekommen bin und dadurch das Erbeutete weggenommen habe, bevor er es seinerseits ergreifen konnte. »Bei den Menschen wird die Hand, die nicht mehr loslässt, zum eigentlichen Sinnbild der Macht« (225), sagt Elias Canetti in *Masse und Macht*. So kann mich das Triumphgefühl ergreifen, wenn ich dem anderen meine Beute vorzeige, wenn ich das Begehren spüre, das ich spätestens durch ihr Vorzeigen in ihm geweckt habe.

Der Prolog des Romans *Unterwelt* von Don DeLillo beschreibt den Vorgang des Erbeutens anfangs als eine archaische Szene. Dieser monumentale Roman wird zusammengehalten durch einen Baseball – einen Gegenstand, der dazu geschaffen ist, in der Hand gehalten zu werden, und der in DeLillos Panorama von Hand zu Hand wandert, quer durch die Vereinigten Staaten und durch ein halbes Jahrhundert. Die Reise dieses Balles beginnt mit einem Baseballspiel zwischen den Dodgers und den Giants, 1951 in New York. In diesem Spiel werden die Giants Meister durch einen *Home Run* nach einem legendären Schlag Bobby Thomsons, durch den der Ball auf der Tribüne einem jungen Farbigen namens Cotter gleich einem Strandgut vor die Füße gespült wird. Aber Cotter ist nicht der Einzige, der die Trophäe zu erbeuten versucht. Er »hockt unter seinem Sitz und kämpft mit jemandem um den Baseball, Hand gegen Hand« – ein »verbissener Konflikt aus Fingern und Zentimetern, ein Leben voller Mühe auf Sekunden verdichtet«. Die Hand des Rivalen hat den Ball zuerst umfasst gehalten. Cotters Hände müssen ihr Schmerz zufügen, und schließlich merkt Cotter, wie »die Finger sich vom Ball lösen«, und als er sieht, wie der Ball »am Stuhlbein vorbeirollt, auf dem unebenen Untergrund herumkullert«, fängt er ihn »sozusagen mit den Augen ein«: »Die Bewegung von Cotters Hand ist so alt wie er selbst. Es ist, als hätte er seit dem Augenblick, da er aus dem Säuglingsdasein hinauskatapultiert wurde, diese Hand nach diesem oder jenem ausgestreckt. All seine Erfahrung ist in den gespreizten Fingern dieser einen gekrümmten Hand enthalten.« Den Ball – »Herz, mein Herz« – spürt er »heiß und summend in der Hand«; er ist noch »feucht von der Hitze und dem Schweiß der Rivalenhand« (55–57).

Aber damit ist die Sache nicht zu Ende. Auf seinem Heimweg folgt ihm der andere, der ihm im Kampf Hand gegen Hand unterlegen war. Es ist der freundliche Kleinunternehmer Bill, mit dem der junge Cotter während des Spiels Bekanntschaft geschlossen hat. Und so, wie der Kampf Hand gegen Hand stumm sein musste, kommt jetzt die Rede zu ihrem Recht. Freilich braucht sich derjenige, der das Ding in seiner Tasche fühlt, ihrer kaum zu bedienen. Von der Sprache muss Gebrauch machen, wer zuvor leer ausgegangen ist. Er macht geltend, was die Juristen *Besitzschutz* nennen. Die *Besitzstörung*, die er Cotter vorwirft, läuft letztlich immer auf dasselbe kindliche Argument hinaus: »Hey Cotter, ich hatte den Ball vor dir in der Hand.« (61) Im rechtsfreien Raum des Beutemachens ist diesem Argument die Ohnmacht auf die Stirn geschrieben, zumal in ihm die Unfähigkeit eingestanden wird, das Ding festzuhalten. Und erst wer dazu fähig war, das Ding vorläufig in Sicherheit zu bringen, hat es wahrhaft in seinen Besitz gebracht. Immerhin weiß Cotter, wovon der andere redet. Ihr gemeinsamer Kampf um den Ball ist ein geteiltes Wissen. Wie sehr das Besitzrecht aus der Luft gegriffen ist, wird deutlich, als ein Dritter, ein »Student«, sich einschaltet und den Ball für sich reklamiert: »Ich war der erste, der den Ball erwischt hat. Lange vor euch beiden übrigens. Irgendwer hat ihn mir aus der Hand geschlagen.« (61) Sofort verbünden sich die beiden, um den neuen Prätendenten des Feldes zu verweisen.

Doch auch die schmeichelnden Worte des sympathischen Bill, der Cotter den Ball abzuschwatzen und abzukaufen versucht, können nichts gegen die Unwiderleglichkeit des Besitzes ausrichten. Wie sollte es auch einen Kompromiss geben bei einer Beute, die *unteilbar* ist? »Sie können reden, soviel Sie wollen«, sagt Cotter abschließend. »Das ist nicht Ihr Ball, sondern meiner« (66). Allerdings bekommt der Triumph Cotters bei der sich anschließenden Jagd auf den Ball – für ihn ein Heimspiel, da man sich in Harlem befindet – dadurch einen schalen Beigeschmack. Cotter – ein »fieser Clown« – paradiert zwar mit dem »Spielball«, »macht einen Luftsprung, dreht Bill mit dem ganzen Körper eine Nase«, »hält den Ball auf Brusthöhe und dreht ihn zwischen den Fingern«, lässt ihn »auf seiner Achse rotieren«. Im Spiel kann er den Ball loslassen, weil er ihn jederzeit wieder zu ergreifen vermag. Das sind die Gestikulationen des Besitzers. Gleichwohl erfüllt ihn nach seinem glatten Sieg statt des erwarteten »Hochgefühls« eher »Trübnis« (67 f.). Auch er wird den Ball nicht lange sein Eigen nennen können.

Beim Übergang des als Beute wandernden Dinges sind die Hände, die das wandernde Ding nicht festhalten konnten, scheinbar nicht mehr von Belang. Die Geste des Zugreifens ist zunächst einmal reine Gegenwart. Für einen Moment ist eine ausschließliche Beziehung zwischen dem Subjekt und dem Objekt des Begehrens gestiftet. Die anderen treten in den Hintergrund. Aber nur einstweilen. In Dashiell Hammetts *Der Malteser Falke* ist von dem Gegenstand, auf den alle Jagd machen, schon viel die Rede gewesen, bevor der von tödlichen Schüssen getroffene Kapitän der *La Paloma* unvermittelt in das Büro Sam Spades wankt; an seine Brust gedrückt hält er »ein in braunes Papier gewickeltes und mit einem dünnen Seil verschnürtes Paket« – »ein Ellipsoid, etwas größer als ein Rugbyball« (169), wie in einem vielleicht nur auf den ersten Blick erstaunlichen Vergleich gesagt wird. Seine Sekretärin sieht ihm zu, wie er das Paket öffnet, wie seine Finger die Holzwolle auseinanderzerren, so dass »plötzlich die fußhohe Figur eines Vogels vor ihm« steht, »schwarz wie Kohle und schimmernd«: »Spade lachte. Er legte eine Hand auf den Vogel. Besitzergreifend schlossen seine weitgespreizten Finger sich darum. Er legte den anderen Arm um Effi Perrine und drückte sie an sich. ›Wir haben das verdammte Ding, mein Engel!‹ sagte er. – ›Autsch!‹ rief sie. ›Sie tun mir weh!‹«(171)

Von der gewaltsamen Geste, mit der der ganz und gar von der phallischen Figur eingenommene Sam Spade Besitz von dieser Figur ergreift, wird auch der Körper der Frau ergriffen. Und was geschieht mit dem toten unbekannten Mann, der das Ding bis zu seinem letzten Atemzug festgehalten und ihm so in die Hände gespielt hat? Während er den Falken »triumphierend« betrachtet, ist er zurücktretend auf dessen Hand getreten und hat – wie es auffallend präzise heißt – »vielleicht einen halben Zentimeter Fleisch von dessen Handkante zwischen Absatzrand und Fußboden eingeklemmt« (171). Über die Hände dessen, der loslassen musste, geht der Schritt der Überlebenden hinweg. Aber es ist unangenehm, daran erinnert zu werden. Es gleicht zu sehr einer Prophezeiung.

Festhalten und Loslassen. Es gibt stets die anderen, die noch nicht aus dem Spiel sind, die der Spur dieses einzigartigen Falken folgen, dessen Verpackung an einen Rugbyball gemahnt – allen voran ihr Spielführer Gutman, der seinem Namen keine Ehre macht und sein Leben der Jagd nach dem Falken verschrieben hat. Sie werden sich auf ihn stürzen und ihm die Beute entreißen, sobald sie seiner ansichtig werden. Denn der Falke ist keine Tarnkappe, wie sie Siegfried dem Alberich im *Nibelungenlied* abgewinnt. Es genügt also nicht, eine Sache festzuhalten. Vor allem dann nicht, wenn die Hände den Gegenstand zwar ergreifen, nicht aber umschließen und damit verbergen können. Wer dem Festhalten Dauer verleihen will, darf sich nicht nur auf seine Hände verlassen, denen das Ding im Schlaf bald entgleiten mag. Das wird Cotter in DeLillos *Unterwelt* schon in dieser Nacht widerfahren. Sein Vater tritt an sein Bett, und als er den Baseball offen daliegen sieht, räsoniert er: »Sie kommen an etwas Wertvolles und machen sich nicht mal die Mühe, es zu verstecken. Vertrauen darauf, daß die gute Fee ihre Schätze behütet.« Und dann ist er mit sich uneinig, ob er den Baseball an sich nehmen soll: »Dann tut er es. Er nimmt den Baseball. Er tut es, bevor der innere Widerstreit beendet ist. Er tut es, um ihn zu beenden.« (177 f.)

Wer festhalten will, muss loslassen und ein *Medium* seines Festhaltens finden können: Er muss ein Versteck finden, einen Ort, wo das Ding unangreifbar und unzugänglich ist, wo es zwischengelagert werden kann und die »tatsächliche Sachherrschaft« – die Definition des Besitzes – doch gewährleistet bleibt. Sam Spade erledigt diese Aufgabe mit bewunderungswürdiger Gründlichkeit, um alle Spuren seines Festhaltens zu verwischen. Er gibt den wieder verhüllten Vogel umgehend »in der Handgepäckaufbewahrung ab, steckte den Gepäckschein in einen frankierten Briefumschlag, schrieb *M. F. Holland* und eine Schließfachnummer der Hauptpost von San Francisco auf den Umschlag, klebte ihn zu und warf ihn in einen Briefkasten« (174). Ein ganzes Arsenal von Institutionen und Medien wird hier zu Verbündeten gemacht, um die Handgreiflichkeit des Festhaltens gleichsam zu vergeistigen.

Die Notwendigkeit des Loslassens ist besonders dringlich, wenn Gefahr im Verzuge ist – und sie ist besonders risikoreich, wenn das gewählte Versteck seinerseits zu den beweglichen Sachen gehört. Arthur Conan Doyles Geschichte *Die sechs Napoleons* liefert eine witzige Version hiervon: Der Dieb der berühmten schwarzen Borgia-Perle versteckt seine Beute dort in aller Hast in einer von sechs in der Werkstatt stehenden Napoleonbüsten, indem er sie (in Ermangelung eines Verbündeten) einfach in die noch feuchte Gipsmasse drückt. Nach einem einjährigen Gefängnisaufenthalt muss er nun den Weg aller sechs inzwischen verkauften Büsten verfolgen, um an die Perle zu kommen (was ihm misslingt – die Perle ist selbstredend in der sechsten Büste, die erst Sherlock Holmes aufspürt).

Die Dialektik von Festhalten und Loslassen wird dort ganz

und gar einsichtig, wo die Verbündeten nicht mit einem Versteck dienen können, wo es keinen geheimen und keinen sicheren Ort gibt – auf dem restlos einsehbaren *Spielfeld*. Viele Mannschaftsballspiele beruhen darauf, dass die Regeln dem Spieler das Festhalten des Balles verbieten; er darf ihn nur eine bestimmte Anzahl von Sekunden in der Hand halten, nur eine bestimmte Anzahl von Schritten mit ihm laufen, oder er darf ihn überhaupt nicht festhalten und nur mit dem Fuß spielen, ihn mit dem Körper abschirmen und seinen Verbündeten zupassen. Es gibt aber auch Ballspiele, in denen das Festhalten nicht verhindert, reglementiert bzw. durch die sogenannte Ballbeherrschung, die überlegene Technik ersetzt ist. Erst Sportarten wie Rugby und vor allem American Football legen die archaische Grundlage der Vorgänge frei. In ihnen verhindert schon die Deformation des Balles zu einer Art Eiform die technisch perfekte Handhabung. Hier wird der Spielball tatsächlich zu einem rätselhaften, begehrenswerten Ding, das die kämpfende Partei in ihrem Besitz behalten will, solange die andere es ihr abzujagen versucht. Und das heißt, dass jeder es festhalten und damit vorwärts stürmen muss, so lange es geht, dass er das Ding aber rechtzeitig an seine Verbündeten loswerden muss, bevor er zu Fall gebracht wird und sich die Meute der Gegner auf ihn stürzt.

In René Clairs musikalischer Filmkomödie *Le Million* von 1931 realisiert sich diese Logik mit einer alten Jacke, in der ein millionenschweres Lotterielos steckt. Der tänzerische Höhepunkt der Jagd nach dieser Jacke findet im Foyer eines Theaters statt, wo sich die Verbündeten der einen Seite die Jacke nach Art des American Football einander zupassen, während sich die Gegner auf denjenigen zu werfen versuchen, der sie gerade in seinen Händen hält – bis sie schließlich durch ein geöffnetes Fenster ins Aus fällt. Und um kein Missverständnis bezüglich dieses selbstgenügsamen Spiels aufkommen zu lassen, hat René Clair – eines der vielen Beispiele für seinen erfindungsreichen Gebrauch der Tonspur – die ganze Szene mit den Beifallsgeräuschen einer Sportarena unterlegt. Das spielerische Element verwirklicht sich hier aber vor allem dank der Strukturiertheit des wandernden Dinges: Die Beteiligten wissen nichts von dem Los, das in der Jacke steckt. Sie wissen nur, dass die Jacke begehrenswert ist, weil sie begehrt wird, und so versuchen sie die Jacke bloß deswegen in ihren eigenen Reihen zu halten und wandern zu lassen, weil die anderen sie abfangen wollen. Im beschwingten Rhythmus von Festhalten und Loslassen.

ABSTOSSEN. Dinge können in ihrem Wert steigen und sie können in ihrem Wert fallen. Wenn man die Dinge nur nach ihrem Marktwert taxierte, müsste man sie behandeln wie Aktien, die man kauft, wenn ihr Wert steigt, und die man abstößt, wenn ihr Wert sinkt. Freilich liegen die Dinge selbst bei der Aktie – diesem ganz und gar entmaterialisiertem Ding – nicht ganz so einfach. Denn jedem von uns sind jene Geschichten zu Ohren gekommen, in denen die Besitzer den warnenden Anzeichen zum Trotz so lange an ihren Wertpapieren festgehalten haben und sich nicht dazu durchringen konnten, die Aktien abzustoßen, bis sie am Ende wertlos waren. Aber werden nicht auch umgekehrt immer wieder Geschichten erzählt, in denen ein Mann sein Glück gemacht hat mit einem Bündel von Aktien, das nicht einmal mehr – wie es immer heißt – das *Papier* wert schien, auf das sie gedruckt waren? Oder in denen ein Mann sein Glück dahingegeben hat mit einem scheinbar wertlosen Aktienbündel?

Was gleichgültig oder wertlos geworden ist, kann man wegwerfen. Um diesen Vorgang hat sich die Menschheit die meiste Zeit nicht allzu viel gekümmert. Man hat die Dinge an abgeschiedene Orte verbannt und sie ihrer Verfallszeit überlassen. Das hat sich geändert, seit man die Augen nicht mehr vor der Tatsache verschließen kann, dass die Orte nicht wahrhaft abgeschieden, wohl aber der verfügbare Raum begrenzt ist, so dass der Müll uns näher rückt und vor allem auf uns zurückstrahlt, zu uns durchsickert. Tatsächlich gehören ja Giftmüllfässer und Atommüllbehälter zu den prominentesten

wandernden Dingen unserer Zeit. Und schon den Grundschü-
lern wird der Themenschwerpunkt Müll heutzutage anhand
einer Bildergeschichte nahegebracht, in der einer Familie ihre
liegengelassenen Picknick-Rückstände vom Förster in didak-
tischer Absicht per Post nach Hause zurückgeschickt werden.

Es muss also Sorgfalt aufgewendet werden, um die wertlos
gewordenen Dinge zu *entsorgen*, sie in Stoff zu überführen
und zu *recyceln*. Das Abstoßen wird zu einem bedenkenswer-
ten Akt, bei dem die staatlichen Institutionen involviert sind
oder im Hintergrund stehen. »Das Heraustragen der *pou-
belle*«, sinniert Italo Calvino in *Die Mülltonne*, müsse »unter
zwei Aspekten interpretiert werden: als Erfüllung einer Ver-
tragspflicht und als ein Ritus«. Auf der Ebene der subjektiven
Ökonomie mag man dabei eine »Befriedigung« empfinden,
die »analog ist zu derjenigen, die man bei der Defäkation
hat«, und damit zusammenhängt, dass der Körper nach der
Ausscheidung »nichts anderes enthält als mich selbst«: »Nur
wenn und indem ich wegwerfe, kann ich sicher sein, daß etwas von mir noch nicht weggeworfen ist und vielleicht nie
weggeworfen werden muß.« (84 f.)

In Anbetracht der Dinge sieht die Sache ein wenig anders
aus. In ihnen kann man den Abfall sehen lernen, der sie dereinst sein werden. Das hat sich Nick Shay, der männliche Protagonist von *Unterwelt* angewöhnt, weil er in einer Müllentsor-
gungsfirma tätig ist, als »Müllhändler, Müllverkäufer«. Der
Müll – so diagnostiziert Nick Shay über dieses zweite Leitmotiv in DeLillos Roman – ist heute »etwas Religiöses«, mit der
»Aura des Feierlichen« umgeben (106 f.). Es ist letztlich eine
seltsame Form des *Vanitas*-Gedankens, wenn man die »Pro-
dukte schon als Abfall« betrachtet, die »noch glänzend in den
Ladenregalen liegen, noch ungekauft«: »Zuerst sahen wir
den Müll, dann sahen wir das Produkt als Essen oder Glüh-
birne oder Schuppenshampoo.« (144)

Unter diesem Gesichtspunkt erscheint das Ding, das man
nicht verbraucht und abstößt, nur mehr als der Abfall, an dem
man festhält. Nick Shay ist für ein gutes Stück Geld der Eigen-

tümer des Baseballs geworden, dessen Geschichte sich fast vollständig zurückverfolgen lässt bis zu jenem denkwürdigen Tag vor vierzig Jahren, als Bobby Thomson ihm ein für alle Mal eine *andere Richtung* und damit eine Geschichte gegeben hat. Seine Kollegen von der Firma unterhalten sich über den Erwerb des Balles. Man fragt ihn: »Was machst du damit, holst du den Ball aus dem Schrank und schaust ihn dir an? Und dann?« Der eine gibt die Antwort, Nick denke darüber nach, »was der Ball bedeutet«: »Das ist ein Gegenstand mit einer Geschichte.« Ein anderer Kollege hält dagegen, Nick habe einfach »ein wertloses Ding gekauft«: »Ich handle mit anderem Müll. Dem echten Stoff, aus dem die Welt gemacht ist. Wegwerfwindeln, tonnenweise. Nicht dem Nostalgieschrott der Ewiggestrigen.« (119)

ABSTOSSEN UND ZURÜCKKOMMEN. Wer einen Gegenstand von sich aus abstößt, kann dafür besondere Gründe haben. Wer will schon mit einer Tatwaffe oder einem anderen kompromittierenden Gegenstand in Verbindung gebracht werden? Im Allgemeinen statuiert man mit dem Abstoßungsakt, dass der Gegenstand hiermit aufgehört haben möge, etwas zu bedeuten – dass er überflüssig ist und vergessen werden soll. Während beim Festhalten des Dinges das Loslassen zum Problem wird, ist es beim Abstoßen des Dinges sein Zurückkommen. Freilich ist dieses Zurückkommen ebenso unwahrscheinlich wie das Loslassen unvermeidlich. Immerhin gibt es den Förster, der den zurückgelassenen Müll per Post ins Haus schickt, und es mag auch vorkommen, dass einem das Weggeworfene als Verlorenes hinterhergetragen wird. Aber den Fällen, in denen sich das Abgestoßene als Überflüssiges erneut aufdrängt, braucht man keine weitere Bedeutung beizumessen.

Man kann sie letztlich als eine Art *Ärgernis* handhaben. Im Grenzfall lässt sich dann allerdings eine Geschichte, die von den Schwierigkeiten des Abstoßens handelt, als schwarze Komödie behandeln: wenn nämlich der abzustoßende Gegenstand zum Beispiel eine Leiche ist. In Alfred Hitchcocks *Immer Ärger mit Harry* (*The Trouble with Harry*) ist eine ganze *Crew* in die erfolgreiche Durchführung einer Leichenbeseitigung involviert. In dieser farbenfrohen schwarzen Komödie wird die von einem Jungen in einer idyllischen Waldlichtung aufgefundene Leiche von Harry ebendort mehrmals voreilig und heimlich beerdigt. Neue Erwägungen (aber nicht etwa unbewusste Wünsche oder Ähnliches) führen dann jeweils dazu, die Leiche wieder auszugraben, um sie anschließend noch einmal zu beerdigen. Am Ende stellt sich heraus, dass man sich besser gar nicht erst die Finger hätte schmutzig machen sollen. Man unterzieht Harry einer pietätlosen Leichenwaschung in der Badewanne und legt ihn hin, wie man ihn gefunden hat. Der Witz dieser Komödie beruht darauf, dass die Leiche von Anfang bis Ende als ein schlechthin überflüssiges, ärgerliches und an sich gleichgültiges Ding aufgefasst wird: Schon zu Lebzeiten war Harry nichts als ein Störenfried.

Anders liegt die Sache dann, wenn es sich um einen Gegenstand von Wert handelt, den man nicht von sich aus, sondern auf Geheiß eines wie auch immer gearteten *Dritten* abgestoßen hat. In diesem Falle wird dem Ereignis des Zurückkommens in Anbetracht seiner Unwahrscheinlichkeit allerhöchste Signifikanz beigemessen. Das macht ihn für die Literatur interessant. Die klassische Version gibt Schiller im *Ring des Polykrates*. Zur Erinnerung: Polykrates von Samos will von seinem Gast, dem ägyptischen König, bestätigt wissen, dass er »glücklich« ist, weil er das Glück auf seiner Seite hat. Der Gast hält diesen Schluss für voreilig. Aber alle seine Einwände werden durch entsprechende Ereignisse zunichte. Kaum hat er auf den noch lebenden Feind verwiesen, wird der Kopf desselben überbracht; kaum hat er an die noch auf hoher See befindliche Flotte erinnert, da hört man den Jubel über ihre Rückkehr; kaum hat er vor den nahenden Kriegsschiffen der Kreter gewarnt, da trifft die Nachricht ein, sie seien im Sturm zerschellt. Angesichts dieser Serie steigert sich das anfängliche Erstaunen des Gastes aber nur zum Entsetzen, denn:

»Noch keinen sah ich fröhlich enden, / Auf den mit immer vollen Händen / Die Götter ihre Gaben streun« (365). Er selbst zum Beispiel habe seine glückliche Regentschaft mit dem vorzeitigen Tod seines Erben bezahlt. Polykrates solle daher das »Unglück« selber herbeirufen: »Und was von allen deinen Schätzen / Dein Herz am höchsten mag ergetzen, / Das nimm und wirfs in dieses Meer.« Polykrates wirft »von Furcht beweget« seinen Ring als sein »höchstes Gut« in die Fluten; er will ihn den Erinnyen weihen: »Ob sie mein Glück mir dann verzeihen.« Aber am nächsten Tag macht ein Fischer dem Polykrates einen besonders großen Fisch zum Geschenk; und als der Koch den Fisch zerteilt, findet er den Ring: »Sieh, Herr, den Ring, den du getragen, / Ihn fand ich in des Fisches Magen, / O ohne Grenzen ist dein Glück!« Da steigert sich der Affekt des Gastes zum Grausen, und er wendet sich von seinem Gastgeber ab, weil er nicht mit ihm untergehen will: »Die Götter wollen dein Verderben.« (365)

Die Zweideutigkeit des Vorgangs der Rückkehr – was für den Koch der Beweis grenzenlosen Glücks ist, beweist in den Augen des ägyptischen Königs die Unausweichlichkeit des Verderbens – hat ihre Voraussetzung in der Zweideutigkeit des Abstoßungsaktes selbst. Die Bewegung des Abstoßens ist an sich richtungslos, der abgestoßene Gegenstand hat keinen Empfänger. Die Empfehlung des ägyptischen Königs lautet, Polykrates solle das, was ihm am meisten wert ist, so behandeln, als sei es wertloser Abfall. Erst der Sprechakt des Polykrates gibt dem Abstoßungsakt die Richtung, die er immer schon gehabt haben wird: Er adressiert den Ring an die Rachegöttinnen. Dadurch wird der Abstoßungsakt zur Opfergabe, zu einem Geschenk mit der Bitte um Verzeihung (entsprechend wird der Fisch, in dem der Ring zwischengelagert ist, ausdrücklich als ein besonderes Geschenk bestimmt).

Im Grunde ist die Bitte des Polykrates eher bescheiden. Weder will er aus der Annahme des Geschenkes die Verzeihung schon herauslesen noch will er auf diese Weise sein künftiges Glück erkaufen: Ihm geht es lediglich darum, dass die unheimliche Anhäufung von Glückstreffern keine Überreaktion der Rachegöttinnen zeitigen möge. Die Vermessenheit liegt eher beim ägyptischen König: Sein Ratschlag –»rufe selbst das Unglück her« – klingt so, als ob das Abstoßen des Ringes an sich schon das notwendige Quantum an Unglück beinhalte, als ob man sein Schicksal in die Hand nehmen und sich selbst zufügen könne, was den Göttern vorbehalten ist. Daher ist für den ägyptischen König die Wiederkehr des Ringes ein weiteres Ereignis in der Serie der glücklichen Fügungen, das sein Entsetzen folgerichtig zum Grausen steigert. Für Polykrates hingegen hat es – ohne dass die Ballade dies explizit machte – den Status eines für sich selbst bedeutsamen Meta-Ereignisses: die Zurückweisung einer Gabe. Diese Zweideutigkeit (die die Frage nach unserem Verhältnis zu unwahrscheinlichen Ereignissen überhaupt aufwirft) hängt umgekehrt zusammen mit dem Status, mit der Wertigkeit des fraglichen Gegenstandes selbst.

Der Rat des ägyptischen Königs ist auch deshalb problematisch, weil er das Herbeirufen des Unglücks von vornherein auf das Abstoßen eines Gegenstandes einschränkt, der, weil er sich wegwerfen lässt, auch zurückkehren kann. Der Ring erscheint weniger als etwas Einzigartiges und Unersetzliches, sondern eben nur als das Wertvollste unter einer bestimmten Menge an Schätzen. Es mag schwer sein, sich von ihm loszureißen, aber er wird sich nicht weiter durch sein Fehlen bemerkbar machen. Folglich wird auch nichts von einer Trauer des Polykrates vermeldet, nachdem er den Ring in die Fluten geworfen hat. In Schillers Quelle, den *Historien* von Herodot, sind die Verhältnisse nicht nur in dieser Hinsicht etwas anders gelagert. Dort wird das Wegwerfen des zuvor genau beschriebenen Ringes nicht als spontaner Akt, sondern als eine zeremonielle Handlung vorgeführt. Polykrates lässt sich eigens mit einem Fünfzigruderer hinaus aufs Meer fahren und wirft den Ring »vor den Augen aller Mitfahrenden« ins Meer. Dann »fuhr er heim, ging in seinen Palast und trauerte« – entsprechend der Forderung des ägyptischen Königs Amais, Polykrates solle dasjenige wegwerfen, worum er »am tiefsten trauern« würde (III, 40f.).

Polykrates wird später, wie Herodot berichtet (III, 122 ff.), ermordet und an ein Kreuz genagelt. Herodot macht auch deutlich, dass das spätere Schicksal des Polykrates weniger den Göttern als vielmehr Polykrates selbst zuzuschreiben ist: Auf seine glückliche Hand vertrauend schlägt er im entscheidenden Augenblick alle Warnungen in den Wind und fällt – begierig nach weiteren Reichtümern – einer List zum Opfer. In jedem Falle kann man in der Geschichte vom Ring des Polykrates das Wirken eines Reziprozitätsgesetzes erkennen: Wer sich von etwas trennt, wer ein Ding abstößt, der wird nicht umhinkommen, seiner Rückkehr eine Bedeutung zuzuschreiben, die über die jeweilige Bedeutung des Dinges hinausragt. Die Rückkehr hat die Wirkung einer an das Subjekt gerichteten *Botschaft*. Diese Botschaft kann entweder auf das Ding selbst bezogen werden oder auf den unwahrscheinlichen Zufall, der das Ding wieder in die Hände dessen spielt, der es weggeworfen hat.

Kein Zufall, dass dieses Motiv den Auftakt der Erzählung *Spielerglück* im dritten Band der *Serapionsbrüder* von E. T. A. Hoffmann macht. Der Rahmenprotagonist dieser mehrfach verschachtelten Erzählung mit dem nicht ganz unverfänglichen Namen Siegfried steht nicht nur, was Frauen angeht, unter einem besonderen »Glücksstern«. Als beispielhaft dafür erzählt man sich die »Geschichte von einer Uhr«, die Siegfried in jungen Jahren widerfuhr, als er »seine goldene, mit Brillanten reichbesetzte Uhr« zunächst in Geldnöten zu verkaufen gezwungen ist, um sie ein Jahr danach bei einer Lotterie unversehens zurückzugewinnen. Und nachdem er die Uhr kurz darauf mit einem kostbaren Ring vertauscht hat, erhält er sie einige Zeit später als wohlwollendes Andenken für seine in einem gräflichen Hause geleisteten Dienste ein zweites Mal zurück (712 f.).

Wie bei Polykrates geht es hier nicht um das Zirkulieren eines Dinges, sondern um die Bewegung des Abstoßens und

Zurückkommens, die nur auf ein *einzelnes* Subjekt bezogen ist. Für den Ring des Polykrates sind der Fisch, der Fischer und der Koch ganz unerhebliche Zwischenwirte. Auch hier interessiert der Weg der Uhr nur, insoweit er ein Rückweg ist. Aber ihr Notverkauf bzw. ihr Tausch mit einem Ring werden bei Hoffmann keineswegs als bedeutungsschwere Operationen beschrieben: So geht es eben zu in einer Welt, in der alles Mögliche zirkuliert, in der man bisweilen Wertgegenstände verkaufen muss und in einer Lotterie gewinnen kann. Wenn das Abgestoßene zurückkehrt, so wird das nicht auf den Gegenstand selbst bezogen. Mit keinem Wort wird erwähnt, dass Siegfried eine persönliche Bindung zu dieser Uhr hat oder durch die Vorkommnisse entwickelt. Das Entscheidende an diesem Vorgang ist sein Wiederholungscharakter – die Tatsache, dass Siegfried die Uhr *zweimal* abstößt und sie *zweimal* unverlangt zurückbekommt. Diese Wiederholung will etwas besagen, etwas bedeuten. Dadurch wird die Sache mit der schicksalsträchtigen Angelegenheit des Polykrates vergleichbar. Weil sich in der Wiederholung die *Serie* ankündigt, will Siegfrieds Umgebung diese Geschichte als Wink dafür nehmen, dass der bislang in dieser Hinsicht abstinente Siegfried seine glückliche Hand am Spieltisch nutzen solle. Siegfried erklärt sich zwar schließlich widerwillig dazu bereit – aber nur, um die These von seinem »wechsellosen Glück«, wie es in Herodots *Historien* auf Polykrates gemünzt heißt (III, 43), zu widerlegen. »Er fand sich bei der Bank ein mit dem festen Vorsatz, die bedeutende Summe, die er eingesteckt, zu verlieren«; aber dann kommt es, wie es (in der Literatur) kommen muss: »Jede Karte, die er wählte, gewann.« (713 f.) Die Wiederkehr der Uhr setzt sich folgerichtig fort im Misslingen des Versuchs, das Geld abzustoßen. Und weil Spieler zwar auch an den Neid der Götter, vor allem aber an Serien glauben, verfällt unser Siegfried bald dem Spiel. Nur eine überaus drastische Geschichte über die Abgründe »täuschenden Spielerglücks« bewahrt ihn davor, das Ende seines wechsellosen Glückes als Kreuzigung zu erleiden.

Festhalten und Abstossen. Wie müssen die Bedingungen beschaffen sein, unter denen sich der Impuls des Festhaltens und der Impuls des Abstoßens einander überlagern? Hier sind theoretisch zwei Fälle möglich. Man kann sich angesichts höherer Notwendigkeiten gezwungen sehen, etwas abzustoßen, woran man eigentlich festhalten *möchte*. Schon Aristoteles diskutiert diesbezüglich in der *Nicomachischen Ethik* (1109b, 1110a) den Fall, dass einer im Sturm sein Hab und Gut über Bord wirft, um sein Leben zu retten. Interessanter ist die zweite Möglichkeit: wenn man etwas behält, was man eigentlich abstoßen möchte. Hier können es nicht einfach natürliche Bedingungen sein, die dazu führen, sondern nur *gesetzte* Bedingungen – die Bedingungen eines über den Dingen waltenden Gesetzes also. Dies ist zum Beispiel dann der Fall, wenn ich mich dazu verpflichtet, wenn ich versprochen oder geschworen habe, an etwas festzuhalten, was ich in Wahrheit abzustoßen wünsche. In dieser Situation befindet sich Hans Jürgen in dem zur Reformationszeit spielenden Roman *Der Werwolf* von Willibald Alexis. Es geht um ein Kleidungsstück – um die *Hosen des Herrn von Bredow*, die schon das humoristische Kernmotiv des so betitelten Vorgängerromans bildeten. Am Totenbett hat Hans Jürgen – eigentlich nur der arme Verwandte im Hause Bredow – dem Götze von Bredow schwören müssen, dass er dieses von Stammhalter zu Stammhalter weitergegebene, aus Elchleder gefertigte Familienerbstück immer tragen werde. Diese Hosen aber werden ihm immer mehr zur Bürde. Sie sind ein Emblem der mittelalterlichen Adelsherrschaft und werden zum Gespött des kurfürstlichen Hofes, wo schon längst die Pluderhosen modern sind.

Was kann man tun, wenn man dergestalt unter der Herrschaft alter Gesetze steht, die man nicht zu brechen wagt? Hans Jürgens Gattin Eva, die Tochter des seligen Götze, versucht der Misere ihres Mannes durch Umgehung des Gesetzes Abhilfe zu schaffen (in Wahrheit haben im Hause Bredow seit längerem die Frauen die Hosen an), indem sie das Wirken der Naturgesetze intensiviert, das alle irdischen Dinge zur Erosion verurteilt. Sie hofft den Verschleiß der Hosen durch unablässige Reinigungsprozeduren zu beschleunigen: »Aber es mußte eine Wunderkraft in der Haut des Elches sitzen; sie widerstand dem Bürsten, Klopfen und der Pottasche. Kein Löchlein, kaum ein dünner Sprung ward sichtbar.« (189) Schließlich hat sie sich zur Untat, der gewaltsamen Vernichtung durchgerungen. Die Hose soll erst in Streifen geschnitten und dann verbrannt werden. Schon glänzt die große Schere im Schein des nächtlichen Feuers (tagsüber sind die Hosen ja nicht verfügbar) – da tritt als Stellvertreter des Gesetzes (und mithin als Hüter der Hose) eine Gestalt ins Zimmer, die Eva für den »Geist des Vaters« (191) hält. Sie fällt in Ohnmacht.

Im Roman bedarf es schon der Kirchenspaltung, um das Problem einer Lösung zuzuführen. Alexis legt Martin Luther eine Predigt »von den falschen Gelübden« in den Mund, in der die Beteiligten zu hören bekommen: »So einer seinem Vater gelobt hat auf dem Sterbebett, er wolle seine Kinder erziehen, dass sie des Teufels würden, so ist das, als wenn einer als Kind verspräche, er wolle sein Lebtag dieselben Schuh tragen, oder dieselben Hosen auf dem Leibe. Das ist gottlos und dies dumm und beides lächerlich.« (424) Mit dieser gleichnishaften Verwendung der Hose wird das handgreifliche Problem zwar gründlich abgekanzelt, zu einem feierlichen Akt der Abstoßung und des Gesetzesbruches lässt es der Roman aber doch nicht kommen. Wie Hans Jürgen sich am Ende aus den Hosen gleichsam *fortgestohlen* hat, das kommt dem Erzähler selbst »wie ein Mährlein« vor, und es ist nur »wiedererzählt, wie es von den Leuten wiedererzählt wurde«: Bei einer Jagd wird dem Kurfürsten im Kampf mit einem Bären die Hose zuschanden, und sein Vasall Hans Jürgen muss ihm wohl oder übel mit der seinigen aushelfen; sosehr die Hosen auch zum Ärgernis geworden und zum Gleichnis geronnen sind – wenn es gilt, die Blöße des Souveräns provisorisch zu bedecken, können sie sich immer noch als unersetzlich erweisen. »Hans Jürgen war seine Hosen los, und gewiss mit Ehren, denn er hatte sie seinem Kurfürsten verehrt, und wenn etwa ein anderer Bredow auf das Familienstück Anspruch gemacht, von seinem Kurfürsten durfte er's nicht zurückfordern.« (425 f.)

Man kann sich also gezwungen sehen, etwas abzustoßen, was man behalten möchte, und man kann an etwas festzuhalten verpflichtet sein, was man lieber loswerden wollte. Tatsächlich kann es aber noch einen dritten Fall geben. In ihm sind die natürlichen Bedingungen allerdings vollends außer Kraft gesetzt. Er verweist in das Reich der Märchen – genauer: auf die Logik des Tests oder der Probe. Erst in diesem Fall wird die Frage nach Festhalten und Loslassen zum beherrschenden Strukturprinzip der Geschichte. Friedrich Hebbels Märchen-Lustspiel *Der Rubin* ist wahrhaftig eine Geschichte des Festhaltens *und* Abstoßens. Ihr Kern ist in einer Maxime zusammengefasst, die Hebbel am 19. Oktober 1836 als seine »beste Lebensregel« in seinem Tagebuch notiert hat: »Wirf weg, damit du nicht verlierst!«

Mit dem jungen träumerischen Fischersohn Assad betreten wir das märchenhafte Bagdad aus Tausendundeiner Nacht. Assad ist bettelarm und hungrig, aber ob der Wunder dieser Stadt hat er »keinen Magen mehr« (601), wie er seinem umso diesseitiger eingestellten Kameraden Hakam anvertraut. Als der nichtsahnende Assad einen silbernen Becher aus seiner Tasche hervorholt, den der habgierige Hakam dem letzten Wirt entwendet und dort verstaut hat, wirft er ihn ohne Zögern entrüstet fort und trennt sich von Hakam. Auch als ihm Juwelier Soliman seine Sammlung vorführt, regt sich in unserem poetischen Helden kein besitzergreifender Drang: Er freut sich über die Edelsteine so, wie »kleine Kinder übern Mond sich freun!« (609). Aber dann sticht ihm ein Rubin ins Auge, der ihm sofort zum »Mittelpunkt der Welt« (610) wird. Das Realitätsprinzip ganz hintansetzend ergreift er den Rubin und stürzt fort, um gleich darauf gestellt zu werden. Nur die Zauberkräfte des greisen Irad bewahren ihn vor der sofortigen Exekution. Irad klärt ihn darüber auf, dass dieser Rubin »noch viel mehr ist, als du ahnen kannst«, denn Fatime, die einzige Tochter des Kalifen, ist von einem bösen Geist »In diesen Stein hinein gebannt und schläft / Den Schlaf des Todes, ehe sie noch starb!« (620f.).

Der märchenhafte Rubin ist also zwar ein übernatürliches Ding, zugleich aber das genaue Gegenteil jener instrumentellen Wunderdinge, die nur Mittel zum Zweck sind. Durch drei um Mitternacht auf den Stein gedrückte Küsse kann Fatime für eine kurze Weile aus ihrem Totenschlaf geweckt werden. Assad erkennt sogleich, dass er im Stein von Anfang an die Frau geliebt hat. Gerade deshalb aber lässt Fatime alle Hoffnung fahren. Die Bedingung, unter der sie erlöst werden kann, darf sie nur in dem Rätselwort andeuten, es sei »So leicht, daß dus an jedem Ort / Vollbringen könnest und zu jeder Zeit!« (626). Nachdem der ratlose Assad den Rubin noch einmal fast an seinen ehemaligen Kameraden Hakam verloren hat, wird er ein zweites Mal gefasst. Diesmal wird die Vollstreckung des Todesurteils dadurch verzögert, dass der Kalif ein letztes Mal Gericht halten möchte, bevor er aus Gram um den Verlust der über alles geliebten Tochter seines Amtes entsagen will. Die Gerichtsszene spitzt sich auf jenen Moment zu, in dem der unumschränkte Herrscher seinen Untertanen Assad mit milder Stimme auffordert, ihm das *corpus delicti* zu übergeben. Die folgende Bühnenanweisung wiederholt mit ihrem sprachlichen Rückzieher die Bewegung des Helden: Assad »überreicht dem Kalifen nach kurzem innerlichen Kampf den Rubin, zieht ihn aber, als dieser die Hand nach ihm ausstreckt, wieder zurück« (645). Stattdessen schleudert er den Rubin in den Fluss. Durch dieses Wegwerfen hat er die Bedingung erfüllt und nicht nur Fatime gewonnen, sondern auch die Krone des Kalifen erworben.

Nur weil der junge Assad nicht weiß, dass hier ein Anwendungsfall der Lebensregel »Wirf weg, damit du nicht verlierst!« vorliegt, darf es sich um einen konkreten Anwendungsfall dieser Maxime handeln. Man kann sich eine solch paradoxale Lebensregel bestenfalls ganz unkonkret zu eigen

machen. Das Märchen-Lustspiel setzt den aufs höchste ver-
dichteten Anwendungsfall in Szene und damit auch ein Maximum an abgründiger Zweideutigkeit frei. Fatime selbst formuliert die Erlösungs-Bedingung rückwirkend so: »Wer den
Rubin besaß, der sollte ihn / Wegwerfen, wie der Knab den
Kieselstein!« (647) Das ist nun nicht gerade die innere Einstellung, die Assad zum Fortwerfen des Rubins bewegt.
Ebenso wenig freilich war es der materielle Wert des Rubins,
der ihn am Fortwerfen hinderte. Der Witz der märchenhaften Bedingung liegt gerade darin, von den Beweggründen
abzusehen: Allein auf das Abstoßen kommt es an – ganz
gleich, ob es sich um eine überlegte Tat oder einen Impuls
handelt.

Die Lebensregel hält dazu an, um der immateriellen Werte
willen am materiellen Gut nicht festzuhalten. In diesem
Sinne führt uns das Märchen-Lustspiel Assad von Anfang an
als leuchtendes Beispiel vor. Daher geht es auch beim Ergreifen des Rubins gerade nicht um materielle Bereicherung,
sondern um die Frau und die Liebe. Aber darüber kann nach
der Voraussetzung des Märchens nur auf der gewissermaßen
dinglichen Ebene gehandelt werden. Das Wegwerfen fällt
eben schwer, ob im Edelstein nun die Frau verborgen ist oder
nicht.

Nicht darin liegt also die grundlegende Zweideutigkeit. In
der entscheidenden Szene geht es nicht mehr um den Gegensatz zwischen *Festhalten* und *Abstoßen*, sondern um den Gegensatz zwischen *Zurückgeben* und *Wegwerfen*. In Assads Lage kann
von Festhalten keine Rede mehr sein. Er wirft den Rubin
nicht von sich, weil er auf ihn Verzicht tut, sondern weil er es
nicht über sich bringt, ihn dem Kalifen zu überreichen. Was
er nicht für sich haben kann, soll auch kein anderer haben
dürfen. Assad definiert sich über seine exklusive Beziehung
zu diesem einzigartigen Stein, der folglich aus dem Verkehr
gezogen werden muss und nimmermehr von Hand zu Hand
gehen soll. Über den moralischen Wert seiner impulsiven
Handlung urteilt er denn auch mit den Worten »Pfui über

mich!«, und ihren Beweggrund bestimmt er zu Recht als »Raserei der Eifersucht« (647).

Darin ist mehr als nur die problematische Stellung der Frau als unveräußerlicher Besitz zum Ausdruck gebracht. Es wird überdies gezeigt, wie dieser unveräußerliche Besitz den Besitzer wechselt. Denn man darf nicht vergessen, dass es sich beim Kalifen um den Vater Fatimes handelt. Insofern führt das Märchen-Lustspiel das Kunststück vor, wie man dem Vater straflos die Tochter wegnehmen und sich an den Platz des Vaters setzen kann. Möglich ist das nur unter den verschärften Bedingungen der orientalischen Despotie, deren Züge die schwerelose Märchenwelt auf unheimliche Weise grundieren und sich bisweilen irritierend in den Vordergrund drängen. Die Geschichte gibt uns letztlich zu verstehen, dass dem unumschränkten Herrscher die Tochter nur deshalb verlorengehen konnte, dass sie nur deshalb in einen Edelstein gebannt wurde, weil er sie zu seinem über alles geliebten *Kleinod*, zu seinem unveräußerlichen Besitz gemacht hatte. Nur als Kleinod aber konnte Assad sie in seine Hand bekommen, auf dass sie nun ihm zum unveräußerlichen Besitz werde. Dazwischen wandert das Kleinod durch ein Bagdad, das nur von Männern bevölkert scheint. In Assad hat der Kalif einen würdigen Nachfolger gefunden.

Übergänge zum Zweiten

OFFEN. Ganz verschieden können die Gründe sein, aus denen ein Ding offen oder verdeckt von einer Hand in die andere wandert, seinen Besitzer wechselt. So kann etwa ein Ding zu groß sein, um in die Tasche gesteckt zu werden. Oder es mangelt einfach an Gelegenheiten, das Ding abzustellen oder wegzuschließen, um die unrechtmäßigen Zugriffe zu verhindern oder die Unrechtmäßigkeit des Erwerbs zu verbergen.

Freilich gehört es zum Wesen vieler Dinge, dass sie offen zur Schau getragen und nicht im Stillen genossen werden.

Dies gilt allem voran für die Kleidung, die überdies, da sie den Körper umhüllt, ihrem Träger nur schwer entwendet werden kann. Mit Stolz trägt Götze von Bredow seine Hosen aus Elchleder in Willibald Alexis' Roman. Nur wenn er seinen berüchtigten Rausch ausschläft, kann ihm seine Frau verbotenerweise die Hosen ausziehen und den allfälligen Reinigungsprozeduren unterwerfen. Vom Neffen Hans Jochem bewacht, hängen sie zum Trocknen aus, werden aber vergessen, als ein Unwetter losbricht. Der Krämer Hedderich nimmt sie an sich, aber Hans Jochem findet ihn und nimmt ihm die Hosen wieder ab, bevor der Herr im Aufwachen bemerken könnte, dass er die Hosen nicht mehr anhat. Ohne das Emblem seiner Hosen kann sich der Herr von Bredow nicht zeigen. Daher kann seine Frau im zweiten Teil des Romans durch den bloßen Raub der Hosen verhindern, dass ihr Gatte am Aufstand der Ritter gegen den Kurfürsten teilnimmt. Und wenn Hans Jürgen mit den weitbekannten Hosen beim Kurfürsten vorstellig wird, so genügt dies als eine Art Alibibeweis, dass Götze, der rechtmäßige Träger, am Aufstand nicht beteiligt war.

Die Oberbekleidung ist hier zu sehr Markenzeichen, zu sehr mit ihrem Träger verwachsen, um wirklich zu einem wandernden Ding zu werden. Wie von selbst kehren die Hosen, die bei niemandem Begehrlichkeiten wecken, zu ihrem rechtmäßigen Eigentümer zurück. Er braucht ihnen nicht hinterherzulaufen, wie es gegen alle Logik in der DDR-Verfilmung des Stoffes unter der Regie von Konrad Petzold geschieht: Hier erscheint der von Rolf Hoppe gespielte Ritter von Bredow noch rechtzeitig zum Kampf mit den Aufrührern, kämpft aus unerfindlichen Gründen auf der richtigen Seite und bekommt noch auf dem Kampfplatz seine Hosen wieder angezogen.

Man sieht: Essentielle Kleidungsstücke wie Hosen eignen sich – ihrer freien Sichtbarkeit zum Trotz – auch deshalb nicht besonders gut zum unverdeckt wandernden Ding, weil der Wechsel der tatsächlichen Sachherrschaft nicht ohne weiteres in der Öffentlichkeit zu bewältigen ist. Hosen haben, obwohl sie doch gerade auf den Geschlechtsunterschied verweisen, offensichtlich nicht das Zeug zum symbolischen Phallus. Abgesehen davon, dass sie kein Gegenstand des Begehrens sind, fehlt ihnen auch das Kriterium der Ablösbarkeit. Beispiele für das Wandern ins Auge stechender Gegenstände finden sich folgerichtig eher aus der Zeit, in der die *Waffen* offen zur Schau getragen wurden. Und als Medium solcher Geschichten bietet sich der Film an, in dem man das, was offen zur Schau getragen wird, auch sehen kann.

In Anthony Manns Western *Winchester 73* etwa gewinnt der von James Stewart gespielte Lin McAdam in einem Wettschießen das berühmte Repetiergewehr dieses Namens, das ihm aber von Dutch, seinem Kontrahenten und einzigen Bruder, geraubt wird, bevor er seinen Namen in das dafür vorgesehene Feld eingravieren lassen kann. Unter diesem Vorzeichen kann weder der Bruder das Gewehr lange behalten noch der Waffenhändler, an den er es abtreten muss. Immer wieder fallen begehrliche Blicke auf das Gewehr, immer wieder wird es denen zum Verhängnis, die es bis zuletzt in ihren blutigen Händen halten. Die Figur vollendet sich, als das Gewehr am Ende wieder in die Hände des schwarzen Bruders und Vatermörders Dutch gelangt: Lin McAdam erhält sein Gewehr aus den leblosen Händen des von ihm schließlich getöteten Bruders zurück. Er kann seinen Namen eingravieren lassen und darf eine Frau sein Eigen nennen (die ihm womöglich zwei Söhne schenken wird).

Mit Waffen kann man immerhin etwas anfangen. Die Winchester 73 allerdings dient zu wenig mehr, als der Gefahr zu begegnen, der man durch ihren Besitz ausgesetzt ist. Die imaginäre Dimension des phallischen Gegenstands enthüllt sich hingegen erst, wenn er zwar zur Schau getragen wird und auch ablösbar ist, aber *offenbar* zu nichts nutze. Unter dieser Voraussetzung wird der Übergang des Dinges zur offenen Frage. Es ist die Frage nach dem Status der *Trophäe*, des Siegeszeichens. Sie stellt sich mustergültig in einem Film von

Laszlo Benedek mit dem Titel *Der Wilde* (*The Wild One*) aus dem Jahre 1953.

Die Motorradgang *Blue Rebels* mit dem vom blutjungen Marlon Brando gespielten Johnny an der Spitze braust auf ihrer üblichen Wochenend-Tour durch dünnbesiedelte amerikanische Landstriche. Zunächst wird ein Motorradrennen gestört, wobei einer von ihnen den für den *zweiten* Preis vorgesehenen Pokal mitgehen lässt – den Siegerpokal hätte er nicht unter seiner Lederjacke verstecken können. Wie selbstverständlich wird dieser von einem stilisierten Motorradfahrer gekrönte Pokal Johnny übergeben, der ihn vorn auf seinem Motorrad festzurrt. Wenig später fällt die Meute in einen gottverlassenen Ort ein, in dem sie für Aufruhr und Anarchie sorgen wird.

Den Pokal lässig am Lederband baumeln lassend, betritt Johnny das leere Café. Dort bedient das Mädchen, das ihn – wie seine retrospektive Stimme aus dem Off zu Beginn des Films angekündigt hat – verändern wird. Johnny pflanzt den phallischen Gegenstand auf dem Tresen auf. Dadurch wird er zum Gegenstand des ersten kargen Gespräches zwischen den beiden. Johnny bietet den Pokal unversehens dem Mädchen an. Dieses weist das unpassende Geschenk zurück und unterstreicht den Status des Pokals als Trophäe, in die er seinen Namen eingravieren solle: »Sie haben ihn doch gewonnen.«

Mit Trophäen kann man ohnehin nichts anfangen; einen Gebrauchswert haben sie nicht. Man kann die Siegeszeichen nur vorzeigen, auf dass sie mit Augen und Fingern andächtig abgetastet werden. Für ihren rechtmäßigen Eigentümer mögen sie darüber hinaus eine »nette Erinnerung« sein, wie der später herzukommende Vater des Mädchens, der schwache und ängstliche Sheriff des Ortes, meint. Eine nette Erinnerung kann Johnny mit dem Pokal jedoch gerade nicht verbinden; er hat ja nicht einmal seine Entwendung selbst bewerkstelligt. Einen Tauschwert hat die Trophäe als solche ebenso wenig. Als etwas, was man käuflich erwerben kann, ist der Pokal bloßer Tand. Einen Wert hat er nur für den, der sich als sein *ursprünglicher* Erwerber ausgeben will. In diesem Sinne macht das *Wandern* die Trophäe immer schon zu einer Fälschung (sie muss vor Ort bleiben in der Vitrine oder in der Familie, wo die Erinnerung gepflegt wird). Johnny will sich nicht als Hochstapler mit dem Pokal brüsten. Er will sich aber auch nicht als der unrechtmäßige Besitzer erweisen, der die Trophäe achtlos stehenlässt. Schon deshalb handelt es sich um eine folgerichtige Kompromisshandlung, wenn er sie halbherzig diesem Mädchen namens Kathie ›verehren‹ möchte, als sei dieses ein Kind, das sich vom Tand blenden lässt. Damit hat der Film aber auch schon die Instanz bestimmt, die die Trophäe am Ende in Empfang nehmen muss. Solange der Pokal noch nicht bei Kathie gelandet ist, wird er dauernd irgendwo im Bilde sein, baumelnd oder festgezurrt, hinterhergetragen oder provisorisch verstaut. Aber wie das geschehen kann und was es zu bedeuten hat, davon handelt der Film.

Die Trophäe wird in diesem Film zu einem Ding mit einer *Geschichte*. Die nächste Etappe dieser Geschichte besteht in der Entzauberung des Dinges. Eine zweite Motorradgang fährt in den Ort ein. Sie hat sich vor einiger Zeit von den *Blue Rebels* abgespalten. Ihr Anführer namens Chino hat bereits begonnen, den inzwischen wieder auf Johnnys Motorrad aufgepflanzten Pokal loszubinden, als Johnny den Besitzstörer stellt und nunmehr sein Recht an einer Sache geltend macht, die sie beide nur als *Fremdbesitzer* haben können: »Das gehört mir, rück's raus.« Es kommt zur Auseinandersetzung zwischen den beiden Anführern, deren entgegengesetztes Gebaren und Aussehen für das Verständnis dieses Films entscheidend ist: Chino bewegt sich entkrampft, er gefällt sich auch auf der sprachlichen Ebene in einer Art Rollendistanz; Johnny hingegen bewegt sich mit einer gewissen Steife und noch seine Gewandtheit hat etwas Verkrampftes, seine Worte wirken wie hervorgestoßen oder hervorgepresst; der outrierte Chino sieht etwas liederlich aus mit seinem ungepflegten Bart, während Johnny mit dem merkwürdig glatten Gesicht des jungen Marlon Brando wie poliert und gepanzert wirkt.

Mit affektiert weinerlicher Stimme bittet Chino Johnny darum, ihm doch das Ding nicht wegzunehmen – »es gefällt mir so gut«. Er wolle doch auch einmal den Mädchen imponieren. Als auch sein zweiter kindlicher Appell, »nimm's doch Chino nicht weg«, wirkungslos bleibt, ändert er seine Tonlage; er gibt zu, dass er das Ding geklaut habe, aber, so fügt er vor allen Leuten hinzu – »einem, der's auch nicht gewonnen hat«. Vor den Augen der sogleich in Großaufnahme gezeigten Kathie wird der Pokal mit dieser Entzauberung als etwas entlarvt, was nur noch *im Spiel* wandern kann. Und Chino denkt sich sogleich ein neues Spiel aus, indem er Kathie den Pokal in die Hand drückt mit der Anweisung, nach dem nun fälligen Zweikampf diese »kostbare Trophäe« dem Sieger zu überreichen. Anscheinend ganz im Ernst aber betritt Johnny nach siegreich bestandenem Kampf das Café und fordert den auf dem Tresen stehenden Preis ein: »Sonst stell ich den Laden auf den Kopf.« Johnny verlangt nach der Trophäe, die er Kathie noch kurz zuvor verehren wollte, weil er wenigstens im Spiel ein Recht darauf erworben hat. Zugleich ist es gerade die Entzauberung des Dings, die ihn auf den Preis Anspruch erheben lässt. Kathie reicht ihm die Trophäe mit den Worten, er habe damit doch »schon genug angegeben«. Sie sagt ihm auf den Kopf zu, er sei ein ebensolcher Versager wie ihr Vater und solle diesen Preis dem zurückbringen, »der ihn wirklich gewonnen hat«. »Noch was?«, ist alles, was der verkapselte Johnny darauf erwidern kann.

Während die karnevalesken Ausschreitungen der *Gangs* im Laufe des Abends weiter voranschreiten, tritt die Beziehung der beiden in ein neues Stadium. Johnny rettet Kathie vor der verspielt zudringlichen Meute, um sie dann in einem Park durch einen brutalen Kuss zu erniedrigen. Sie aber erkennt: »Du hast Angst vor mir.« Am Motorrad kauernd erzählt sie von ihrer Sehnsucht nach einem weniger beschränkten Leben. Wenn Kathie ihren Zuhörer dann an sein früheres Angebot erinnert, ihr den Pokal zu schenken, wird dieser weiter angereichert. Ohne seine Wertlosigkeit einzubüßen, bekommt er in der Bitte um diese Gabe einen neuen, symbolischen Wert. »Wozu?«, fragt Johnny. Sie weiß es nicht: »Ich wollte nur wissen, ob du ihn mir noch geben würdest, das ist alles.« Tatsächlich will sie damit alles. Unter Tränen wirft sie sich ihm an den Hals. Er aber stößt sie weg.

Johnny kann den Frauen nicht geben, wonach sie verlangen. Wo eine Frau ihr Verlangen artikuliert, zieht er sich ganz in seine Verkapselung zurück. Vor der Spaltung in zwei Motorradclubs waren auch Frauen mit von der Partie. Nun hat Johnny nur junge Männer um sich geschart, während die Frauen bei Chino mitfahren. Dieser weiß zu berichten, dass viele Mädels scharf auf Johnny waren, dass er aber keiner »an die Angel« ging. Eine von ihnen tritt auf Johnny zu, spielt auf eine gemeinsame Nacht an und bittet ihn im Namen dieser gemeinsamen Erinnerung um die Gabe einiger guter Worte. Auch ihr kann er nicht willfahren.

Warum ist das so? Die Merkmale, mit denen Johnny versehen wird, weisen ihn selbst als eine Art Trophäe aus. Für seine *Gang* ist er das mit Andacht behandelte Idol und das unhinterfragte Orakel. Er ist ihr *bestes Stück* oder der *Schatz*, den sie durch den Verzicht auf die Frauen in der Gang errungen haben, die bei Chino geblieben sind (folgerichtig kulminieren ihre karnevalesken Eskapaden auch in transvestitischen Rollenspielen). Er ist eine erstarrte Figurine, die nichts vollbringt und nichts genießt, in der sich virile mit femininen Attributen glücklos überlagern. Nur deshalb hat ihm auch die Gang den Pokal als *übergroßes, phallisches* Schmuckstück verehrt. Als solches bleibt der Pokal ein *Zwischending*. Mit großer Hingabe führt der Film vor, dass der Träger dieses Zwischending nicht wirklich besitzen kann. Und erst wenn Johnny seinerseits aufhört, ein phallischer Gegenstand, ein übergroßes Schmuckstück zu *sein*, wird er es über sich bringen, dieses Zwischending abzugeben.

Begünstigt wird diese Ablösung durch seine Erfahrung, dass die Kehrseite des Goldenen Kalbes der Sündenbock ist. Als ein solcher wird Johnny von den zur Hetzmeute gewordenen Bürgern gejagt. Nachdem ihm auch der Tod eines Mannes in die Schuhe geschoben worden ist, wird er von der in den Ort eingerückten Polizei abgeführt; er reißt sich noch einmal los, um den Pokal an sich zu nehmen. Die Polizei wird das Ding in Verwahrung nehmen und ihm hinterhertragen, bis sich schließlich – nach strengen väterlichen Reden und dem Dazwischentreten von Entlastungszeugen – herausgestellt hat, dass Johnny nur der begangenen Ordnungswidrigkeiten halber mit seinen Mannen des Feldes verwiesen werden muss. Ob der Pokal ihm gehöre, wird er am Ende gefragt. Johnny bejaht ein letztes Mal halbherzig und verstaut ihn wieder in seiner Lederjacke. Am Ende aber kehrt er doch noch zurück in das Café zu Kathie, um die Übergabe des Pokals schließlich über sich zu bringen, den er schweigend auf den Tresen stellt, begleitet vom Geschenk eines ersten Lächelns als Gegengabe. Damit vollendet sich die Metamorphose des entwendeten Pokals vom wertlosen Tand in das Symbol einer Beziehung. Gleichwohl bleibt die Herkunft dieses Dinges wesentlich. Weil die Gabe zugleich eine *Rückgabe* ist, wird ihr Empfänger nicht irgendeine fordernde dunkelhaarige Geliebte einer Nacht sein, sondern zugleich eine *Instanz*. Der Empfänger wird – so die Lehre des Films – *die* Frau sein.

VERDECKT. Es ist offensichtlich, dass ein verdeckt getragener Gegenstand keineswegs auch verdeckt von einem Träger zum anderen wandern muss. Ein Klappmesser kann man feierlich überreicht bekommen und anschließend in der Tasche verschwinden lassen. Und auch, wenn es im Hinterhof verborgen vor den Augen Dritter von der einen Tasche in die andere wandert, handelt es sich insofern nicht um einen verdeckten Übergang, als die Transaktion in gegenseitigem Wissen und Einverständnis vollzogen wird. Wahrhaft verdeckt ist die Transaktion erst, wenn das Ding aus der Tasche des Besitzers ohne dessen Wissen in die Tasche eines anderen wandert. Das ist der Taschendiebstahl – eine Choreographie der Hände, die um so vollkommener ist, je unscheinbarer sie bleibt, und deren verborgene Schönheit die Nahaufnahmen in Robert Bressons Film *Pickpocket* vorführen. Hier zieht sich alles auf die verdeckten Bewegungen des Entwendens zusammen, durch die der Besitz, die ›tatsächliche Sachherrschaft‹, unbemerkt in andere Hände übergeht.

Weniger klar ist der umgekehrte Fall. Zunächst kann man einem anderen etwas heimlich *zustecken*, um ihm ein freudiges oder unliebsames Geschenk zu machen, von dem er noch nichts weiß. Man kann dem anderen auch in der Weise etwas unbemerkt in die Tasche fallen lassen, wie Hakam in Hebbels *Rubin* einen silbernen Becher in Assads Tasche verstaut hat. Mit dieser verdeckten Transaktion hat die tatsächliche Sachherrschaft nicht gewechselt, zu der – wie Walter Gerhardt im *Mobiliarsachenrecht* ausführt – »ein auf den *Besitz gerichteter Wille*« (15) gehört, der bei Assad nicht vorhanden sein kann, umso mehr aber bei Hakam, der die Tasche Assads zu seinem zeitweiligen Depot gemacht hat. Gleichwohl macht Assad eine Art Besitzrecht geltend, wenn er des Bechers gewahr wird und ihn lieber fortwirft, als ihn Hakam zurückzugeben.

Das unbemerkte Entwenden und das unbemerkte Zustecken gehören zusammen. Und sie haben eine Affinität zum Film, da der Film *zeigen* kann, was verdeckt bleibt. Am Anfang von Charlie Chaplins *Circus* ist beides miteinander verbunden und zu einer kleinen Geschichte ausgebaut. Auf dem Jahrmarkt steht der Tramp in einer Menschenmenge von Zuschauern mit dem Rücken zur Kamera. Ein Taschendieb entwendet einem älteren Herrn Brieftasche und Uhr, der jedoch bemerkt das Fehlen, bevor der Dieb verschwinden kann. Dem beinahe Ertappten gelingt es aber noch, das Diebesgut unbemerkt in die Taschen Charlies zu versenken. Wie Assad im *Rubin* läuft der ahnungslose Charlie nun als Hehlerversteck umher, verfolgt vom Dieb, der sich durch einen zweiten Taschendiebstahl wieder in den Besitz der Wertsachen bringen möchte. Dabei lenkt er die Aufmerksamkeit eines Polizisten auf sich, der ihn dann auf frischer Tat überführt. Der Polizist überreicht Charlie nun die bislang unwissentlich von ihm getragenen Wertsachen in aller Form mit den Worten: »Ihr Eigentum, Sir!« Der Witz besteht hier nicht zuletzt in der asymmetrischen Verteilung hinsichtlich des Wissens: Charlie weiß nicht, wie ihm geschieht; der Polizist urteilt und handelt nach dem falschen Augenschein; der handlungsunfähige Dieb ist voll im Bilde – und mit ihm der Zuschauer. Als Charlie allerdings sein durch staatliches Eingreifen neuerworbenes ›Eigentum‹ in Gebrauch nimmt und sich unverdeckt als ›Eigentümer‹ gebärdet, lenkt er naturgemäß den Blick des rechtmäßigen Eigentümers auf sich ...

Es gibt noch einen weiteren Modus des verdeckten Überganges: Die Transaktion braucht nicht das zu sein, was sie zu sein scheint, weil das Ding nicht das ist, was es zu sein scheint. In diesem Falle bleibt das Ding, um das es geht, gleichsam selbst verdeckt. In einem gewissen Sinne gilt das natürlich für jeden Kauf eines ungelesenen Buches, für jede Annahme eines verpackten Geschenkes. Interessanter als diese alltägliche Verdecktheit für den *Empfänger* aber scheint die Verdecktheit auf der anderen Seite – wenn der *Gebende* vom Wert oder von der Bedeutung des Dinges, das er weggegeben hat, nichts wusste. In der Regel wird dies zur Folge haben, dass der Empfänger ebenso wenig Bescheid weiß (nicht zwangsläufig freilich – es gibt natürlich auch die Geschichten über unkundige Besitzer wertvoller Gemälde, die ihnen von gerissenen Händlern gegen ein geringes Geld abgekauft werden; und anderes mehr). Möglicherweise weiß sogar keiner von beiden, dass überhaupt ein Übergang stattgefunden hat. Das ist das Phänomen der Vertauschung, das in der Regel von der äußerlichen Ähnlichkeit zweier Gegenstände ausgeht und vor allem in Form vertauschter Koffer zum naheliegenden Ausgangspunkt von Geschichten werden kann. Es muss aber keineswegs eine gegenseitige Vertauschung vorliegen; die einseitige und vielleicht nicht unliebsame Verwechslung bei der Inbesitznahme eines Dinges genügt durchaus. So wäre der Jude

Benjamin in Hebbels Komödie *Der Diamant* nicht im Besitz eines Talers, wenn er »nicht aus Versehen heut morgen die Hose meines Bruders angezogen und das Geldstück, nebst dem Schlüssel, womit er zu klimpern pflegt, in der Tasche gefunden hätte« (242).

René Clairs wunderbare Komödie *Le Million* startet nicht mit Verwechslung oder Vertauschung (die den Tausch allemal ungültig macht), sondern mit der wissentlichen Weitergabe eines Gegenstandes, dessen Wert verdeckt ist. Der Kunstmaler Michel, der schon beim Vermieter und den umliegenden Geschäften in der Kreide steht, ist zwar der glückliche Besitzer des Lotterieloses, auf das der Hauptpreis von einer Million gefallen ist. Aber dieses Los hat der von seinen Gläubigern bedrängte Michel, wie er sich erst nach einigem Besinnen erinnert, in der schäbigen alten Jacke steckenlassen, die er Béatrice – mit der er »ein bisschen verlobt« ist – leider zum Ausbessern in ihr Mansardenzimmer gegeben hat. Ein Los ist besonders dazu geeignet, irgendwo verlegt zu werden, da es aller Wahrscheinlichkeit nach so wertlos werden wird, wie es die Jacke schon ist. Nun aber wandert das Los als Garant für Reichtum verdeckt in der zerschlissenen Jacke als dem Ausweis der Armut. Die Freundin überlässt die Jacke einem über die Dächer vor der Polizei in ihre Kammer geflüchteten Gauner namens Père la Tulipe, der sich dafür gelegentlich erkenntlich zeigen will. Er stellt sich als Chef der »Soldaten der Illegalität« heraus, die sich der »besseren Verteilung des Eigentums« widmen. In seinem als Trödlerladen getarnten Hauptquartier erwirbt der berühmte Tenor Sopranelli die Jacke. So wird das Los abermals verdeckt weitergegeben, bevor die Verfolger ankommen, um die erste verdeckte Weitergabe rückgängig zu machen. Der Tenor möchte die Jacke als Kostüm tragen, wenn er am Abend in der Hauptrolle der Oper *Les Bohémiens* auftritt. Die wertlose Jacke wird also folgerichtig zum bloßen Zeichen ihrer Wertlosigkeit, zum zur Schau gestellten Emblem der Armut, wodurch die Wirkung des unsichtbar in ihr steckenden Loses umso unbegreiflicher wird – vor allem für jene, die hinter den Kulissen Jagd auf sie machen, ohne zu wissen warum.

Die Absurdität einer Jagd nach einem verdeckten und also bloß in Aussicht gestellten Wert liest sich als eine ironische ›Überzeichnung‹ der Geldwirtschaft zu einer gewissermaßen ontologisierten Kreditwürdigkeit. Das Los in der Jacke wird nicht nur bloß durch Zufall und Konvention zum Gegenwert einer Million, es ist darüber hinaus noch nicht einmal ein Zahlungsmittel, sondern lediglich die ihm von allen Beteiligten zugeschriebene *Option* auf die unbegrenzte Verfügbarkeit von Zahlungsmitteln, als deren symbolisches Äquivalent die *Million* nicht nur hier fungiert. Ohne sich im Geringsten verändert zu haben, scheint der zuvor kreditunwürdige Michel in den Augen der Gläubiger aus einem anderen Stoff gemacht, sobald sie ihm die Kreditwürdigkeit des Millionärs zugeschrieben haben. Im Film *Le Million*, in dem sich alles um *die* Million dreht, führt dies paradoxerweise zu einem Aussetzen der Geldzirkulation. Im Film wird zwar dauernd von Geld gesprochen und viel Geld ausgegeben – vom immer weiterlaufenden Taxameter bis zum Champagner für das krönende Fest –, aber es wird nie etwas bezahlt (wie in dem Film *The Million Pound Note* nach der gleichnamigen Erzählung Mark Twains von Ronald Neame, in dem der in Wahrheit mittellose Henry Adams die Note unangetastet über die Zeit rettet, weil er das in ihr repräsentierte Geld mangels Umtauschmöglichkeit nicht unter die Leute zu bringen braucht). Mit einer einzigen Ausnahme: Sopranelli bezahlt die Jacke in bar – weil sie wertlos ist.

Schließlich landet die aus dem Fenster geworfene Jacke – ein weiterer Fall verdeckten Übergangs – unerkannt auf dem Dach ebenjenes Taxis, mit dem der in Sachen Jacke erfolglose, aber dafür im Beseitigen seiner Liebesunordnung umso erfolgreichere Michel in Begleitung Béatrices nach Hause zurückfährt. Kaum ist er der Jacke gewahr geworden, wird sie ihm gleich wieder geraubt, und erst als Michel den ihn in seinem Atelier mit einem hoffnungsfrohen Fest erwartenden

Gläubigern und Nachbarn den endgültigen Verlust melden zu müssen glaubt, inszeniert Père la Tulipe ihre finale feierliche Übergabe – allerdings nicht, ohne eine Lehre zu erteilen, die auf die allgemeine Logik verdeckter Übergänge verweist: Er verwundert sich über die Bestürzung, als Michel das Los in der Jacke nicht finden kann, und meint, es sei doch stets *nur* von einer Jacke die Rede gewesen; dann übergibt er ihm das Los.

Sicherlich kann es nur eine Geschichte aus dem Reich des Wunderbaren sein, die die ganze Palette verdeckter Übergänge ausbreitet. Am Rande soll hier daher ein veritables Wunderding Erwähnung finden, das zweifellos eine eingehendere Behandlung verdiente: das Galgenmännlein in Friedrich de la Motte Fouqués gleichnamiger Märchen-Erzählung (das, in die Südsee versetzt, in Robert Louis Stevensons wundervoller Erzählung *Der Flaschenteufel* wieder auftaucht). Wie der Rubin in Hebbels Märchen-Lustspiel steht das Galgenmännlein unter paradoxen Vorzeichen. Es ist ein kleines, in ein dünnes Glasfläschchen eingeschlossenes Teufelchen, das man nur »in andre Hände« überliefern kann, »indem man eine geringere Summe dafür empfängt, als man dafür bezahlt hat« (226). Diese dem gedeihlichen Wirtschaften so ganz und gar widersprechende Regel findet ihre Erklärung in den übernatürlichen Eigenschaften des Galgenmännleins: Solange man es in seinem Besitz hat, erfüllt es einem jeden Geldwunsch, stirbt aber der Besitzer, so ist seine Seele des Teufels. Man sieht, dass es für jeden Besitzer schwerer wird, das Galgenmännlein zu gegebener Zeit wieder loszuwerden. Reichard, der Held der Geschichte, hat es im Venedig des 17. Jahrhunderts für immerhin fünf Dukaten erstanden, nachdem er sein ganzes Geld verprasst hat. Was tun, nachdem es seinen Zweck erfüllt hat und sich die Sorgen einstellen? Sein Vorbesitzer hatte ihm das Galgenmännlein »ehrlich und offenbar« (226) angetragen. Reichard entscheidet sich hingegen für die verdeckte Variante. Zwar kommt das Galgenmännlein wie von Zauberhand sofort zurück, wenn man es wegzuwerfen oder jemandem zuzustecken versucht – aber man kann es verkaufen, ohne den Käufer über seine wahren Eigenschaften aufzuklären.

Zunächst ersteht Reichards Arzt, »ein großer Freund von all den seltsamen Kreaturen, die man in Spiritus aufbewahrt«, das Galgenmännlein für drei Dukaten. Einige Zeit darauf soll der inzwischen wieder verarmte Reichard diesem Arzt zwei Dukaten bezahlen für »ein höchst seltnes Arzneimittel, das ich schon in jenen Schrank für Euch hingesetzt habe, und das Ihr zu Eurer Stärkung nothwendig gebraucht« (230f.). Mit der Erstattung des Betrages ist das Galgenmännlein – Verdecktheit gegen Verdecktheit – durch eine *longa manu traditio* erneut in Reichards Besitz gelandet. Als kostenlose Dreingabe hat der Arzt noch ein Gedicht verfasst, dessen letzte Zeilen lauten: »Laß dir die Gegenlist gefallen; / Ich spiel' in deine Hand vor allen / Das Galgenmännlein dir zurück, / Dem Galgenstrick zum Galgenglück.« Ungeachtet dieser Warnung unternimmt Reichard eine ähnliche Transaktion mit seiner »Buhlerin« Lukrezia. Er weckt ihr Begehren nach solchem »Spielwerk«, und als Reichard, »gleichsam zum Scherze, Geld dafür verlangte, gab sie ihm ohne Bedenken einen Dukaten hin«. Bald wieder in Geldnöten, entschließt sich Reichard, Tabuletkrämer zu werden. Er kauft sich ein tragbares Kästlein, wobei »er im Durchschnitt um jedes Büchslein darin etwa vier Groschen nach deutscher Münze zahlte«. Er hätte besser alle Büchslein auf ihren Inhalt prüfen sollen, denn nun muss er feststellen, »daß er unter den andern Büchslein unbewußt auch das mit dem Galgenmännlein wieder an sich gekauft habe« (232f.). Wieder wird der Verstoß gegen die Regeln des Vertrages durch einen entsprechenden Verstoß korrigiert. Der Versuch Reichards, seiner Lukrezia das Galgenmännlein offen und ehrlich zu veräußern, scheitert jedoch ebenso kläglich wie alle weiteren Versuche, es irgendwie an den Mann zu bringen. Erst viel später, als geflüchteter Soldat, umringt von feindlichem Fußvolk, erhält er noch eine Chance: Die erwiesene Unmöglichkeit, das Fläschchen mit dem Galgenmännlein zu rauben, verleitet einen der Männer dazu, es Reichard – ohne nähere Kenntnis seiner Eigenschaften – für einen Groschen abzukaufen. Aber der bei diesem Handel obwaltende Zwang genügt keineswegs, die auf der Verdecktheit beruhende Fehlerhaftigkeit des Vertragsabschlusses auszugleichen. Reichard verspielt als Fußsoldat sein letztes Geld und gar seine Munition und muss nun damit rechnen, bei der anstehenden Visitation dafür erschossen zu werden. Mit den letzten fünf Hellern ersteht er des Nachts beim Besitzer des Galgenmännleins in aller Hast ein Tütchen mit fünf Patronen. In dem Tütchen sind aber nur vier Patronen und das Galgenmännlein. Reichard hat es jetzt also für einen Heller zurückgekauft. Eine geringere Münze gibt es nicht.

Ein Sonderfall. Am Ende ist noch einer Variante zu gedenken, die sich als Sonderfall der Verdeckung auffassen lässt. Der Diamant in Hebbels gleichnamiger Komödie wandert in zweierlei Hinsicht unter ganz besonderen Vorzeichen. Erstens ist durch sein Verschwinden der Fortbestand des nicht näher bezeichneten Königshauses in Gefahr, weshalb in einem Mandat Seiner Majestät zu lesen steht: »Leben und Wohlfahrt allerhöchster Personen hängt davon ab, daß der vermißte Diamant aufs schnellste wieder herbeigeschafft werde. In wessen Händen er sich auch befinde, wer ihn einliefert, erhält eine halbe Million und ihm wird selbst für den Fall erwiesenen offenbaren Betrugs oder Diebstahls völlige Amnestie zugesichert.« (270) Der betreffenden Person aber ist das Ding nicht mehr zuhanden, weil sie es vor Erlass des Mandats verschluckt hat. Die *Person*, das ist der Jude Benjamin, der den Diamanten beim armen Landmann Jacob hat mitgehen lassen. Der Landmann und seine etwas einfältige Frau hatten keine Ahnung, was sie bei jenem Kriegskrüppel gefunden hatten, der in ihrem Haus das Zeitliche gesegnet hatte. Frau Barbara hatte den Stein gar schon weggeworfen, Jacob wieder aufgelesen. Erst nachdem Benjamin unversehens den einzigen Taler in seiner Tasche für den Stein angeboten hat, versteigt sich Jacob zu einer Forderung von hundert Talern. Auf der Bauernstube eine Weile allein gelassen, schluckt Benjamin nach einigem Räsonnement den Diamanten, um gegebenenfalls behaupten zu können, er habe ihn verloren. Daraufhin verschwindet er unter Hinterlassung seines Talers: »Dann ists immer noch eine Art von Kauf.« (244)

Das Verschlucken eines Edelsteins ist ein Motiv, das Hebbel offenbar Jean Paul entliehen hat. Im siebten Kapitel von *Leben Fibels* wird unter der Überschrift »Zwirnwickler. Der Smaragd« berichtet, wie ein »grüner Vogel, so groß wie ein Papagei« (400) dem alten Siegwart Vogler einen mit Edelsteinen besetzten Ring vor die Füße fallen lässt. Nachdem dieser den zentralen Smaragd zwecks Weiterverwertung herausgebrochen hat, fällt er einem ins Haus gekommenen »Kleiderjuden« ins Auge. Da der Jude hofft, der Stein sei »gestohlen, so wünschte er an dem Diebstahle teilzunehmen und bot zwei Taler – dann sogleich das Doppelte, weil Siegwart lachte – dann das Dreifache und schwur, er tue es bloß, weil er den Stein gegen einen eingesessenen Magenkrampf einzunehmen vorhabe« (402). Und diese Ankündigung macht er auch sogleich in Anwesenheit des ihn »angaffenden Vogler« (402) wahr. Ein solch kurzschlüssiges Verhalten schreit natürlich nach sofortiger Korrektur. Deswegen wird im Folgenden ausführlich beschrieben, wie der Jude drangsaliert wird, bis er den Stein wieder erbrochen hat. Und dann ist gut. Während Hebbel seinen Diamanten in einen weiten Umlauf bringt, bleibt es für den Smaragd – nach Jean Pauls Art – bei einer Episode, einem Intermezzo. Entsprechend bekommt der Markgraf seinen wertvollen Ring gleich im nächsten Kapitel zurück.

In Hebbels Komödie hat der Jude Benjamin beim ersten Blick auf den Stein gewusst: »Ein Diamant! So gewiß, als ich keiner bin!« Und: »Wer den hat, der braucht nichts weiter!« (241). Er wird zu spüren bekommen, dass er da nicht richtig liegt. Käme er mit dem Diamanten, nachdem er von dem

Mandat erfahren hat, bis zum König, um ihn in seine Hände zu legen, so brauchte er vielleicht nichts weiter. Stattdessen legen sich bald gierige Hände auf den Juden Benjamin, der insofern sehr wohl der Diamant *ist*, als er buchstäblich für ihn *genommen* wird. Umgekehrt lässt sich nicht sagen, dass Benjamin den Stein *hätte*. Denn es gelingt ihm nicht mehr, den Stein auszuscheiden, ihn loszuwerden – Besitzwille hin oder her. Daher will die Meute, die sich um ihn gruppiert hat – Bauer Jacob, Meister Block, Doktor Pfeffer, Richter Kilian, Büttel Schlüter, schließlich der Prinz und der Graf –, nicht nur die Hand *auf* ihn legen. Unter Hintansetzung aller Bedenken wollen sie im Verein Hand *an* ihn legen. Weil der Jude den Diamanten nicht scheißt, will man ihm ans Leder. Darin liegt das Schwerverdauliche dieser Komödie, die in dieser Hinsicht ebenso schwarz ist wie Shakespeares *Kaufmann von Venedig*, wo bekanntlich ein Pfund Fleisch des Juden Shylock den ›Besitzer‹ wechseln soll (kein Zufall, dass Hebbel eine Bearbeitung seiner Komödie für das Wiener Karltheater zurückzog, nachdem er dort Shakespeares Komödie gesehen hatte).

Sie sind eigentlich nicht gewissenlos und würden ihn lieber nicht töten. Doktor Pfeffer soll ihn nur aufschneiden und die ungehörige Einverleibung durch eine Person rückgängig machen, die so wenig wie irgendeine dazu prädestiniert ist, als Kleinod zu fungieren. »Ist der Kerl nicht selbst schuld daran, daß man in ihm nicht mehr einen Menschen sieht, in dem eine Seele sitzt, sondern nur noch einen ledernen Sack, in dem ein gestohlener Diamant steckt?« (286), rechtfertigt sich etwa der Gefängniswärter Schlüter, der Benjamin später heimlich aus dem Gefängnis holt und in den nächtlichen Wald führt, um ihn auszunehmen oder auszuweiden. Die Verdecktheit des Dinges ist in diesem Falle systematischer Natur, weil sie sich nach Lage der Dinge nicht ohne unumkehrbare Folgen aufheben lässt.

Aus der wesentlichen Verdecktheit folgt denn auch der einzige formale Zweifel, den die Obrigkeit bezüglich der Gesetzmäßigkeit ihres Vorgehens anmelden kann. Richter Kilian behauptet, im »Corpus Juris« nachschlagen zu wollen, »ob ich den Menschen auch wohl der Gefahr der Tötung bloßstellen darf, bevor ich noch bestimmt weiß, daß der Diamant, den er bei sich trägt, mit dem, der gesucht wird, identisch ist« (280). Und aus der wesentlichen Verdecktheit folgt weiterhin, dass man nicht wissen kann, ob der wandernde Jude den Diamanten überhaupt noch im Leibe hat oder ob dieser schon weitergewandert ist. Tatsächlich wirkt nämlich die Todesdrohung Schlüters so auf den Verdauungstrakt Benjamins, dass er beiseitetreten muss – um kurz darauf mit einem »Vivat!« zurückzukehren und Schlüter den Stein zu übergeben (auch so etwas konnte um 1850 an den Rand der Bühne gebracht werden). Das können die anderen freilich nicht glauben, als sie Benjamins wieder habhaft geworden sind und nun endgültig Hand an ihn legen wollen – und ein ebenso perfider wie folgerichtiger Einfall Hebbels will, dass es auch dem Zuschauer (und dem Leser) bis zum Schluss verdeckt bleibt, ob Benjamin den echten Diamanten übergeben hat: »Ist es nicht genug, daß ich den Diamant verlor, muß ich nun auch noch sterben, weil diese glauben, daß ich ihn noch besitze?« (289)

»Fürchterliche Gedanken« kommen Benjamin, als er endlich allein ist; er malt sich die Gedanken anderer aus über seine ausweglose Lage jenseits der Komödie: »Mir ist, als hört ich den Pöbel hinter mir her rufen: ›Das ist der Jude mit dem Diamant im Bauch!‹ – Er soll ihn ja wieder von sich gegeben haben! – ›Lug und Trug! Das hat er selbst ausgebracht, um seines Lebens sicher zu sein. Der Stein hat sich in seinem Eingeweide so tief verkrochen, daß er gar nicht wieder heraus kann! Das ist die Wahrheit.‹ – Da nützt er ja so wenig dem Juden selbst als anderen! – ›Nützen? Es quält den armen Teufel bis aufs äußerste, der Mensch hat in seinem Schmerz schon mehrmals Hand an sich selbst gelegt, aber das will durchgesetzt sein, und er ist zu feig!‹ – Man sollte ihm zu Hülfe kommen! – ›Das ist auch mein Gedanke! Wollen wir ihm aufpassen und ihm den Gefallen tun?‹« (293)

Endpunkte, Schlussfiguren

Orte

RÜCKKEHR AN DEN RECHTMÄSSIGEN ORT. Der Hinblick auf das Festhalten und das Abstoßen eines Dinges, auf seine offene oder verdeckte Handhabung und Übereignung setzt das Verhältnis eines einzelnen Protagonisten zum Ding in den Mittelpunkt. Es geht um Siegfried und seine Uhr, Polykrates und seinen Ring, Assad und seinen Rubin, Johnny und seinen Pokal, Reichard und sein Galgenmännlein, den Juden Benjamin und ›seinen‹ Diamanten. Richtet man hingegen das Augenmerk auf das Ding und seine *Bahn*, so scheint es dazu bestimmt, am Ende der Geschichte und der Erzählung irgendwo *anzukommen* – und zwar dort, wo es *hingehört*. Eine einfache Form dieses Ankommens ist die Rückkehr des Dinges an seinen rechtmäßigen Ort. Nach dieser mythologischen Schlussfigur hätte das Ding diesen Ort vor Beginn der Geschichte innegehabt, um sich dann innerhalb der Geschichte auf einen Abweg zu begeben, bis es schließlich, nachdem es die vorhersehbaren oder unvorhergesehenen Wirkungen auf seine Träger ausgeübt hat, an seinem ursprünglichen Ort wieder *eingesetzt* wird.

Prototyp einer solchen Geschichte ist der berühmte Roman *Der Monddiamant* von Wilkie Collins. Die Verwirrung, die der Monddiamant im Viktorianischen England stiftet, geht auf die »Erstürmung von Srinrangapattan« im Jahre 1799 zurück, von der der *Prolog* des Romans berichtet. »Frühester Überlieferung nach« befindet sich der Monddiamant, der »in den Annalen Indiens eine bedeutende Rolle« spielt, »an der Stirn des indischen Gottes, der den Mond versinnbildlicht« (9). Wie in so vielen späteren Geschichten um einzigartige Edelsteine wird »sicheres Verderben jedem Sterblichen« geweissagt, der »vermessen nach dem heiligen Edelstein greife«, sowie allen anderen, die ihn nachher in die Hände bekommen. Der Edelstein befindet sich am rechten, am rechtmäßigen *Ort*, wenn er *allen* irdischen Händen entzogen ist. Die Kategorie des *Heiligen* ist die Gewähr dafür, dass es einen solchen Ort gibt. Aber die »wechselvolle Geschichte des Diamanten« (10) beginnt schon, bevor ein Vertreter der Kolonialherren den Stein nach England bringt. Unter der Herrschaft der Großmogule wurde das brahmanische Heiligtum des Mondgottes geschändet, der Diamant wanderte »unter nichtswürdigen Mohammedanern von Hand zu Hand« (11). Dass Sultan Tipu mit ihm den Griff seines Dolches verziert hat, wird zur Versinnbildlichung des auf ihm liegenden Fluches: Ein englischer Offizier erbeutet den Diamanten, indem er mit ebendiesem Dolch die drei Brahmanen ersticht, die ihn auch in den Zeiten der Fremdherrschaft heimlich bewacht haben.

Diese Startbedingungen fortgesetzten unrechtmäßigen Besitzes heischen nach der Einsetzung in den ursprünglichen Stand. Am Ende haben drei andere Brahmanen, die auch in England den Weg des heiligen Steins verfolgen, ihn wieder an sich gebracht, und der Epilog berichtet von dem großen »Fest zu Ehren des Mondgottes« (490): »Nach acht Jahrhunderten leuchtet der Monddiamant wieder über der heiligen Stadt, in der seine Geschichte begann«, weiß der britische Beobachter zu berichten; und die koloniale Dimension der Ereignisse noch einmal betonend, fügt er hinzu: »Für England ist er für immer verloren.« Das ist mit leisem Bedauern gesagt, aber auch mit einem gewissen Respekt für die Institutionen einer anderen Kultur. Und dieser Respekt hängt eng zusammen mit der kulturübergreifenden Überzeugung, dass gewisse Dinge an ihren Platz zurückzukehren haben, dass es Unheil bringt, wenn die symbolische Ordnung gestört wird. Zumindest präsentiert sich die *Instanz der Erzählung* jederzeit als Hüter dieser Ordnung, dieses unhintergehbaren *Aberglaubens*. Wie viele heilige Dinge sind bei den Plünderungen in Konstantinopel oder anderswo geraubt worden (wie viele von ihnen waren aber auch dort schon Beutegut)? Sobald sich jedoch die Instanz der Erzählung dieser Dinge annimmt, fordert sie *von sich aus* deren Rückkehr an den rechtmäßigen Ort.

Da der Diamant im Vergleich zu allem anderen irdischen Gut das Unvergängliche (aber eben das *irdische* Unvergängliche) darstellt, schränken die letzten Worte des säkularisierten Beobachters bei Collins die Endgültigkeit dieser Rückkehr in die Unzuhandenheit des heiligen Ortes allerdings doch wieder ein: »Die Zeit geht weiter. Doch so wie der Kreislauf des Jahres sich wiederholt, gibt es auch für Ereignisse eine periodische Wiederkehr. Welche Abenteuer stehen dem Monddiamanten noch bevor? Wer vermag das zu sagen?« (492) Aus der Perspektive ewiger Wiederkehr muss der Diamant die Institutionen überdauern, die ihm einen Ort zuweisen. Gewöhnlich begnügen sich die Geschichten um wandernde Dinge mit einer weniger weit ausgreifenden zeitlichen Perspektive. Ihnen reicht das Leben der Institutionen, die mit ihrem Tod bekanntlich nicht rechnen.

Die mythische Kreisfigur, die die Rückkehr an den rechtmäßigen Ort als einen Endpunkt beschreibt, setzt einen unrechtmäßigen Raub als Anfangspunkt voraus. Es scheint, dass dieser Räuber ein Ungläubiger sein muss, der die heiligen Einrichtungen nicht achtet. Die große Trilogie *Das goldene Vließ* von Franz Grillparzer zeigt, dass die Dinge nicht so einfach liegen müssen. Wie im *Monddiamanten* wird das Ding im *Goldenen Vließ* auf seinen Abwegen von einem Fluch begleitet, den erst seine Rückkehr neutralisieren kann. In Grillparzers Version hat der Hellene Phryxus das Goldene Vlies aus dem Phoibostempel in Delphi geraubt, in den er sich vor den Schergen seines Vaters geflüchtet hatte. Es war dort dem Kolchergott Peronto umgehängt. Im ersten Teil der Trilogie, *Der Gastfreund*, drängt der mit dem Vlies nach Kolchis ans Schwarze Meer gelangte Phryxus dem König Aietes und seiner Tochter Medea förmlich den Bericht darüber auf, wie es dazu kam: Im Tempel in Schlaf gesunken, hatte er einen Traum, in dem ihm ein Mann in »nackter Kraft« sein Widderfell umhängt und die Worte spricht: »Nimm Sieg und Rache hin!« Aus dem Traum erwacht, gewahrt Phryxus, vom »Morgenstrahl beleuchtet«, in der Halle seine Traumgestalt als Standbild des Kolchergottes mit ebenjenem Vlies als goldenem Schmuck. Er deutet all dies als »des Gottes Rat«, dieses »Goldpanier« an sich zu nehmen und sich nach Kolchis zu begeben. Das gelingt ihm, weil er, das Vlies vor sich her »auf der Lanze tragend«, durch »tausend Feinde bis ans Meer« kommt und weil er, »das Vließ am sturmumtobten Mast«, gegen »Meer und Wind und Hölle« gefeit ist (219f.).

Nach seiner eigenen Lesart ist Phryxus also keineswegs ein Tempelräuber, sondern handelt gleichsam im Auftrag. Und seine glückliche Ankunft auf Kolchis muss ihm als Beweis für die Rechtmäßigkeit dieser Deutung erscheinen. Auch glaubt Phryxus daraus einen Anspruch auf gastliche Aufnahme ableiten zu können – bringt er doch das Goldene Vlies zurück nach Kolchis, wo er es sogleich als »Weihegeschenk« auf einem Panier im Boden aufpflanzt. Nicht als dessen Eigentümer, sondern als dessen *Überbringer* sieht er sich. Dass ihn der Gott Peronto mit dem Vlies nach Kolchis *geschickt* hat, wird vom ohnehin beutelustigen König Aietes keineswegs bestritten, wohl aber entgegengesetzt gedeutet. Für ihn ist Phryxus ein »Gottverächter« und »Tempelräuber«, den zu töten Peronto *geboten* hat: »Führt der Erzürnte ihn nicht selbst her / Daß ich ihn strafe, daß ich räche / Des Gottes Schmach und meine?« Aber mit diesem Gebot geht sogleich auch die Usurpation des wandernden Dinges einher. Aietes fährt fort: »Das Vließ dort am glänzenden Speer, / Des Gottes Kleid, der Kolcher Heiligtum / Mein ist's, mein! Mir sendet's der Gott« (223).

Im einen Fall ist das Goldene Vlies der Talisman für die glückliche Fahrt in die zukünftige Heimat, das Unterpfand gastlichen Empfangs; im anderen Fall ist es das Todesurteil seines Überbringers, das bei seiner Ankunft zu vollstrecken ist, das Unterpfand strafloser Tötung. Entsprechend wird auch der geträumte Spruch gedeutet. Für den Träumer Phryxus ist ihm »*Sieg und Rache* durch dieses Pfand verliehn!« (220); für Aietes ist »*Sieg und Rache* geknüpft an dies Pfand« (223), das ihm der Gott sendet. Die widersprechende Autorisierung, die beide Seiten durch ihre Deutung des Goldenen Vlieses erfahren, macht sie blind für die Vieldeutigkeit dieser *Devise*. ›Devise‹ meint ein (konvertierbares) Gut, das man ausführt, weil man auch in der Fremde damit zahlen kann. So ist das Goldene Vlies als symbolisches Gut in Delphi wie in Kolchis eine gleichsam gültige Währung. Und ›Devise‹ meint einen Spruch, mit dem man in die Welt zieht, weil er auch dort seine Gültigkeit unter Beweis stellen wird. Es lässt sich unschwer erkennen, dass es hier letztlich um Kolonialisierung geht: Phryxus betritt das rückständige Kolchis wie ein sich auf das Gastrecht berufender Kolonisator, und das Goldene Vlies ist ihm hierbei Mittel zum Zweck. Aietes hingegen benützt es zur Rechtfertigung seines Vorhabens, den Fremden zu töten und zu berauben.

Beide Seiten täuschen sich, indem sie das Ding samt seiner Devise für sich in Anspruch nehmen. Das Ding unterwirft seinen Träger, indem es ihn zu diesen Fehldeutungen verleitet. Der Spruch ist gar keine Devise, vielmehr bestimmt er die Wirkungsweise des Goldenen Vlieses, solange dieses nicht an seinen Bestimmungsort zurückgekehrt ist. Aietes hält am Ende des ersten Teils der Trilogie das Goldene Vlies in seinen Händen, aber mit seinen letzten Worten hat der ermordete Phryxus den Fluch auf ihn herabgerufen. Sieg und Rache erweisen sich tatsächlich als etwas, was ›hinzunehmen‹ ist. Phryxus wird der Trugschluss zum Verhängnis, der Abweg, auf den er das Goldene Vlies bringt, könne als Rückkehr an den rechtmäßigen Ort anerkannt werden. Und obwohl Aietes den Überbringer tötet, teilt er diese Auffassung insofern, als er sich nun für befugt hält, das Vlies zu behalten und nicht zum Heiligtum zurückzubringen. Dies wird die weitere Bahn dieses Dings bestimmen.

Im zweiten Teil der Trilogie, *Die Argonauten*, fordert ein anderer Grieche, Jason, das Goldene Vlies von Aietes. Dieses befindet sich in einer Höhle, bewacht von einer ungeheuren Schlange (die wir erst im vierten und letzten Akt zu sehen bekommen) – man könnte sagen: an einem *Schein-Ort.* Ein Schein-Ort ist ein Ort, der nicht *eingerichtet* ist, ein nicht-rechtmäßiger Ort – ein Versteck, das durch Vorkehrungen geschützt werden muss wie die Höhle eines Schatzes. Die Form, in der Jason die Herausgabe des Goldenen Vlieses verlangt, ist ebenso zweideutig oder doppelzüngig wie bei Phryxus und Aietes. Jason beruft sich auf Phryxus, dessen Haus mit seinem nahe verwandt sei. Neben den von Phryxus nach Kolchis mitgebrachten Schätzen fordert er das Goldene Vlies als das »Köstlichste von Phryxus' Gütern«. All dies sei nun »mein und meines Fürstenhauses«. Dieser Herleitung eines Eigentumsanspruchs widerspricht allerdings die weitere Erklärung über den rechtmäßigen Ort des Vlieses. Das Bildnis »eines unbekannten Gottes«, das mit ihm in Delphi behängt war, leitet Jason nämlich von den »Urvätern unseres Landes« ab, die »fernher kommend, und von Oben stammend, / Das Land betraten und der Menschheit Samen / Weitverbreitend in die leere Wildnis streuten, / Und Hellas' Väter wurden, unsere Ahnen«. Deshalb sei das Goldene Vlies ein »Zeichen« und – auch hier fällt wieder das Wort – ein »teures Pfand für Hellas' Heil und Glück«. Es müsse ein »Kleinod« der »Hellenen« bleiben, statt dass es »in trotziger Barbaren Hand / Zum Siegeszeichen diene wider sie« (262). Jason spricht hier also ganz deutlich als Vertreter einer kolonialen Macht, der nicht nur eine mythische Begründung für die Herrschaft der Griechen über die Barbaren bereithält, sondern auch die Deutungshoheit über die Belange des wandernden Dinges beansprucht (Aietes hat dieser Rede nichts entgegenzusetzen als das kindische Vorgeben: »Ich hab's nicht!«).

Die darin implizierte Logik gibt der Frage nach der Rechtmäßigkeit des Ortes eine charakteristische Wendung. Sie klingt auch in der Erzählerbemerkung aus dem *Monddiamanten* an, der Stein sei nun ›für England verloren‹, obwohl ja nicht ›England‹ im Besitz des Steines war, sondern lediglich einzelne Privatpersonen. In ähnlicher Weise kürt Jason den erstrebten Privatbesitz des Goldenen Vlieses zu einem Besitz ›für Hellas‹, als könne der Übergang in den eigenen Besitz schon deshalb als eine Rückkehr an den richtigen Ort verstanden werden, weil die Gabe der Götter dann nicht mehr in den Händen *der anderen* ist.

Jason, der glaubt, dass das Vlies »Guten gut, dem Argen zum Verderben« (263) gerät, raubt es mit Hilfe Medeas. Nach Jasons Rückkehr nach Jolkos wird es dem König Peleas zum Verhängnis, und schließlich – zwischenzeitlich von Medea vergraben – auch Kreon, dem König von Korinth. Am Ende kündigt Medea, nachdem sie ihre Kinder getötet hat, in ihrem letzten Zusammentreffen mit dem verstoßenen Jason an, das Vlies nach Delphi zurückbringen zu wollen: »Nach Delphi geh' ich. An des Gottes Altar / Von wo das Vließ einst Phryxus weggenommen / Häng' ich, dem dunkeln Gott das Seine gebend / Es auf, das selbst die Flamme nicht verletzt« (389).

Grillparzer selber notiert in den Vorarbeiten zu seiner Trilogie den Satz: »Das Vließ ist das ungerechte Gut« (781), setzt dann hinzu: »und die böse Tat«; streicht aber diesen Zusatz wieder. Und dann schreibt er sich selbst zur Warnung noch einmal in aller Klarheit nieder, welchen Status dieses Ding haben müsse: »Halte dir immer gegenwärtig, daß das Stück eigentlich nichts ist als eine Ausführung des Satzes: Das eben ist der Fluch der bösen That, dass sie, fortzeugend, böses muß gebähren. Dieser Satz ist so wichtig als irgend einer in der Welt. Das Vließ ist nur ein *sinnliches Zeichen* dieses Satzes. Es ist da nicht von Schicksal die Rede. Ein Unrecht hat ohne Nöthigung von außen das andre zur Folge und das Vließ *begleitet* sinnbildlich die Begebenheit ohne sie zu bewirken« (782). Grillparzer will in jedem Falle vermeiden, dass das Goldene Vlies in seinem Drama als ein äußerliches ›Schicksalsrequisit‹ von Hand zu Hand geht, wie es seinem populärsten Stück, der *Ahnfrau*, zum Vorwurf gemacht worden war.

Wenn das Vlies die Handlung lediglich begleitet, so muss

das Verhängnis eine andere Quelle haben als den auf dem Vlies lastenden Fluch. Tatsächlich taucht das Vlies in der Regel eher beiläufig auf. Obwohl es der Trilogie den Titel gibt, wird es eher mitgeschleppt. Allein im Vorspiel behauptet es seinen Platz. Seine Degradierung zum bloßen Sinnbild bahnt sich in dem Moment an, in dem sich Jasons Begehren nicht mehr vorrangig auf das Goldene Vlies, sondern vor allem auf Medea richtet, und es wird endgültig verdrängt, wenn er Medea aus Kolchis mit sich nach Hellas nimmt. Denn nun besteht das Verhängnis darin, dass diese Frau aus fremdem Land nicht mehr an ihrem Platz ist. Medea ist es – und nicht das Vlies –, zu der Jason schließlich spricht: »Laß ab von mir, du meiner Tage Fluch!« (344) Folgerichtig will Medea am Ende nicht nur das Vlies an seinen rechtmäßigen Ort zurückbringen: »Dort stell ich mich den Priestern dar, die fragend, / Ob sie mein Haupt zum Opfer nehmen an« (389). Freilich: Daraus, dass Sachen an ihren Platz zurückkehren und Fremdlinge von der Bildfläche verschwinden, erwächst noch keine neue Ordnung.

NEUTRALISIERUNG DURCH UNZUGÄNGLICHMACHEN. Geschichten um wandernde Dinge können auch damit enden, dass diese Dinge unzugänglich gemacht werden. Insofern der unzugängliche Ort bewirkt, dass das Ding nicht mehr zuhanden ist, ähnelt er dem rechtmäßigen Ort. Aber er ist natürlich etwas anderes: ein *erklärter* Nicht-Ort. An die Stelle des rechtmäßigen Ortes kann er nur unter der Bedingung treten, dass es keinen rechtmäßigen Ort gibt. In diese Richtung weist der Topos der unheilbringenden Jagd nach einem Schatz, der schließlich durch einen unausweichlichen Zufall in einem unzugänglichen Abgrund verschwindet, wie in Karl Mays *Der Schatz im Silbersee*. Wenn der unzugängliche Ort als der einzig rechtmäßige Ort erscheint, so ist besonders jener Fall von theoretischem Interesse, in dem das Ding nicht durch die *Umstände*, sondern durch die (freie) *Tat* eines Subjekts unzugänglich gemacht wird. In welcher Position befindet sich ein

Subjekt, das diese Tat vollbringt? Eine Art Antwort darauf findet sich bei einem Autor, der mehrfach Geschichten um wandernde Dinge herum organisiert hat: Robert Louis Stevenson.

Die 1882 in den *New Arabian Nights* erschienene Erzählung *Der Diamant des Rajahs* bezieht ihren Charme aus der ironisch gebrochenen Wiederaufnahme des Tons arabischer Erzählkunst in einer im zeitgenössischen London und in Paris angesiedelten Abfolge von drei Geschichten. Die Geschichten, die drei verschiedene junge Männer als Protagonisten haben, sind dadurch miteinander verknüpft, dass sie auf unterschiedliche Weise mit dem Diamanten des Rajah in Berührung kommen, sowie dadurch, dass die unbedarften Helden auf ihren verwirrten Wegen mehrfach auf den Prinzen Florizel von Böhmen treffen, der dann anschließend zum Protagonisten einer kurzen vierten Erzählung wird. Dieser Prinz ist derjenige, der den »sechstgrößten Diamanten der Welt« (132) unzugänglich macht, indem er ihn in die Seine wirft. Der herrschsüchtige Generalmajor Sir Thomas Vandeleur hat den Stein vom Rajah von Kashgar zum Lohn für zweifelhafte Dienste erhalten. Bei einem Versuch seiner verschuldeten Frau, den Stein mithilfe eines ahnungslosen Privatsekretärs (dem Helden der ersten Geschichte) außer Haus zu bringen, landet der Diamant unversehens in den Händen eines angehenden Geistlichen (dem Helden der zweiten Geschichte) und bringt diesen auf die schiefe Bahn. Und beim Versuch des jungen Geistlichen, den Stein zu Geld zu machen, wird er vom Bruder des rechtmäßigen Eigentümers, einem berüchtigten Diamantenjäger und Exdiktator von Paraguay, übertölpelt, und der Stein gerät, von der Tochter des Diamantenjägers überreicht, unversehens in die Hände eines jungen Mannes (dem Helden der dritten Geschichte), der der illegitime Sohn des legitimen Diamantenbesitzers ist.

An diesen tritt schließlich Prinz Florizel heran und fordert ihn, nachdem er sich ausgewiesen hat, auf: »Und jetzt geben Sie mir den Diamanten.« (235) Schon bei früherer Gelegenheit hatte Prinz Florizel dafürgehalten, es sei besser, »wenn dieser Diamant im Meere ruhte, wo es am tiefsten ist«; derartig »wertvolle Edelsteine gehören entweder in eine fürstliche Sammlung oder in den Staatsschatz einer großen Nation«. Werden sie hingegen außerhalb dieser Sphäre »gewöhnlichen Sterblichen« als Privateigentum überlassen, so ändern sie gleichsam ihre Beschaffenheit. Sogar Prinz Florizel erklärt, er könne sich »kaum mit diesem vergiftenden Kristall befassen und trotzdem meiner selbst sicher bleiben« (181 f.). Nun, mit dem Stein in der Tasche durch das nächtliche Paris wandelnd, ist sein Geist »sorgenschwer«: Soll er den Diamanten »seinem Eigentümer zurückgeben« oder soll er ihn »durch eine entscheidende mutige Tat ein für allemal dem Bereich aller Menschen entziehen« (242)?

Der rechtmäßige Eigentümer ist in diesem Fall als *Privat*eigentümer sozusagen *per definitionem* dieses Steines unwürdig. Darüber kann der Diamant hier – da Lohn für *zweifelhafte* Dienste – nicht bei seinem rechtmäßigen Eigentümer, sondern nur an einem rechtmäßigen *Ort* an seinem Platz sein. Aber nur der rechtmäßige Eigentümer könnte diesen rechtmäßigen Ort durch Schenkung oder Stiftung zu einem solchen machen. Einmal zu Privateigentum geworden, hat der Stein seinen rechtmäßigen Ort gewissermaßen verloren. Daher kommt es Florizel so vor, als ob der Rajah mit seiner Gabe »an den Europäern Rache zu nehmen wünschte« (182) – nämlich Rache an der kapitalistischen Wirtschaftsform, die sich ausschließlich am Privateigentum orientiert (auch hier spielt das Thema des Kolonialen eine nicht zu unterschätzende Rolle). So ist das finale Unzugänglichmachen die Antwort auf die Existenz eines rechtmäßigen Eigentümers, die gleichbedeutend mit der Nichtexistenz eines rechtmäßigen Ortes ist. Ähnlich schleudert Assad bei Hebbel den Rubin in den Fluss, damit *niemand* ihn haben möge – weil der Kalif nicht als rechtmäßiger Ort, sondern als falscher Privateigentümer in Frage gekommen war, der seine Tochter für sich hatte behalten wollen.

Das Subjekt, das den Stein durch seine souveräne Tat ein für alle Mal dem Verkehr der Menschen entzieht, wird nach der Logik von Stevensons Erzählung kaum der Privateigentümer sein, da dieser den Stein einer Institution anvertrauen könnte. Florizel selbst geht folglich davon aus, dass es nicht *jemand*, sondern die »Vorsehung« war, die ihm »den Stein in die Hände gespielt hat«. Florizel ist aber nicht nur ein Bundesgenosse der Vorsehung, sondern – wie jeder Mensch – auch eine Privatperson. Unter dem Schein einer Straßenlaterne schaut sich Prinz Florizel von Böhmen den Stein genauer an; sein magischer Glanz verstärkt »bei ihm immer mehr den Gedanken, daß dieser Stein ein unabwendbares und gefahrvolles Übel für die Welt bedeute«. Dann aber sagt er zu sich selbst: »Gott mag mir beistehen, wenn ich noch häufiger ihn anblicke, wird selbst mich die Gier nach seinem Besitze packen.« Dies ist nicht nur ein zum Aberglauben gesteigerter Sonderfall jener allgemeinen Erwägungen, dass sich die Menschen auf Dauer von den Dingen abhängig machen, mit denen sie sich umgeben, dass es ihnen zunehmend schwerfällt, sich von beweglichen Gütern zu trennen, die ihnen lieb und teuer geworden sind, usw. Ebenso wenig lässt sich die fragliche Objektbeziehung über die Kategorie des Fetischs zureichend erklären (auch wenn der Vorgang dem der Fetischisierung ähnelt). Wesentlich ist hier, dass es nicht um die Dialektik von Besitz und Eigentum geht, sondern – diesseits der Eigentumsfrage – um die Dialektik des Besitzens selbst.

Wie kann Prinz Florizel denn sagen, dass ihn am Ende die Besitzgier packen wird, da er das Ding doch schon mit Willen in seinen Händen hält? Für die Juristen ist die Sache einfach: Nicht jeder Besitz ist *Eigenbesitz*; man kann das Ding auch als *mittelbarer Besitzer*, als Besitzdiener oder als *Fremdbesitzer* in den Händen halten. Dann besitze ich die Sache *für einen anderen*. Das gilt schon für jedes entliehene Buch. Wie kann aber ein Dritter erkennen, ob jemand eine bewegliche Sache als Eigen- oder als Fremdbesitzer besitzt? Das Recht spricht hier von einem *natürlichen Willen*, der bei Eigen- und Fremdbesitz je verschieden sei, sich aber überdies nach außen manifestieren müsse. Wer sich dazu entscheidet, ein geliehenes Buch nicht zurückzugeben, der *unterschlägt* es. Die Unterschlagung jedoch ist etwas, was sich nicht so ohne weiteres als eine *Tat* lokalisieren lässt (und erst strafbar wird, wenn sie sich nach außen manifestiert). Die bewegliche Sache, die man als Fremdbesitzer besitzt, ist sozusagen etwas, was man wird unterschlagen haben können. Dazu muss man das, was man schon hat, nur *behalten.*

Prinz Florizel befindet sich in der Lage dessen, der umso weniger wissen kann, ob er noch *für einen anderen* besitzt, als dieser andere eben nicht ein Subjekt ist, sondern die ›Vorsehung‹. Unter dieser Voraussetzung ist der Mensch als Privatperson durch seine Besitzgier definiert. Zwar kann der Prinz seinen Besitz nur mit dem Vorsatz rechtfertigen, dass ihn die Vorsehung damit beauftragt hat, den Stein für immer unzugänglich zu machen, aber daraus folgt eben, dass kein anderer mehr Recht auf diesen Stein hat, und jeder andere als ›Besitzstörer‹ aufgefasst wird. Auf diese Weise entsteht eine Beziehung zwischen dem Subjekt und dem Ding, die äußerlich und intim zugleich ist. Auf den Gegenstand übertragen, erscheint sie als die magische Kraft, die der Prinz im übertragenen Sinne zu verspüren beginnt und deren sich verstärkende Wirkung im nichtübertragenen Sinne das Leitmotiv von J. R. R. Tolkiens großer Trilogie *Der Herr der Ringe* ist.

Es folgt aus der Logik dieser Beziehung, dass der Widerstreit im Subjekt immer unhaltbarer wird, je länger das Subjekt mit dem Ding an sich hält, und dass er zugleich die Form der Verkennung annimmt. Der Prinz könnte sich jederzeit sagen, dass es noch nicht zu spät ist, den Auftrag des Unzugänglichmachens zu erfüllen. Vor diesem Hintergrund ist es einer der subtilen Widerhaken Stevensons, wenn sich Florizel zu Anfang seines Räsonnements noch (scheinbar) ganz unbedarft beredet, sein Problem lasse »sich nicht in einem Augenblicke lösen« (242). Stevensons Geschichte lehrt also, dass man das Kleinod nicht eigentlich freiwillig wegwerfen kann, weil man nie bloß als Abgesandter der Vorsehung in Frage kommt, sondern immer auch als bloße Privatperson. Florizel kann den Stein daher nur in der Weise wegwerfen, wie Assad den Rubin fortschleudert – oder wie der vom Schiffbruch bedrohte Kaufmann bei Aristoteles seine Ware über Bord wirft. In Wahrheit setzt die souveräne Tat stets die höchste Not voraus. Hier tritt ein Polizeibeamter unvermittelt an den Prinzen heran; er soll auf dem Präsidium eine Ehrenerklärung abgeben, dass er den Diamanten nicht in seinem Besitze hat; erst jetzt gelingt diesem sein Vorhaben – »und eine Lichtbahn hinter sich herziehend, verschwand das Juwel mit einem Aufklatschen in dem dahinströmenden Fluß« (250).

ENDGÜLTIGE AUFLÖSUNG. Die Bahn eines Dings kann sich auch durch dessen endgültige Auflösung vollenden. Diese Auflösung kann aktiv betrieben werden oder sich gleichsam von selbst vollziehen. Sie kann das Ergebnis einer heroischen Tat sein oder der Vergänglichkeit der Dinge geschuldet. Das hängt natürlich nicht zuletzt von der Beschaffenheit der Dinge ab. Nicht zu reden ist in diesem Zusammenhang von den Sachen, die verzehrt werden können oder verenden müssen (bei Tieren bliebe ohnehin zu erörtern, inwiefern sie als Sachen oder Dinge angesprochen werden sollten) – solche Dinge von vorab begrenzter Haltbarkeit oder Lebenszeit können nur konserviert werden, indem man sie in etwas anderes verwandelt.

Anders verhält es sich mit der Auflösung, die durch den Gebrauch eintritt, der von dem Ding gemacht wird. Viele Dinge landen nur auf der Müllkippe, weil sie nicht geachtet und gepflegt werden. Würden sie sorgsam verwahrt und aufbewahrt, würden sie dem Verkehr entzogen, könnten sie ihre Träger überdauern. Stattdessen greift die Welt, durch die sie wandern, auf sie über und zeichnet die Spuren einer entropischen Zeit auf ihnen ein. In genau diesem Sinne erleidet etwa das grüne Akkordeon in dem gleichnamigen Roman von Annie Proulx ein *Schicksal*. Von einem *Schicksal* der Dinge lässt sich im Grunde nur sprechen, insofern sie sich zerschleißen und am Ende auflösen. An diesem umfassenden Prozess kann die menschliche Destruktivität verschiedenen Anteil nehmen: In dem Film *Das geheimnisvolle Kleid* (*De Jurk*) des Niederländers Alex van Warmerdam von 1996 beispielsweise geht es um ein Kleid, dessen verschiedene Träger jeweils ein unvorhersehbares und dunkles Begehren auslösen; zunehmend wird das Kleid verschmutzt, gekürzt, zweckentfremdet, bis am Ende nur noch ein Stofffetzen übrig bleibt, der weggeworfen und von einem Rasenmäher erfasst wird.

Die Auflösung wird hier zur allgemeinen Formel für einen destruktiven Trieb oder ein pervers erscheinendes Begehren, das die sozialen Verhältnisse heimsucht und aus dem Gleichgewicht bringt. Genau umgekehrt verhält es sich dort, wo die Auflösung aktiv betrieben wird und sich in einer heroischen Tat verdichtet. Denn in dieser Tat sammelt sich die Erkenntnis, dass die soziale Welt von diesem Ding befreit werden muss, weil es Unheil gestiftet hat. Insofern ähnelt eine solche Tat natürlich der Handlungsweise des Prinzen Florizel. Aber anders als diese verweist sie auf eine mythische Ordnung, weil das Ding tatsächlich aufgelöst oder zerstört werden muss. Weil der Diamant des Rajah eben nur unzugänglich gemacht, nicht aber zerstört wird, kann die Tat Florizels auch keine *Antwort* sein auf eine andere Tat. Diamanten erblicken das Licht der Welt nicht durch Taten. Der Fluch, der auf ihnen lasten mag, verdankt sich keinem Schöpfungsakt. Edelsteine werden gefunden, sie sind keine Werke.

Die *Vernichtung* hingegen ist kein verstohlenes und verschwiegenes Wegwerfen, sondern ein symbolischer und sprachlich gerahmter Akt, der den verfehlten Schöpfungsakt eines Wunderdings rückgängig macht. Der paradigmatische Gegenstand, der hierfür in Frage kommt, ist der *Ring*, der *geschmiedet* worden ist. Ein besonders berühmtes Beispiel hierfür ist sicherlich Richard Wagners *Ring des Nibelungen*, der – aus dem entwendeten Rheingold geschmiedet – den Rheintöchtern von Brünnhilde zurückgegeben wird, nachdem sie ihn dem toten Siegfried vom Finger gezogen hat: »Mein Erbe nun / nehm ich zu eigen. – / Verfluchter Reif! Furchtbarer Ring! / Dein Gold fass' ich / und geb' es nun fort. / Der Wassertiefe / weise Schwestern, / des Rheines schwimmende Töchter, / euch dank' ich redlichen Rath! / Was ihr begehrt, / ich geb' es euch: / aus meiner Asche / nehmt es zu eigen! / Das Feuer, das mich verbrennt, / rein'ge vom Fluch den Ring! / Ihr in der Fluth / löset ihn auf, / und lauter bewahrt / das lichte Gold, / das euch zum Unheil geraubt.« (345)

Nicht zufällig ist es in Tolkiens *Der Herr der Ringe* ähnlich. Hier kann der »eine Ring« nur im Feuer des Schicksalsbergs vernichtet werden, in dem er von Sauron geschmiedet wurde, um ganz Mittelerde zu knechten. In beiden Fällen erweist sich die Vernichtung also zugleich als Rückkehr an einen rechtmäßigen Ort. Die Auflösung der Form muss den Stoff dorthin zurückführen, wo seine unheilvolle Formung ihren Ausgang nahm. Einen rechtmäßigen Eigentümer können die zu vernichtenden Dinge schon deshalb nicht haben, weil ihre Hervorbringung eine Ordnung stört, in der sich noch kein Recht formiert hat. Ihre Zerstörung verdankt sich zwar einer Tat, kann aber nicht von einem Subjekt ausgeführt werden. Es sind die auflösenden Elemente Feuer und Wasser, die dies – aber eben an einem bestimmten *Ort* – besorgen müssen.

SAMMLUNGEN. Es gibt Sammelplätze, die wie geschaffen dafür sind, dem Zirkulieren der Dinge einen Riegel vorzuschieben, ihnen einen Endpunkt zu bieten. In ihnen haben die Dinge andere Dinge neben sich. Sie sind zunächst einmal unter sich. Sie sind nicht mehr in unserer Gesellschaft, sondern in der Gesellschaft von ihresgleichen. In gewissem Sinne neutralisieren sich die gesammelten Dinge gegenseitig. Unzugänglich geworden, verlieren sie ihre Kraft und ihre Bedeutung.

Insofern sind diese Sammlungen das Gegenteil von Reliquiaren, die ja ebenfalls dazu dienen, Dingen einen dauerhaften Ort einzuräumen. Reliquien sind zunächst einmal Mangelware. Im Frühchristentum wurden die Kirchen gewissermaßen um eine Heiligenreliquie herum errichtet, die im Altar aufbewahrt wurde. Nach einem Beschluss des Konzils von Nicäa im Jahr 787 musste sogar jeder geweihte Altar eine Reliquie enthalten. Aber eben nur eine. Karl-Heinz Kohl führt in seinem schönen Buch über die Geschichte und die Theorie sakraler Objekte mit dem Titel *Die Macht der Dinge* sogar aus, der Brauch, Kirchen mit Nebenaltären zu versehen, gehe darauf zurück, dass die Kirchengemeinden »für jede Reliquie, die sich in ihrem Besitz befand, einen eigenen Ort der Verehrung haben wollten« (57). Das Reliquiar – das kostbare Gefäß für die einzelne Reliquie – ist die Schrumpfform dieses notwendigen *eigenen Platzes*, an dem die Reliquie von ihresgleichen abgeschirmt ist, zugleich aber ausgestellt wird. Und dies ist auch die Voraussetzung für die erwartete Entfaltung ihrer Wirksamkeit – ihrer Außenwirkung –, während die *Sammlung* die zumindest zeitweilige Unwirksamkeit des Gesammelten bewirkt oder voraussetzt.

In Stevensons *Der Diamant des Rajah* ist davon die Rede, dass dieser ›sechstgrößte Diamant der Welt‹ eigentlich in eine »fürstliche Sammlung« oder in den »Staatsschatz einer großen Nation« gehöre. Dass der Stein nicht von einer Privatperson besessen wird, soll die Gewähr dafür bieten, dass er aus dem Verkehr gezogen ist. Aber sicher ist das nicht. So ist ja zum Beispiel der Monddiamant aus dem Roman von Wilkie Collins nicht nur von seinem rechtmäßigen Ort geraubt worden, sondern auch – als Verzierung eines Dolches – aus der Rüstkammer des Sultans Tipu. Überdies sind natürlich auch Mitglieder eines ›fürstlichen Hauses‹ Privatpersonen, die das Ding einer erneuten Außenwirkung zuführen können: In Ludwig Tiecks *Karl von Berneck* fällt dem – in langjähriger Abwesenheit des Vaters – von Mutter und Bruder zurückgesetzten und melancholisch veranlagten Sohn Karl in der Rüstkammer des Schlosses ebenjenes Schwert zur Ausführung seiner Rache am Liebhaber der Mutter (und dann auch an der Mutter selbst) in die Hände, mit dem schon der Vorfahr seinen Bruder getötet und damit den Fluch auf das Haus geladen hatte. Es macht ja vielfach gerade den Witz des wandernden Dinges aus, dass es sich lange Zeit in Wartestellung befinden kann.

Die Sammlung ist insofern nicht unbedingt ein Endpunkt, sie kann aber als eine *Schlussfigur* eingesetzt werden. Das heißt: In der *Erzählung* wird die Geschichte des wandernden Dings mit der Einverleibung in eine Sammlung zu einem Abschluss gebracht. Dieser Abschluss wird umso ›natürlicher‹ erscheinen, je weniger der Tauschwert des betreffenden Dinges im Vordergrund steht. Es geht also nicht um die Werte, die in Schatzkammern gehortet werden, sondern um das, was außer Kurs ist. Nicht um Reliquien, aber um Relikte. Die altmodischen Hosen des Herrn von Bredow, die im *Werwolf* von Willibald Alexis am Ende noch einmal unversehens dem Kurfürsten Joachim aus einer peinlichen Situation helfen und bei dieser Gelegenheit in dessen Besitz übergehen, werden von diesem noch einige Male aus Spaß getragen und auch danach noch in Ehren gehalten – er lässt sie nämlich in der »Rüstkammer« aufhängen. Und niemand wird auf den Gedanken kommen, sie von dort zu entwenden. Ebenso wenig wird jemand daran zweifeln, dass die verhängnisvolle (und anachronistische) Schürze in Clemens Brentanos *Geschichte vom braven Kasperl und dem schönen Annerl*, mit der die Großmutter den abgeschlagenen Kopf des Jägers Jürge bedeckt und Annerl ihr Kind erstickt hat, in der »herzoglichen Kunstkammer« für immer unschädlich gemacht worden ist.

Die Geschichte dieser Dinge hat sich geschlossen. Gleichwohl können sie eine Art Nachgeschichte haben, indem sie wieder zugänglich gemacht werden. Alexis' historischer Roman aus der Reformationszeit deutet sie an, wenn er zum Verbleib der Hosen noch hinzufügt: »Aus der Rüstkammer kamen sie nachmals in das Zeughaus zu Berlin, wo sie noch heutzutage hangen und für jedermann zu sehen sind. Man verwundert sich, wie stark damals die Leute gewesen sein müssen, die solche Hosen tragen konnten.« (426) Letztlich können die Dinge wieder auftauchen als *Stücke* in den verschiedenen Spielarten der *Raritäten-* oder *Kuriositätenkabinette*, wie sie seit der Renaissance vielerorts unterhalten werden. Dort sind sie nicht mehr Gegenstand der Furcht oder der Verehrung, des Begehrens oder des Abscheus, sondern der Neugierde oder allenfalls des Staunens und des Kopfschüttelns. Sie werden damit in zweierlei Hinsicht zu ›Geschichtsdingen‹. Erstens kann sich der Betrachter etwa verwundern über den Leibesumfang der Leute zur Reformationszeit, auf den aus diesem Exemplar Hosen geschlossen werden mag. Zweitens ist mit genau *diesen* Hosen eine Geschichte verknüpft, von der der unbedarfte Betrachter möglicherweise nichts weiß. In dieser Hinsicht hat das ›Geschichtsding‹ also eine poetologische Dimension, die auf die Stellung des historischen Romans verweist. Denn es ist diese Geschichte, die der Roman erzählt. Und indem er die Geschichte des Dings bis in die Gegenwart verlängert, ruft er es gleichsam zum Zeugen auf.

Die Geschichte, die zu einem Objekt in einem Kuriositätenkabinett erzählt werden kann, endet regelmäßig damit, wie es in die Sammlung gelangt ist. Es ist, als müsste das Ding seine eigene Geschichte erzählen können (nicht aber die Geschichte derer, mit denen es in Berührung gekommen ist). Denn es hat ja überdauert wie alle Ich-Erzähler. Da es aber stumm ist, muss ihm ein anderer Erzähler seine Stimme leihen. Ob dessen Geschichte allerdings wahr ist, kann man nicht wissen. Zumal wenn es sich um eine unerhörte Geschichte handelt. Solche Geschichten beherbergt das *Museum der unerhörten Dinge*, das eine Art künstlerischer Fortbildung des Kuriositätenkabinetts zum Gebrauch in der Jetztzeit ist. Es ist ein ganz kleines Museum, das sich seit dem Jahre 2000 – aber wer weiß, wie lange? – in der Crellestraße in Berlin-Schöneberg befindet, zwischen den Hausnummern 5 und 6.

Es gibt dieses Museum auch im Internet – aber wer weiß, wie lange? – und zu Teilen (gewiss für lange Zeit) im gleichnamigen Buch. Im Buch hat der Direktor des Museums, Roland Albrecht, notgedrungen mehr die Geschichten als die dingliche Präsenz der Exponate betont. Man liest beispielsweise über »Zwei Teile der Schreibmaschine, auf der Walter Benjamin seinen berühmten Essay *Das Kunstwerk im Zeitalter seiner technischen Reproduzierbarkeit* schrieb« oder darüber, »Wie das Edelweiß zu seiner Berühmtheit kam oder Die Blume der Gräfin Maria Franziska zu Dornbirn«. Einige Glanzstücke des Museums, wie der »Rote Faden, der durch das Leben des Marquis de Mallet führte«, enthält das Buch leider nicht. In seinem Nachwort gibt Roland Albrecht einige Hinweise, wie er zu den unerhörten Geschichten dieser Dinge in seiner Sammlung gekommen ist. Wenn es sich bei den Dingen nicht gerade um »Plappermäuler« handelt, muss man ihnen ihre Geschichte ablauschen. Die Dinge »schweigen manchmal Jahre vor sich hin, müssen erst Vertrauen schöpfen, Sicherheit bekommen, machen oft mehrere Anläufe, um dann wieder in Schweigen zu verfallen und dann doch noch, zuerst bruchstückhaft und langsam, bald aber immer mehr von ihrer Geschichte preiszugeben und mir anzuvertrauen. So sammeln sich die eigentlich wahren unerhörten Dinge im Depot des Museums an« (114).

VERSCHWINDEN AUS DER ERZÄHLUNG. Schließlich kann ein Ding auch auf der Ebene des Textes unzugänglich gemacht werden. Es verschwindet aus dem Text; es wird von der Erzählung fallengelassen oder ausgestoßen. Das Außen des Textes ist auf eine radikale Weise ein Nicht-Ort – aber eben ein Nicht-Ort als Ort. Die Frage ist, welche *Signifikanz* diesem Verschwinden zukommt. Es widerfährt ja nicht nur zahllosen Dingen, sondern auch ungezählten Figuren, dass sie von der Erzählung fallengelassen werden, dass von ihnen nicht mehr die Rede ist. Damit werden sie als Randfiguren bestimmt, deren weiteres Schicksal nicht ins Gewicht fällt. Zweifellos signifikant ist daher das Verschwinden eines Dings aus der Erzählung, um das sich alles gedreht hat oder alles gedreht zu haben schien. Programmatisch kann ein solcher Entzug des Zentrums natürlich vor allem in sogenannten postmodernen Erzählformen gegeben sein.

So geht es in Eugen Helmlés Buch *Im Nachtzug nach Lyon* um die Beute aus einem »Klau« beim zwielichtigen »Diamant- und Schmuckkaufmann« (7) Otto, die ein Mann namens Hannibal außer Landes schaffen will, ihm aber im Nachtzug nach Lyon abhandenkommt – und am Ende, nach einer sich überstürzenden Kaskade von Entwendungen, auch aus der Erzählung selbst verschwindet. Deren letzter Satz formuliert die Frage: »Doch was ist mit Ottos Diamant?« (126) Es ist offenkundig, dass dem Diamanten innerhalb des Textes vor allem die Funktion zukommt, das Personal der Erzählung zu *versammeln*. Wenn das Beutegut am Ende aus der Erzählung verschwindet, so wird damit ebendiese Funktion bezeichnet. Aus dem Ding, so wird uns bedeutet, lässt sich gewissermaßen kürzen. Es ist nur hinsichtlich des Begehrens von Interesse, das sich darauf richtet. Als Statthalter eines leeren Zentrums hat das Ding freilich aufgehört, eine stumme Frage zu sein.

In dieser Funktion hat das Ding Ähnlichkeit mit dem, was Alfred Hitchcock einen *MacGuffin* nennt. Mit diesem Kunstwort bezeichnet Hitchcock ein Handlungsmotiv, das die Geschichte in Gang bringt und in Gang hält, in Wahrheit aber bedeutungslos ist. So sind die Geheimpläne für einen Flugzeugmotor, um die es in *The 39 Steps* dem Anschein nach geht, nur der Vorwand dafür, den Protagonisten in verschiedene unhaltbare Situationen zu versetzen. Ebenso die geheimnisvolle Substanz, die sich in den Weinflaschen in *Notorious* befindet: Alicia und Devlin setzen alles daran, um sich im Hause des Feindes in den Besitz einer dieser geheimnisvollen Weinflaschen zu bringen; ihr Inhalt aber ist so beliebig, dass er schon *via* Synchronisation in etwas ganz anderes verwandelt werden konnte. Als ein sicheres Zeichen für einen MacGuffin gilt es, wenn ein Objekt eine wesentliche Rolle in einer Geschichte spielt, ohne dass jemals offenbar wird, worum es sich handelt, wie etwa der Inhalt der Koffer in *Pulp Fiction* von Quentin Tarantino oder in *Ronin* von John Frankenheimer: Durch den Inhalt des Koffers lässt sich kürzen, denn was zählt, ist nur die Tatsache, dass alle ihn in ihren Besitz bringen wollen. Nachdem er seine Aufgabe erfüllt hat, kann er aus der – erzählten – Geschichte verschwinden.

Man sieht, dass die Etikettierung von etwas als MacGuffin von einer Metaebene aus erfolgt, in der der Geschichte kein *Glauben* geschenkt wird (es wird, mit anderen Worten, zwischen der Geschichte und der Erzählung der Geschichte nicht unterschieden). Das hat sicherlich zu dem besonderen Ansehen und der Beliebtheit dieser Kategorie beigetragen. Tatsächlich führt die Erkenntnis, dass es nicht um den Inhalt, sondern um die Funktion des Geheimnisses geht, nicht sehr weit, wenn sie nicht mit der Einsicht gepaart ist, dass der *Glaube* an das Geheimnis die Subjektposition derer definiert, die gleichwohl nur als *Zwischenträger*, nicht aber als Eingeweihte in Betracht kommen.

Ein MacGuffin *verkettet*. Es muss aber nicht das Begehren sein, das die Verkettung bewirkt. In einem Roman des 19. Jahrhunderts verschwindet das zentrale Ding unter entgegengesetzten Voraussetzungen aus der Geschichte. Aus ihm wären wohl weitergehende Einsichten in das Wesen eines MacGuffin zu gewinnen. Die bemerkenswerte Kriminalgroteske *Die falsche Kiste* (*The Wrong Box*), von Robert Louis Stevenson gemeinsam mit seinem Stiefsohn Lloyd Osborne verfasst, dreht sich um eine Leiche, die heimlich in ein Fass gepackt, als Frachtgut verwechselt, dann erneut heimlich verpackt und mit einem Konzertflügel weiterverschickt wird. Bevor sie aber an ihrem Bestimmungsort ankommen kann, wird die gesamte Wagenladung einem betrunken gemachten Kutscher entwendet und taucht im Roman nicht mehr auf.

Eine Leiche ist kein Ding, auf das es alle abgesehen haben, sondern etwas, was es loszuwerden gilt. Im Regelfall geschieht dies durch ein Begräbnis, das dem Leichnam einen symbolischen Ort zuweist. Anders hier, wo der Tod des Betreffenden zunächst vertuscht werden soll, bis sich herausstellt, dass es sich überdies um die falsche Leiche eines namenlosen Unbekannten handelt. Die Erzählung setzt also folgerichtig um, dass sich mit dem Wiederauftauchen des vermeintlichen Toten die reale Leiche erübrigt. Wenn es die wahre Bestimmung eines MacGuffins ist, aus der *Erzählung* zu verschwinden, so realisiert er sich hier gerade unter dem umgekehrten Vorzeichen, innerhalb der *Geschichte* überzählig zu sein.

Adressaten

GRABBEIGABEN? Wandernde Dinge können entweder einen wie auch immer rechtmäßigen Ort oder aber einen wie auch immer rechtmäßigen Adressaten als Endpunkt (ihrer Geschichte) bzw. als Schlussfigur (der Erzählung) haben. Man kann darüber rätseln, ob bei der *Grabbeigabe* ersteres oder letzteres vorliegt (was natürlich mit der weitergehenden Frage zusammenhängt, in welcher Weise das Grab ein Ort und die sterblichen Überreste ein bewegliches Gut sein können). Wessen Eigentum sind die Dinge, die dem Toten mit auf den Weg gegeben werden? Wer sorgt dafür, dass die Grabbeigaben an ihrem rechten Ort oder bei ihrem rechten Eigentümer bleiben? Zahllosen Legendenbildungen (und schlechten Romanen) zufolge laufen Grabräuber Gefahr, einen Fluch auf sich zu laden – am berühmtesten ist sicherlich der *Fluch des Pharao*, der in den 1920er Jahren um die Welt ging, als mehrere Personen, die bei der Öffnung des Tutenchamun-Grabes beteiligt waren, auf merkwürdige Weise zu Tode kamen und dies zum Teil selbst einem Fluch zuschrieben. Der Beraubte wird dabei offenbar sowohl als rächende Instanz wie auch als Privateigentümer gedacht. Muss man auch so etwas glauben?

Selma Lagerlöfs Kurzroman *Der Ring des Generals* (der erste

Teil der Trilogie *Die Löwenskölds*) nimmt sich dieser Frage auf eine sehr durchdachte Weise an. Zunächst wird die besondere Bewandtnis, die es mit dem Ring des Generals hat, vorweggeschickt: Der verstorbene General Löwensköld war ein berühmter Kriegsmann, dem der schwedische Heldenkönig Karl XII., der sein Land des Kriegsruhmes halber fast in den Ruin getrieben hat, einst einen prunkvollen Ring schenkte. Auf dem Porträt im großen Salon des Familienbesitzes Hedeby hat der General »den Handschuh von der linken Hand soweit abgestreift«, »daß der große Siegelring, den er auf dem Zeigefinger trug, auf dem Bilde zu sehen war«. Und genau so, wie der General »den Königsring auf dem Bild hatte haben wollen, hatte er auch im Grabe noch bei ihm sein sollen« (8).

Die Romanhandlung setzt mit dem Begräbnis des Generals ein. Die Erben des Generals geben den Ring mit in die Gruft, obwohl er das prädestinierte Erbstück wäre und obwohl er doch, wie man erzählt, so viel Gold umfasst, »daß es zum Ankauf eines Hofgutes reichen würde, und der rote Karneol, in den der Namenszug des Königs eingraviert war, sei auch nicht weniger wert«. Die Gabe des Königs ist imperiales Symbol, an dem der General auch im Tode festhalten muss. Zum wahren *Herrensignifikanten* wird er, weil er über seinen symbolischen Wert auch einen Reichtum repräsentiert, den er den Untertanen entzieht. Dies halten die armen Leute »fast für ein Unrecht«, da der Ring doch »vielen, die nichts zu brechen und zu beißen hatten als Häcksel und Baumrinde, ihr täglich Brot geschafft« hätte (9).

Selma Lagerlöfs Roman gibt sich von Anfang an als eine aus dem Tritt und aus der Spur geratene Legendenerzählung zu erkennen. Die Grabschändung wird auf burleske Weise als Gelegenheitstat eines einfältigen Bauernehepaars geschildert. Gleichwohl ruft sie die höheren Mächte herab. Hier sind sie böse. Während die Frau auf dem Heimweg noch räsoniert, der General habe wohl begriffen, »daß es unrecht von einem Toten ist, ein solches Kleinod für sich zu behalten«, der Mann hingegen erwidert, der General habe »eben nicht

mehr die Macht« (16) gehabt, die Entwendung zu verhindern, steht ihr Hof schon in Flammen. Dem legendenhaften
Charakter der Geschichte entsprechend verfolgt der Geist
des Generals den unglücklichen Ringbesitzer, der sich schließlich nach dem Selbstmord seiner Frau mit seinen beiden Kindern in eine Waldhütte zurückzieht, wo er einem Geistlichen
auf dem Sterbebett seine Tat beichtet und ihm den Ring
übergibt. Aber sein Sohn Ingilbert, der die Beichte gehört
und das Ding gesehen hat, beraubt den Geistlichen auf dessen Heimweg. Doch auch Ingilbert lebt nicht lange. Drei
wohlhabende Bauern finden seine Leiche im Wald. Sie nehmen seine Mütze, ohne zu wissen, dass Ingilbert den Ring in
sie eingenäht hat.

Von einer eingeschobenen Spukgeschichte lässt sich der eigentlich friedliebende Sohn des Generals überzeugen, dass
sein kriegerischer Vater alle Ringbesitzer so lange traktieren
wird, bis das Ding wieder an Ort und Stelle ist. Die Vorstellung, dass auch er seinen Teil dazu beitragen muss, wird die
drei wohlhabenden Bauern das Leben kosten. In einer denkwürdigen Gerichtsverhandlung werden sie für die Ermor-
dung Ingilberts unschuldig zum Tode verurteilt. Später
kommt der Ring unerkannt zurück auf Schloss Hedeby. Marit,
die Braut eines der Hingerichteten, hat den Ring entdeckt
und in die Mütze des kleinen Adrian eingenäht, des Erben
von Schloss Hedeby.

Im Finale tritt der Geist des Generals auch sichtbar in Erscheinung. Er ist zum Hausgeist geworden und erscheint
schließlich dem jungen Baron Adrian. In seinen Zügen liegt
»nicht die Ruhe des Todes, sie drückten eine wilde Begierde
aus, und um den Mund schwebte ein unheimliches Lächeln
von Triumph und Siegesgewißheit« (70), denn nun nimmt
der Geist sein eigen Fleisch und Blut als Geisel. Auf den Tod
liegt der junge Baron darnieder, weil er vom Geist des Generals heimgesucht wird. Nur durch die Rückgabe des Rings
wird er genesen können. Ganz unvermutet schaltet sich die
Erzählerin ein (es ist erlaubt, sie hier als *weibliche Instanz* anzu-

sprechen): »Die Feder entfällt meiner Hand. Ist es nicht zwecklos, all dies niederzuschreiben? Mir ist diese Geschichte in der Dämmerung am Kaminfeuer erzählt worden.« Und sie fragt sich, wie viel wahr ist an dieser Geschichte, die »eine Erzählerin [...] von der andern geerbt« hat (71). Am Ende kommt der Ring zurück ins Grab. Die Jungfer Spaak, Haushälterin auf Schloss Hedeby, die den Baron heimlich liebt, stopft die Mütze, wie ihr von der greisen Marit geheißen – und ohne zu wissen, dass sie den Ring enthält –, durch ein Mauseloch in die Gruft und hat dabei das Gefühl, sie sei ihr »entrissen worden« (81).

Diese Rückkehr der Grabbeigabe ist keine Rückkehr an einen rechtmäßigen Ort. Es wird eine Ordnung bestätigt – aber eine feudale und gewalttätige Ordnung. Die Rückkehr wird auf der einen Seite von der Legende als etwas Notwendiges gefordert und auf der anderen Seite von der Erzählung widerrufen als etwas Falsches und Heilloses. Nicht die Ruhe steht am Ende im Vordergrund, sondern die Affirmation eines Gewaltverhältnisses und eines Klassenverhältnisses. Und dieses Fortwirken des kriegerischen Begehrens über den Tod hinaus ist es, was gespenstisch wirkt. Die Erzählung sympathisiert letztlich mit den Grabschändern, mit dem Volk, und nicht mit denen, die über ihren Tod hinaus dem Volk die Logik des Krieges aufzwingen und ihre Reichtümer für sich behalten wollen. Nur unter der Hand und verdeckt kehrt der Ring zurück, dessen Wandern Unheil im Volk angerichtet hat. Was übrig bleibt, ist eine unaufhebbare Bitterkeit. So muss die Jungfer Spaak hören, dass der junge Baron bald eine Person von Stand heiraten wird. Die Gesellschaft bleibt unter sich.

Von der entgegengesetzten Seite zeigen sich die Grabbeigaben in einer Erzählung, die wie vielleicht keine andere in der deutschen Literatur auf das Grab hin konvergiert: *Die Geschichte vom braven Kasperl und dem schönen Annerl* von Clemens Brentano. Bekanntlich handelt es sich eigentlich um zwei getrennte Geschichten: Erst im gemeinsamen ehrlichen Grab finden die beiden Titelfiguren zueinander. Und bis auf die unheilvolle Schürze, die in die Kunstkammer kommt, versammeln sich auch die Dinge dieser Erzählung als Beigaben im Grab. Sie finden ihren Weg dorthin, wo sich ihre Bedeutung festzulegen scheint. Es sind allesamt symbolische Gaben, nicht aber – wie im Falle des Generals – Eigentum. Und weder Kasperl noch Annerl wissen um diese Beigaben. Kasperl bekommt auf Geheiß des Herzogs den Degen des unehrlichen Verführers Grossinger zum Zeichen seiner Ehre ins Grab gelegt. Durch den Brautkranz, den er für Annerl mitgebracht hatte, hat sich Kasperl ins Herz geschossen. Nun kommt er in Annerls Grab. Die Rose, die Graf Grossinger ahnungslos der Großmutter in den Schoß geworfen hat, wird von dieser ebenfalls in Annerls Grab gegeben. Das sind die Zeichen der ehrbaren und der sinnlichen Liebe.

Vor allem aber der Schleier: Der Herzog raubt ihn der Schwester Grossingers als Pfand der gemeinsamen Liebesnacht, verliert ihn dann aber auf der Straße. Der Erzähler hebt ihn auf und präsentiert ihn dem bestürzten Herzog, nachdem er zu ihm vorgedrungen ist. Der Fund scheint ihm »Gnade zu verheißen«. Der Herzog greift »mit Ungestüm« nach dem Schleier, um ihn dann, nachdem der Erzähler sein Anliegen, die Begnadigung Annerls, vorgetragen hat, Grossinger zu überreichen: »reiten Sie das Pferd tot; nur nach dem Gerichte hin: heften Sie diesen Schleier an Ihren Degen, winken und schreien Sie Gnade, Gnade! Ich komme nach.« (41) Als das Urteil am Richtplatz bereits vollstreckt ist, dekretiert der Herzog: »Dieser unglückliche Schleier, der ihr so gern Gnade gebracht hätte, soll ihr die Ehre wiedergeben; sie ist ehrlich und begnadigt gestorben, der Schleier soll mit ihr begraben werden.« (45)

Die Dinge sind Teil eines Geflechtes von Wiederholungen, Entsprechungen und Assonanzen, das über diese Erzählung gelegt wird. Es betrifft ebenso die auffällige Häufung bestimmter Abstrakta wie »Ehre«, »Gnade« oder »Recht« wie die Verdopplung von Vorgängen: Es gibt zwei Schürzen, die über Enthauptete geworfen werden; zweimal erhält die Alte eine Rose und einen Taler; zweimal lässt sie sich auf derselben Schwelle nieder, zweimal hört sie dasselbe Lied. Richard Alewyn, von dem eine maßgebliche Deutung dieser Erzählung stammt, haben diese »Verkettungen« nicht von ungefähr an die »Requisitenmagie des Schicksalsdramas« (182) erinnert: »Hier werden aus den Wanderungen und Wirkungen der Dinge Fäden gesponnen, ein magisches Netz, das getrennte Personen und entfernte Ereignisse miteinander verschlingt.« (186) Das produziert zwar gleitende Bedeutungseffekte, nicht aber gefestigte Bedeutungen: Uns wird bedeutet, dass alles mit allem verwoben ist. Deswegen kommen die beweglichen Dinge nicht als Eigentum und Besitz vor, sondern als etwas, das vermittels seines Trägers seinen Weg findet. Es erscheinen aber nicht nur »die Dinge beseelt«; umgekehrt unterliegen die Abstrakta einem »Drang zur Verdinglichung« (186 f.). Im Grab kommt beides zusammen.

Insbesondere macht der Text exzessiven Gebrauch vom Mittel der Personifikation. So heißt es etwa in dem Lied, das der Ich-Erzähler auf seinem nächtlichen Weg zum Herzog hört (von dem er noch nicht weiß, dass es von derjenigen gesungen wird, der der Herzog den Schleier genommen hat): »Die Gnade nimmt den Schleier, / Wenn Liebe Rosen gibt, / Die Ehre grüßt den Freier, / Weil sie die Gnade liebt.« (38) Das Bezeichnende an diesen Personifikationen ist, dass die Zuordnungen nicht aufgehen. So scheint mit der »Gnade« hier der Herzog, mit der »Ehre« aber seine Geliebte, die Gräfin Grossinger, gemeint zu sein. Dieser aber ist der Schleier, das Attribut weiblicher Ehre, soeben genommen worden. Ganz am Ende wiederum ist davon die Rede, dass in dem allegorischen »Monument«, das auf dem Grab von Kasperl und Annerl errichtet wird, nicht mehr der Herzog, sondern die inzwischen zur Fürstin mit dem Namen »Voile de Grace, auf deutsch: Gnadenschleier« avancierte Geliebte die Gnade darstellt (48 f.).

Der Schleier ist mithin auf ganz verschiedene Weise Zeichen. Wenn Grossinger den Schleier an seinen Degen heftet und auf den Richtplatz reitet, dann fungiert er als unzweideutiges Zeichen der Begnadigung. Zugleich ist Grossinger aber der Verführer, dessen Degen für das Werkzeug steht, mit dem er Annerl die Ehre geraubt hat, deren Symbol ebendieser Schleier ist. Daher muss er diesen Degen später abgeben, damit er Kasperl ins Grab gelegt wird. Die Ehre scheint auf der einen Seite etwas zu sein, was man überhaupt nicht – gleich einem Ding – verlieren oder zurückbekommen kann: Die Geliebte des Herzogs hat ihre Ehre durch die Liebesnacht offenbar nicht verloren. Nur einen Schleier hat der Herzog mit sich genommen. Wenn am Ende dieser Schleier den Weg in Annerls Grab findet, um ihr die Ehre wiederzugeben, so handelt es sich dabei um eine Ehre, die niemand verloren hat. Letztlich verläuft der Weg des Schleiers gewissermaßen vom Liebeslager der einen verführten Frau in das Grab der anderen verführten Frau. Was dazwischen die Männer mit diesem Ding anstellen, dient nur seiner Beförderung. Als Zeichen männlicher Begnadigungsbemühungen kommt der Schleier zu spät. Wenn hingegen am Ende die Fürstin zur Figur der Gnade, zum »Gnadenschleier« wird, so handelt es sich um eine Gnade, die nie zu spät gekommen sein wird, weil sie die Gabe einer Ehre ist, die nicht durch einen Mann genommen werden kann. Fragt sich, was Annerl davon hat. In jedem Falle richten die Beigaben das Grab als ein *Zeichengrab* ein – als einen ausgezeichneten *Ort*, von dem niemand etwas wegnehmen kann.

Rückkehr an den ursprünglichen Adressaten. Wenn ein Gegenstand auf einen Weg geschickt worden ist, kann er auf Abwege geraten und erst am Ende bei dem ankommen, dem er von Anfang an zugedacht war. Das Modell hierfür sind natürlich postalische Sendungen, die an eine Privatperson gerichtet sind. Der kompromittierende Brief, der in Poes *Der stibitzte Brief* vor den wissenden Augen der Adressatin vom Minister entwendet wird, erreicht diese Adressatin schließlich doch, nachdem Dupin ihn dem Minister weggenommen und dem Polizeipräfekten übergeben hat.

Abgesehen davon kann auch ein nichtpostalisches Ding, das einer Person abhandengekommen ist, dieser selbst zurückerstattet werden. Dann sind Ausgangs- und Zielpunkt identisch. Um diese kreisförmige Bewegung können sich zwar alle möglichen Geschichten ranken, an sich selbst ist diese zyklische Struktur aber so lange wenig aufsehenerregend, wie der Privateigentümer nur als Privateigentümer in Betracht kommt. Sie kann allerdings dazu dienen, den Besitzer als den rechtmäßigen Eigentümer zu affirmieren, der den entsprechenden Gegenstand *verdient* hat. Es leuchtet ein, dass diese zyklische Form auch zu kleinformatigen Gründungserzählungen genutzt werden kann. Während der Protagonist des Märchens bis zum Schluss derselbe bleibt, kann der Protagonist einer solchen Erzählung das, was er beispielsweise zu Anfang gewonnen hatte, erst wahrhaft in Besitz nehmen, nachdem er es wieder verloren und wiedererlangt hat. So kann Lin McAdam in *Winchester 73* seinen Namen erst am Ende in das vorbereitete Feld des Gewehrs gravieren lassen, dessen Wiedererlangung zugleich für die Möglichkeit einer Familiengründung steht.

Es gibt aber auch die Möglichkeit, dass das Ding nicht mehr als *dasselbe* zum Eigentümer zurückkommt. Und zwar nicht nur in dem Sinne, dass es *für den Eigentümer* als ein anderes, mit einer anderen Bedeutung versehenes Ding wieder in Besitz genommen wird, sondern weil es *an sich selbst* etwas anderes geworden ist. Ohne seine Materialität verändert zu haben, findet das beiläufig in eine alte Jacke gesteckte Lotterielos in *Le Million* seinen Weg zurück zu Michel als eine Art Freibrief für die sorgenfreie Zukunft. Auch darin liegt freilich eine kleine Gründungserzählung. Denn der Umschlag vom wertlosen Papier zum Freibrief erfolgt nach der Logik dieser Geschichte nur, weil Michel das Los *nicht* nach seinem potentiellen Wert taxiert hat, weil er es nicht in einem geweihten Schrein, sondern achtlos in einer alten Jacke deponiert hat –

und weil er auf der Jagd nach dieser Jacke seine Liebesunordnung bereinigt hat. Nur deshalb ist die Million für ihn *bestimmt.*

Ein Lustspiel von Christian Fürchtegott Gellert spricht diese Logik der *Bestimmtheit* in wünschenswerter Deutlichkeit aus. Kein Zufall, dass es in *Das Loos in der Lotterie* um denselben Gegenstand geht wie im Film von René Clair. Das Lotterielos ist der Prototyp eines Dinges, dessen Wert nicht bestimmt werden kann. Gerade deshalb gerät es in Umlauf, um gleichwohl am Ende an seinem Bestimmungsort anzukommen. Bei Gellert hat Frau Damon – die personifizierte Tugend – das Lotterielos ohne Wissen ihres geizigen Mannes erstanden, um dem tugendhaften und gebildeten, aber armen Carolinchen im Falle des Gewinns einen guten Start in die Ehe geben zu können. Zu Beginn des fünften Aktes wird publik, dass dieses Los zehntausend Taler gewonnen hat. Was in den ersten vier Akten vor sich gegangen ist, fasst Frau Damon am Ende in den Worten zusammen: »Das Loos ist ohne unser Wissen durch verschiedene Hände gegangen. Und dennoch hat es Carolinchen bekommen müssen, da mirs entzogen war. Denn für sie war es bestimmt.« (341) Erst als es beim ursprünglichen Adressaten angelangt ist, hat sich der Wert des Loses enthüllt. Nur unter diesen Umständen hat es niemand festgehalten, konnte es von Hand zu Hand gehen. Und wie erweist sich, dass es wirklich für Carolinchen bestimmt war? Nicht nur, dass sie das Geld aus der Hand gibt und ihrem Verlobten verehrt, dass sie es schon zuvor der Frau Damon schenken wollte – das Los selbst ist es, das seine Bestimmung ›verbrieft‹: Denn es trägt die Devise *pour la vertu* – zu deutsch: *für die Tugend.*

RÜCKKEHR AN EINEN NEUEN WAHREN ADRESSATEN. In Gellerts Lustspiel hatte Frau Damon das Lotterielos von Anfang an für Carolinchen bestimmt. Ein Gegenstand kann aber auch bei jemandem ankommen, der sich erst im Laufe der Geschichte als der wahre Adressat erweist. Mit der Änderung der Bestimmung verändert sich gewissermaßen das Ding selbst, auch wenn es dasselbe bleibt: Es ändert sich der *Status* des Dinges. Dabei wird die Frage nach dem Eigentum suspendiert. Die Geschichte muss vielmehr die Legitimität einer neuen Bestimmung freilegen; dabei wird sie eine Art *Lehre* erteilen.

Ein lehrreiches Beispiel hierfür ist Laszlo Benedeks Film *Der Wilde*, in dem die entwendete Trophäe am Ende Kathie überreicht wird. Sie ist die neue wahre Adressatin, die den Gegenstand aber eben nicht mehr als einen *Preis* bekommt, da sich der Status dieses Dinges im Laufe der Filmerzählung unter der Hand gewandelt hat. Und schließlich bewirkt die Übergabe selbst, dass dieser Pokal wahrhaftig aufgehört hat, eine Trophäe zu sein. Da aber das Ding gleichwohl dasselbe bleibt, kann man die Frage aufwerfen, was Kathie nun mit diesem Ding anstellen wird. Sie selbst hatte Johnny zuvor dazu aufgefordert, den Preis zurückzugeben, damit der ihn bekommen könne, der ihn wirklich gewonnen hat. Wird der neue wahre Adressat den Preis also an den früheren Adressaten zurückgeben? Der Film kann sich die Beantwortung dieser Frage sparen, denn Kathie bekommt den Pokal ja nur deswegen, weil sie nicht irgendeine, sondern *die* Frau ist – und das heißt, dass sie ihn als *Instanz* bekommt, die mit den rechtmäßigen Institutionen dieser Welt gleichsam unter einer Decke steckt.

Es kann allerdings auch der Text selbst sein, der gewissermaßen *gegen* die rechtmäßigen Institutionen einen neuen wahren Adressaten definiert (und dadurch eine Lehre erteilt). Wer wollte bestreiten, dass im *Hauptmann von Köpenick* die Uniform, die man durch das Stück über verschiedene Stationen hat wandern sehen, in Wilhelm Voigt ihren wahren Adressaten gefunden hat, um den Hauptmann von Köpenick zu bekleiden?

Wenn es sich um Gegenstände von *bleibendem* Wert handelt, sind vor allem Familienerbstücke dazu bestimmt, einen neuen Adressaten außerhalb der Erbfolge zu finden. Darin verwirklicht sich das genealogische Prinzip nicht auf der Ebene des Blutes, sondern innerhalb der symbolischen Ordnung der Filiation. Howard Hawks' Western *Red River* – einer der schönsten Filme überhaupt – führt dies auf eine ebenso zurückhaltende wie eindrückliche Weise vor. Der in *Red River* seinen Besitzer wechselnde Armreif ist nur oberflächlich gesehen ein Nebenmotiv; er steht in enger Beziehung zur mythologischen und genealogischen Ebene des Films. Tom Dunson (gespielt von John Wayne) überreicht den Reif – ein Erbstück seiner Mutter – ganz am Anfang seiner Braut zum Abschied, als er sich vom großen Treck nach Westen trennt. Ihrem Flehen zum Trotz will er sie erst später zu sich holen, wenn er in Texas seine Viehzucht aufgebaut hat. Wenig später aber finden seine Aussichten auf Familiengründung ein jähes Ende, als er den Reif am Handgelenk eines von ihm im Kampf getöteten Indianers entdecken muss. Vor der Übergabe des Armreifs an seine Braut hatte er diesen im Gepäck verstaut gehabt – schließlich ist es das Schmuckstück einer Frau –, jetzt aber legt er ihn mangels eines wahren Adressaten um sein eigenes Handgelenk.

Vierzehn Jahre später trägt sein Ziehsohn Matthew Garth den Armreif. Damit ist dessen etwas zweideutige Position indiziert. Einerseits trägt er das Familienerbstück als Vertreter der nächsten Generation – aber in einer symbolischen Familie, die sich ohne Frauen fortgepflanzt hat. Andererseits trägt er den Reif an Stelle von Dunsons Braut und rückt insoweit selbst in die Position der Frau, was durch das etwas feminine Aussehen des sehr jungen Montgomery Clift sowie durch Garths des Öfteren als zu weich bezeichneten Charakter betont wird. Zweischneidig in dieser Hinsicht ist auch sein Verhalten gegen seinen Ziehvater, als dieser auf dem entbehrungsreichen Viehtreck immer tyrannischer und unzugänglicher wird. Er sieht sich zwar nach langem Zögern zur Rebellion gezwungen, weicht aber vor der letzten Konsequenz des Vatermords zurück, so dass Dunson ihm nun als Todfeind auf den Fersen ist, während er selbst dessen Unternehmung zu einem erfolgreichen Ende führt. In jedem Falle kann Garth erst dann zum Mann werden, wenn er den Armreif an eine Frau losgeworden ist. Er lernt sie kennen, als er mit seinen Leuten dem Treck, dem sie angehört, bei einem Indianerüberfall zu Hilfe eilt. Auch hier wird die Übergabe des Armreifs nicht gezeigt – man sieht nur, wie der Blick des Garth verfolgenden Dunson einige Tage später auf das geschmückte Handgelenk der Frau fällt. Diese Frau, die alles wissen wollte und die alles erfahren hat, ist die neue wahre Adressatin. Aber nur nach Maßgabe eines Paradoxes: Wie damals Dunson hat auch Garth seiner Braut den Reif überlassen, um sich dann – in gefährlicher Lage – vorerst von ihr zu trennen. Dunson erkennt die Wiederholungsstruktur: Die Braut seines Ziehsohnes tritt ihm an die Stelle der Braut, die er hätte haben können und die das Schicksal ihm versagt hat, indem es ihm den Armreif zurückexpedierte – oder die er sich selbst versagt hat, indem er den Vollzug der Ehe aufgeschoben hat. Das Schicksal meint es gnädiger mit Garth als seinerzeit mit Dunson. Es bestätigt seine Braut als die neue wahre Adressatin des Armreifs. Es nimmt die menschlicheren Züge Dunsons an, der sich seinem Ziehsohn am Ende in einer merkwürdigen Doppelrolle nähert: auf der einen Seite als der Rächer, der geschworen hat, seinen Rivalen zu töten, auf der anderen Seite als der Vater, der dem Sohn die Braut zuführt. Aber beides ist nicht ganz echt. Die im Armreif beschlossene genealogische Forderung kann sich nur erfüllen, wenn der Kampf auf Leben und Tod in einer bloßen Prügelei endet. Vor der zuletzt dazwischentretenden Frau erscheinen die beiden Männer als Kinder, die sich prügeln, weil sie es nicht besser wissen.

Die wohl entlarvendste Art und Weise, in der ein Ding einen neuen wahren Adressaten bekommen kann, findet sich in einer Novelle von Gottfried Keller. Es handelt sich um die im zwölften Kapitel des *Sinngedichtes* von Lucie im »Gefechtseifer« (332) der Geschlechter erzählte Geschichte *Die Berlocken*, die eine wahrlich drastische Lehre erteilt.

Berlocken sind Schmuckanhängsel, wie sie vor allem im 18. und 19. Jahrhundert an Uhrketten beliebt waren. Der noch »nicht flügge« (332) gewordene Thibaut de Vallormes bekommt von der Dauphine für geleistete Pagendienste eine goldene Uhr mit den Worten überreicht, »die Berlocken müsse er sich mit der Zeit selbst dazu erobern« (333). Das Muttersöhnchen weiß nicht, wie man das macht, und beherzigt die Erklärung eines Kameraden, es bedeute, »daß Sie sich die Berlocken aus kleinen Andenken von Damen herstellen sollen, deren Herzen Sie geraubt haben! Je mehr, je besser!« (334) Im Folgenden werden die drei ersten Raubzüge geschildert, bei denen Thibaut auf ganz und gar unmännliche Weise ein Korallenherz, ein Kristallherz und ein Herz aus milchweißem Opal als Trophäen mit sich fortträgt, ohne von den Frauen darüber hinaus etwas genossen zu haben. Dafür wird er durch die sich immer weiter vermehrenden »Kleinödchen« in den Augen seiner Kameraden zum »gefährlichsten Kavalier der Armee« (340).

Dann aber verschlägt es Thibaut de Vallormes im Zuge des französischen Engagements für den »Freiheitskampf der Nordamerikaner« (340) in die Neue Welt, wo er mit seiner Heeresabteilung in näheren Austausch mit einem Indianerstamm tritt. Da er wie die übrigen Franzosen »sein Stück Jean Jacques Rousseau im Leibe« (341) hat, verliebt er sich, so »gleichgültig er zuletzt gegen das Frauengeschlecht in Frankreich gewesen« war, nun Hals über Kopf in ein indianisches Mädchen, in ein »Naturkind« (342). Am Vorabend des Abschiedsfestes versucht er ihr klarzumachen, dass er sie mit sich nach Europa nehmen möchte. Sie aber deutet immer wieder »auf die Berlocken an seiner Uhr, die sie zu haben wünschte, nachdem sie offenbar schon lange ihren Geist beschäftigt hatten. Dazu sagte sie immer auf Englisch: ›Morgen! Morgen!‹ und drückte mit holdselig naiven Gebärden aus, daß etwas Wunscherfüllendes vorgehen würde« (343 f.). Unser Thibaut macht sich einige Gedanken, bevor er seine Berlocken dem Mädchen übergibt. Unter anderem meint er, es sei »ja ein schönes Symbol, wenn ich diese Siegesspolien aus einer überlebten und verfeinerten Welt sozusagen der noch jungen Natur in Person aufopfere, die uns eine neue Welt gebären soll!« (344). So beredet er sich, dass seine Berlocken auf diese Weise einen neuen wahren Adressaten finden werden.

Es kommt aber ganz anders. Und vor allem hat es mit der Natur eine andere Bewandtnis. Auf dem Abschiedsfest fällt Thibaut einer der indianischen Tänzer ins Auge, ein kraftvoller, baumlanger Jüngling. Genüsslich beschreibt Keller (beschreibt Lucie) den über und über bemalten und geschmückten Körper in allen Einzelheiten. Da ruft einer seiner Kameraden aus: »Parbleu! der hat ja die Berlocken des Herrn von Vallormes an der Nase hängen!« (347)

Das Dreieck – die Indizien der Eifersucht

Sehen

ENT-TÄUSCHUNG. Unser Thibaut de Vallormes in *Die Berlocken* versteht von Anfang an nicht, was *Sache* ist. In der Erklärung des Standartenjunkers, er müsse sich die Berlocken aus »kleinen Andenken von Damen herstellen, deren Herzen Sie geraubt haben« (334), nimmt er das Herz als Ding. Er führt buchstäblich aus, was grundlegende kulturelle Zeichenpraxis und geläufiger Diskurs ist. Das erste Herz, das dem siebzehnjährigen Fähnrich in die Augen sticht, ist ein rotes Korallenherz (mit einer ganz und gar Kellerschen grünen Spinne darin), das die fünf Jahre ältere Guillemette um den Hals trägt. Es ist das beziehungsvolle Geschenk ihres abwesenden Verlobten, der hofft, in seiner Abwesenheit möge der Angebeteten »eignes Herz samt dem Korallenherzen ungefährdet« (335) bleiben. Spaßeshalber lässt sich die junge Frau von dem Grünschnabel den Hof machen. Als Kehrseite der kindlichen Spiele, die sie mit ihm spielt, ist dann der Raub des Korallenherzens aufzufassen, den Guillemette nach dem Erwachen bemerkt und den Thibaut unter falschen Schwüren nicht begangen zu haben behauptet. Für den zurückgekehrten Bräutigam ist das Fehlen des Andenkens Grund für einen Verdacht, der sich auf Befragung durch eine »unglückliche Antwort« (337) verstärkt und zur Lösung des Verlöbnisses führt.

Bevor Thibaut des Vallormes selbst enttäuscht wird, werden die Frauen, denen er die Herzen raubt, auf verschiedene Weise von ihm nicht weniger betrogen und enttäuscht, als wenn er ihre Gunst genossen und sie sitzengelassen hätte. Während der Verlobte der Guillemette nur das Fehlen des von ihm geschenkten Korallenherzens sehen musste, aus dem er auf einen Dritten schloss, bekommt unser Held am

Ende den unzweifelhaften Beweis dafür, dass seine Gabe an einen Dritten gewandert ist. Zuvor hat er wieder nicht verstanden, was Sache ist – dass nämlich das Indianermädchen Quoneschi beim Stelldichein zwar »von einem zärtlichen Gedanken bewegt« ist, dass aber die »dunklen Augen«, die sie öfter »wie in banger oder zweifelhafter Erwartung« (343) auf ihn richtet, nicht ihm gelten, sondern seinen Berlocken. Thibaut geschieht aber hier nicht einfach nun das von einer Frau, was er zuvor den anderen Frauen angetan hat. Während Thibaut die Trophäen *für sich* behalten und damit *paradieren* wollte, hat es Quoneschi auf sie abgesehen, um sie *an den Mann* zu bringen.

Wie ist der Moment beschaffen, in dem Thibaut die Berlocken an einer Stelle sehen muss, wo er sie nicht erwartet? Beim großen Abschiedsfest sitzt die junge Indianerin ihm zu Füßen. Den Kriegstanz führt ein imposanter junger Krieger namens »Donner-Bär« an, der im Tanz den Franzosen immer näher kommt. Ein Amerikaner übersetzt Thibaut die Jubelrufe, die Quoneschi dabei ausstößt: »das Weibsbild schreit immer, das sei ihr Verlobter, ihr Liebhaber, dessen Frau sie noch heute sein werde!« Thibaut blickt »starr vor Erstaunen« nach diesem Mann hin, vermag »dessen schreckliches Gesicht«, das »in allen Farben zu blitzen« scheint, aber »nicht deutlich zu sehen«. Einige Offiziere müssen ihm Sehhilfe geben und ihn darüber aufklären, dass an dessen Nase die Berlocken hängen. »Entsetzt sah Thibaut die Wahrheit dieser Bemerkung.« Das ist das Letzte, was die Erzählung über den Gemütszustand des Protagonisten vermeldet. Mit einem wahren »Bärengebrüll« wird der »Donner-Bär« gleich darauf seine Zukünftige ergreifen und auf Nimmerwiedersehen mit ihr verschwinden (347).

Es genügt also, zu *sehen*. Es kann keine Rede davon sein, dass Thibaut seine Berlocken wiederhaben wollte. In dem Moment, in dem Thibaut die Berlocken, die von ihm über Quoneschi zu Donner-Bär gewandert sind, zu sehen bekommt, schließt sich die Figur eines Dreiecks zu einer Frage, die im selben Augenblick schon beantwortet ist. Noch nicht einmal zur Eifersucht bleibt Zeit. Der andere hat alles, Thibaut hat nichts. In einer Beziehung zur Frau hat er nie gestanden, ein Dreieck hat es nie gegeben. Die Berlocken sind ein Indiz, das ihm die unzuträgliche Wahrheit unmittelbar zuträgt und folglich ein Maximum an Ent-Täuschung bereithält.

Die Berlocken sind ein phallischer Gegenstand, ein Signifikant des Genießens im strengen Sinne, ein mit Bedeutung aufgeladenes Ding – nachdem Thibaut sie Quoneschi verehrt hat, träumt ihm des Nachts gar, er habe das Korallenherz der Guillemette geöffnet, die Kellersche »grüne Spinne sei herausgelaufen und habe ihn in die Nase gebissen, die wie eine Rübe aufgeschwollen sei« (345). Die Ent-Täuschung kann aber vom jedem beliebigen Gegenstand ausgehen, der dem betreffenden Subjekt ins Auge fällt und ihm eine intersubjektive Verkettung enthüllt, in der es das Nachsehen hat. Damit ist nicht nur gemeint, dass jeder beliebige Gegenstand indizieren kann, dass es *einen Anderen gibt.* Das Dreieck konstituiert sich nur, wenn es ein *bestimmter* Anderer ist, der sich über dieses *bestimmte* Ding gewissermaßen vor der Imagination des Subjekts aufbaut wie ein Donner-Bär. Das Ding fungiert unter dieser Voraussetzung also wie der Fund eines kompromittierenden Briefes, bei dem man Sender und Empfänger kennt.

Aber anders als beim Brief muss man nicht erst lesen. Es genügt, den Gegenstand als solchen zu erkennen. Insofern es um das Sehen geht, handelt es sich um ein filmisches Moment. Dieses Motiv bringt etwa in Billy Wilders bitterer Komödie *The Apartment* die Handlung voran. C. C. Baxter, der kleine (von Jack Lemmon gespielte) Angestellte in einem unermesslichen Großraumbüro, stellt sein Appartement abends des Öfteren seinen verheirateten Vorgesetzten als Liebesnest zur Verfügung, wovon er sich auch verbesserte Aufstiegschancen verspricht. Dann lernt der einsame Junggeselle C. C. Baxter die unglückliche Fran (Shirley MacLaine) kennen, ohne

zu wissen, dass sie es ist, die sich mit dem Großen Chef Sheldrake in seiner Bleibe trifft. Eines Tages findet er zu Hause einen gesprungenen Spiegel, der Sheldrake, wie er erfährt, von
seiner Geliebten an den Kopf geworfen wurde. Dass Baxter
ihn dem Großen Chef zurückgegeben haben muss, erkennt
man daran, dass Fran ihn später Baxter reicht, damit dieser
sich mit seinem neuen Hut im Spiegel betrachten kann. Das
Ding ist also eigentlich dazu bestimmt, als ein gleichgültiges
Medium zu dienen: Baxter soll nicht den Spiegel sehen, sondern – selbstgefällig – *sich* im Spiegel. In dem Augenblick
aber, in dem er des Sprungs im Spiegel gewahr wird und ihn
auf diese Weise identifiziert, zerbricht seine Selbstgefällig-
keit.

Charakteristisch ist hier ein Moment der Verzögerung,
eine Art Riss in der Kontinuität. Nicht um in diesem gesprungenen Spiegel (wie in einem Brief) zu lesen, nicht um eine
Zeit der Lektüre geht es hier, sondern um eine Zeit des Ver-
stehens, was es besagt, dass das *dieser* Spiegel ist. Es ist die Zeit,
in der der Gegenstand mit dem Weg, den er genommen hat,
befrachtet wird – die Zeit, die es zur Ent-Täuschung braucht.
Eine wesentliche Differenz zum Brief ist weiterhin, dass Fran,
indem sie Baxter den Spiegel gibt, zur Überbringerin einer
Botschaft wird, die sie selbst nicht kennt. Sie weiß nicht einmal, dass sie überhaupt eine Botschaft überbringt. Nur dem
kleinen Angestellten C. C. Baxter wird mittels dieses Spiegels
das Dreieck vor Augen gestellt. Er kann jetzt erkennen, dass
er lediglich dazu bestimmt gewesen ist, die Räumlichkeiten
bereitzustellen, in denen der Große Chef die Frau genießt,
die er liebt. Er kann – wie er jetzt meint – nichts mehr sein Eigen nennen als den *Überblick*.

Darüber hinaus ermöglicht es diese Struktur, den Gegenstand mit beziehungsvollen Reden anzureichern – so etwa,
wenn der Chef lachend meint, so seien nun einmal die
Frauen, dass sie mit Spiegeln um sich würfen, sobald sie Besitzansprüche stellten; oder wenn Fran über den Sprung im
Spiegel erklärt, er repräsentiere, wie sie sich fühle. Das wan-

dernde Ding ist – nebenher – stets auf dem Weg zum Symbol, ohne ein solches zu werden.

Muss C. C. Baxter *diesen* Spiegel schon einmal in der Hand gehabt haben, damit dessen Rückkehr ihm als eine Botschaft ins Auge fällt? Erst wenn es so ist, vollendet sich, wie man sagen könnte, eine Figur des Geschehens – eine Figur, die mehr besagt als alles, was bloß *gesagt* werden könnte. Einen Grenzfall stellt in dieser Hinsicht die schwer auszudeutende Enttäuschung dar, die für den Protagonisten in Marcel Carnés *Le jour se lève* (*Der Tag bricht an*) im Selbstmord endet.

Die einfache Handlung dieses 1939 entstandenen Films wird in Rückblenden erzählt. Der von Jean Gabin gespielte ehrliche Arbeiter François plant eine gemeinsame Zukunft mit seiner jungen Freundin Françoise, die aber, wie sich herausstellt, in einem unklaren Verhältnis zu dem verlogenen Kleintierdompteur Valentin steht. Als er Françoise mit diesem Valentin abziehen sieht, lässt er sich auf eine Liaison mit Clara, der desillusionierten Exgeliebten Valentins, ein, die ausdrücklich nicht unter dem Zeichen der großen Liebe steht. Ohne es zu verhehlen, trifft er sich auch weiterhin mit Françoise. Schließlich kommen sie überein, dass Françoise Valentin nicht mehr wiedersehen und François seine Liaison mit Clara beenden wird, weil Françoise und François sich lieben. Zum Unterpfand löst Françoise ein Medaillon von ihrem Hals, das sie immer getragen habe und das nun er sorgfältig hüten solle. Als François kurz darauf von Clara Abschied nehmen möchte, überreicht diese ihm zur Erinnerung an die gemeinsame Zeit ein ebensolches Medaillon. Auf seine bestürzte Nachfrage erklärt ihm Clara, was es damit auf sich hat: Solche Medaillons habe der gleisnerische Valentin all denen geschenkt, mit denen er geschlafen habe. Und zum Beweis öffnet seine frühere Assistentin ihren Koffer und zeigt ihm die Palette dieser Medaillons, auf der sichtbar schon große Lücken entstanden sind. Man sieht das reglose Gesicht von François in Großaufnahme.

Das Medaillon, das François von Françoise bekommt, ist

also ein weiterverschenktes Geschenk. Es handelt sich um eine Liebesgabe, die ihren Wert gerade dadurch erhalten soll, dass sie zugleich die Loslösung von der früheren Gabe bedeutet. Gleichwohl kann die Herkunft des Medaillons nicht mitgeteilt werden. Während Françoise sich auf diese Weise von ihrer früheren Liebe lossagt, wird François im Moment des Erkennens nur die Verbindung sehen können, die das Medaillon schafft. Im Augenblick der Ent-Täuschung wird er zugleich mit Blindheit geschlagen. Aber das ist nicht alles. Seine unterwerfende Kraft erhält das Medaillon erst, weil es ihm von Clara ein zweites Mal überreicht wird (diesmal nicht im Hinblick auf eine gemeinsame Zukunft, sondern auf eine gemeinsame Vergangenheit). Natürlich handelt es sich nicht um *dasselbe* Medaillon, und insofern schließt sich hier keine Figur. Aber gerade das stellt die *Entwertung* vor Augen, die alle erleiden, durch deren Hände dieses Ding geht. Denn es wird jedes Mal als etwas überreicht, wovon es nur *eines* gibt. Nicht um ein wanderndes Ding geht es hier, sondern um das Wandern von Dingen, die – jeden erreichend – von der Quelle, die sie in Umlauf gesetzt hat, besudelt worden sein werden (wie schmutzige Worte, wie schmutziges Geld).

Es gibt keinen zureichenden Grund dafür, dass François, als er von Valentin in seinem Zimmer aufgesucht wird, diesen niederschießt. Françoise liebt ihn tatsächlich, Clara verzichtet in Freundschaft. Gleichwohl mobilisiert Marcel Carné von Anfang an alle filmischen Mittel, um die Unausweichlichkeit vor Augen zu führen. Denn dieses Ding ist die sichtbare Entwertung alles Reinen. So setzt er mit der Tat ein und lässt den Kreis um den in seinem Zimmer unter dem Dach verbarrikadierten François immer enger sich schließen. In Wahrheit ist Valentin gekommen, um François dazu zu bringen, ihn zu töten. Die letzte Rückblende zeigt, wie Valentin das Medaillon zur Hand nimmt, um es mit seinen Worten noch einmal zu besudeln. Als er François anbietet, ihm Einzelheiten seines Verhältnisses zu Françoise zu berichten, bringt dieser ihn mit dessen mitgebrachter Pistole zum Schweigen.

TÄUSCHUNGEN. Mit Indizien ist es so eine Sache. Sie können täuschen. Sie können umso mehr täuschen, als sie erst zum Sprechen gebracht werden müssen. Ohne eine Schlussfolgerung oder eine Mutmaßung über das, was zwischen dem ersten und dem zweiten Auftauchen des Dinges geschehen ist, geht es nicht. Nur im Ausnahmefall – etwa beim gesprungenen Spiegel in *The Apartment* – sind dem zum zweiten Mal ins Auge springenden Ding schon zu viele Worte mit auf den Weg gegeben, als dass noch Platz für Zweifel wäre. Geschichten, in denen sich die Trüglichkeit der Indizien erweist, in denen ein *falsches* intersubjektives Dreieck konstruiert wird, sind aber wohl schon deshalb häufiger, weil sie lehrreicher sind. Den klassischen Lehrfall bietet eine der *Erzählungen aus den Tausendundein Nächten*, nämlich die »Geschichte von den drei Äpfeln«, die Shehrezâd in der neunzehnten und zwanzigsten Nacht erzählt.

Der Kalif Harûn-er-Raschîd ist wieder einmal inkognito in Bagdad unterwegs, diesmal mit seinem bedauernswerten Wesir Dscha'far. Einem armen Fischer versprechen sie hundert Dinare für das, was er mit seinem Netz aus dem Wasser zieht, was immer es sei. Es ist eine Kiste mit dem Leichnam einer getöteten jungen Frau darin. In Erzählungen sind nicht nur alle Kisten dazu bestimmt, wiederaufzutauchen, sie richten sich mit ihrem Auftauchen zugleich an ein Subjekt, das etwas damit anfangen kann. Hier ist es der Despot. Der Despot ist seinem Wesen nach voreilig. In diesem Falle gibt Harûn-er-Raschîd seinem Wesir eine Frist von drei Tagen, den Mörder der schönen Frau ausfindig zu machen, wenn er nicht selbst an seiner statt gehängt werden will. Da es noch keine Kriminalistik gibt, bleibt der Wesir drei Tage lang zu Hause und lässt sich am vierten Tag vor den Galgen führen. Dort aber drängt sich ein schöner junger Mann durch die Menschenmenge und gesteht die Tötung seiner geliebten Ehefrau. Nun muss unter dem Galgen auf Befehl des Despoten erzählt werden, wie es dazu kam.

Der Mann hat seiner schwer erkrankten Frau drei Äpfel gebracht. Dafür ist er eigens nach Basra gereist, weil in Bagdad keine Äpfel zu finden waren. Bei seiner Rückkehr ist sie jedoch so geschwächt, dass sie die Lust auf diese Frucht verloren hat. Nach einiger Zeit wird sie gleichwohl wieder gesund. Der Mann aber sieht, in seinem Kontor sitzend, einen schwarzen Sklaven mit einem Apfel in der Hand vorbeikommen. Auf Befragen gibt er an, er habe den Apfel von seiner Geliebten, deren Ehemann wegen drei dieser Äpfel eigens nach Basra gereist sei. Der Mann eilt nach Hause, sieht, dass einer der Äpfel fehlt, und massakriert seine Frau ohne Vorwarnung von hinten, ohne sie noch eigens zu befragen. Hernach gesteht ihm sein ältester Sohn, dass er einen der Äpfel zum Spielen genommen habe, der ihm aber von einem schwarzen Sklaven weggerissen worden sei. Auch um sein Flehen und seine Erklärung, es handle sich um einen der Äpfel, die sein Vater für seine kranke Mutter eigens aus Basra geholt hätte, habe der Sklave sich nicht gekümmert. Nach dieser Erzählung bittet der Mann in der Einsicht, sich getäuscht und seine Frau zu Unrecht getötet zu haben, um den sofortigen Tod.

Zunächst ist der merkwürdige Status dieses wandernden Apfels festzuhalten. Dass der Apfel einer von dreien ist, deutet auf eine gewisse Austauschbarkeit. Zugleich wird der Apfel aber als eine Frucht eingeführt, die in Bagdad in dieser Jahreszeit sonst nicht vorkommt. Wäre das Ding nicht außerordentlich selten, wäre es nicht sogleich wiedererkennbar. Es darf aber auf der anderen Seite keinen besonderen Wert repräsentieren, sonst würde es nicht auf die erzählten Abwege geraten können. Denn schließlich liegen die Äpfel offen herum, so dass das Kind sich einen von ihnen zum Spielen nehmen kann; und auch der Negersklave betrachtet den Apfel keineswegs als Diebesbeute, wenn er durch sein lässiges Spiel mit ihm die Aufmerksamkeit des Ehemannes erregt. Um seine Funktion in der Erzählung erfüllen zu können, muss das Ding also sowohl außerordentlich signifikant als auch ausgesprochen unbedeutend sein.

Es genügt nicht, dass der Gegenstand – zwecks Identifizierbarkeit – *markiert* ist, wie es beim gesprungenen Spiegel in *The Apartment* der Fall ist. Denn unter den Bedingungen von *Tausendundein Nächten* muss die mutmaßliche Identität des Gegenstandes auf dem Basar ins Auge springen, statt dass er dem Betreffenden *privatim* in die Hand gespielt werden muss, um wiedererkannt zu werden. Anders als in *The Apartment* ermöglicht das wandernde Ding hier nicht die personelle Besetzung von bereits bekannten Positionen, sondern enthüllt (vermeintlich) überhaupt erst die Existenz eines Dreiecks: Nur der Apfel stellt eine Verbindung zwischen dem jungen Kaufmann und dem schwarzen Sklaven her.

Eine zweite Merkwürdigkeit folgt daraus. Wenn es unter diesen Voraussetzungen auch naheliegen mag, ein seltenes Nahrungsmittel zum Indiz der Eifersucht zu nehmen, so impliziert dies auf der anderen Seite, dass dieses Nahrungsmittel nicht konsumiert wird: Offenbar will niemand diese Äpfel verzehren. Sie wurden zwar unter großem Aufwand herbeigeschafft, aber dann liegen sie einfach herum. Niemand interessiert sich dafür, wie sie schmecken. Auch dies ist eine Bedingung dafür, dass der Apfel auf Abwege gerät: Er lädt nicht zum Verzehr, sondern zum Spiel ein, und er hat zugleich einen *ungewissen Wert*, der im Spiel erhalten bleibt, im Verzehr hingegen vernichtet wird.

Mit der diesem Ding anhaftenden Ungewissheit hängt die Vormachtstellung des Diskursiven zusammen, die in dieser Geschichte in reiner Form zum Ausdruck kommt. Denn die Bedeutung des Apfels erschöpft sich darin, eine Spur zu legen, eine erklärungsbedürftige Verbindung herzustellen. Dabei nimmt das Diskursive die Form der Erzählung an. Nicht nur erzählt Shehrezâd, was der junge Kaufmann erzählt – auch der schwarze Sklave erzählt dem Kaufmann eine kleine Geschichte, die wiederum auf der vom Sohn erzählten Geschichte beruht, dem er den Apfel wegnimmt. Und der Sohn erzählt ein zweites Mal, wenn er seinem Vater beichtet, wie ihm der Apfel abhandengekommen ist.

Die Erzählhandlungen haben folglich ein Janusgesicht. Ei-

nerseits sind sie notwendig, um den wahren Sachverhalt aufzuklären und den Weg des Apfels zu rekonstruieren. Andererseits hätte der Abweg des Apfels ohne die Erzählungen
überhaupt kein Unheil anrichten können. Gewiss soll die Geschichte lehren, dass der Schein trügt, vor allem aber gibt sie
zu bedenken, dass auch das Erzählen ein Sprechen sein kann,
das *ungeahnte* Wirkungen zeitigt. Unerwartet sind die Wirkungen, weil sie zwar an den Ausgangspunkt zurückführen, aber
eben nicht unmittelbar, sondern unvorhergesehen. Das Erzählen im Angesicht einer despotischen Macht, unter einer
unmissverständlichen Todesdrohung, wie es allen voran die
Erzählsituation von Shehrezâd selbst vorführt, *erwartet* sich
natürlich vom Erzählakt eine Rückwirkung auf den Erzählenden. Was sich in der Spurfolge des wandernden Dinges ereignet, ist gewissermaßen das Gegenstück dazu. Der Zusammenhang, in dem der Erzählakt steht, bleibt hier undurchschaut.
Für den Jungen, der dem schwarzen Sklaven erzählt, was es
mit dem Apfel auf sich hat, müssen die Folgen, die ohne seine
Worte nicht hätten eintreten können, ganz und gar ungeahnt
sein. Ebenso inspiriert der Besitz des Apfels den Sklaven
dazu, mit einer Erzählung zu prahlen, von der er nicht vermuten muss, dass sie ein imaginäres Dreieck schließen wird
(denn man versteht die Geschichte falsch, wenn man meint,
der Sklave wolle jemanden mit seiner Rede schädigen – er befindet sich lediglich in der Subjektposition dessen, der eine
Rede *schwingen* kann).

Imaginär ist das vom wandernden Apfel figurierte Dreieck,
weil es eine *vierte Position* gibt. Das ist der Junge, der den Apfel
zum Spielen mit auf die Straße nimmt. Die vierte Position entspricht dem Geschäft *Zum Hausvater* in Mussets Erzählung *Die
beiden Geliebten*. Sie sorgt dafür, dass das Ding an einen ›Dritten‹ kommt, ohne dass es eine wirkliche Beziehung zwischen
dem Zweiten und diesem ›Dritten‹ gibt. Bei Musset muss das
Kissen zu Markte getragen werden; hier wird der Apfel vom
Bett der Mutter als einem intimen Ort zur Straße als einem öffentlichen Ort getragen, wo Verkehr herrscht. Dort können

Sklaven des Wegs kommen, denen Äpfel ins Auge springen. Dies geschieht in aller Unschuld, durch ein Kind, das noch nicht wie der prahlende Sklave das Dreieck jederzeit im Herzen spazieren führt. Das Kind firmiert also als bloßer Zwischenträger, der von den subjektiven Wirkungen des wandernden Dinges unberührt bleibt. Bei den übrigen drei Positionen hingegen gestattet uns die Erzählung, Mutmaßungen anzustellen (man kann nicht nur fragen, warum der Sklave mit einem nichtbegangenen Ehebruch prahlt, sondern auch, warum der Ehemann seine Frau tötet, ohne sie vorher zu befragen, und warum die junge Ehefrau die mit so vieler Mühe besorgten Äpfel verschmäht). Dann unterstellen wir, dass sich das Dreieck zwar als imaginär enthüllen mag, gleichwohl aber latent vorhanden ist.

Das vom wandernden Ding gestiftete Dreieck vermag eben auch dann etwas zu enthüllen, wenn die Zeichen trügen. Ein gewissermaßen starkes Beispiel dafür findet sich im *Nibelungenlied*. Hier sorgt Siegfried dafür, dass Gunther in der Hochzeitsnacht Brünhild bezwingen kann, nimmt aber – gewissermaßen als Kompensation – Ring und Gürtel von Brünhild, die Zeichen der Defloration, an sich. Später gibt er sie an Kriemhild weiter, die sie dann wiederum, als es drauf ankommt, Brünhild *zu sehen* gibt. Wer wollte bestreiten, dass etwas an dieser Sache dran ist, auch wenn sich Brünhild über das, was *de facto* geschehen ist, täuschen mag?

Die Geschichte von den drei Äpfeln geht im Übrigen noch weiter. Der Kalif Harûn-er-Raschîd ist nach dieser Geschichte willens, den jungen Kaufmann laufenzulassen, da allein den Sklaven mit seiner Lügenerzählung die Schuld treffe. Falls es dem bedauernswerten Wesir nicht gelingt, diesen binnen dreier Tage ausfindig zu machen, wird er an seiner statt gehängt. Abermals bleibt der Wesir drei Tage lang zu Hause und verabschiedet sich am vierten Tag von seiner Familie. Als er seine jüngste Tochter ein letztes Mal an sich drückt, verspürt er etwas Hartes. Es ist der Apfel, den sie einem schwarzen Sklaven seines Haushaltes abgekauft hat.

Damit ist der Apfel zum bloßen Indiz geworden, das nur noch der Identifizierung dient. Denn den schwarzen Sklaven kann man nur daran erkennen, dass er den Apfel gehabt hat, dass man ihn in der Kette *Kaufmann – Ehefrau des Kaufmanns – Sohn des Kaufmanns – Sklave des Wesirs – Tochter des Wesirs – Wesir* lokalisieren kann. Die Kette ist vollständig, die Bahn des Apfels wird angehalten, weil der Wesir das Wissen hat, um die Identifizierung vornehmen zu können, und weil er die Macht hat, den Identifizierten vor den Richter zu führen. Von einem Dreieck kann unter diesen Voraussetzungen nicht mehr die Rede sein. Auch nicht von einer vierten Position, obwohl es kein Zufall ist, dass mit der Tochter des Wesirs ein zweites Kind als unschuldiger Zwischenträger auftaucht. Denn als Indiz *zirkuliert* der Apfel auf einer Bahn, deren Haltepunkte nicht vorab abgezählt sind, auch wenn sie jederzeit angehalten werden kann.

Der Wesir führt den Sklaven, nachdem auch dieser noch einmal die Geschichte des Apfels erzählt hat, vor den Beherrscher der Gläubigen »und erzählte ihm die Geschichte von Anfang bis Ende; da geriet der Kalif in höchstes Erstaunen und lachte, bis er auf den Rücken fiel, und befahl, daß die Geschichte aufgezeichnet und dem Volk bekanntgegeben würde« (224). Die Hinrichtung des Sklaven wird freilich ausgesetzt, weil sich der Wesir anheischig macht, eine noch seltsamere Geschichte zu erzählen, um ihm das Leben zu retten. Ob der Apfel nun endlich verzehrt wird, darüber wird nichts gesagt.

Man könnte meinen, die Täuschung beruhe darauf, dass das tätlich werdende Subjekt dem Augenschein traut. Tatsächlich gibt es hier aber keinen Augenschein. Der junge Kaufmann hält für einen vollständigen Beweis, was keiner ist, und glaubt daher das Geständnis entbehren zu können. Scheinbar hat das wandernde Ding eine größere Beweiskraft als die Worte der geliebten Frau. Es scheint eine Beziehung *vor Augen zu stellen*, die man nicht zu sehen bekommen konnte. Es fungiert also gewissermaßen als Ersatz für das *in flagranti*, bei dem das Subjekt zu sehen bekommt, wie es die beiden anderen treiben. Ausgeschlossen wird dabei die Möglichkeit einer *vierten* Position, die als Zwischenträger fungieren kann.

Da der Eifersüchtige zu sehen begehrt, was er nicht sehen will, liegt es in Geschichten, die von der Eifersucht handeln, nahe, die Täuschung auf diesen irrigen Augenschein und seine Entlarvung hin zuzuspitzen. Als Indiz der Eifersucht ist das wandernde Ding ein *Topos*. August von Platen liefert dessen Überhöhung in einer eingelagerten Geschichte seines parodistischen Schicksalsdramas *Die verhängnisvolle Gabel*. Dort geht es um einen Ring, der der tugendhaften Ehefrau des Anaximander von einer Elster stibitzt wird, die ihn aber über dem Rabensteine fallen lässt, wo ihn ein Henkersknecht aufhebt, der bald darauf eines verendeten Ochsen halber in das Haus Anaximanders gerufen wird. Dieser erkennt den Ring wieder und bringt seine Frau daraufhin um. Bald darauf heiratet er eine zweite Frau, die ihn tatsächlich mit einem jungen Mann betrügt, der zur Kurzweil seiner Geliebten ebenjene Elster fängt und ihr das Sprechen beibringt, wodurch die ganze Sache ans Tageslicht kommt, weil nun die Elster dem Anaximander alles erzählt, »wie es mit dem Ring ergangen« (47). Lehrreich ist an dieser Geschichte vor allem, dass sie die vierte Position – die Elster – als das vor Augen führt, was zunächst einmal *nicht spricht*. Die Stummheit – in der das Ding als Ding insistiert – bewirkt, dass man nicht sieht, dass man nicht sehen kann. Anders als in der Geschichte von den drei Äpfeln genügt es hier nicht, die vierte Position zu befragen, man muss ihr das Sprechen erst beibringen, damit sie erzählen kann.

Weil die Täuschung durch ein Indiz der Eifersucht ein Topos ist, kommt dem wandernden Ding auch in Shakespeares *Othello*, dem Eifersuchtsdrama schlechthin, eine tragende Funktion zu. Auf paradigmatische Weise wird Desdemonas Taschentuch als Indiz der Eifersucht entwickelt, und das heißt: Es ist mehr als ein bloßes Indiz, denn es konstituiert sich gerade durch dieses Mehr, durch diesen Überschuss. Es lohnt sich daher, die Handlung der Tragödie von diesem wandernden Ding her in den Blick zu nehmen.

Seinen ersten offenen Auftritt hat das Taschentuch Desdemonas in der dritten Szene des dritten Aktes, also ziemlich genau in der Mitte des Dramas. Zu diesem Zeitpunkt haben die eingeträufelten Reden Jagos bereits Spuren in Othello hinterlassen. Er beginnt sich (in der Übersetzung von Erich Fried) zu fragen: »Ah! – Desdemona! – / Sie falsch? Nein, dann höhnt sich der Himmel selbst!« (108) Der herzutretenden Desdemona erklärt er seine Mattigkeit mit Kopfschmerzen, worauf diese zu dem unzulänglichen Mittel greift, seinen Kopf mit ihrem Tüchlein zu bedecken, was er mit den Worten abwehrt: »Dein Tüchlein ist zu schmal.« Dass das Tuch – wie die Regieanweisung (»and it drops«) verrät – im Anschluss zu Boden fällt und nicht wieder aufgehoben wird, ist ausgesprochen unglaubwürdig. Es geht an dieser Stelle vor allem darum, dieses Tüchlein zu *zeigen*, es als eine neue Figur in diesem Drama *auftreten* zu lassen, damit es *abhanden*kommen kann. Natürlich wird bereits hier ein Überschuss erzeugt: Dass das Tüchlein unzulängliches Mittel ist, um einem Schmerz abzuhelfen, der sich hernach gerade an diesem Tüchlein festmachen wird, ist zweifellos *beziehungsvoll* (in der *Othello*-Verfilmung von Orson Welles endet diese Szene mit einer kurzen Großaufnahme des zu Boden gefallenen Taschentuchs, auf das der unbedachte Stiefel Othellos tritt).

Das Tuch bleibt nicht lange liegen. Emilia, die unwissende Gattin Jagos, hebt es auf. Ihr kurzer Monolog macht sogleich deutlich, dass dieses Ding schon zuvor in mehr als einer Hinsicht beziehungsvoll gewesen ist. Bereits bei seinem ersten Auftreten ist es ein *bestimmtes* Tuch: »Wie gut! Jetzt hab ich dieses Tuch gefunden! / Der Mohr gab ihrs als erstes Liebespfand. / Mein wunderlicher Mann hat hundertmal mich / Umschmeichelt, daß ich es ihr stehlen soll. / Aber sie liebt es so. – Und auch weil *er* sie / Beschworen hat, sie solle ja drauf achten, – / Daß sie es immer bei sich trägt, es küßt / Und zu ihm spricht; ich laß es nachsticken / Und geb es Jago. – Was er damit tun will? / Ich weiß nicht, doch er bat so flehentlich.« (108) Die hier angedeutete Vorgeschichte des Tuches steht in auffälligem Kontrast zu der kleinen Szene, in der es achtlos abgeschüttelt wird: Auf der einen Seite handelt sich um ein hochsymbolisches Geschenk Othellos, um ein »erstes Liebespfand«, das Desdemona »liebt« und zu dem sie sogar spricht. Auf der anderen Seite ist es ein Objekt, das Jago schon seit längerem in seine Gewalt bringen will, was zwar nicht die unwissende Emilia, wohl aber den kundigen Theaterzuschauer darüber aufklärt, wie es weitergehen wird in dieser Tragödie. Und noch etwas wird hier in aller Unschuld angedeutet: die Möglichkeit, ein Duplikat dieses Dinges anzufertigen, was dessen Funktion als Symbol ebenso durcheinanderbringen würde wie als Indiz, auf die es Jago abgesehen hat.

Das Ding wird uns in dem Moment gezeigt, in dem es – zufällig – auf einen Abweg gerät, was auf der einen Seite ausgeschlossen und auf der anderen Seite herbeigeführt werden sollte. Emilia nimmt dabei, insofern sie zum unschuldigen Zwischenträger wird, die vierte Position ein in Bezug auf das imaginäre Dreieck, das der getäuschte Othello für gewiss halten wird. Anders als in der Geschichte von den drei Äpfeln oder beim Ring Anaximanders wird das Dreieck hier freilich *konstruiert.* Deshalb repräsentiert Jago, der nun auftaucht und das Taschentuch seiner etwas widerstrebenden Frau Emilia wegnehmen wird, gewissermaßen die dunkle Seite der vierten Position. Es ist die Position desjenigen, der sich den Zufall zunutze machen kann, während sein Gegenpart Othello ihn nicht wahrnimmt.

Bekanntlich kann Jago für sich in Anspruch nehmen, die eigentliche Hauptfigur dieser Tragödie zu sein, die den Namen eines anderen im Titel führt. So erhält Jago mehr Redezeit als Othello. Als derjenige, der sich den Zufall für seine Intrige zunutze macht, um ein imaginäres Dreieck zu errichten, muss er freilich *außen vor* bleiben. In seiner Intrige *reproduziert* sich daher der Grund für die maßlose Eifersucht, die nicht Othello, sondern Jago beseelt. Es ist die Eifersucht dessen, der außen vor bleibt. Sie richtet sich daher nicht nur auf Othello, sondern auch auf Desdemona und Cassio, die anderen beiden Positionen des von ihm gestifteten Dreiecks. In diesem Sinne befindet sich Jago außerhalb der symbolischen Ordnung. In Bezug auf das wandernde Ding hat das eine ganz präzise Bedeutung. Zwar hatte Emilia ihm das Taschentuch zunächst mit den Worten »ich hab für dich ein Ding« angekündigt, *überreicht* hatte sie es ihm aber nicht. Daher könnte er sich auch nicht mit dem Ding *zeigen*. Wie seine Frau ist er nur ein Zwischenträger, der das Taschentuch unter der Hand transportieren muss, da er es nicht zurückerstatten will. Und natürlich kann er es seinerseits nicht übergeben, was das Drama im folgenden Selbstgespräch Jagos mit den Worten zum Ausdruck bringt: »Ich will das Taschentuch in Cassios Kammer / Verlieren, daß ers findet.« (109) Das Deponieren gleicht einem Verlieren. Erst Cassio kann nach diesen insignifikanten Übergängen wieder zum Träger des Taschentuchs werden. Und zwar gerade deshalb, weil er *derjenige* sein wird, der es nicht haben dürfen soll. In den Händen von Cassio hat das Taschentuch eine Bedeutung, weil er als eine Position im Dreieck in Betracht kommt. Jago hingegen nicht.

»Kleinigkeiten, / Leicht wie die Luft, sind für die Eifersucht / Beweise, glaubhaft wie das Evangelium.« (109) So legt sich Jago die Wirkung des Taschentuchs zurecht. Und sogleich tritt Othello wieder auf und fordert von Jago »sichere Beweise, augenfällig« (Baudissin übersetzt »schaff mir sichtlichen Beweis«; im Original kommt die Evidenz des *Sehens* am deutlichsten zum Ausdruck: »give me the ocular proof«). Jago nimmt daraufhin als Schlussstein seiner vorgeblich widerwilligen Beweisführung schon vorweg, was er erst in der Folge ins Werk setzen kann: »Sagt mir eins nur: Saht Ihr manchmal in Eurer Gattin Hand / Ein Taschentuch mit eingestickten Erdbeer'n?« Auf Othellos bejahende Antwort erklärt er, ein solches Taschentuch habe er »heut bei Cassio« gesehen: »Er wischte sich den Bart damit.« (111)

Auf zweierlei Ebenen schreitet die Anreicherung des Dinges mit überschüssiger Bedeutung voran: Eine erste Beschreibung erweist es als bestickt mit Erdbeeren, einer dem Weiblichen assoziierten Frucht; und es wird eine Begebenheit kolportiert, die es mit einer männlichen Geste besudelt. Ersteres ist notwendig, um den Gegenstand identifizierbar zu machen, Letzteres ist folgerichtig, weil sich in der einem anderen zugeschobenen Besudelung der Hass auf jenen Gegenstand Ausdruck verschafft, als deren Träger er nicht in Frage kommt. All dies aber geschieht mit Worten. Ein Beweis durch Augenschein, ein *ocular proof* ist das nicht.

Wenig später, bei seiner nächsten Begegnung mit Desdemona, verlangt Othello von dieser wegen eines vorgeschützten Schnupfens das Taschentuch, dessen Fehlen sie kurz zuvor bemerkt hat. Als diese eingestehen muss, es nicht bei sich zu haben, glaubt Othello dem *ocular proof* schon nahe zu kommen: Immerhin kann er jetzt ein ganz bestimmtes *Fehlen* sehen. Im Gegenzug wird das abwesende Taschentuch in einer längeren Erklärung Othellos mit einer ungeahnten Bedeutung aufgeladen. Dabei verschiebt sich das Augenmerk von der Indiz-Funktion, die es tatsächlich für Othello hat, auf eine magische Kraft, die dem Ding selbst mit auf den Weg gegeben worden sein soll und dessen Verlust als unheilbringend erscheinen lassen muss, ohne dass von einem Dritten die Rede sein müsste: »Dies Taschentuch / Gab einst eine Ägypterin meiner Mutter, / 'ne Zauberin, fast Gedankenleserin. / Sie sagte ihr, solange sie das Tuch / Behalte, werde es sie reizvoll machen / Und werde meinen Vater ganz und gar / Der Liebe zu ihr unterwerfen, aber / Falls sies verliere oder es verschenke, / Würde sich meines Vaters Aug mit Abscheu / Wenden von ihr, und er würde gleich sinnen / Auf andre Fraun. Sie gab mirs als sie starb, / Und hieß mich, wenn mein Schicksal mir ein Weib / Zuführen sollt, es der dann geben. Gut / Das hab ich auch getan. Du hüt es nun / Wie deinen Augapfel. Es zu verlieren / Oder verschenken wäre so verderblich, / Wie nichts sonst sein könnt.« (114)

132

Auf diese Weise kann Othello also auf das Herzeigen oder Herbeischaffen des Taschentuchs dringen, ohne über seine Eifersucht sprechen zu müssen. Ironischerweise erfährt die Drohung der Untreue dabei eine Umkehrung: Es ist ja männliche Untreue, die mittels dieses magischen Gegenstandes als Möglichkeit heraufbeschworen wird und unterbunden werden soll. Demzufolge müsste es weniger Othello als Desdemona selbst um dieses Taschentuch gehen. Entsprechend stattet die vorgebliche Vorgeschichte das Taschentuch mit einer weiblichen Genealogie aus: Von einer Ägypterin herkommend, geht es von der Mutter Othellos auf Desdemona über, während es sich in den Händen Othellos nur in einer Warteposition befunden hat. Das ist umso bezeichnender, als Othello dem Taschentuch ganz am Schluss, als er Desdemona bereits erwürgt hat, eine andere, nämlich männliche Genealogie zuschreibt: »Es war ein Taschentuch, ein altes Erbstück, / Mein Vater gab es meiner Mutter.« (140) Wird das Taschentuch in der ersten Version gebraucht, um den Mann an die Frau zu binden, so in der zweiten, um die Frau auf den Mann zu verpflichten.

Nebenbei bemerkt, haben beide Versionen insofern wenig Wahrscheinlichkeit, als im mutmaßlichen Herkunftsland des Mohren Othello Walderdbeeren kaum gewachsen sein dürften (planmäßigen Anbau und Züchtung von Erdbeeren gab es zur Zeit Shakespeares noch nicht). Das zeigt aber nur noch einmal, dass das wandernde Ding etwas ist, das auf verschiedenste und durchaus widersprüchliche Weise *befrachtet* werden kann. Weil es an sich stumm ist, wird es gleichsam von Sprache ›imprägniert‹ (während es die Geschichte in *Tausendundeiner Nacht* bei der rein indiziellen Funktion des an sich bedeutungslosen Apfels belässt, der daher von den begleitenden Reden eher nur ›eingewickelt‹ wird). Und Shakespeare wäre nicht Shakespeare, wenn er davon keinen exzessiven Gebrauch machte. Nachdem Desdemona auf Othellos Erklärung mit einem skeptischen »Is't possible?« reagiert hat, setzt dieser noch eins drauf: »'s ist wahr. Ein Zauber steckt in dem Gewebe, / Eine Sybille, die zweihundertmal / Der Sonne Jahreslauf gesehn hat, stickte / Das Muster in prophetischer Verzückung. / Die Seide stammt von heiligen Raupen und ist / Gefärbt in Mumiensaft, den Magier ziehn / Aus Jungfraunherzen.« (114)

Auch der Weg des wandernden Dinges selbst wird im Drama weiterverfolgt. Zwar sehen wir nicht, wie Cassio das von Jago deponierte Tuch findet, aber dafür sind wir Zeugen, wie er es seiner Geliebten Bianca leihweise übergibt. Bevor sich der Eigentümer des Tuches findet, möchte er, dass Bianca das schöne Muster dieses Tuches nachstickt: »kopiers mir« (117). Bianca schließt aus dem Tuch und dem Kopierauftrag, dass Cassio eine neue Geliebte hat und sie folglich zu einer Geliebten ›zweiter Garnitur‹ herabgestuft ist. Man sieht, dass alle sechs in diesem Drama paarweise zugeordneten Figuren (Othello – Desdemona, Jago – Emilia, Cassio – Bianca) das Taschentuch in die Hand bekommen, und dass dieses jedes Mal eine andere Beziehung indiziert, ohne aber auf dieser Ebene der Betrachtung als Indiz für das imaginäre Dreieck zu fungieren: Man sieht, wie die liebevolle Desdemona es Othello auf die Stirn legt, um seinen Kopfschmerz zu lindern; man sieht, wie Jago es seiner Frau Emilia entreißt, die er zu seiner unbedarften Handlangerin macht; man sieht, wie Cassio es seiner Geliebten Bianca zum Nachsticken gibt, weil sie für ihn nicht die Einzige ist.

Seinen letzten *Auftritt* hat das Tuch schon in der ersten Szene des vierten Aktes. Anfangs sehen wir zunächst Jago und Othello in einem Gespräch mit dem Ziel, Letzteren außer sich zu bringen; »wenn ich meiner Frau ein Taschentuch geb«, lässt Jago etwa provokativ verlauten, »dann ists ihres, Herr; als ihres / Kann sie es, denk ich, einem jeden schenken« (118). Eine solch eigentumsrechtliche Argumentation missachtet absichtsvoll die symbolische Funktion, die jedem Geschenk innewohnt, umso mehr aber jenen Gaben in Liebesdingen, die gar nicht als Geschenk, sondern als *Pfand* aufzufassen sind und daher am allerwenigsten weitergegeben werden dürfen. Im englischen Original taucht das »pledge of love«, das Liebespfand, erst in der letzten Szene auf, in der Othello seine für Gewissheit genommene Mutmaßung bündig in den Worten zusammenfasst: »sie hat seine Liebestaten ihm / Mit einem Pfand belohnt, das ich zuerst ihr / gegeben hab.« (140)

Hier aber führt die Frage nach der Verschenkbarkeit dessen, was man hat, Othello zunächst auf die Frage der Ehre. Desdemona sei »auch ihrer Ehre Hüterin / Darf sie auch die verschenken?« (118) Jagos Entgegnung steht windschief zu dieser Frage: »Die Ehre ist ein unsichtbares Ding, / Das häufig die haben, die sie nicht haben. / Jedoch das Taschentuch...« (118) Zwar kann man also der Frau nicht ansehen, dass sie ihre Ehre verschenkt oder verloren hat, das Taschentuch hingegen ist ein Ding, das der Frau nicht nur sichtbar fehlen, sondern auch bei einem Mann sichtbar auftauchen kann. Und diesem Vorgang kann man die Bedeutung geben, dass die Frau ihre Ehre verschenkt oder verloren hat, nicht aber die, dass der Mann sie erlangt hat. Nur sichtbare Dinge können wandern, nicht aber die Ehre als unsichtbares Ding.

Auf jeden Fall führt dieses Gesprächsthema dazu, dass Othello bald darauf in Prosa und ins Delirium fällt, in dem ihm das Taschentuch offensichtlich vor Augen steht: »Taschentuch – Geständnisse – Taschentuch«, stößt er wiederholt hervor, bevor er ohnmächtig zu Boden sinkt. Wieder zu sich gekommen, darf er dann dem letzten leibhaftigen Auftritt des Taschentuchs beiwohnen. Unter Anleitung Jagos versteckt er sich, um dann einer Auseinandersetzung zwischen Cassio und Bianca beizuwohnen, in der diese sich weigert, das Taschentuch, das er wohl »von irgendeinem Luder« habe, auch noch nachzusticken, und es ihm zurückgibt: »Da, gibs deinem Steckenpferd!« Nachdem die beiden nacheinander verschwunden sind und Jago zurückgelassen haben, tritt Othello mit den Worten hervor: »Wie soll ich ihn ums Leben bringen, Jago?« Er sieht sich also nunmehr im Besitz des *ocular proof.* Doch dass er sein eigenes Taschentuch hätte sehen *können*, heißt nicht, dass er es gesehen *hat*. Deshalb fragt Jago nach: »Und habt ihr auch das Taschentuch gesehn?« Aber an diesem entscheidenden Punkt antwortet Othello nicht mit einem Ja, sondern mit einer Gegenfrage: »Wars meins?« Jago schwört es zwar, um mit der Wahrheit zu betrügen: »Eures, bei dieser Hand!« (121) Das ändert jedoch nichts daran, dass Othello der *ocular proof* vorenthalten wird. Er wird durch Worte ersetzt. Aber das wird Othello vergessen haben. Kurz vor dem Ende, nachdem Desdemona vergeblich beteuert hat, nichts vom Verbleib dieses Taschentuchs zu wissen, und bevor der wirkliche Weg des Taschentuchs durch die Beteiligten rekonstruiert wird, beteuert Othello: »Ich sahs in seiner Hand.« (140) So kann man sich täuschen.

BLINDHEIT. Othello hat jemanden, der ihm dabei hilft, ein Dreieck zu sehen, wo es keines zu sehen gibt. Daraus entsteht eine Eifersuchtstragödie. Wie aber ist es, wenn jemand auch dort kein Dreieck zu sehen vermag, wo durchaus eines zu sehen wäre? Eine solche Blindheit ist gewiss kein Stoff für eine Tragödie. Daraus wird nur eine kurze Novelle. Aber immerhin auch eine Geschichte der Täuschung. Ahnungslos betrogene Ehemänner kennt die Literatur im Übermaß. Die 81. Novelle von Giovanni di Boccaccios *Decamerone* bietet demgegenüber eine Variante, in der das Dreieck zwischen Ehemann, Ehefrau und Liebhaber nicht nur unsichtbar durch ein wanderndes Ding konstituiert wird, sondern die Positionen auch auf bezeichnende Weise vertauscht sind. Die Novelle ist schnell erzählt (während ihre Analyse einiger Umwege bedarf).

Ein als verlässlicher Handelspartner bekannter Mann namens Gulfardo wendet seine Liebe Ambruogia zu, der Ehefrau des mit ihm befreundeten reichen Kaufmanns Guasparruolo. Diese willigt schließlich unter zwei Bedingungen ein, seine Geliebte zu werden: Er dürfe es keinem Menschen offenbaren, und er müsse ihr zweihundert Gulden dafür schenken. Diese Habgier lässt Gulfardos Liebe erkalten. Er geht zwar auf den Vorschlag ein, will es ihr aber heimzahlen. Kurz bevor sich der Gatte Guasparruolo für einige Zeit nach Genua begibt, leiht sich Gulfardo von ihm kurzfristig zweihundert Gulden für ein bestimmtes Vorhaben. Nachdem der Ehemann abgereist ist, begibt sich Gulfardo mit einem Freund zu Ambruogia und überreicht ihr das Geld in Anwesenheit dieses Zeugen mit den Worten: »Madonna, nehmt dies Geld und gebt es Euerm Gatten, sobald er wieder daheim ist.« (662) Im Glauben, diese Verwendungsbestimmung sei eine Folge der geforderten Heimlichkeit, zählt sie das Geld nach, verstaut es befriedigt, und befriedigt dann Gulfardo »nicht nur diese Nacht mit ihrem Leibe, sondern noch viele andere vor der Heimkehr ihres Gatten« (662 f.). Hernach sucht Gulfardo das Ehepaar auf und erklärt Guasparruolo, er habe die entliehenen zweihundert Gulden seiner Frau bereits zurückgegeben, weil sich das geplante Vorhaben zerschlagen hätte. Ambruogia kann das nicht leugnen und muss den »Schandlohn« ihrem Gatten aushändigen; »und so hatte der listige Liebhaber seine habsüchtige Dame genossen, ohne daß es ihn etwas gekostet hätte« (663).

Die Novelle ist auch für die Verhältnisse des *Decamerone* ungewöhnlich kurz, weil sie sich ganz und gar auf die Darlegung der komplexen Transaktion konzentriert (während sie etwa der unkomplizierten Zweisamkeit nur einen Halbsatz widmet). Offensichtlich ist die Blindheit hier eine Voraussetzung für die Konstitution des Dreiecks: Guasparruolo hat keine Ahnung davon, dass er seinem Freund den Hurenlohn für seine Gattin leiht. Hätte Gulfardo nicht gerade von ihm dieses Geld leihen können, wäre es nicht zu diesem Dreieck gekommen. Was wandert, ist ein Beutel mit zweihundert Gulden darin, der gerade nicht als Indiz der Eifersucht firmiert. Er wird dem Gulfardo von Guasparruolo aus seinem Vermögen abgezählt, Ambruogia übergeben und von dieser nachgezählt, schließlich dem Vermögen des Guasparruolo wieder einverleibt. Was ist also am Ende geschehen? Eine bestimmte Menge Geldes ist zirkuliert. Erfüllt sich darin nicht die wahre Bestimmung des Geldes? Ein folgenloses Genießen hat stattgefunden. Ist nicht der wahre Genuss derjenige, der ohne Folgen bleibt? Zu sehen jedenfalls ist am Ende, nachdem Gulfardo seiner Wege gegangen ist, nichts.

Dass sich am Ende nichts geändert hat, ändert freilich nichts daran, dass sich der Ausgang der Sache von den verschiedenen Positionen aus ganz verschieden darstellt. Beginnen wir mit Guasparruolo, der sich in der Position des ahnungslosen, blinden Ehemannes befindet. Für ihn ist ein Geschäft nicht zustande gekommen, seine zweihundert Gulden haben keine Früchte getragen, denn die bezüglich der Geldangelegenheit sehr sorgfältige Erzählung vermerkt ausdrücklich, dass Gulfardo sich das Geld von seinem Freund »zu den Zinsen, die du sonst von mir nimmst« (662) leihen möchte. Der Besitzerwechsel der zweihundert Gulden war also aus seiner Sicht kein bestimmungsgemäßes Zirkulieren, da das Geld unter Freunden geblieben ist (wäre Gulfardo kein Freund, müsste er Guasparruolo auch für den kurzzeitigen Kredit Zinsen zahlen, und diese Zinsen wären dann genau die Summe, die Gulfardo für sein Vergnügen aufwenden muss – eine Summe, in deren Genuss aber nicht Ambruogia, sondern ihr Gatte käme). Die Blindheit Guasparruolos ist zwar die Voraussetzung der Geschichte, aber nicht ihr Thema. Zwar täuscht er sich in seinem Freund, zwar wird er von seiner Gattin betrogen. Gleichwohl erscheint nicht er als der Betrogene. Das liegt zum einen daran, dass die Erzählung sich ganz und gar auf die Logik der Transaktion selbst konzentriert, zum anderen daran, dass ihm – der Folgenlosigkeit der Transaktion wegen – auch am Ende nicht die Augen geöffnet werden.

Nicht ihr Gatte, sondern Ambruogia, die ihn betrügt, erscheint als die Betrogene. Wenn es stimmt, dass Novellen einen Wendepunkt haben, dann liegt er hier in jenem Moment, in dem Ambruogia – und noch dazu von ihr abgesegnet – ihren Hurenlohn dahinschwinden sieht, weil er unversehens zur Rückzahlung eines Darlehens umdeklariert wird. Erst in diesem Moment gehen ihr die Augen darüber auf, dass sie das Nachsehen hat. In diesem Moment wird ihr jene Lehre erteilt, unter deren Vorzeichen die Novelle erzählt wird und auf die man im Rahmen zurückkommt, wenn es heißt, dass die Männer wie die Frauen »die Handlungsweise Gulfardos gegen die habsüchtige Mailänderin« (663) einmütig gebilligt hätten. Und schon in ihren einleitenden Bemerkungen erklärt die Erzählerin der 81. Novelle den Ehebruch aus Liebe für verzeihlich, während »die das Feuer verdient, die sich dazu durch eine Bezahlung verleiten läßt« (660). So gesehen kommt Ambruogia sehr glimpflich davon: Nur dann, wenn sie es *nur* für Geld gemacht hat, hat sie von der Sache nichts gehabt. Allerdings war sie währenddessen blind dafür, dass sie das ihr ausgehändigte Geld lediglich in Verwahrung gehabt haben würde. Es ist also auch möglich, dass sie genießt, weil sie für das, was sie tut, bezahlt worden zu sein glaubt. In jedem Falle bleibt die Beziehung zwischen dem sexuellen Genießen und der Zirkulation des Geldes im Dunkeln.

Das gilt auch für den listigen Gulfardo, demjenigen, der nur betrügt, nicht aber betrogen wird. Er ist jederzeit Herr in diesem Dreieck, während sich Ambruogia als Herrin in diesem Dreieck nur wähnt und Guasparruolo nicht weiß, dass es ein Dreieck gibt. Freilich ist er es, weil er es nicht zu sein scheint. Dem Anschein nach muss er ja Guasparruolo um sein Geld bitten und Ambruogia für die Liebe bezahlen. Sein Genießen ist also in doppelter Weise heimlich: Vor dem Gatten wird verheimlicht, dass er den Leib der Ambruogia genießt, vor Ambruogia wird verheimlicht, dass ihn dieses Genießen nichts kosten wird. Wie diese beiden Heimlichkeiten sich zueinander verhalten, bleibt ebenso unklar wie die Natur seines Genießens überhaupt. In diesem Zusammenhang fällt auf, dass Gulfardo der Einzige in diesem Dreieck ist, bei dem ausdrücklich von einer erlittenen Kränkung berichtet wird. Guasparruolo weiß nichts von den Kränkungen, die ihm widerfahren. Über das Befinden von Ambruogia, nachdem sie das Geld hat herausgeben müssen, verrät der Text kein Wort.

Wohl aber heißt es über Gulfardo, dass ihn Ambruogias Forderung nach zweihundert Gulden so »verdroß«, dass sich seine »inbrünstige Liebe [...] schier in Haß« (662) verwandelt habe. Und diese Gefühlslage rückt das Genießen, das ihm des Nachts zuteil wird, in ein verändertes Licht.

All dies sind schwer fassbare und unausgesprochene Wirkungen des Geldes, das durch sein Wandern von Guasparruolo zu Gulfardo, von Gulfardo zu Ambruogia und von Ambruogia zurück zu Guasparruolo ein Dreieck definiert, das es auch ohne dieses Geld hätte geben können. Unter welchen Voraussetzungen Geld überhaupt als wanderndes Ding angesprochen werden soll, kann an dieser Stelle unerörtert bleiben. So viel scheint festzustehen: In dieser Novelle geht es weder um die Identität der Münzen noch um die Identität des Behältnisses, in dem sie sich befinden. Es geht schlicht und ergreifend um eine bestimmte *Summe*. Es ist die Summe, die zirkuliert. Hätte sich die habsüchtige Gattin eine höhere Summe ausgebeten, so hätte sich Gulfardo die entsprechend höhere Summe bei ihrem Gatten borgen müssen. Nicht mehr und nicht weniger. Denn nur weil die geforderte und geborgte Summe übereinstimmen, kann die eine zur anderen umdeklariert werden.

Und doch ist das nur die halbe Wahrheit. Auch wenn es nicht darauf ankommt, geht Guasparruolo zweifellos davon aus, das es sich um *dasselbe* Geld handelt, das ihm Gulfardo zurückgibt, wenn dieser erklärt, er habe es »nicht gebraucht«. Trivialerweise ist es die Bestimmung des Geldes als universellem Tauschmittel oder allgemeinem Äquivalent, so zu zirkulieren, dass es auf den Weg, den das einzelne Geldstück nimmt, nicht ankommt. In dieser Geschichte aber ist das Geld überhaupt nicht in den allgemeinen Kreislauf gelangt. Vom allgemeinen Kreislauf des Geldes her gesehen existiert dieses Geld nicht. Hätte sich Ambruogia ein wertvolles Schmuckstück, etwa einen Ring, als Geschenk gewünscht, und hätte Gulfardo gewusst, dass Guasparruolo etwas Entsprechendes besitzt, so hätte er sich auch dieses Schmuckstück für eine bestimmte Gelegenheit borgen können, um es dann auf dem Umweg über Ambruogia zurückzugeben. Daran sieht man allerdings noch einmal, welches *Nichtwissen* für die Bildung dieses Dreiecks konstitutiv ist: nicht nur das Nichtwissen Guasparruolos über den Verwendungszweck, sondern auch das Nichtwissen Ambruogias über die Herkunft der zirkulierenden Sache.

Die Novelle enthält drei *Szenen*, in denen wörtliche Rede vorkommt: die Szenen der Übergabe des Geldes. In der dritten Szene sind Guasparruolo, Ambruogia und Gulfardo anwesend, in der zweiten Ambruogia und Gulfardo und ein Zeuge, in der ersten aber nur Guasparruolo und Gulfardo. Die Frau darf, da sie unwissend bleiben muss, bei dieser geschäftlichen Unterredung unter vier Augen, deren Ergebnis freilich schriftlich fixiert wird, keinesfalls zugegen sein. Zwar hat auch die dritte Szene einen geschäftlichen Inhalt – in den Augen des unwissenden Guasparruolo kommt der Frau hier nur die Hilfsfunktion derjenigen zu, die das Geld in Verwahrung genommen hatte –, aber immerhin beruht die Anwesenheit der Frau darauf, dass ein freundschaftliches Verhältnis zwischen diesen dreien waltet (Gulfardo kann, wie eigens vermerkt wird, einen Zeitpunkt abpassen, in dem das Ehepaar zusammen ist).

Entscheidend ist die zweite Szene, die die Frage nach der Stellung des Zeugen aufwirft. Tatsächlich tritt mit dem ›Wendepunkt‹ in der dritten Szene nur das in der zweiten Szene bereits Geschehene an die Oberfläche (was auch novellentheoretisch gesehen interessant ist, da es die Frage nach der inneren Strukturiertheit von Wendepunkten aufwirft). Gulfardo bringt in der dritten Szene nur vor, was der namenlos bleibende Zeuge in der zweiten Szene gesehen hat, was er also vorbringen *könnte*. Der Zeuge ist nicht nur der Angelpunkt, sondern natürlich auch die Schwachstelle in Gulfardos Transaktion: Entsprechend bedarf es eines gewissen Aufwandes, um Ambruogia gegenüber zu erklären, warum der Zeuge bei der Geldübergabe zugegen ist. Für Ambruogia ist die Anwesenheit dieses Dritten der *Grund* für die Umdeklarierung des Geldes. Das entspricht der einen Seite in der doppelseitigen Funktion des Zeugen: Es soll ihm *gezeigt* werden, dass alles mit rechten Dingen zugeht. In dieser Hinsicht vertritt der Zeuge ihren Ehemann Guasparruolo. Der Dritte ist derjenige, der betrogen werden soll. Auf der anderen Seite ist der Zeuge für Gulfardo der *Beweis* für die Umdeklarierung des Geldes. Er ist Gulfardos eigener Zeuge, mit dessen Hilfe der Betrug ins Werk gesetzt werden wird.

Letztlich firmiert der Zeuge als derjenige, der *nichts sieht.* Entsprechend kondensiert sich in ihm auch die Funktion des Geldes. Denn der Zeuge bekommt das Geld zu sehen. Ambruogia, heißt es, »schüttete das Geld auf einen Tisch; und als sie gefunden hatte, dass es zweihundert waren, trug sie sie ganz zufrieden in ihren Schrein« (662). Es ist also gerade die Summe, die der Zeuge bestätigen kann. Und zwar sieht er die Summe Geldes als etwas, dem man nichts ansehen kann. Er sieht ihm weder die Herkunft an, die der Frau verschwiegen wird, noch den Bestimmungszweck, der dem Mann verschwiegen wird. Ja, er sieht noch nicht einmal das, was es zu sehen gibt. Er sieht zwar, dass zweihundert Gulden aus den Händen eines Mannes in die Hände einer Frau wandern. Was er aber bestätigen wird, sind die Worte, denen zufolge diese zweihundert Gulden zu Händen des Mannes in Verwahrung genommen wurden. Damit sich das Dreieck unter dem unsichtbaren Zeichen des Geldes formiert, bedarf es der Blindheit des Zeugen als vierter Position.

Spiel

MIT RINGEN. Ringe nehmen unter den wandernden Dingen schon deshalb einen besonderen Platz ein, weil sie dazu ausersehen werden, eine Liebe zu besiegeln. Diese Besiegelung ist unabhängig vom Geschlecht: Ein Mann kann einer Frau einen Ring schenken, eine Frau einem Mann. Die Liebenden können Ringe tauschen. Anders als andere Schmuckstücke können sie vom Mann wie von der Frau getragen werden. Weil die Gabe des Rings auf einen Bund verpflichtet, der den Dritten ausschließt, darf der Ring natürlich unter keinen Umständen weitergegeben werden. Geschichten können aber mit der Möglichkeit spielen, dass das doch geschieht und der Bund am Ende gleichwohl besiegelt bleibt.

Eine solche Geschichte bildet das Schlussmotiv in Shakespeares *Der Kaufmann von Venedig*. Nachdem Bassanio beim ›Motiv der Kästchenwahl‹ das Rechte getroffen und die ihm zugeneigte reiche Erbin Portia gewonnen hat, überreicht diese ihm einen Ring und mit ihm sich selbst: »Doch jetzt / Sind dieses Haus, die Leute und ich selber / Ganz Euer, Herr: Ich geb sie mit dem Ring hier. / Doch trennt Ihr Euch von ihm, verliert, verschenkt ihn, / Das zeigte Eurer Liebe Untergang / Und wär mein Grund, Euch offen zu verklagen.« Diese klassische Auskunft erheischt natürlich die obligatorische Reaktion Bassanios: »Doch wenn der Ring von meinem Finger scheidet, / Dann scheide auch mein Leben aus der Brust, / Und dann sagt frei: Bassanio ist tot!« (472)

In das schöne Bild dieser Liebesverbindung – noch einmal verdoppelt durch die ebenfalls durch einen Ring besiegelte Verbindung zwischen Nerissa und Gratiano – bricht der Brief Antonios ein, aus dessen Leib der Jude Shylock nun das ausbedungene Pfund Fleisch zu schneiden verlangt, weil er die Schulden nicht bezahlen kann, die er für seinen Freund Bassanio gemacht hat. Bei der Gerichtsverhandlung tritt Portia in der Gestalt des jungen Rechtsgelehrten aus Padua auf und sorgt für den christlichen Sieg auf ganzer Linie. Der überschwängliche Bassanio will den fremden Richter nicht ohne Gabe davonziehen lassen und erklärt voreilig: »Ich muß Euch doch noch drängen, bester Herr: / Irgendein Andenken nehmt als Tribut.« Erst dies gibt Portia ein, ihm eine Lehre zu erteilen, und sie bekundet – »Euch zu lieb« – den Ring nehmen zu wollen. Bassanio sucht zunächst Ausflüchte und rückt dann mit der Wahrheit heraus: »Den Ring, mein bester Herr, gab meine Frau mir, / Sie steckt ihn mir an und ließ mich schwören, / Daß ich ihn nie verkauf, verlier, verschenke.« Auch die Wahrheit freilich wird für eine Ausflucht erklärt, und der fremde Rechtsgelehrte meint in verstecktem Doppelsinn: »Wenn Eure Frau nicht ganz verrückt ist und / Wenn sie erst wüßt, wie sehr ich ihn verdient hab, / Dann wäre sie Euch auch nicht ewig böse, / Weil Ihr ihn *mir* gabt – Nun geht hin in Frieden.« Da Portia nicht weiter beharrt, wäre Bassanio tatsächlich auf diese Weise um die Übergabe des Ringes herumgekommen, wenn er von Antonio nicht auch ermuntert worden wäre: »Liebster Bassanio, laßt ihm doch den Ring.« (489) Und daraufhin gibt Bassanio den Ring Gratiano, der ihn dem schon einteilten jungen Richter hinterhertragen soll. Und von dem Vorbild angestachelt, erbettelt die als Schreiber des Richters verkleidete Nerissa von ihrem Gratiano ebenfalls ihren Ring.

Worin das Leitmotiv des im Verhältnis zur abgründigen Figur Shylocks aufgesetzt wirkenden Komödienschlusses besteht, verraten Portia und Nerissa schon gleich in dieser Szene: »Dann schwören sie uns hoch und teuer, daß sie / Nur Männern diese beiden Ringe gaben. / Wir aber schwören auf das Gegenteil!« (490) In diesem Vorhaben wird schon deutlich, dass die Schwüre in der Liebe *cum grano salis* zu nehmen sind. Die Frage nach dem strengen Recht, dem *ius strictum*, die die Haupthandlung des Dramas beherrscht, kommt hier nicht auf. Zwischen den verfeindeten Kontrahenten Shylock und Antonio muss ein Richter als Dritter auftreten, der das *ius strictum* beugt, indem er den Buchstaben buchstäblich nimmt. Die Liebenden hingegen können sich gegenseitig von aller Buchstäblichkeit absolvieren. Denn was der Ring als Liebespfand ausschließen soll, ist letztlich nur seine Weiterverwendung als Liebespfand. Das Schenken eines Rings von Mann zu Mann hingegen erscheint (in der Komödie) als eine nicht weiter tragische Anomalie.

Dass Portia mit dem Ring zugleich sich selbst schenkt, ist ohnehin nur im übertragenen Sinne zu verstehen, darüber hinaus ist es auch eine Zutat von begrenzter Reichweite. Und es ist Portia selbst, die diese Reichweite bestimmt. Sobald Bassanio den Ring weggibt, ist diese Gleichsetzung natürlich aufgekündigt. Der eintretende Fall, dass er den Ring an sie selbst weggibt, ist zwar nicht vorgesehen, gibt Portia aber die Selbständigkeit zurück, über diesen Fall und die weitere Verwendung des Ringes zu befinden. Insofern ist sie Richter in eigener Sache.

Die Frauen – Portia, aber auch Nerissa – sind die Herren der Situation. Sie wissen darüber Bescheid, dass es kein Dreieck gibt und können es deswegen mit Belieben füllen, indem sie den Ring zum Indiz der Eifersucht erklären: »So wahr ich leb, ein *Weib* hat diesen Ring« (494), lässt sich Portia in der Schlussszene des Dramas vernehmen. Der Witz der Situation besteht aber nicht nur darin, dass Bassanio nicht weiß, dass seine Frau recht hat, sondern dass er nicht weiß, in welchem Sinne er selbst wahrspricht, wenn er es etwa mit der Entgegnung versucht: »wenn Ihr dort / Gewesen wärt, Ihr hättet mich gebeten, / dass ich den Ring dem würdigen Doktor gebe«. In der Folge dient derselbe Doppelsinn dazu, das Indiz der Eifersucht umzukehren. Portia gibt vor, die mit der Ringgabe verbundene Schenkung ihrer selbst buchstäblich zu nehmen. Sie gibt Bassanio ihr Wort, sie werde diesem fremden Doktor »nichts verweigern, was ich habe, / Auch mich nicht, auch nicht meines Mannes Bett«.

Der Abweg des Rings ist letztlich ein Ermöglichungsgrund für Reden, die in immer neuen Wendungen ausspielen, dass das Dreieck in Wahrheit keines ist, dass der Ring die Zweisamkeit nie verlassen hat – das *Spiel mit Ringen* ist immer auch ein Spiel mit Worten. Zugleich sind die Reden lose Reden darüber, dass die Reden lose sind. Verzweifelt will Bassanio »bei meiner Seele« schwören, dass er »niemals einen Schwur mehr brechen« werde, und ausgerechnet Antonio will für diesen Schwur »bürgen, / Mit meiner Seele«. Am Ende übergibt Portia ihrem Bassanio den Ring ein zweites Mal, allerdings nicht, ohne ihn mit der losen Rede zu versehen: »Für diesen

Ring hat er bei mir geschlafen.« Das ist nun allerdings unwahr. Das Hochzeitsbett der beiden steht noch leer. Die Komödie ist der Ort, wo der Dritte bei dieser Gelegenheit herbeizitiert werden darf.

Auf deutscher Seite ist Lessings Lustspiel *Minna von Barnhelm oder Das Soldatenglück* der kanonische Text für das Spiel mit Ringen. Das eigentliche Spiel ist recht einfach. Kompliziert wird es durch die Wechselwirkung mit verschiedenen weiteren – tatsächlichen oder vorgespielten – wechselnden Umständen. Major von Tellheim versetzt seinen Verlobungsring, um die ausstehende Rechnung beim Wirt begleichen zu können. Allerdings trug er diese »einzige Kostbarkeit«, die ihm geblieben ist, wie der Wirt feststellt, »in der Tasche, anstatt am Finger« (620). Minna von Barnhelm, auf der Suche nach Tellheim, bekommt den Ring zufällig vom Wirt gezeigt. Sie erkennt ihn und löst ihn aus, wobei sie – als »große Liebhaberin von Vernunft« (640) – keineswegs verletzt ist, dass ihr Ring versetzt wurde, sondern vielmehr bestürzt, dass Tellheim durch seine wirtschaftlichen Verhältnisse zu diesem Schritt gezwungen war. In diesem Drama gibt es keine fraglichen Dritten, an die ein Ring kommen könnte. Es gibt außer Minna und Tellheim nur *Orte*, wo ein Ring deponiert wird (das Futteral des Wirtes), oder *Besitzdiener*, die für seine Ortsveränderung sorgen (Just und Franziska). Dafür gibt es *zwei* Ringe.

Da Tellheim sich als einen »abgedankten, an seiner Ehre gekränkten Offizier, einen Krüppel, einen Bettler« (675) sieht, der für eine eheliche Verbindung nicht in Frage kommt, entschließt sich Minna zu einem mit Franziska abgesprochenen »Streich«, um ihn »wegen dieses Stolzes mit ähnlichem Stolze ein wenig zu martern« (663). Ihr Streich soll zunächst darin bestehen, sich Tellheim ihrerseits als enterbte und verfolgte Person vorzustellen. Erst eine plötzliche Eingebung bringt dann zusätzlich die Ringe ins Spiel. Sie zieht ihren eigenen Verlobungsring ab und streift stattdessen den fast gleich aussehenden Ring Tellheims über. Als sich Tellheim aller guten Gründe Minnas zum Trotz weiterhin gegen die Verbindung sperrt, zieht diese den Ring vom Finger und überreicht ihn Tellheim: »Nehmen Sie den Ring wieder zurück, mit dem Sie mir Ihre Treue verpflichtet.« In dieser Handlungsweise ist die *Ehre* der Beteiligten vorausgesetzt. Es wird unterstellt, dass der verbindende Ring nicht in Gefahr steht, unter der Hand weitergegeben zu werden und am Finger eines (imaginierten, vorgetäuschten oder tatsächlichen) Dritten aufzutauchen. Er ist ein Zeichen, das nur zwischen zweien in Kraft ist. Daher kann er nur *in aller Form* zurückgegeben werden und damit die Auflösung der Verbindung bezeichnen: »Wir wollen einander nicht gekannt haben!« (681)

Wie Bassanio wird Tellheim also durch eine Ringübergabe hintergangen. In beiden Fällen ist es die Frau, der das Spiel mit dem Ring im Reich der Zeichen eine vorläufige Herrschaft über den Mann verschafft. Gleichwohl hat es mit dem Spiel in den beiden Fällen eine verschiedene Bewandtnis. Bei Shakespeare geht es darum, die Männer in Liebesdingen als ratlos, unbeständig und um Verzeihung bittend vorzuführen, wobei der Ausgang der Sache von Anfang an gewiss ist; bei Lessing hingegen geht es um das riskante Unternehmen, einen standhaften Mann zu gewinnen, der sich entziehen zu müssen glaubt. Bei Shakespeare tritt die Frau als ein anderer auf und verlangt den richtigen Ring. Bei Lessing tritt die Frau als sie selbst auf und gibt einen unrichtigen Ring zurück.

In welches Verhältnis werden Minna und Tellheim nun durch diese Rückgabe und Rücknahme gesetzt? Von beiden Seiten her handelt es sich um eine Rückgabe, aber in verschiedenem Sinn. Tellheim geht davon aus, dass Minna ihm den Ring zurückgibt, den *er ihr* zur Verlobung geschenkt hat. Minna weiß, dass sie ihm den Ring erneut gibt, den *sie ihm* zur Verlobung geschenkt hat. Tellheim muss denken, dass die Verbindung auf diese Weise aufgelöst wird, für Minna wird sie auf diese Weise noch einmal bekräftigt. Das ist aber nicht alles. Minna konnte nur deshalb in den Besitz des Ringes gelangen, weil Tellheim ihn weggegeben hat. Dieses Weggeben eines nur noch in der Tasche getragenen Ringes ist das Zeichen dafür, dass Tellheim an der Verbindung mit Minna nicht mehr festzuhalten glaubt. Es ist das Zeichen einer Asymmetrie zwischen beiden. Durch die Rückgabe wird Tellheim, ohne es zu wissen, wieder mit dem Zeichen der Symmetrie ausgestattet. Er wird gewissermaßen in den alten Stand eingesetzt. Weil Minna damit als eine *Instanz* agiert, die ihr Urteil in eigener Sache schon gefällt hat, setzt gerade dieser Akt der Wiedereinsetzung selbst eine grundlegende Asymmetrie voraus. Schon deshalb muss er sich unter der Hand vollziehen.

Die Wirkung, die die Übergabe des Ringes auf Tellheim hat, lässt sich nicht ohne weiteres einschätzen. Zwar nimmt er den Ring – sichtlich betroffen – an, will jedoch nicht wahrhaben, dass mit der vermeintlichen Rückgabe eine Schuld besiegelt wird, die er auf sich geladen hat. Mit ihren letzten Worten beschimpft Minna Tellheim als Verräter und bekundet, ihre Tränen vor ihm verbergen zu wollen. Auf der einen Seite geschieht mit der Auflösung der Verbindung das, was Tellheim mit dem Brief erreichen wollte, den er Minna hatte zukommen lassen. Minna hatte den Brief aber zurückgeschickt und – obzwar gelesen – für ungelesen erklärt. Sie zwingt Tellheim also zu dem, was er vermeiden wollte: ihr die Sache ins Gesicht zu sagen. Sie zwingt ihn in eine *Situation*, in der er sich der Widersprüchlichkeit der Botschaften nicht erwehren kann, wie sie idealtypisch im bekundeten Verbergen der Tränen zum Ausdruck kommt. Unter diesem Vorzeichen geschieht die Rückgabe des Ringes: Sie bekundet die förmliche Auflösung eines Verhältnisses, dessen Unaufgelöstheit sich *de facto* aufdrängt.

Auf die angekündigten Tränen ruft Tellheim daher aus: »Ihre Tränen? Und ich sollte sie lassen?« (682) Er wird aber von Franziska zurückgehalten, die die nächste Stufe des ›Streiches‹ einleitet, indem sie Tellheim vorlügt, Minna sei verstoßen und enterbt, weil sie keinen anderen Mann als Tellheim hätte haben wollen. Diese Mitteilung zieht die sofortige Umpolung Tellheims nach sich. Diese Umpolung mag nahe-

148

liegen, muss aber gleichwohl auf ihre Logik hin befragt werden. Bei ihrer nächsten Begegnung will Tellheim die »Zurücknehmung des Ringes« (688) wieder rückgängig machen: »Hier, empfangen Sie es zum zweitenmale, das Unterpfand meiner Treue« (689). Als Beweggrund für die natürlich unterbundene Rückgabe gibt er an: »Diesen Ring nahmen Sie das erstemal aus meiner Hand, als unser beider Umstände einander gleich, und glücklich waren. Sie sind nicht mehr glücklich, aber wiederum einander gleich. Gleichheit ist immer das festeste Band der Liebe.« (689) Damit ist jedoch das *Kriterium* der Gleichheit noch nicht expliziert. Im Grunde kehrt Tellheim mit seinem Ansinnen das Bedingungsverhältnis um: Nach seinem Dafürhalten können die Ringe getauscht werden, weil eine faktische Gleichheit der Umstände besteht, während für Minna umgekehrt die getauschten Ringe eine formelle Gleichheit *begründen*, in der *beiderseits* von faktischen Ungleichheiten der Umstände abzusehen ist. Tellheims Handlungsweise leitet sich daraus her, dass er um das Bestehen dieser formellen Gleichheit nicht weiß.

Dass es mit der Gleichheit eine andere Bewandtnis hat, erweist sich bald darauf mit der Ankunft des königlichen Schreibens, das Tellheim Genugtuung verschafft und ihm die Ehre wiedergibt. Die dadurch in seinen Augen hergestellte faktische Ungleichheit hindert ihn natürlich gerade nicht daran, umso stürmischer um Minna zu werben. Minna bündelt dies in der logisch unanfechtbaren Erklärung: »So gewiß ich Ihnen den Ring zurückgegeben, mit welchem Sie mir ehemals Ihre Treue verpflichtet, so gewiß Sie diesen nämlichen Ring zurückgenommen: so gewiß soll die unglückliche Barnhelm die Gattin des glücklichern Tellheims nie werden!« Als Tellheim nun seine eigene Rede aus Minnas Mund vernehmen muss – »Gleichheit allein ist das feste Band der Liebe« (696) –, zeigt er sich bereit, um dieser Gleichheit willen das Schreiben zu zerreißen, das ihm seine Ehre wiedergegeben hat. Diese Bereitschaft ist aber zweideutig, da die Wiederherstellung der Ehre von der materiellen Vernichtung des Briefes und der Nichtannahme seiner ökonomischen Wohltaten unberührt bleibt. So bleibt bis zum Schluss unentschieden, ob Tellheim weiß, was es mit der Gleichheit und was es mit den Ringen auf sich hat.

Es ist fraglich, ob die letzte Wendung des Spiels mit den Ringen darüber Aufschluss gibt (denn das Spiel mit Ringen dient eher dazu, das Verhältnis der Geschlechter auseinanderzulegen als zusammenzufassen). Tellheims Diener Just platzt mit der Neuigkeit herein, dass Minna von Barnhelm den beim Wirt versetzten Ring bereits ausgelöst hat. Nun wähnt er, dass es ihm wie Schuppen von den Augen fällt. Seine Minna hält er für eine »Falsche«, eine »Ungetreue«: »Vergessen Sie meinen Namen! – Sie kamen hierher, mit mir zu brechen. Es ist klar! – Daß der Zufall so gern den Treulosen zu Statten kömmt! Er führte Ihnen Ihren Ring in die Hände. Ihre Arglist wußte mir den meinen zuzuschanzen.« (698 f.) Aber Minnas Ring ist immer in ihrem Besitz geblieben. Es war eben Tellheim, der den Ring unter Vorbehalt in den ökonomischen Kreislauf gegeben hat (der in diesem Drama durch zahllose, meist allerdings nicht angenommene Geldsummen präsent ist). Unter Vorbehalt nur hat ihn allerdings auch der Wirt jener Dame ausgehändigt, von der er wusste, dass sie mit dem Herrn in Verbindung stand. Ohne diese Janusgesichtigkeit des Wirtes gäbe es das Spiel mit den Ringen nicht. Ein Drittes ist der Wirt (als Vertreter der vierten Position) schon, auch wenn es kein Dreieck gibt.

VERSPIELT. Der Film *Madame de ...* von Max Ophüls führt vor, wie eine Liebe durch ein wanderndes Schmuckstück verspielt wird. Die Figur des wandernden Dinges wird hier systematisch eingesetzt. Das Ding konfiguriert ein Dreieck. Es kettet die Beteiligten aneinander und hält sie zueinander auf Distanz. Es verpflichtet die Beteiligten auf ihre Positionen, während es selbst in der Schwebe bleiben muss. Aus der Wiederkehr des Dinges entsteht eine unbarmherzige Geschichte, in der die Konfiguration bis zum Ende durchgespielt wird –

eine Geschichte, die die Analyse der Konfiguration gleichsam aus sich hervortreibt.

Gleich zu Anfang tastet die bewegte Kamera wertvolle Schmucksachen ab, die in verschiedenen Kästchen, Schatullen und Schubladen prangen. Sie sind Eigentum von Madame de … (gespielt von Danielle Darrieux), deren Vorname Louise lautet und deren Nachnamen man nicht erfährt, und die mit ihrem Mann, einem gutaussehenden General (gespielt von Charles Boyer), in der feinen Pariser Gesellschaft der Belle Époque den Ton angibt. Während ihr die Kamera über die Schulter schaut, ist sie auf der Suche nach einem Schmuckstück, dessen Verkauf ihr aus einer momentanen finanziellen Verlegenheit helfen würde. Schon der dem Film vorangestellte kurze Einführungstext hat verraten, dass Louise vermutlich ohne Geschichte geblieben wäre, dass vermutlich alles nicht passiert wäre ohne den Schmuck, auf den ihre Wahl in der Anfangssequenz fallen wird: die herzförmigen Diamant-Ohrringe, die ihr Mann ihr am Tag nach der Hochzeit geschenkt hat. Sie glaubt diese am ehesten entbehren zu können, weil sie eine Vernunftehe führt. Aber das schließt nicht aus, dass diese Ehe – wie ihr Mann später einmal sagen wird – »nur oberflächlich gesehen oberflächlich« ist.

Louise trägt die Ohrringe zu ebenjenem Juwelier, bei dem ihr Mann sie seinerzeit gekauft hat und bei dem auch sie Kundin ist. Damit geraten die Ringe auf den Abweg. Ihrem Mann gegenüber gibt sie vor, den sehr wertvollen Schmuck verloren zu haben, worauf dieser sich eingehend mit der Wiederbeschaffung befasst, dann an einen Diebstahl glaubt und schließlich sogar eine Anzeige in die Zeitung setzt. Daraufhin entschließt sich der Juwelier – der zugesicherten Diskretion zum Trotz –, den General aufzusuchen und ihm die Sache darzulegen. Er behauptet, angenommen zu haben, der Gatte sei in die Transaktion eingeweiht. Jetzt will er nicht der sein, der etwas hat, was einem anderen gehört. Als bloßer Zwischenträger wäscht der Juwelier zwar seine Hände in Unschuld, ist aber alles andere als schuldlos. Wohl ist sein Laden der Ort des Austauschs, der von den Dingen unberührt bleibt. Aber anders als das Geschäft *Zum Hausvater* in Mussets *Die beiden Geliebten* ist dieser Ort nicht neutral, sondern paktiert mit dem Herrn des Hauses, indem er sich an den General und nicht an seine Frau wendet. Der Juwelier fungiert als ein Ort des Austauschs für eine geschlossene Gesellschaft, an der er partizipiert. Diese geschlossene Gesellschaft ist – wie der Film eindringlich vorführt – ein von männlichen Blicken und Regeln beherrschter Raum der Distribution und der Repräsentation, der das Öffentliche wie das Private umfasst. Die Frau hingegen – so wird sich zeigen – kann sich nirgendwohin wenden. Ihr bleibt nur das Intime: Für sie gibt es Raum nur, um dort zu verstauen, was sie auf ihrem Körper tragen könnte.

Der General kauft die Ohrringe ein zweites Mal. Statt aber seine Frau damit zu überführen, übergeht er die Sache. Da er aber ein Mann ist, und da der Schmuck dazu bestimmt ist, eine Frau zu zieren, kann er den Schmuck nicht *für sich* behalten. Er macht ihn seiner Geliebten, von der sich zu trennen er im Begriff ist, zum Abschiedsgeschenk auf ihrer Reise nach Konstantinopel. Bezeichnenderweise sieht man die Ohrringe selbst bei diesem Schenkungsakt nicht; man sieht nur das Etui, in dem sie sich befinden, und das die Geliebte erst öffnet, nachdem der Mann sie verlassen hat (wie ja auch der erste Schenkungsakt, als der General die Ohrringe seiner frisch vermählten Frau schenkte, vor dem Einsetzen der Filmhandlung liegt).

Der General wähnt das Schmuckstück auf diese Weise zugleich an die Frau gebracht und aus dem Verkehr gezogen. Die ehemalige Geliebte aber sieht sich in Konstantinopel gezwungen, die Ohrringe nach hohen Spielverlusten ebenfalls zu versetzen. Sie wandern von der Bank eines Kasinos in die Auslage eines Schaufensters, wo sie der Baron Donati, ein gutaussehender Diplomat im besten Mannesalter (gespielt von Vittorio de Sica), entdeckt und sogleich kauft, noch ohne eine Verwendung für sie zu haben. Aber schon auf seiner

Rückreise nach Paris verfällt er von weitem der Anziehungskraft ihrer früheren Eigentümerin, als er sie zufällig im Bahnhof von Basel sieht. Donati gehört ebenfalls zur geschlossenen Gesellschaft und ist mit dem General gut bekannt. Die Ohrringe ruhen jetzt längere Zeit im Verborgenen, bis die Liebe zwischen beiden so weit gediehen ist, dass er sie ihr zum Geschenk macht.

Das unausgesprochene Gedeihen dieser Liebe findet ausschließlich unter den Blicken Dritter statt. Der Film inszeniert es als einen ununterbrochenen Walzertanz der beiden zu der immer gleichen schmachtenden Musik, der sich über viele Pariser Bälle erstreckt und die minimalisierte Intimität des Paares vor Augen führt. Obwohl das Schenken der Ohrringe in den Privaträumen des Ehepaars am Vorabend einer vom General seiner Frau verordneten Reise stattfindet, wird es auch hier nicht als ein intimer Augenblick des Überreichens einer Liebesgabe gezeigt, sondern aufgeteilt in einen Akt des Hinterlegens und Auffindens. Die glückliche Louise hat die Ohrringe schon angelegt, als sie ihren inzwischen zurückgekehrten Ehemann hört und sich klarmacht, dass sie diese Ringe nicht wird tragen können.

Von ihrem Mann glaubt Louise, dass er die Ringe für verloren hält. Von Donati weiß sie, dass sie nicht für das Tragen in der Öffentlichkeit bestimmt sind, sondern für ihre zukünftige Intimität; denn der General würde ein so teures Geschenk eines Dritten an seine Frau nicht dulden. Es verwiese auf jene Intimität, die der General zu unterbinden versucht, während er die Koketterie seiner Frau unterstützt. Aber auch als unbeflecktes Zeichen einer Liebe taugen die Ohrringe nicht. Denn sie haben bereits eine Geschichte hinter sich, die ihnen anhaftet. In diesem Schmuckstück wäre der abwesende Dritte, der es als erster geschenkt hat, in der Intimität anwesend. Von ihrer Reise zurückgekehrt, auf die sie die Diamantenherzen mitgenommen hatte, gibt Louise es auf, sich gegen ihre Liebe zu sträuben, und trifft sich mit Donati in einer Kutsche, in der es zum ersten und einzigen Kuss zwischen den beiden kommt. Denn bevor sie wie geplant in ein paar Tagen die Erfüllung ihrer Liebe finden können, entschließt sich Louise zu dem verhängnisvollen Doppelschritt, dem Baron die Geschichte ihrer nunmehr über alles geliebten Ohrringe zu verschweigen und sie dem Ehemann gegenüber fortzusetzen, um die Ohrringe in der Öffentlichkeit tragen zu können – als geheime Zeichen der Intimität gewissermaßen. Dem Baron erzählt sie eine Lügengeschichte über die Lügengeschichte, die sie ihrem Mann aufgetischt hat, um die Herkunft dieses Schmuckstückes zu erklären. Ihrem Mann spielt sie beim Aufbruch zu einem Ball vor, sie habe die Ohrringe in ihren Sachen einfach wiedergefunden.

Weil ihr die Geschichte der Ringe nur teilweise bekannt ist, weiß sie nicht, dass sie sich damit ein zweites Mal überführt. Ihr Mann errät auf dem Ball, dass diese Ohrringe nur das Geschenk des Barons sein können, fordert sie von seiner tödlich getroffenen Frau ohne weitere Erklärungen zurück und bestellt den Baron zu einem Gespräch unter vier Augen. Er macht ihm klar, dass er die Herkunft der Ohrringe durchschaut hat, und klärt ihn darüber auf, dass sie einst ein Geschenk von ihm an seine Gattin waren. Er überreicht die Diamantenherzen dem von dieser Eröffnung zutiefst gekränkten Baron und fordert ihn dazu auf, das kompromittierende Schmuckstück dem Juwelier zu verkaufen, damit er es seinerseits ein drittes Mal erwerben kann.

An diesem Punkt haben die beiden Diamantenherzen das Dreieck vollständig konfiguriert. Alle drei Figuren sind unauflöslich miteinander verknüpft und unwiderruflich voneinander abgeschnitten. Noch hat der Baron das Schmuckstück in der Tasche. Er kündigt Louise an, dass sie sich nicht mehr treffen werden, weil eine Liebe im Zeichen eines Schmuckstücks, an dem ihr Gatte ältere Rechte hat, für ihn umso weniger denkbar ist, als Louise durch ihre Falschheit alle Zeichen entwertet habe. Sieht Donati im Schmuckstück nur noch den Dritten, der alle Intimität zersetzt, so blendet Louise den Dritten vollständig aus: Zuvor habe sie die Ohrringe versetzt, weil sie ihr nichts bedeuteten; nun bedeuten sie ihr alles. Weil sie aber nicht nur das Versprechen einer immer schon unmöglichen Intimität sind, sondern auch als deren sichtbare Zeichen fungieren sollten, werden sie zum sichtbaren Zeichen dafür, dass es – mit einer Redensart gesagt – in dieser Welt für die Liebe keinen Platz gibt. Der General wiederum kann sich zwar erneut in den Besitz der Ohrringe setzen und die Beziehung der beiden unterbinden, aber er kann die Diamantenherzen nicht aus dem Herzen seiner Frau reißen.

Louise ist schon von der Krankheit gezeichnet, als der General ihr die Ohrringe nach dem dritten Ankauf in die Hände gibt. Überglücklich presst sie sie an ihr Gesicht, während er ihr in kalten Worten mitteilt, dass sie nicht mehr ihr gehören und er ihr sagen werde, was sie damit zu tun habe: Sie muss die Ohrringe einer armen Verwandten schenken, die das Wochenbett hütet. Auf diese Weise sollen sie ihr endgültig aus den Augen. Das gelingt jedoch nicht, da die Diamantenherzen nach dem Konkurs der armen Verwandten wieder beim Juwelier landen. Das Ansinnen des Juweliers, der General möge die Ohrringe ein viertes Mal kaufen, weist dieser schroff zurück. Aber die nun schon todkranke Louise versetzt all ihren Schmuck, um sich ein letztes Mal in den Besitz dieses paradoxen Liebespfandes zu setzen. Der General erkennt, dass er dieser intimen Beziehung gegenüber machtlos ist, und fordert den Baron unter einem Vorwand zum Duell. Donati, seine von den Diamantenherzen vergiftete Liebe im Herzen, lässt sich von dem vorzüglichen Schützen abknallen. Louise, mit letzten Kräften auf dem Weg zum Ort des Geschehens, hört den Schuss und bricht sterbend zusammen. Doch schon zuvor hat sie – um einen glücklichen Ausgang des Duells bittend – in einer Kirche Station gemacht und ihre Ohrringe gestiftet. Sie hat sich von ihnen gelöst. Die Schlusseinstellung des Films schwenkt von der Muttergottes auf die in einer nun endlich unter einer Glasvitrine zur Ruhe gekommenen Ohrringe. Eine kleine Tafel verweist auf die Schenkung von *Madame de . . .*

Muss diese Geschichte so enden? Ist nur dieser Ausgang folgerichtig? Nein, denn die literarische Vorlage zu diesem Film von 1953, die gleichnamige Erzählung von Louise de Vilmorin aus dem Jahre 1951, endet anders. Die Mitte des 20. Jahrhunderts in der literarischen Welt sehr bekannte Schriftstellerin erzählt die Geschichte scheinbar unbeteiligt wie mit einem Seziermesser in der Tradition des französischen Moralismus. Vom Handlungsverlauf her hält sich der Film bis zu einem bestimmten Punkt sehr eng an die literarische Vorlage. Noch mehr als im Film wird dabei die Zwangsläufigkeit in der Handlungsweise der Figuren vorgeführt, die letztlich am Angelhaken eines Schmuckstückes zappeln. Der Schwerpunkt liegt dabei nicht auf der Darstellung der Unmöglichkeit von Intimität, die Max Ophüls bei seiner Verfilmung in den Vordergrund gerückt hat (was schon deshalb folgerichtig ist, weil der Film immer einen Raum zeigt), sondern auf der anonymen psychischen Mechanik der Beteiligten (bei Vilmorin bleibt das Paar namenlos wie Monsieur de ... – es gibt keine Louise, sondern nur *Madame de ...*, keinen Baron Donati, sondern nur den *Botschafter*). Entsprechend wird das Geschenk der Ohrringe an Madame de ... durch den Botschafter als intime Übergabe eines sich schon einigen Liebespaares erzählt, die die Gelegenheit gibt, das Schmuckstück mit Worten zu imprägnieren und ihm seinen Status unmissverständlich einzuschreiben: »Das Geschenk aber, das ich dir heute bringe, soll ein Pfand unserer Liebe sein; darum ist es so schön und rein und muß unser Geheimnis bleiben.« Und der Botschafter fügt hinzu, die beiden Herzen seien »unsere Herzen. Nimm sie und behüte sie« (26). Und auch Madame de ... fasst den Gegensatz zwischen dem Öffentlichen und dem Intimen sogleich in beziehungsreiche Worte: »ich lasse mir das Vergnügen nicht nehmen, diesen Schmuck mit Stolz vor aller Welt zu tragen und mir zu jeder Stunde von unseren beiden Herzen ins Ohr flüstern zu lassen: daß wir uns lieben« (27).

Die gravierende Abweichung des Films von der literarischen Vorlage nimmt ihren Ausgang von einer veränderten Interpretation der Vorgänge um das Wiederauftauchen der Ohrringe durch Monsieur de … In der Erzählung nimmt der Ehemann nur eine »platonische Freundschaft« (32) seiner Frau mit dem Botschafter und ein »harmloses Komplott« an, in dem der Botschafter zum Handlanger für die Wiederbeschaffung eines Schmuckstücks degradiert worden ist, da er es »niemals gewagt haben würde, Madame de … ein Geschenk zu machen, das sie hätte zurückweisen müssen« (33). Die Unterredung zwischen den beiden Männern nimmt daher einen ganz anderen Charakter an. Im Film ist sie die Vorstufe zum Duell; in der Erzählung hingegen trägt sie Züge einer Verbrüderung (an einer späteren Stelle beglückwünscht sich Monsieur de … noch einmal zu seinem Verhalten in dieser Situation, die »leicht mit einem Duell hätte enden können« [67]). Die Transaktion zum abermaligen Ankauf des Schmuckstücks wird als die »einfachste und freundschaftlichste Lösung der verwickelten Angelegenheit« (34) vorgeschlagen; hernach plaudern die beiden Männer »noch einen Augenblick über die Eitelkeit der Frauen« und lachen »über ihre Verschlagenheit«. Am Ende ist der Botschafter »voller Bewunderung für Monsieur de …« (35); der »Gedanke« hingegen, »daß Madame de … offensichtlich keine Bedenken trug, ihre gemeinsamen Erinnerungen mit anderen Erinnerungen, die ihn verletzen mußten, zu vermischen, tötete alle Liebe in seinem Herzen« (36).

Man kann sagen, dass die Erzählung mit einem weiblichen Blick begabt sein muss, um die Verbrüderung der beiden Männer als ein grundlegendes Moment dieses Dreiecks zu erkennen. Bei Louise de Vilmorin ist Monsieur de … zunächst einmal nicht machtlos gegenüber einer Intimität, aus der er ausgeschlossen ist, sondern er ist der Intimität gegenüber *blind*. Die Ohrringe werden nicht zu einem Indiz der Eifersucht. Und in gewisser Weise behält er ja mit seiner Blindheit recht. Die Eitelkeit von Monsieur de … lässt ihn die Liebe nicht sehen, die sich nicht erfüllt, weil die Eitelkeit des Botschafters im Liebespfand nur noch die verletzende Anwesenheit dieses Mannes sehen kann, der nichts sieht.

In der Erzählung erkennt Monsieur de … zwar nach und nach, dass seine Frau den Botschafter liebt, doch behandelt er sie bis zum Schluss im vermeintlichen Wissen um die Unerwidertheit dieser Liebe als eine Patientin. Aus diesem Grund will er ihr eine »Lehre« (38) erteilen, als er ihr aufträgt, den Schmuck der armen Verwandten zu schenken. Aus diesem Grund nimmt er es dem Botschafter sogar ein wenig übel, dass sich dieser so auffällig von seiner Frau zurückgezogen hat. Aus diesem Grund kauft er aber auch, als er die anhaltende Schwermut seiner Frau bemerkt – anders als im Film –, den Schmuck selbst ein viertes Mal zurück, als sich die Gelegenheit bietet. Dank der Verbindlichkeit des Juweliers kommt er dabei seiner Frau zuvor, die die Ringe ebenfalls erwerben will. »Wenn ich sie kaufe, kann ich sie doch nicht tragen«, denkt sich Madame de …, »und so würde dieser Schmuck seinen eigentlichen Sinn zurückerhalten, den niemand kennt außer mir« (63). Anders als im Film, wo die Verhältnisse zwischen den dreien geklärt sind, bleiben sie hier in der Tat für alle außer Madame de … undurchschaut. Denn ihr Mann glaubt, dass der Botschafter sie nie geliebt hat, und der Botschafter glaubt, dass sie ihn nie geliebt hat. Nur für sie selbst bedeuten die Ohrringe daher »die einzige wahre Liebe und die einzigen wahren Küsse ihres Lebens« (74). Folgerichtig möchte Madame de … die Diamantenherzen nun nicht mehr in der Öffentlichkeit tragen, während ihr Mann genau das von ihr verlangt. Seine Erklärung dafür ist bemerkenswert, weil sie alles aus der Repräsentationsfunktion des Schmucks herleitet und jegliche Intimität leugnet. Sie solle überlegen, so Monsieur de … zu seiner Frau, »in welche Lage du mich gebracht hast, und in welcher Lage unser Freund sich befindet, der nichts weiter wollte, als dir einen Dienst erweisen. Wenn du dich jetzt endlich mit den Ohrringen zeigst, beruhigst du sein Gewissen und auch meines; und außerdem beseitigst du die gespannte Stimmung, unter der wir alle drei leiden und an der du allein schuld bist« (74).

Nach Maßgabe dieser Interpretation des Dreiecks zeigt sich die kranke Madame de … also nun erstmals in dieser Erzählung auf einer Soiree als Trägerin des Schmucks ihres Mannes. Damit ist das Finale eingeleitet. Der Botschafter glaubt zu verstehen, »sie trüge die Diamanten nur, um ihm zu zeigen, wie gleichgültig ihr die Vergangenheit geworden sei« (75 f.), und wendet sich vollends von ihr ab. Ein klärender Brief bleibt unbeantwortet, aber das Sterbebett von Madame de … führt die drei ein letztes Mal zusammen. Das Dreieck ist perfekt. Ein gleichschenkliges Dreieck: »Die beiden Männer standen zu Seiten ihres Bettes einander gegenüber und blickten hinab auf die langsam Erlöschende.« In der Mitte also die Frau, die von den beiden Männern unter die Erde gebracht worden sein wird. Sie hat aber noch etwas zu geben, etwas Intimes. Mit »einer letzten Bewegung im Todeskampf« streckt sie ihre langen Arme über der Decke aus: »Ihre Hände öffneten sich; in jeder lag ein diamantenes Herz, als wolle sie beide fortschenken und wisse nicht, wem.« Diese Geste ist melodramatisch, und sie ist überladen mit Bedeutung. Aber diese Melodramatik und diese Bedeutung sind *more geometrico* erzeugt. Die Geschichte eines wandernden Dinges kann dazu bestimmt werden, das Ding mit Bedeutung zu beladen, zu befrachten. Doch was geschieht mit dieser akkumulierten Bedeutung, wenn die Geschichte am Ende ist? Das lässt sich mit der Kategorie des Symbols nicht fassen.

Die Geschichte ist noch nicht zu Ende. Sie befindet sich allerdings an dem Punkt, an dem das Schmuckstück seine paarweise Existenz einbüßt, für die es am Körper der Frau bestimmt war. Jetzt wird es an die Männer zurückgegeben. »Die Blicke der beiden Männer trafen sich«, heißt es im Anschluss, und Monsieur de … ergreift das Wort: »Nehmen Sie dies Herz, das Sie ihnen gibt«, weist er den Botschafter an. »Das andere ist ihr eigenes; ich werde es an mich nehmen« (79). Dieses Herz wird Monsieur de … »auf das Herz seiner Frau«

(80) legen. Wenn nun der Botschafter und die tote Madame de … je eines der beiden diamantenen Herzen haben, bewahrheitet sich der Ausspruch des Botschafters, die beiden Herzen seien »unsere Herzen«. Das kann der Botschafter allerdings nicht wissen. Wie verfährt er mit dem ihm überlassenen Teil? Er küsst die Hand der Toten, verlässt das Zimmer und begibt sich zum Juwelier: »Schmieden Sie dies Herz an eine goldene Kette, und schmieden Sie die Kette um meinen Hals, und zwar jetzt gleich; ich habe keine Zeit zu verlieren« (79). Es wird nicht gesagt, welche Gedanken den Botschafter hierbei leiten und welche Gedanken er in diesen Diamanten einzuschließen gedenkt. In jedem Falle macht er die halbe Sache zu einer ganzen, um sie als Mann tragen zu können. In jedem Falle wird er sie tragen wie eine Trophäe.

Weitergeben oder Zwischenlagern

Gaben und Weiteres

GESCHENKE. Wenn es nach dem Bürgerlichen Recht geht, so darf der Eigentümer einer beweglichen Sache diese – in der Regel – veräußern. Das folgt aus seiner Sachherrschaft und dem dinglichen Vollrecht. Es ist gleich, auf welche Art er der Eigentümer der Sache geworden ist. Die Vergangenheit haftet der Sache gewissermaßen nicht an. Sie hat keine Geschichte. Man kann auch sagen: Sie hat keinen *Geist*, weil sie keine *Gabe* ist.

Marcel Mauss, der große Anthropologe der Gabe, zitiert in *Soziologie und Anthropologie* eine Explikation der neuseeländischen Maori, was es mit dem *hau*, dem Geist der Sachen, auf sich hat:»Stellen Sie sich vor, Sie besitzen einen bestimmten Gegenstand (*taonga*) und geben ihn mir ohne festgesetzten Preis. Wir handeln nicht darum. Nun gebe ich diesen Gegenstand einem Dritten, der nach einer gewissen Zeit beschließt, irgend etwas als Zahlung dafür zu geben (*utu*), und er schenkt mir irgend etwas (*taonga*). Dieses *taonga* nun, das er mir gibt, ist der Geist (*hau*) des *taonga*, das ich von Ihnen bekommen habe und das ich ihm gegeben habe. Die *taonga*, die ich für die anderen, von Ihnen stammenden *taonga* erhalten habe, muß ich Ihnen zurückgeben. [...] Wenn ich dieses zweite *taonga* für mich behalten würde, könnte mir ernstlich Böses oder sogar der Tod daraus entstehen.« (24)

Derjenige, der ein Geschenk weitergibt und für das Weitergegebene eine Gegengabe erhält, muss diese Gegengabe nun wiederum an denjenigen weitergeben, von dem er die Gabe erhalten hat. Und diese Gegengabe, die an den ersten Geber zurückgehen soll, ist der Geist des gegebenen Dinges. Für Mauss enthält diese Erklärung des »Maori-Juristen« nur »einen dunklen Punkt: das Eingreifen einer dritten Person«.

Ihm geht es darum, daraus die Logik von Gabe und Gegengabe abzuleiten – den »Leitgedanken des Maori-Rechts«, dass »in dem empfangenen und ausgetauschten Geschenk etwas Verpflichtendes enthalten ist«, weil »die Sache nicht leblos ist. Selbst wenn der Geber sie abgetreten hat, ist sie noch ein Stück von ihm« (25). Das »persönliche Eigentum« habe, so erklärt Mauss, »ein *hau*, eine geistige Macht«, die dafür verantwortlich sei, dass derjenige, dem ich das Geschenk weitergegeben habe, »dazu getrieben wird«, nun seinerseits einen Gegenstand an mich zu geben. Das ist aber nicht ganz exakt. Tatsächlich ist ja erst dieser zweite Gegenstand das *hau* des ersten Gegenstandes. Insofern kann es nicht das *hau* des ersten Gegenstandes sein, das zur Gegengabe verpflichtet. Um die Verpflichtung zur Gegengabe zu veranschaulichen, bedürfte es keines Dritten. Und überdies müsste dieses *hau* dann ja schon mich dazu treiben, meinem Geber eine Gegengabe zu machen, anstatt die Gabe weiterzugeben.

Bei näherem Hinsehen drückt sich der Maori-Gewährsmann in dieser Hinsicht auf auffällige Weise undeutlich aus. Zum Ersten ist bei der Gabe, die mir gegeben wird, nur davon die Rede, dass kein Preis ausgehandelt sei; weiter ist über den Status dieser Gabe nichts gesagt. Zum Zweiten heißt es, dass eine unbestimmte Zeit verstreicht, bevor der Mann sich entschließt, mir eine Gegengabe zukommen lassen zu müssen. Anscheinend gibt es also in beiden Fällen einen gewissen Handlungsspielraum. Es geht um nicht genau bestimmte Verpflichtungen. Und es geht nicht um unbedingte Verpflichtungen. In der Logik des Gabentausches stellt jede Gabe eine Asymmetrie her, auf die über kurz oder lang eine Reaktion erfolgen wird. Das System lebt von der Asymmetrie, weil die Gegengabe erstens nicht unmittelbar erfolgt und weil sie zweitens – wie das rituelle Fest des Schenkens, das Potlatch, zeigt – weniger auf die Tilgung der Asymmetrie als auf deren Umkehrung angelegt ist.

Die Verpflichtung oder genauer der Zwang, die Gegengabe an den Geber der ersten Gabe weiterzugeben, ist demgegenüber ganz anderer Natur. Und es bedarf wirklich des Dritten, um diese Natur vor Augen zu führen. Wenn ich diesen Gegenstand behalte, werde ich krank (das Maori-Wort ist *mate*). Und das liegt daran, dass ich zum bloßen Mittler geworden bin. Der Gabentausch findet zwar noch *mittels* meiner, aber nicht mehr *mit* mir statt. Schon in dem Moment, in dem ich die erste Gabe weitergegeben habe, bin ich als Person aus dem System des Gabentausches gleichsam herausgefallen. Bei der ersten Gabe, die ich erhalten habe, bin ich der Zweite, der sie dann als Erster einem Dritten weitergibt. Denn der Dritte, der sich zu einer Gegengabe entschließt, muss nicht wissen, dass ich die Gabe von einem anderen hatte, in Bezug auf den er ein Dritter ist. Für ihn bin ich noch einmal ein Zweiter, während ich in Wahrheit in die *vierte Position* gleite: Ich habe nur noch dafür zu sorgen, dass das als Gegengabe gegebene Ding seinen wahren Adressaten findet. Erst in diesem Moment, in dem die Gegengabe auf den Weg gebracht, aber noch nicht angekommen ist, offenbart sich das *hau*. Es offenbart sich *mir*, der ich es als ein Etwas in den Händen halte, das nichts mehr *für mich* ist, weil es mich nur passiert haben wird.

In der Erläuterung des Maori-Gewährsmannes erscheint die Position der Weitergabe insofern als problematisch, als man nicht wissen kann, was daraus erwächst. Das Weitergeben selbst kommt in zweifacher Form vor: Das erste Mal gebe ich weiter, weil ich – aus welchen Gründen auch immer – etwas weitergeben *will*, das zweite Mal hingegen, weil ich – aus welchen Gründen auch immer – etwas weitergeben *muss*. Diese beiden Modalitäten fallen auseinander, weil ich als *Person* von ihnen betroffen bin. Wäre das Weitergeben meine Profession, wäre ich ein *Händler*, so wäre die Frage nach dem Wollen oder Müssen des Weitergebens sinnlos. So aber handle ich im Weitergeben wie ein Händler, ohne einer zu sein. Unter diesen Umständen kann gefragt werden, was mit mir geschieht oder geschehen kann, wenn ich weitergebe. Denn dort, wo ich aus der Hand gebe, was mir in die Hände gegeben wurde, ist nicht nichts geschehen.

Auch in unserer Kultur ist es nicht unproblematisch, ein Geschenk weiterzuverschenken oder zu verkaufen. Wir begründen dies allerdings weniger mit dem *hau* des Geschenkes, mit der Beziehung, die durch das Geschenk hergestellt wird, als vielmehr mit der schon bestehenden Beziehung, in die der Akt des Schenkens nur eingelassen ist. Wer ein Geschenk weiterverschenkt oder verkauft, kann daher erstens befürchten, dass er es dem Schenkenden gegebenenfalls nicht mehr vorweisen kann (wie den Ring im *Kaufmann von Venedig*), und er riskiert zweitens, dass der Schenkende es bei einem Dritten wiederfinden könnte (wie den Ring in *Minna von Barnhelm*).

In dieser Weise muss auch Madame de … bei Louise de Vilmorin und Max Ophüls gegenüber ihrem Gatten vorschützen, dass ihr die als Morgengabe geschenkten Ohrringe offenbar gestohlen worden sind, während sie zugleich darauf angewiesen ist, dass deren Verkauf vertraulich bleibt. Und es ist kein Zufall, dass der Juwelier der zugesicherten Vertraulichkeit zuwiderhandelt, als er sich indirekt durch den gemutmaßten Diebstahl kompromittiert fühlt. Wenn die zunächst von ihrem Gatten geschenkten Ohrringe das Eigentum von Madame de … sind, so hat sie das Recht, sie zu verkaufen. Und wenn sie sodann das Geschenk des Botschafters an sie werden, so hat sie das Recht, sie zu behalten. Gleichwohl verlangt ihr Mann ihr ohne weitere Erklärung die Ohrringe ab (sein überraschend gewaltsam klingender Befehl markiert die einzige ›widerrechtliche‹ Transaktion in dieser Geschichte). Sie muss die Ohrringe an ihren Mann weitergeben, weil sie diese Gabe ihres Mannes zuvor weitergegeben hatte. Die Geschichte der Madame de … führt in aller Ausführlichkeit vor Augen, dass das erste Weitergeben einen Ablauf in Gang gesetzt wird, bei dem niemand mehr wissen kann, was daraus erwächst.

EIN FEHLKAUF. In unserer Kultur sind die verkauften und verschenkten Geschenke vor allem dann von Belang, wenn die Liebe davon berührt ist. Dabei verweisen die verschenkten Geschenke eher auf das Dreieck der Eifersucht, das mit dem Empfänger des weiterverschenkten Geschenkes impliziert zu sein scheint. Die verkauften Geschenke hingegen lassen sich eher als Indiz für ein sogenanntes Erkalten der Beziehung deuten (in dieser Hinsicht ist es symptomatisch, dass Monsieur de … die Ohrringe zurückkauft, damit alles seine Ordnung hat und er derjenige bleibt, der das Herrenrecht der Schenkung ausübt). In beiden Fällen aber stellt sich die Frage nach der Position des Weitergebenden nur im Hinblick auf eine schon bestehende Beziehung. Aufschlussreich für diese Position ist daher der gewissermaßen entgegengesetzte Fall, dass jemand, der das Weitergeben von Beruf her ausübt, sich unvermittelt als Subjekt involviert sieht. Dies geschieht in der Erzählung *Die Perle* von Rudolf Binding.

Die Erzählung aus dem Jahre 1938 verdient das Etikett *prätentiös*. Nicht nur was ihren Inhalt betrifft, weist sie zurück auf das 19. Jahrhundert. Der Rahmen ist auf die letzten Jahre »vor dem großen Krieg« datiert, also auf die Zeit vor dem Ersten Weltkrieg. Im Pariser *Café de la Paix* erregen ein eigentlich unauffälliger älterer Herr und seine noch unauffälligere Begleiterin die Aufmerksamkeit eines »Fremden« (232). Um sein absonderliches Verhalten beim Vorübergehen einer mit einer schweren Perlenkette geschmückten Passantin zu erklären, fühlt sich der Mann bemüßigt, dem Fremden seine Geschichte zu erzählen, die er – einem Wiederholungszwang folgend – schon oft erzählt hat. Es ist – heißt es schwergewichtig – die Geschichte, »die mich so sehr beschämt, daß sie mich nie mehr losläßt und mir das ganze Recht meines Daseins, meine Ehre vor mir selbst und die Ruhe meines Lebens geraubt hat« (234).

Schon in jungen Jahren war der Mann nicht nur »der angesehenste Juwelier und Goldschmied in Paris«, sondern auch »der größte Kenner von schönen Perlen, den es damals in der Welt gab« (235). In letzterer Hinsicht ist er in ausgezeichneter Weise ein *Händler*. Denn Perlen sind auf grundlegendere

Weise von der Natur geschaffen als Edelsteine, die erst geschliffen werden müssen, bevor sie zu Schmuckstücken werden. In der wortreichen Eloge des Mannes auf die Natur der Perle wird diese in besonderer Weise mit der Weiblichkeit verknüpft, sie wird zum »vollkommensten, geheimnisvollsten Schmuckstück, das die Frau unmittelbar aus der Hand der Natur in seiner Jungfräulichkeit, seinem unnachahmlichen Schimmer entgegennimmt« (235). Die Männer sind, so scheint es, dazu da, die Perle unangetastet an die Frau weiterzugeben. Nur an der Frau kommt die Perle, wie man sagt, *zur Geltung*. Auf der einen Seite verhehlt der Text die Fetischisierung, die dem zugrunde liegt, keineswegs. Schon als Kind habe der Mann »wie verzückt den Glanz der Perlen meiner Mutter im Wettstreit mit ihren rosigen Ohren« betrachtet; »kein weibliches Gesicht, keinen Hals einer Frau« habe er betrachtet, ohne sie »in Gedanken« durch Perlen zu erhöhen. Die Frau im Singular hat weiter nichts zu tun, als Perlen zu tragen. Auf der anderen Seite aber handelt es sich um eine merkwürdig paradoxe Fetischisierung, die (anstelle der Abtrennbarkeit) die organische Verbindung zwischen Fetisch und Träger behauptet. Während Edelsteine sich »gegen das Fleisch behaupten« wollten, wird von der Perle gesagt: »Sie atmet mit dem Fleisch. Sie lebt mit dem Leben.« (235) Wie lässt sich unter diesen Bedingungen die Perle von der Frau abgrenzen?

Ein vornehmer Engländer betritt mit seiner Frau das Geschäft. Auf den Perlenhändler wirkt er »kalt, unzart und berechnend, und ich gönnte ihm in meinem Herzen die junge Frau nicht, die, eine Pariserin von höchster Anmut, mich sofort mit ihrem Auftreten und Wesen bezauberte«. Schon bahnt sich also das Dreieck der Eifersucht an, in dem die Position des Händlers jedoch besonders prekär sein muss. Der Engländer möchte eine Perle ohnegleichen für seine Frau. Der Perlenhändler legt ihm erfolglos sein Sortiment vor. Schließlich erklärt er, noch *eine* Perle zu haben, »die schönste, die ich besitze; aber sie ist eigentlich nicht im Handel und überdies besitze ich keine zweite, die zu ihr passt, um ein Paar abzugeben: sie ist ein Einzelstück« (237). Ein Einzelstück wie die Frau, die zu schmücken ihn schon längst »eine geheime Lust ergriffen« hat; ein Einzelstück, das ihr – wie sich nun zeigt – »wahrhaft gebührte und anstand« (238).

Nicht die Frau ist jedoch der Kunde, sondern der Mann. »Ich hätte eher der Frau die Perle verehren mögen als sie ihm verkaufen« (238), räsoniert der Händler ebenso erwartungsgemäß wie unprofessionell. Als der daraufhin genannte unerhörte Preis beinahe anstandslos akzeptiert wird, fühlt er »eine Eifersucht in meinem Herzen bohren, daß es ihm erlaubt sein sollte, nun für sein Geld die Frau mit *meiner* Perle zu schmücken« (239). Wo die Perle als Handelsware und nicht als Gabe den Eigentümer wechselt, ist eine solche affektive Bindung freilich fehl am Platze.

Weil das so ist, darf der Händler die Übergabe der Perle als Gabe *inszenieren.* Nachdem er dem Auftrag, eine angemessene Fassung für die Perle anzufertigen, nachgekommen ist, reist er eigens nach London, wo er die Lady unter der angegebenen Adresse alleine antrifft. Was er ihr überreicht oder verehrt, ist das »schönste Ohrgehänge, das ich je in der Hand hielt«, das aber auch, mittels eines goldenen Fadens, »einzeln am Hals zu tragen« (239) ist. »Ich zitterte. Denn nun nahm sie den geglühten Reifen, nahm die Perle, nahm meinen Schmuck, mit dem ich sie schmückte, aus meiner Hand, bog das Gold des Reifs auseinander und legte es, vor den Spiegel tretend, um ihren jungen Hals. Ich aber stand hinter ihr und genoß ihren eigenen Anblick im Spiegel wie einen geheimen Triumph, den mir niemand rauben konnte.« (240) Das ist der Augenblick der Intimität. Denn was dem Händler gewährt werden kann, ist nur die Intimität des Weitergebens. Immerhin ein Augenblick von einer gewissen Dauer, denn es heißt: »Sie konnte sich nicht genug tun. Sie war glücklich« (240). Und: »Sie überließ sich lange« (241). Der Text stilisiert diese Szene »vor dem hellen Spiegel« als eine Fixierung auf das Imaginäre. Im Rückblick erscheint dem Mann das, was

er sieht, als das »Bild des Weibes, alles Schönen, alles Liebenswerten, alles Begehrenswerten, alles mir auch Versagten –
denn ich war ja wohl von der Natur gezeichnet – und nur
desto mehr Begehrten« (241).

Was mit der eingeschobenen Erklärung gemeint ist, bleibt
dunkel, denn schließlich ist der junge Juwelier nicht von
der Natur gezeichnet, sondern von seinem Stand, der ihn
dazu verurteilt, seine Liebesgabe im Auftrag eines anderen
zu überreichen. Als bloßes Schicksal des Standes, dem er
angehört, ist diese Verwirrung des Juweliers nicht weiter er-
wähnenswert. Diese Nöte sind keine Geschichte, die man
erzählen müsste. Das werden sie erst, weil die Perle zwar ein
Einzelstück ist, die Frau aber zwei Ohren hat. Vor diesem
Hintergrund bezieht sich die imaginäre Fixierung vor dem
Spiegel in Wahrheit auf einen Mangel (einen künstlichen
Mangel, da unter Symmetriegesichtspunkten ein Einzelstück
in der Körpermitte gewiss ›natürlicher‹ ist). Nachdem sich
die Frau vor dem Spiegel so lange ihrem Anblick überlassen
hat, fragt sie »halb verträumt«: »Werden Sie eine zweite für
mich finden?« Das widersprüchliche Begehren des Händlers
geht von vornherein auf eine Wiederholung, die zugleich
den imaginären Mangel tilgen soll: »ich würde sie mit der
zweiten Perle schmücken wie mit der ersten« (241). Freilich
folgt er damit nicht bloß der Anfrage der Frau, sondern auch
dem Diktat ihres Mannes. Denn dieser hatte bereits beim
Kauf der Perle erklärt: »Sie werden mir die zweite Perle dazu
suchen. Ich zahle für die zweite jeden Preis.« (238)

Da die sich nun anschließende Suche nach dem passenden
Gegenstück einem Auftrag folgt, wird der Juwelier in ausgezeichneter Weise – nämlich vorab – zum Weitergebenden. Zugleich steht die Suche unter dem Vorzeichen, dass die zweite
Perle der ersten zum Verwechseln ähnlich sein muss, aber
nicht mit ihr identisch sein kann, da die Natur keine zwei
identischen Dinge hervorbringt. Nach zwei Jahren hört der
Mann, dass einem Wiener Goldschmied eine Perle angeboten
worden ist, deren Preis »alles bisher Erhörte« überstieg. Nach

nochmaliger Rückversicherung beim Engländer, der nach wie vor jeden Preis zahlen zu wollen bestätigt, begibt sich der Juwelier nach Wien. »Ich hatte das Bild meiner Perle genau im Gedächtnis. Es schien mir untrüglich. Ich hätte selbst die geringste Abweichung an der anderen sofort wahrgenommen.« (242) Als er der Perle ansichtig wird, sieht er »auf den ersten Blick, daß es die Perle war, die ich suchte. Sie war das vollkommene, das täuschende Gegenstück jener ersten.« (243) Lediglich »einen kleinen Unterschied im Umfang, in der Größe« glaubt er zu entdecken. Trotz einer telegraphischen Warnung der Lady in London kauft er die Perle. Aber er kann sie weder an den Mann noch an die Frau bringen. Mit den folgenden bedeutungsschweren Worten endet die Erzählung des alten Mannes im *Café de la Paix*: »Da schlug es mir plötzlich wie Flammen in die Augen. Eine gräßliche Klarheit fiel über mich her und vernichtete mich. Sie schien wie eine Rache, eine Vergeltung, eine Strafe. Mir schwindelte. Ich fühlte, wie in diesem Augenblick all mein Ruhm, meine Kraft, mein Willen – das Glück und der Inhalt meines Lebens – von mir wichen. Ja! Ich war ein Unglücklicher: Ich hatte in ungeheurer Verblendung meine eigene Perle wiedergekauft.« (245)

Halten wir zunächst fest, was geschehen ist. Der Juwelier hat der Frau die Perle im Auftrag ihres Mannes überreicht, dieser hat sie ihr nach zwei Jahren wieder abgenommen und über einen Mittelsmann zu einem überhöhten Preis einem Wiener Goldschmied angeboten, wohl wissend, dass der Juwelier davon Nachricht erhalten und die Perle, vermeintlich gedeckt durch seinen Auftrag, erwerben würde. Am Ende ist die Perle also wieder da, wo sie zu Anfang war. Der Verlust des Juweliers, die Differenz im Preis der ersten und der zweiten Perle, ist der Gewinn des Engländers. Die Frau spielt bei dieser Transaktion nur die rein passive Rolle eines Trägers und Köders. Der Engländer macht sich *ad hoc* den Umstand zunutze, dass sich der Händler in ein Dreieck involviert sieht. Tatsächlich weiß der Kellner, der sich im *Café de la Paix* nach dem Aufbruch des alten Mannes und seiner Begleiterin mit dem Fremden unterhält, unter anderem, dass der Engländer »aus Eifersucht oder Gleichgültigkeit oder Abenteuerlust« (246) auch seine Frau verlassen hat.

Im Grunde hat nur der Juwelier die Perle vermittels der Frau an den Engländer gegeben, und der Engländer hat sie vermittels eines Strohmanns zurück an den Juwelier gegeben, der als Händler auf das Zurückkaufen seiner eigenen Perle programmiert werden konnte. Wer sich in der vierten Position befindet, kann auch dem wieder begegnen, was er weitergegeben hat. Die Rückkehr des Weitergegebenen hält für den Juwelier die ent-täuschende Erkenntnis bereit, dass er sich nur im Imaginären außerhalb der Sphäre der Zirkulation bewegt hat.

Es ist nicht der finanzielle Verlust, der den Juwelier ruiniert. Aber was ist es dann? Dem kundigen Kellner zufolge hat er vielmehr, »seit er den Schlag erlebte, daß er seine Perle nicht erkannte und sie wiederkaufte«, jegliches »Zutrauen« in sich verloren und das »Herz, seinen Beruf weiter auszuüben« (246). Nicht einmal eine gefälschte Perle könne er noch von einer echten unterscheiden. Gleichwohl verzehre ihn seine Leidenschaft noch immer. Man muss wohl sagen, dass die Schwäche dieser Erklärung der entscheidende Punkt dieses Textes ist. Schon zu Anfang wird mit dem absonderlichen Gebaren des Mannes seine Fixierung auf Perlen in der Vordergrund gerückt. Dabei wird prätendiert, es gehe darum, »das Unbegreifliche an mir zu begreifen« (234), wie es der Mann selbst formuliert. Aber was ist begreiflicher, als dass ein Mann unter diesen Umständen eine Perle nicht wiedererkennt, die er seit zwei Jahren nicht gesehen hat? Denn zum einen wird sie ihm als eine andere vorgelegt, und zum anderen ist er gerade auf einer Suche nach einer Perle, die der anderen möglichst vollkommen gleicht. Und dass sie »das täuschende Gegenstück« und das »völlige Ebenbild« der ersten Perle ist, wird ja auch sofort erkannt. Und wenn er den verschwindenden »Unterschied im Umfang« (243) nicht zu bemerken geglaubt hätte, hätte er die Perle dann als dieselbe identifiziert?

Teilt man die Voraussetzungen, die der Text zum Distinktionsvermögen seines Protagonisten macht, ist die Unbegreiflichkeit anderer Natur. Es ist dann nämlich dessen Vorstellung unbegreiflich, es könne ihn eine zweite Perle als vollkommenes Gegenstück der ersten Perle zufriedenstellen, ohne dass sie wirklich die erste wäre. Die Perle ist ein Einzelstück wie die Frau, mit der sie eine lebendige Verbindung eingeht. Daher ist es vermessen, nach der zweiten Perle überhaupt zu suchen. Insofern hätte der Juwelier aus dem ihn durchzuckenden Blitz, die gesuchte Perle gefunden zu haben, auf deren Identität mit der ersten Perle schließen können. Ein Zweites kommt hinzu: Man kann der Perle nicht ansehen, dass sie eine weitergegebene Perle und keine Gabe der Natur ist. In seinen Träumen muss der Juwelier, um in den Besitz der zweiten Perle zu gelangen, nur »auf den Perlenfischer warten, der sie auftauchend ans Licht bringen würde« (242). In Wirklichkeit hat man es statt mit der »meerentstiegenen, der aphroditischen Perle« (236) immer schon mit einer Perle zu tun, die durch die Hände eines Engländers gegangen ist.

Das Gleiche gilt für die Frau – auch sie firmiert als ein Naturprodukt, das durch die Hände des Engländers gegangen ist. Tatsächlich wird auch sie in gewisser Weise an den Juwelier weitergegeben. Händler haben es eben mit Weitergegebenem zu tun. Die Begleiterin des Mannes im *Café de la Paix* ist diese Dame. Sie kam laut Auskunft des Kellners, nachdem der Engländer sie verlassen hatte, »einfach zu dem Mann, der das Opfer der Rache oder Meisterschaft des andern geworden war. Es trieb sie dorthin.« Letztlich bekommt der Juwelier also sowohl die einzigartige Perle als auch die Frau in die Hände, die er in jenem Augenblick der Intimität mit der Perle geschmückt hat. Aber darin liegt keine Erfüllung. Das Genießen ist des Händlers Sache nicht. »Aber geheiratet haben sie nicht«, heißt es dazu lapidar von Seiten des Kellners. Der Mann bleibt der Unbegreiflichkeit seines Fehlkaufs zugewandt statt der Frau, seiner stummen Begleiterin. Der Text scheint gemeinsame Sache mit ihm zu machen. Der Fremde, dem das alles erzählt wird, findet die Darstellung offenbar einsichtig. »Er begehrte nichts mehr zu wissen« (247), heißt es von ihm.

VERMACHEN, ÜBERLASSEN, ÜBERNEHMEN, AUFDRÄNGEN.
Das *Vermachen* ist zweifellos eine ausgezeichnete Form der Weitergabe. Wenn mir etwas vermacht wurde, so ist das etwas anderes, als wenn ich bloß ein Erbe antrete. Das Erbe kann mir gleichsam zufallen, es kann mich aufgrund der Erbfolge zufällig treffen, ohne dass ich im eigentlichen Sinne *bedacht* worden wäre. Im Vermächtnis hingegen, das mir zuteil wird, werde ich angesprochen, es ist mir *anvertraut*. Daher findet das Wort *Vermächtnis* auch für immaterielle Werte Anwendung. Und es ist bezeichnend, dass man nach dem Sprachgebrauch jemandem schon zu Lebzeiten etwas vermachen kann. Schon zu Lebzeiten kann die betreffende Sache in die Hände dessen gelegt werden, der ihrer würdig ist. Zu dieser symbolischen Übergabe innerhalb einer stets als genealogisch zu denkenden Ordnung ist erforderlich, dass die Zeit des Gebenden vorüber ist, dass es nicht mehr an ihm ist, an der Sache eigensinnig festzuhalten. So kann der alte Hugh von Trautwangen in Friedrich de la Motte Fouqués *Der Zauberring* bei der Erzählung seines abenteuerbegierigen Sohnes seine »Augen gar nicht von einem großen Schwerte« wegbringen, »das unfern von den Beiden an der Wand hing« (30). Dieses Schwert wird er ihm feierlich überreichen, nachdem er ihn zum Ritter geschlagen hat.

Das Vermachen hat in der Regel eine diskursive Dimension. Nebst der Sache werden dem Empfänger Reden mitgegeben, die ihn verpflichten sollen. Das Vermächtnis wird kommentiert und damit imprägniert. Denn die Ratschläge und Ermahnungen sollen sich nach Möglichkeit unauflöslich mit dem Ding verbinden. Zur Verpflichtung werden sie, weil das Vermächtnis die Möglichkeit der Gegengabe wie der

Rückgabe ausschließt. Vorab besteht natürlich die Verpflichtung, das Vermächtnis überhaupt anzunehmen. Es ausschlagen heißt die genealogische Ordnung, die Ehre des Vaternamens in Frage stellen. Eklatant wird das dort, wo das Vermächtnis als Sache vollkommen hinter dieser genealogischen Forderung zurücktritt, wie es in Adalbert Stifters *Das alte Siegel* der Fall ist. Der alte Soldat Veit Hugo vermacht hier seinem – bezeichnenderweise gleichnamigen – Sohn ein Siegel mit der Inschrift *Servandus tantummodo honos* (»Allein die Ehre muss rein bleiben«). Mit diesem Motto verfehlt der Sohn sein Leben und seine Liebe. Fast am Ende heißt es in der für Stifter gebotenen Zurückhaltung: »Einmal, da seine Haare schon so weiß waren wie einstens die seines Vaters, ging er durch die Gerölle gegen den Morigletscher hinan, den er sonst in der Jugend gerne besucht hatte und warf das alte Siegel in eine unzugängliche Schlucht.« (407)

Anders das *Überlassen*. Wer etwas jemandem überlässt, der schenkt es nicht, noch verkauft er es. Wenn es nicht unter Vorbehalten geschieht, ist das Überlassen eine Art des Eigentumserwerbs. Aber es ist eine merkwürdige Art des Eigentumserwerbs, die im Recht keine Kategorie bilden kann. Häufig büßt das Überlassen den Aktcharakter beinahe ein – so etwa, wenn ich ein vor langer Zeit geliehenes Buch bei mir entdecke und auf Rückfrage vom Eigentümer die Auskunft erhalte, ich könne es nunmehr behalten. Es sind folglich eher die kleinen als die großen Dinge, die einem überlassen werden – Dinge, die nicht groß genug sind, um als Geschenke überreicht zu werden. In der Regel geschieht auch das Überlassen auf der Grundlage einer Beziehung, aber diese Beziehung hat keine genealogische Dimension. Sie reicht nur dafür hin – nicht zuletzt wegen der Geringfügigkeit der Sache –, einen Handel als unpassend erscheinen zu lassen. Daher erfolgt das Überlassen nicht selten auf Bitten des einen, der vermuten darf, dass der andere die betreffende Sache nicht mehr benötigt.

Jedenfalls scheint der Wert der Sache in den Augen des einen größer als in denen des anderen zu sein. Das kann aber auch daran liegen, dass der um Überlassung einer Sache Bittende deren Wert nicht einzuschätzen weiß, während der andere sich durchaus darüber im Klaren ist, warum er sie ihm überlässt. Das gilt vor allem dann, wenn die Sache mit Pflichten verknüpft ist, wie bei *Tieren*, die zwar nach deutschem Recht seit 1990 nicht mehr (wie in der römisch-rechtlichen Tradition) als Sachen gelten, jedoch weitgehend Sachen gleichgestellt bleiben. Tiere werden schon deshalb oft überlassen, weil man sie nicht einfach wegwerfen kann und weil die Einschätzung ihres Wertes eine persönliche Sache ist.

Die Geschäftsgrundlage des Überlassungsaktes ist letztlich – wie man überspitzt sagen könnte – eine Art Uneinigkeit bezüglich des Wertes der Sache. Diese Uneinigkeit liegt natürlich in der Regel in den unterschiedlichen Lebensumständen der Beteiligten und ist dann nur eine unterschiedliche Bewertung. Sie kann aber auch in der Sache selbst liegen. Dann wird die Sache in ausgezeichneter Weise zu einem ungewissen, rätselhaften Ding.

Ein solches Ding ist die *Affenpfote* in der gleichnamigen Erzählung von William W. Jacobs (*The Monkey's Paw*, 1902). In Anlehnung an das verbreitete Märchenmotiv ist die Affenpfote ein Ding, das drei Wünsche erfüllt. Sie kommt in das traute Arbeiterheim eines alten Ehepaars White und ihres erwachsenen Sohnes, mitgebracht von einem alten Freund des alten Mr. White, dem Indienheimkehrer Sergeant Major Morris. Angesprochen auf dieses seltsame Ding, von dem man schon gehört hat, zieht er die »zu einer Mumie geschrumpfte Pfote« (135) widerwillig aus der Tasche und erklärt den dreien, es sei ihr von einem Fakir Zauberkraft verliehen worden, um zu zeigen, »daß nur das Schicksal das Leben des Menschen regiere und daß jene, die es korrigieren wollten, dies nur zu ihrem Schaden täten« (136). Ohne ins Detail zu gehen, erklärt er leise, dass er die Wahrheit dieser Weisheit bei seinen drei Wunscherfüllungen habe einsehen müssen. Und sein Vorgänger, von dem die Affenpfote auf ihn kam, hatte nach der Erfüllung der ersten beiden Wünsche nur noch den Wunsch zu sterben. Nach einigem Besinnen wirft er die Pfote sogar ins Kaminfeuer, aus dem sie der Vater des Hauses sogleich wieder herausholt.

Damit sind die Voraussetzungen für das Überlassen erfüllt. »Wenn Sie sie nicht haben wollen«, bittet der Hausvater in der üblichen Mischung aus Unglauben und Faszination, »geben Sie sie mir.« (137) Schließlich gibt der Gast die Pfote dem Familienvater unter nochmaligen Warnungen weiter. Dieses Ding ist schon deshalb dazu bestimmt, durch Überlassung weitergegeben zu werden, weil es nach der jeweiligen Ausschöpfung der drei Wünsche seine Kraft einbüßt, die sich erst bei einem neuen Besitzer restituiert. Darüber hinaus geht es aber auch um die Einsicht in die Logik der Wunscherfüllung, die – so die performativ widersprüchliche Lehre des Textes – jeder am eigenen Leibe erfahren muss.

In dieser Erzählung kommt es nicht wie im Märchen am Ende zu einer Einsetzung in den vorigen Stand. Der erste Wunsch, bescheidene zweihundert Pfund zur Tilgung der Hypothek, wird als Abfindung für einen tödlichen Arbeitsunfall des Sohnes realisiert. Als Zweites wünscht sich die vergrämte Mutter ihren Sohn zurück. Der Vater ist sich gewiss, dass der seit Wochen tote Sohn nicht in seinem ursprünglichen Zustand zurückkehren wird, und benützt den dritten Wunsch, um ihn wieder wegzuwünschen, als es nachts immer lauter an die Tür klopft. Ende.

Anders als mit dem Überlassen verhält es sich dem *Übernehmen*. Das naheliegende Bild hierfür ist das Übernehmen eines Staffelstabes, mit dem man eine – freilich terminierte – Verantwortung übernimmt. Dieses Bild ist allerdings insoweit irreführend, als nicht deutlich zu sein braucht, wie man sich der übernommenen Last wieder entledigt. Mit dem Roman *Das Ding an sich* von Klaas Huizing aus dem Jahre 1998 könnte man sagen, dass das ›Ding an sich‹ etwas ist, was man *übernehmen* muss. Die Hauptpersonen dieses geistreich verwilderten Romans sind – etwas anders als der Untertitel *Ein Kant-*

Roman vielleicht vermuten lässt – Kants Diener Martin Lampe und Johann Georg Hamann. Der hoffnungslos verschuldet in London festsitzende Hamann ist es, der das Ding an sich von einem dubiosen Russen übernimmt, der im Auftrag des Zaren unterwegs sein will. Es handelt sich um eine »seit Jahrhunderten im Besitz der Zaren sich befindende Scherbe«, die nichts Geringeres als »den Teilabdruck von Adams Hand« zeigt, »mit der er einst den Vertrag mit dem Teufel besiegelte«. Dieses Ding muss also von Anfang an weitergegeben worden sein, wobei es stets »nur Unglück« (36) gebracht hat. Der Weitergabezwang soll sich vor allem aus seiner Unzerstörbarkeit ergeben: »Sogar mit Kanonen haben wir die Scherbe beschossen. Vergebens.« (37) Dies vorweggeschickt, bietet der Bevollmächtigte Hamann die Begleichung aller Verbindlichkeiten, wenn er die Scherbe übernimmt. Siedelt sich die Überlassung jenseits von Geschenk und Kauf an, so stellt sich die Übernahmevereinbarung zwar als Handel, aber als das Gegenteil eines Kaufes dar: Man lässt sich dafür bezahlen, dass man eine Last übernimmt, deren Entsorgung bisher nicht geglückt ist.

Es geht also um eine Wette auf den Aberglauben. Der – auf seine Art – aufgeklärte Hamann bringt die Scherbe heim nach Königsberg, macht sie nach Jahren »für sein ganzes privates Unglück verantwortlich« (56) und legt sie Freund Kant vor, welcher spricht: »Wenn es denn zur inneren Ruhe gereicht, dann werden wir diesen Gegenstand nötigen, auf unsere Fragen zu antworten.« (57) Das ist natürlich ein Euphemismus für spezifische Zerstörungsversuche. Erfolgreich übernommen hat man die Sache dann, wenn man keinen mehr braucht, der sie übernimmt. In der Folge wird der Diener Lampe mit der Scherbe kreuz und quer durch Mitteleuropa geschickt, auf dass weithin bekannte Spezialisten sie dem Blitzschlag, dem Dampfdruck, der Schockgefrierung aussetzen. Zu einer ebenfalls anberaumten Séance bei Mesmer höchstpersönlich reist auch Hamann mit. Alles erfolglos. Den Titel eines ›Dings an sich‹ verdient die Scherbe also, weil sie dem Zugriff der neuen experimentellen Methoden widersteht und sich gerade darin als ein Theologumenon behauptet, das der Meisterdenker Kant nicht wahrhaben will.

Erst der mit mehr als nur einem Augenzwinkern erzählte mystische Augenblick, in dem in Kants Arbeitszimmer die von Hamann komponierte Sphärenmusik auf der von Diener Lampe erbauten Glasharmonika erklingt – »Kosmische Harmonie. Allversöhnung« (208) –, bewirkt einen Sprung in der Scherbe. Nach dem sich anschließenden Besäufnis ist davon aber nichts mehr zu sehen. Am Ende hat sich Diener Lampe vom tumben Offizier zum verkannten Experimentalphysiker gemausert, ist Hamann an der Epiphanie der Sprache gescheitert und Kant als Kant zu Grabe getragen worden, nachdem er »Nicht alles läßt sich zermalmen« (229) als seine letzten Worte gesprochen hat. Bei seiner Exhumierung im Jahre 1880 hat man – so der fiktive Schreibanlass dieses Buches – als Grabbeigabe jenes Ding an sich gefunden, das uns zu Beginn des Buches in einer photographischen Abbildung zugänglich gemacht wird. Was dessen noch ausstehende Zerstörung angeht, wäre der Erzähler bereit, die Sache zu *übernehmen*: »Ich habe übrigens bereits eine Idee.« (234)

Eine dritte Weise des Weitergebens, die mit dem Überlassen und dem Übernehmen Ähnlichkeiten aufweist, ist das *Aufdrängen*. Auch das Aufdrängen scheint sich nicht dem Schema des Tauschhandels oder des Gabentauschs zu fügen. Zugleich folgt es aber einer ganz anderen Logik: »überlassen« kann explizit performativ vom Gebenden, »übernehmen« explizit performativ vom Empfangenden verwendet werden; »aufdrängen« kann hingegen überhaupt nicht explizit performativ verwendet werden. Gleichwohl muss auch hier etwas gegeben und angenommen werden. Aber es bedarf eines Beobachters, der dieses Geschehen als ein *Aufdrängen* beschreibt – oder als einen Versuch, etwas aufzudrängen. Der einfachste Grund dafür, jemandem etwas aufzudrängen, liegt wohl darin, dass man auf diese Weise eine Aufgabe weitergibt, die der andere *übernimmt* (etwa die Aufgabe der Entsorgung). Insofern das Aufdrängen einen Akt des Gebens und Nehmens impliziert, kann jedoch auch die intersubjektive Seite dieser Akte hervortreten: Der eine drängt dem anderen mit dem Ding eine Beziehung auf.

Eine wundervolle Darlegung dieses Verhältnisses gibt Franz Grillparzer in *Der Gastfreund* zu sehen, dem ersten Teil seiner Trilogie vom *Goldenen Vließ*. Dieser Einakter läuft auf den Punkt zu, an dem der mit dem Goldenen Vlies auf Kolchis gelandete Phryxus erkennen muss, dass er dem König Aietes keineswegs Gastfreund ist, sondern tötbarer Feind. Um seine Rache zu bewerkstelligen, reißt er das vor der Statue des Kolchergottes in den Boden gerammte Goldene Vlies als sein »letztes Gut« heraus und hält es Aietes hin: »Begehrst du's?« Auf diese Weise drängt er dem König der Kolcher auf, was dieser ohnehin zu erbeuten gewiss sein darf. Aietes streckt die Hand danach aus: »Gib mir es!« Indem Phryxus ihm das Vlies anbietet und dieser es in Empfang nimmt, wird die Situation umdefiniert. Jetzt ist das Vlies – wie Phryxus erläutert – nicht mehr Beute, sondern das symbolische Gut, das den Gastfreund und den Gastgeber miteinander verbindet: »Nimm's hin des Gastes Gut du edler Wirt / Sieh ich vertrau' dir's an, bewahre mir's«. Und mit »erhöhter Stimme« fährt er fort: »Und gibst du's nicht zurücke, Unbeschädigt / Nicht mir dem Unbeschädigten zurück / So treffe dich der Götter Donnerfluch / Der über dem rollt, der die Treue bricht. / Nun ist mir leicht! Nun Rache, Rache, Rache! Er hat mein Gut. Verwahre mir's getreu!« (226)

Gerade weil Aietes aufgedrängt wird, was er ohnehin begehrt, tritt die Logik des Aufdrängens hier in aller Klarheit zutage. Es beinhaltet immer eine verdeckte Seite seiner selbst. Wie beim Überlassen und beim Übernehmen ist nicht ganz abzusehen, was man sich mit der aufgedrängten Sache einhandelt. Das kann an der Sache selbst liegen, die zum Ding wird, weil sie etwa die Wünsche anders erfüllt als erwartet (wie in der *Affenpfote*) oder weil sie sich tatsächlich als übernatürlich unzerstörbar erweist (wie in *Das Ding an sich*). Im

Gastfreund beruht das Unerwartete allein auf dem Vorzeichen, unter dem Aietes das Ding in Empfang nimmt. Gerade weil er sich vorgaukelt, das Ding stehe ihm zu, ist er blind für die verbindende Wirkung, die der Akt der Übergabe zu schaffen vermag. Denn der Gebende gibt nicht nur, er vermag auch zu bestimmen, *als was* die Sache gegeben wird – in diesem Falle eben *zu treuen Händen.* Da das Gut des Gastes im strengen Sinne das Einzige ist, was der Gastgeber vom Gast begehren kann, betrifft die Aufbewahrung des Gutes den Kern der Gastbeziehung. Indem der Gast das Gut aus den Händen gibt, ohne den Eigentumsanspruch daran aufzugeben, *symbolisiert* dessen Übergabe das Vertrauensverhältnis, das die Gastbeziehung begründet. Mit der Annahme des Gutes tritt das Gastrecht *in aller Form* in Kraft, da es nur im Vertrauen auf die Gastbeziehung aus den Händen gegeben wird.

Aietes versucht die symbolische Verpflichtung wieder loszuwerden, indem er das Vlies nun seinerseits Phryxus aufzudrängen versucht:»Nimm es zurück!«,»Nimm's!«, ruft er immer wieder. Hier muss das Aufdrängen freilich ein Versuch bleiben. Phryxus nimmt nichts zurück, sondern ruft immer wieder»Rache, Rache, Rache!« auf Aietes hinab für den Fall, dass er seiner übernommenen Verpflichtung zuwiderhandle. Angesichts dieser äußersten Provokation stößt der außer sich geratene Aietes seinem Gastfreund schließlich mit den Worten »Nun so nimm dies!« das Schwert in die Brust. Sterbend stößt Phryxus, zur Bildsäule des Kolchergottes gewendet, hervor:»Siehst du's, siehst du's! / Den Gastfreund tötet er und hat sein Gut!« Und er ruft die genealogische Verfluchung auf dessen Haus herab:»Und dieses Vließ, das jetzt in seiner Hand / Soll niederschaun auf seiner Kinder Tod!« Aietes bleibt nichts mehr zu tun –»dem Toten das Vließ aufdringen wollend«, spricht er ein letztes Mal:»Nimm es zurück!« Medea weiß es besser:»Er nimmt's nicht mehr. Er ist tot!« (226f.)

Unterschieben, Unwissentlich erwerben, Zustecken und Verwandtes. Im Weitergeben nach Art des Überlassens, des Übernehmens und des Aufdrängens wird zwar eine verdeckte Seite der Sache mitgeführt, aber darin liegt kein eigentlicher Betrug, keine Hintergehung. Der Indienheimkehrer warnt die Familie vor der Affenpfote, der Gesandte aus Russland setzt Hamann in Kenntnis von den Eigenschaften der zweifelhaften Scherbe, und Aietes könnte von sich aus ohne weiteres wissen, was es bedeutet, das Vlies aus der Hand des Feindes entgegenzunehmen. Mit der Unterschiebung und dem unwissentlichen Erwerb hat es ein anderes Aussehen. Hier wird das Ding weitergegeben, ohne als das, was es ist, ausgewiesen zu sein. Zwar mag die Übergabe als solche markiert sein, aber das angenommene Ding ist nicht, was es zu sein schien. So ist zum Beispiel die adamitische Scherbe nach Auskunft des russischen Gesandten in Huizings *Das Ding an sich* als »hinterhältiges Gastgeschenk« (36) in den Besitz der Zaren gelangt.

Wer einem anderen etwas unterschiebt, will vor allem etwas los sein, was er selber womöglich unwissentlich erhalten oder erworben hat. Von daher stellt sich gerade das Unterschieben zunächst und zumeist als eine Form des Weitergebens dar. Als Paradigma des Untergeschobenen ließe sich das *Falschgeld* bezeichnen, das nach gewöhnlichem Verständnis überhaupt nur unwissentlich erworben werden kann. Es liegt nahe, das arglos eingewechselte und dann als solches erkannte Falschgeld nach Möglichkeit einfach weiterzugeben, dem Nächsten unterzuschieben (was in Robert Bressons *Das Geld* zum metaphysischen Grund der Katastrophe wird). Der Nächste kann ja ebenso verfahren (mit dem kategorischen Imperativ mag eine solche Handlungsweise dann auf den zweiten Blick unverträglich sein). Das Märchen *Der Silbertaler* von Hans Christian Andersen thematisiert dieses unablässige Weitergeben aus der Perspektive der titelgebenden Münze selbst, die zwar nicht falsch ist, aber im Ausland für falsch gehalten wird: »Jahr und Tag ging ich so von Hand zu Hand, von Haus zu

Haus, immer beschimpft, immer ungern gesehen; niemand traute mir, und ich traute mir selbst, traute der Welt nicht; es war eine schwere Zeit!« (310) Dieses Prinzip der Weitergabe darf man auch als Ausgangslage in Charles Baudelaires kleinem Kondensat *Das falsche Geldstück* unterstellen, aus dem Jacques Derrida in mehreren Analysen erstaunlich viel Kapital geschlagen hat.

Bei Derrida tritt die Logik der Weitergabe allerdings ganz hinter die Frage nach der Gabe zurück (die aber ohnehin nicht als ursprüngliche Gabe gedacht wird und insofern stets Weitergabe ist). Das liegt insofern nahe, als der Text tatsächlich nur einen Akt des Gebens präsentiert. Beim Verlassen eines Tabakladens bemerkt der Ich-Erzähler, dass der befreundete Begleiter sein Kleingeld auf umständliche Weise sortiert. Als sie auf einen Bettler treffen, gibt der Freund ein sehr viel ansehnlicheres Almosen. Auf das Vergnügen angesprochen, das es bereite, wenn man jemanden angenehm überrascht, erklärt er, es sei ein falsches Geldstück gewesen. Dies setzt beim Ich-Erzähler ein Selbstgespräch über die mögliche Motivation und Entschuldbarkeit dieser Handlungsweise in Gang. Unterbrochen werden seine Gedanken durch die nachgereichte Bestätigung seines Begleiters, es gebe tatsächlich kein süßeres Vergnügen, als jemandem mehr zu geben, als er erwartet. Der Erzähler bemerkt entsetzt die Treuherzigkeit dieser Bemerkung, die er ihm nie verzeihen will.

An dieser Stelle kann es nur darum gehen, das Naheliegende zu erfassen. Der Freund ist kein Falschmünzer, vielmehr beginnt der Text mit dem Verweis auf den Tabakladen, wo er die falsche Münze vermutlich als Wechselgeld bekommen hat. Er gibt sie also bloß weiter. Und auch der Bettler wird erst im Versuch, sie seinerseits weiterzugeben, vielleicht feststellen müssen, dass es sich um eine falsche Münze handelt. Diese zukünftige Weitergabe ist in den Überlegungen des Erzählers zu den »verschiedenen möglichen Folgen« anwesend, »die ein falsches Geldstück in der Hand eines Bettlers nach sich ziehen kann. Konnte es sich nicht in echten

Geldstücken vervielfältigen? Konnte es ihn nicht auch ins Gefängnis bringen?« (221) Aber das möglicherweise Vorangegangene und das möglicherweise Nachfolgende sind nicht das Thema dieser kurzen Erzählung, die den berichteten Vorgang stattdessen auf das Verhältnis zwischen dem Erzähler und seinem Freund, dem Akteur, bezieht. Und in dieser Hinsicht gerät der Status des Textes schon deshalb ins Wanken, weil der Erzähler die Mitteilung des Freundes, bei der Gabe habe es sich um eine falsche Münze gehandelt, an uns weitergibt wie etwas, was ohne weiteres für bare Münze zu nehmen ist (dies wirkt sich – wie Derrida in *Wenn es Gabe gibt – oder: »Das falsche Geldstück«* ausführlich darlegt – vor allem auf die Deutung des Titels dieses Textes aus).

Man kann die Frage nach der Entschuldbarkeit der zu unterstellenden Handlungsweise dieses Freundes, die den Text dominiert, auch auf der Ebene der Weitergabe-Logik selbst stellen. Bezüglich der Stationen des in Umlauf gebrachten Falschgeldes ist die Weitergabe der Münze an den Bettler schon deshalb herausgehoben, weil sie eine gewissermaßen untypische Verwendung von Geld darstellt, da Geld zunächst einmal ein Zahlungsmittel ist. Wenn es gegeben wird, so in der Regel nicht im Rahmen eines Gabentausches, sondern als *milde* Gabe, als Almosen oder als Spende. Es wird auf der Grundlage einer Asymmetrie gegeben, *weil* es als Zahlungsmittel dient. Falschgeld ist trivialerweise dazu bestimmt, ebenso unauffällig zu zirkulieren wie echtes Geld. Und nicht weniger selbstverständlich ist der Moment der Weitergabe der kritische Punkt, an dem das Falschgeld als solches auffällig werden kann. Denn dort muss das Wechselgeld als Zahlungsmittel *angenommen* werden. Wer Falschgeld mit sich herumträgt, hat es angenommen. Das gilt auch für den fragwürdigen Freund des Erzählers. Für den Fall, dass derjenige, von dem man es erhalten hat, um die Falschheit der Münze wusste, hat man es sich unterschieben, sich andrehen lassen. Wer erst nachträglich der Falschheit innewird, muss sich, wenn er nicht als Vertreter des Staates agieren will – wie die aufrechte Protagonistin in Carl Boeses Komödie *Ein falscher Fuffziger* aus dem Jahre 1935, die die Blüte aus eigener Tasche ersetzt und sich später gar um die Überführung die Schuldigen verdient macht –, seinerseits dieser Zirkulationslogik *unterwerfen*. Er muss so tun, als ob er nur der *unwissende Träger* der falschen Münze sei, der er bei ihrer Annahme und *für eine gewisse Zeit* danach tatsächlich war. Das gilt vor allem dann, wenn der Versuch, sie einem anderen unterzuschieben, misslingt. Niemand kann dann beweisen, dass die Unkenntnis im Moment der versuchten Übergabe nur vorgeschützt ist. Und die dabei vorgebrachte Lüge ist eben nur eine halbe Unwahrheit. Denn das Subjekt agiert ja nur die Unwissenheit hinsichtlich seiner Subjektposition, die es aufgrund der Nachträglichkeit des Gewahrwerdens tatsächlich gekennzeichnet hat. Im »Ich wusste nicht...« bezeichnet sich das Subjekt – ›zu Recht‹ – als Unterworfener statt als Herr.

Weil man so dumm war, sich Falschgeld andrehen zu lassen, muss man jetzt einen finden, der ebenso dumm ist, damit man es ihm andrehen kann. Auch von dieser Seite aus erschließt sich die Handlungsweise des Freundes in Baudelaires Erzählung: Er umgeht die Notwendigkeit, einen anderen zu finden, der das Falschgeld annimmt. Der Bettler hat als Empfänger eines Almosens keinen Anspruch auf eine echte Münze und daher auch keinen Anlass zu einer Echtheitsprüfung. Auf paradoxe Weise überspielt daher das auftrumpfende Bekenntnis des Freundes, demzufolge er um die Falschheit dieses Geldstückes *gewusst* hat, sowohl seine zu unterstellende Unwissenheit im Augenblick der Annahme dieses Geldstückes als auch die Lüge des »Ich wusste nicht...« im Moment einer versuchten Weitergabe. Damit wird er zu einem Subjekt, das sich dieser falschen Münze gleichsam *bemächtigt*, indem er sie – für einen scheinbar losgelösten Moment – mit einer eigenmächtigen Bedeutung ausstattet, die sich in jenem so süßen »Vergnügen« erschöpft, das darin liegt, »einen Menschen dadurch zu überraschen, daß man ihm mehr gibt, als er erwartet« (223). Nicht zuletzt in der

Weigerung, die Position des Dummen für sich anzuerkennen, liegt die selbstverschuldete Verblendung, die der Erzähler am Ende seinem unentschuldbaren Freund attestieren möchte.

Natürlich können auch andere Dinge untergeschoben und unwissentlich erworben werden als Falschgeld. Erforderlich ist dafür, dass die betreffende Sache entweder eine verborgene Seite hat oder eine zweite, gewissermaßen offenbare Sache als Träger und Hülle, die sie verbirgt. *Unwissentlich erwirbt* der Opernsänger in René Clairs *Le Million* das Lotterielos, das in der alten Jacke verborgen ist. Die Wirkung dieser unerkannten Trägerschaft besteht darin, dass er sich nicht erklären kann, warum so viele – allen voran der wahre Eigentümer – diese Jacke von ihm haben wollen. *Untergeschoben* werden freilich nur Sachen, die derjenige, der sie einem anderen unterschiebt, gerade *nicht* haben will. Das kann verschiedene Gründe haben. Es kann sich um Diebesgut, um eine Tatwaffe, um das *corpus delicti* handeln – um etwas, das man nur loswerden kann, indem man es weitergibt. Dabei braucht derjenige, der etwas in einer Transaktion untergeschoben bekommt, natürlich keineswegs zum Eigentümer der Sache werden. Jim Jarmusch zitiert in *Down by Law* den klassischen Fall: Der DJ Zack übernimmt den Job, ein Auto von einem Ort zu einem anderen zu bringen, in dessen Kofferraum sich eine Leiche befindet, und wird dabei von der Polizei aufgegriffen. Hier liegt auch der wesentliche Unterschied zwischen einem Ding, das zwar unerkannte Eigenschaften hat, aber als Gegenstand selbst unverborgen ist (wie etwa die adamitische Scherbe), und dem Lotterielos in der Jacke bei René Clair, auf das sich – juristisch gesprochen – kein Besitzwille richten kann, weil es verborgen ist.

Man kann auf verschiedene Weise in den Besitz von etwas kommen, ohne etwas davon zu wissen oder ohne es vorauszusehen. Die naheliegendste Form ist das heimliche Zustecken, wenn etwa Hakam in Hebbels *Rubin* dem arglosen Assad den gestohlenen Silberbecher in die Tasche steckt. Hier liegt ein einfacher Fall vor, weil sich Assad dieses Bechers, nachdem er ihn entdeckt hat, ohne weiteres entledigen kann. Es gibt verschiedene Abarten dieses Vorganges. Robert Louis Stevensons und Lloyd Osbournes Roman *Die falsche Kiste* (*The Wrong Box*) beruht darauf, dass es nicht so einfach sein muss, etwas wieder loszuwerden, was man nie hat haben wollen: Die gelinde gesagt skurrile Geschichte verkettet drei Möglichkeiten unfreiwilliger Inbesitznahme einer Leiche, die im London des ausgehenden 19. Jahrhunderts nicht so ohne weiteres entsorgt werden kann. Morris Finsbury und sein Bruder haben guten Grund, den Tod ihres bei einem Eisenbahnunglück nur vermeintlich ums Leben gekommenen Onkels Joseph zu verheimlichen. Tatsächlich ist das unkenntliche Opfer, das die beiden in ein Fass packen und zwecks Endlagerung per Fracht zu sich nach Hause schicken, ein Fremder, während der Totgeglaubte bei bester Gesundheit in London herumspaziert. Durch den leichtfertigen Scherz eines Bahnreisenden, der die Etiketten vertauscht, landet das Fass bei einem ehrenwerten drittklassigen Maler (während die Brüder Finsbury in den Besitz einer riesigen Herkules-Statue kommen, die Morris in Verzweiflung gründlich demoliert). Dieser, vor Entsetzen außer sich, ruft einen weitherzigen Anwalt zu Hilfe – zufällig ist er ein Cousin der Finsburys –, der seinen Konzertflügel als Verpackung spendiert, um den Leichnam ohne weiteres in die Wohnung eines werdenden Rechtsvertreters namens Gideon zu expedieren. Der zu diesem Zweck aus dem Hause gelockte junge Mann – zufällig ist er in die Schwester der Brüder Finsbury verliebt – entdeckt den Flügel samt Leiche bei seiner Heimkehr und verfällt auf den Plan, als Komponist ein Hausboot zu mieten, den Flügel dorthin befördern zu lassen, um die Leiche dann im Fluss zu versenken. Auf dem Weg dorthin wird das Fuhrwerk jedoch samt Flügel entwendet, und die Leiche verschwindet aus dem Roman. Im Gegenzug taucht der vermeintlich tote Joseph wieder auf, und alle Probleme lassen sich einvernehmlich regeln.

Der drittklassige Maler kommt zwar ausgehend von einer

Transaktion in den Besitz der Leiche, aber diese Transaktion geht schief. Es ist die mutwillige Umadressierung, die ihm das Fass per Zufall beschert. Der angehende Rechtsvertreter kommt durch den nicht weniger zufälligen Mutwillen eines anderen in den Besitz der Leiche, ohne dass eine Transaktion stattgefunden hätte. Denn es reicht schon, überhaupt eine Adresse zu haben, wo etwas abgeladen werden kann, was man dann bei seiner Rückkehr vorfindet. Im dritten Fall wird der Flügel auf dem Weg zur vorgesehenen Adresse gekapert. Der dem unbedarften Kutscher gegenüber als Fähnrich auftretende Vagabund handelt sich – ebenso ahnungslos – die Leiche gewissermaßen durch eigenen Mutwillen ein: Bei illegalen Transaktionen kann man ungleich schwerer überblicken, was man unversehens in Händen hält. Man läuft Gefahr, ohne Besitzwillen zu besitzen.

Hinzu kommt hier der Umstand, dass es sich um eine ganze Warenladung handelt, die auf diese Weise den Besitzer wechselt. Der Flügel ist nur Teil eines willkürlichen Sammelsuriums, der vom vermeintlich illusionslosen Blick als »schwierig zu verramschen« (181) eingestuft wird. Hierin liegt eine strukturelle Analogie zur auf den ersten Blick ganz anderen Weise des Erwerbs durch *Erbschaft*. In der Regel besteht auch ein Erbe nicht aus einem einzelnen Erbstück, sondern aus einer größeren Menge von Sachen, die man entweder als Ganzes annehmen oder ausschlagen muss. Es kann daher auch mehr oder minder Unerwünschtes umfassen; zudem ist das Erbe eine *Hinterlassenschaft*, die man übernimmt, ohne sie aus den Händen des Erblassers empfangen zu haben (während die intersubjektive Dimension des Erbes eher im Vermächtnis angesprochen ist). Dem entspricht auf juristischer Ebene eine Sonderstellung des sogenannten Erbenbesitzes: Stirbt der Erblasser, so wird der Erbe *sofort* unmittelbarer Besitzer, obwohl von einer tatsächlichen Sachherrschaft und von einem Besitzwillen noch gar nicht die Rede sein kann (weil er nicht zu wissen braucht, dass er Erbe ist, oder weil er das Erbe ausschlagen wird).

Diese Eigenschaft teilt das Erbe mit einer letzten Form der Weitergabe, die hier bedacht werden soll: dem *Finden*. Für sich betrachtet, handelt es sich beim Finden gerade nicht um ein Moment der Weitergabe, da es mit seiner Entsprechung, dem Vergessen oder Verlieren, gerade das Gegenteil einer Transaktion, nämlich die Unterbrechung einer möglichen Kette ist (weshalb das Recht beim Fund von einem ein »originären Besitzerwerb« spricht). Es gibt jedoch Bedingungen, unter denen dies nicht zutrifft. So kann man zum Beispiel etwas liegen lassen, damit es gefunden wird. Die junge Protagonistin in Gilbert Keith Chestertons Pater-Brown-Geschichte *Caesars Kopf* bemerkt, dass ihr Bruder beim Zusammenräumen der Neuerwerbungen seiner berühmten Münzsammlung »eine Münze vergessen hatte, die glitzernd auf der Fensterbank lag« (202). In einem Impuls nimmt sie diese Münze an sich, um sie ihrem Freund »als eine Art Verlobungsring zu schenken« (203), und wird daraufhin von ihrem Bruder erpresst, der die Münze genau zu diesem Zweck liegen gelassen hat.

Aber auch in einem – wenn man so will – ›höheren‹ Sinn kann etwas verlorengehen, um gefunden zu werden. Vom ›Ring der Macht‹ in J. R. R. Tolkiens *Der Herr der Ringe* beispielsweise wird gesagt, dass er von Gollum in dem entscheidenden Augenblick verloren wurde, in dem Bilbo ihn finden konnte. Nur indem er auf diese Weise den Besitzer wechselt, kann der Ring wieder aus der unterirdischen Welt an die Oberfläche kommen und den großen Ringkrieg auslösen. Die Unterstellung einer derartigen verbindenden Teleologie in den eigentlich getrennten Vorgängen des Verlierens und Findens ist tendenziell mit einer bestimmten Erzählperspektive verknüpft: Die Erzählung *folgt* dem Ding, und indem sie das tut, unterstellt sie den nichtintentionalen und kontingenten Akten des Findens und Verlierens einen Sinn. Ein Muster stellt in dieser Hinsicht eine Erzählung von Heinrich Böll mit dem Titel *Abenteuer eines Brotbeutels* dar.

Schon dem Titel kann man entnehmen, dass hier eine verallgemeinerte Logik des Findens zugrunde gelegt wird. Die »Abenteuer« verweisen auf das kontingente Wandern eines Gegenstandes, der für sich genommen gerade kein Gegenstand des Begehrens ist (wie etwa der Ring bei Tolkien). Der Brotbeutel ist ein unscheinbares Behältnis, das seinen Besitzer gleichsam *en passant* wechselt. Von ihm erzählen heißt die Aufmerksamkeit programmatisch auf etwas lenken, was die große Geschichte liegengelassen hat. Zugleich handelt es sich um eine Erzählung vom Krieg. Der Brotbeutel gehört zur Ausrüstung eines bei seiner Mutter in »einem verschlafenen polnischen Nest« (276) lebenden Polen namens Joseph Stobski mit deutschen Papieren, der 1914 für Deutschland nach Flandern in den Krieg ziehen muss, aber noch vor seinem ersten Gefecht im Schlaf von einer Bombe zerfetzt wird. Bis zu diesem Punkt ist der Brotbeutel im Text überhaupt noch nicht erwähnt worden. Erst dort, wo er das erste Mal als ein Überrest gefunden wird, tritt dieser Gegenstand für einen Moment aus seiner Unscheinbarkeit. Man sieht, dass unter den Bedingungen des Krieges das Gefundene auch Züge einer Hinterlassenschaft (anstelle einer Beute) annehmen kann.

Der Brotbeutel fällt in die Hände eines Engländers, der sich, durch die Amputation eines Beines aus der Bahn geworfen und zum Säufer geworden, auf der Suche nach etwas Versetzbarem Jahre später »des schmutzigen Bündels« aus seiner Armeezeit erinnert, in dem sich auch der Brotbeutel befindet. Auch hier wechselt der Brotbeutel also als Teil einer Art Hinterlassenschaft den Besitzer, ohne als willentlich erworbener Einzelgegenstand hervorzutreten. Nach weiteren zehn Jahren kommt der Beutel nebst anderem »Kram« an eine Firma, die mit altem Militärmaterial ihr Geschäft macht, und von dort an einen südamerikanischen Staat, der zum Krieg rüstet. Diesmal wird ein deutscher Söldner damit ausgestattet, der aber ebenso fällt, bevor es richtig losgeht. Ein weiteres Mal wechselt der Beutel die Fronten, gerät aber wieder »in den Besitz eines Deutschen, der Wilhelm Habke hieß und für ein Handgeld von nur fünfunddreißig Peseten die Sache eines anderen südamerikanischen Staates zu seiner eigenen gemacht hatte« (280).

Für diesen wird die Hinterlassenschaft seines zufälligen Kriegsgegners in neuer Weise zu einem *Fund.* Habke entdeckt ein Zeichen an diesem Brotbeutel, einen Tuschestempel, der ihren ersten Besitzer als ein Mitglied der gleichen Kompanie ausweist, in der auch sein Onkel gedient hat. Er bekommt Heimweh, nimmt seinen Abschied, kehrt nach Berlin zurück, heiratet, wird Vater und vermacht seinem Sohn Walter als bekennender Nazi den mit Legenden angereicherten Brotbeutel: »Halte dieses Stück in Ehren« (281). Dies ist das einzige Mal, dass der Brotbeutel *überreicht* wird. Die Bedeutung, mit der er auf diese Weise ausgestattet wird, erschöpft sich aber darin, dass der Fünfzehnjährige, den Brotbeutel im Gepäck, an der Ostfront »gezwungen« wird, »ein Held zu sein« (282). Dabei wird er von russischen Soldaten aufgegriffen. Auf dem Zug ins Lager bleibt er tot vor der Schwelle des Hauses liegen, in dem die Mutter Joseph Stobskis noch lebt. Statt des Sohnes kehrt also der Brotbeutel, der seine männlichen Zwischenträger überlebt hat, heim in den Schoß der Mutter. Ein für alle Mal – so das Mythologem des Textes. »Später, als der Junge beerdigt war, fand sie den Brotbeutel auf ihrem Tisch, nahm ihn in ihre Hand, zögerte – dann suchte sie den Hammer und zwei Nägel, schlug die Nägel in die Wand, hing den Brotbeutel daran auf und beschloß, ihre Zwiebeln darin aufzubewahren.« (284) Mit seinem letzten Gefundenwerden, seinem letzten Weitergereichtwerden tritt der Brotbeutel also endgültig in eine – nunmehr freilich entmilitarisierte – Unscheinbarkeit. Denn die Mutter weiß nicht, was sie gefunden hat. Den Militärstempel, an dem sie hätte erkennen können, dass dies der Brotbeutel ihres Sohnes war, hat sie nie entdeckt.

Zwischenstationen

WIRTE, ZWISCHENWIRTE. Wenn ein Ding haltbar genug ist, können seine wechselnden Besitzer, aus der Vogelperspektive einer Erzählung betrachtet, stets als Zwischenstationen erscheinen. So ist es in *Red River* klar, dass der Armreif nur vorübergehend im Besitz von Männern verbleiben kann, weil er am Ende an die Frau gebracht worden sein muss. So ist es in Bölls *Abenteuer eines Brotbeutels* das Schicksal der Besitzer, den Beutel weitergeben zu müssen. Das ändert aber nichts daran, dass sie diesen Beutel für sich selbst besitzen, als sogenannte Eigenbesitzer im Rechtssinne. Die vom Kriegszustand affizierten männlichen Zwischenträger wissen nichts davon, dass die Erzählung den Beutel dazu bestimmt, erst im Schoß einer Mutter zur Ruhe zu kommen. Anders verhält es sich, wenn jemand eine Sache nicht als sein Eigen in den Händen hält. Dies kann natürlich auf verschiedene Weise geschehen. Nießbrauch, Verpfändung, Pacht und Miete sind Formen, in denen ein *mittelbarer Besitz* ausgeübt wird, weil das Recht auch demjenigen, der nicht die unmittelbare Sachherrschaft hat, ein Besitzrecht zugesteht. Dabei entscheidet die »Willensrichtung« des unmittelbaren Besitzers darüber, ob er die Sachherrschaft als *Eigenbesitzer* oder als *Fremdbesitzer* ausübt. Darüber hinaus gibt es die Stellung des sogenannten *Besitzdieners*, der in einem Abhängigkeitsverhältnis zum »Oberbesitzer« steht – etwa ein Lehrling, der die Werkzeuge des Meisters benützt. Er muss das betreffende Werkzeug auf Verlangen jederzeit seinem Meister herausgeben. Nur gegen Dritte darf er es verteidigen.

Abgesehen vom *Gebrauch* des jeweiligen Gegenstandes durch einen Besitzdiener bleiben für ein Subjekt, das einen Gegenstand irgendwie *hat*, noch zwei Funktionen übrig: die des Gewahrsams und die des Transports. In beiden Fällen *hat* das Subjekt den Gegenstand in ausgezeichneter Weise *für einen anderen*. Man könnte meinen, hier ginge es eigentlich nur noch um Räume und Medien, um Speicherorte und

Übertragungswege. Reicht nicht ein Schließfach zur Aufbewahrung aus? Benötigt ein elektronischer Brief einen Briefträger? Zugleich aber haben die Aufbewahrung und der Transport immer auch eine institutionelle Dimension. Bezüglich der Aufbewahrung wird das schon deutlich in den verschiedenen Formen des Gewahrsams von Sachen bei gesetzlicher Vertretung durch den Vormund, den Pfleger, den Testamentsvollstrecker oder den Insolvenzverwalter. Die Ausübung von Sachherrschaft *für einen anderen* bezeichnet daher eine grundlegende Subjektposition. In ihr geht es um das *Anvertraute* (und in naturrechtlicher Perspektive ist Eigentum überhaupt etwas Anvertrautes, was das deutsche Grundgesetz in dem – heutzutage wenig bedachten – Satz »Eigentum verpflichtet« zum Ausdruck bringt).

Es lohnt sich daher, die Aufmerksamkeit bei der Betrachtung der Geschichten auch auf jene Nebenschauplätze zu lenken, in denen das Ding lediglich zwischengelagert wird. Diese Position kann unter anderem von der Figur des *Wirts* besetzt werden. Beispielsweise der Wirt, der in Lessings *Minna von Barnhelm* eine nicht zu unterschätzende Rolle spielt. Schon im ersten Aufzug stellt sich heraus, dass der Rest an Kredit, den Tellheim beim Wirt genießt, auf einen versiegelten Beutel mit »fünfhundert Taler Louisdor« (611) zurückzuführen ist, den er dem Wirt zur Aufbewahrung gegeben hat. Der Wirt kann nicht wissen, dass dieser Beutel für Tellheim kein eigenes Geld enthält, sondern seinerseits ein anvertrautes Gut ist, das anzugreifen er sich strikt verbietet. Insofern betrachtet sich Tellheim also selbst als einen Aufbewahrungsort. Aber zugleich kann und muss dieser Ort *sprechen*. Das folgt allein schon daraus, dass der Beutel an den Wirt weitergegeben worden ist. Weil der Wirt und andere um diesen Beutel wissen, muss Tellheim ihn mit Worten verteidigen, muss dessen Status explizieren.

In diesem Sprechen besteht vorderhand die subjektive Funktion. Beim Wirt zeigt sie sich natürlich vor allem in seiner Mitteilsamkeit hinsichtlich der zentralen Angelegenheit des Rings: Der Wirt ist jemand, der – in einem umfassenden Sinn – den Verkehr befördert. Sein Diener Just versetzt den Ring im Auftrag Tellheims beim Wirt (für achtzig Pistolen), der nichts Besseres zu tun hat, als Minna von Barnhelm das ihm Anvertraute vorzuzeigen und zu kommentieren: »Ich muß Ihnen einen Ring zeigen, einen kostbaren Ring. Zwar gnädiges Fräulein haben da auch einen sehr schönen am Finger, und je mehr ich ihn betrachte, je mehr muß ich mich wundern, daß er dem meinigen so ähnlich ist.« (631) Damit ist das Weitere in die Wege geleitet. Der offenherzige Wirt avanciert vom Aufbewahrungsort zum Mittelsmann. Der nur hergezeigte Ring wird gleich einbehalten, dem Wirt Geld und Wechsel dafür angeboten.

Daraus könnte man nun schließen, der Wirt habe das Vertrauen missbraucht, weil er das ihm Anvertraute aus der Hand gegeben hat. Aus der Sicht des Wirtes verhält es sich aber anders. Für ihn ist der Ring in den Händen des gnädigen Fräuleins ebenfalls eine Form der Aufbewahrung. So wie Tellheim den Beutel mit den fünfhundert Talern aufbewahrt, indem er ihn dem Wirt zur Aufbewahrung gibt, so bewahrt der Wirt den Ring auf, indem er ihn dem vertrauenswürdigen Fräulein vorläufig zur Aufbewahrung überlässt. Die Aufbewahrung ist übertragbar, solange die Sache im Moment der Rückforderung wieder bereitgestellt werden kann. Das ist dem Wirt sehr wohl deutlich. Im dritten Akt wird er vorstellig: »Das gnädige Fräulein hat noch meinen Ring; ich nenne ihn meinen...«, worauf die Zofe ihm ins Wort fällt: »Er soll Ihnen unverloren sein.« Aber der Wirt ist sich über die Zweideutigkeit des Aufbewahrungsortes sehr wohl im Klaren. Als Verbindungsmann ist es ihm am liebsten, wenn der Ring nicht den regulären Rückweg nimmt, sondern auf dem direkten Weg zum Major die Verbindung schafft (sofern er dabei auch auf seine Kosten kommt): »ich will ihn gar nicht einmal wieder haben. Ich kann mir doch wohl an den fünf Fingern abzählen, woher sie den Ring kannte, und woher er dem ihren so ähnlich sah. Er ist in ihren Händen am besten aufgehoben.

Ich mag ihn gar nicht mehr, und will indes die hundert Pistolen, die ich darauf gegeben habe, auf des gnädigen Fräulein Rechnung setzen.« (647) So sind die Wirte.

Natürlich gibt es auch ganz andere Wirte – zum Beispiel solche, die das Ding vor einem feindlichen Übergriff schützen, wo es keinen verschließbaren, keinen sicheren Ort gibt. Im Grunde nimmt der Jude seinen Leib in Hebbels *Diamant* in dieser Weise in Gebrauch, wenn er den Diamanten verschluckt. Solche Wirte funktionieren ein wenig wie ein Zwischenwirt oder ein Transportwirt in der Parasitologie. Eine eingeschobene Episode aus Quentin Tarantinos *Pulp Fiction* veranschaulicht das bei Drogenkurieren übliche Verfahren auf eine drastische Weise. Einem vor dem Fernseher sitzenden Jungen von etwa sieben Jahren stellt die Mutter einen Captain in Uniform vor, der für lange Jahre mit dem dort verstorbenen Vater das Gefangenenlager in Hanoi geteilt hat.

Der Captain hat etwas für den Jungen: eine goldene Armbanduhr. Es sei – so holt er weiter aus – gewissermaßen die »Kriegsuhr«, die Uhr des Urgroßvaters, mit der dieser in den Ersten Weltkrieg gezogen sei. Nach seiner glücklichen Heimkehr habe er sie in einer Kaffeekanne zwischengelagert, bis er sie seinem Sohn – also dem Großvater des Jungen – in den Zweiten Weltkrieg mitgegeben habe. Vor seinem Tod auf dem Feld der Ehre habe der die Uhr einem Kameraden für seinen noch gar nicht zur Welt gekommenen Sohn übergeben können. Dieser habe sie mit in den Vietnamkrieg genommen. Um die (nun auch in Nahaufnahme gezeigte) Uhr im Gefangenenlager vor dem Blick des Feindes zu verbergen, habe er sie über Jahre »an dem einzigen sicheren Ort« verwahrt, »den er kannte: seinen Arsch«. Als der Vater, so der Berichterstatter weiter, die Ruhr bekommen habe, habe er die Uhr ihm übergeben; und er habe sie nach dem Tod des Vaters ebenfalls noch zwei Jahre »im Arsch« beherbergt: »Und jetzt, kleiner Mann, gebe ich die Uhr dir.«

Der kleine Mann spricht in der ganzen Szene kein Wort. Man sieht nur die Worte aus dem Mund des adretten Captain hervorkommen, der mit dem unsichtbaren (und stummen) anderen Ende seiner Leibesöffnung als Gefäß gedient hat. Und man sieht die Uhr, den Gegenstand, dem man nichts ansieht. Das verleiht der Szene einen gespenstischen Charakter – sie wird vom unsichtbaren Partialobjekt gewissermaßen zerlegt. Und nicht weniger gespenstisch ist die Schlussfolgerung, die aus diesem Sprechen des Zwischenwirts zu ziehen ist: Der ›kleine Mann‹ hat die Uhr aufzubewahren, bis er mit ihr in den nächsten Krieg ziehen kann, als sei das seine und ihre Bestimmung.

Auf der einen Seite steht die Unzugänglichkeit, in der das Ding beim Zwischenwirt als einem lebendigen Tresor verwahrt ist, in Gegensatz zum Hervorquellen der Worte. Auf der anderen Seite kann sich die Zwischenlagerung im leibhaften Tresor möglicherweise auch als die *Bestimmung* des Dinges erweisen. Beide Momente verbinden sich in einem bemerkenswerten Märchen von Clemens Brentano, dem *Märchen von Gockel und Hinkel*, das um 1815 nach einer Vorlage aus dem *Pentamerone* des Giambattista Basile entstanden ist. Der Zwischenwirt ist hier der Erbhahn Alektryo, in dessen Kropf sich ein »Edelstein aus dem Ringe Salomonis« (510) befindet. Nur hat sein Eigentümer, Rauhgraf Gockel von Hanau, keine Ahnung davon. Er lebt verarmt mit seiner Frau Hinkel und seiner Tochter Gackeleia auf seinem verfallenen Stammschloss und setzt die letzte Hoffnung auf seine Hühnerzucht. Erst als Hinkel und Gackeleia während einer Abwesenheit Gockels eine Katze in den Hühnerstall lassen und den Tod sämtlicher Küken und der Erbhenne Gallina aus Furcht dem Erbhahn Alektryo zuschieben, kommt der Stein sozusagen ›ins Rollen‹. Gockel beschließt, den Hahn drei jüdischen Petschierstechern zu verkaufen, die schon zuvor ein auffälliges Interesse daran bekundet hatten. Als er ihrem Geheiß, dem Hahn den Hals umzudrehen, entsprechen will, ertastet er »etwas sehr Hartes in seinem Kropfe« und stutzt. In diesem Moment nun, in dem eine Verbindung zwischen dem verborgenen Ding und der Hand hergestellt ist, beginnt der Hahn zu *sprechen*, als sei der tastende Griff eine Art Knopfdruck: »Lieber Gockel, bitt dich drum, / Dreh mir nicht den Hals herum, / Köpf mich mit dem Grafenschwert, / Wie es eines Ritters wert! / Graf Gockel, o bittre Schmach! / Trägt den Juden Hahnen nach.« (507) Der gerührte Gockel besinnt sich daraufhin eines Besseren, lockt die Juden in eine Falle und erfährt durch Belauschen, dass diese ihr Vorhaben von langer Hand geplant haben, um in den Besitz des Zaubersteines in des Alektryo Kropf zu kommen.

Um nun sich selbst in den Besitz des Zaubersteines zu setzen, muss Gockel allerdings dem Zwischenwirt – dessen eigener Anweisung entsprechend – den Kopf abhacken. Zuvor informiert ihn der Hahn freilich noch ausführlich über die ganze Angelegenheit, indem er ihn zu einem Marmorstein führt, auf dem »geschrieben stand, daß vor langen Zeiten ein Vorfahre Gockels von Hanau den Edelstein aus dem Ringe Salomonis besessen habe; als aber die Feinde das Schloß verwüstet hätten, habe der Hahn, welcher immer bei der Familie ernährt werde, den kostbaren Stein verschluckt, damit ihn die Feinde nicht eroberten« (510). Danach sei der Stein von stummem Zwischenwirt zu stummem Zwischenwirt weitergegeben worden, wie Gockel nun aus dem Munde des unversehens sprach- und reimfähig gewordenen letzten Zwischenwirtes erfährt: »Urgroßvater sterbend spie aus den Stein, / Da schluckte ihn mein Großvater ein; / Großvater sterbend spie aus den Stein, / Da schluckte ihn mein Herr Vater ein; / Herr Vater sterbend spie aus den Stein, / Da schluckte ihn ich, der Alektryo ein; / Alektryo sterbend speit aus den Stein, / Da kehrt er zu Gockel, dem Herren sein.« (511)

Wäre die genealogische Kette der Zwischenwirte durch den Tod der Erbhenne Gallina nicht unterbrochen, käme Gockel nicht in den Besitz dieses Steines. Wenn man an dem Stein reibt, erfüllen sich Wünsche. Aber ihre Erfüllung geschieht nicht nach der Art der ›Affenpfote‹, sondern ohne Reue. Und sie sind auch nicht kontingentiert. Gockel macht denn auch keine halben Sachen, sondern wünscht sich und seiner Familie sogleich Jugend und Schönheit, Reichtum und Weisheit. Die weiteren Komplikationen (die auch in der ungleich kürzeren Vorlage von Basile den Hauptteil des Märchens einnehmen) ergeben sich daraus, dass es den drei jüdischen Petschierstechern gelingt, der verspielten Tochter den Ring abzuluchsen usw. Schließlich schafft es die Kernfamilie mit vereinten Kräften und der Hilfe zweier befreundeter Mäuse, den in einen Ring gefassten Zauberstein zurückzubekommen. Das Stammschloss wird restituiert. Aber nicht nur das. Den eher absichtslos ausgesprochenen Wunsch der Eltern, auch der Stammhahn Alektryo möge noch leben, nimmt die Tochter Gackeleia sogleich auf und spricht: »Salomon du weiser König, / Dem die Geister untertänig, / Mache meine Eltern froh / Durch den Hahn Alektryo! / Ringlein, Ringlein, dreh dich um, / Mach's geschwind, ich bitt dich drum!« (564) Sogleich feiert der Zwischenwirt Auferstehung.

Und worin besteht seine Aufgabe? Sie verbindet sich mit dem letzten Wunsch, den die Glücklichen aussprechen. Es bleibe, so die neue Wortführerin Gackeleia, nichts »zu wünschen übrig, als daß wir alle Kinder wären und die ganze Geschichte ein Märchen, und Alektryo erzählte uns die Geschichte, und wir wären ganz glücklich drüber und patschten in die Hände vor Freude!«. Nach diesem rundum romantischen Konzept würde also die genealogische Ordnung glücklich aufgehoben, und der stumme Hahn mutierte zum Erzähler. In Giambattista Basiles Vorlage aus dem 17. Jahrhundert, *La Preta de lo Gallo* – zu deutsch *Der Hahnenstein* –, stand von alledem natürlich nichts. Dort diente der Hahn nur als stummer Zwischenwirt, bis ihm der Hals umgedreht wurde. Und der zuvor mittellose Protagonist Aniello rückt einfach in die königliche Erbfolge ein, nachdem er den Zauberstein wiedererlangt hat.

Wenn hingegen – wie Gackeleia sagt – nichts mehr zu wünschen übrig bleibt, wenn das Schlussbild vollkommen und der Geschichte entrückt ist, kann der Ring, der die Wünsche erfüllt, auch verschwinden. Der zum Erzähler gewordene Zwischenwert kann ihn kassieren, weil er zum Bestimmungsort dieses Dings geworden ist. So die transzendentalpoetische Schlusswendung dieses Märchens: »Kaum hatte sie dies gesagt, als Alektryo, der in der Mitte des Tisches saß, mit dem Schnabel nach dem Ring zuckte, und in demselben Augenblick waren alle Anwesende in lauter schöne, fröhliche Kinder verwandelt, die auf einer grünen Wiese um den Hahn herumsaßen, der ihnen die Geschichte erzählte, worüber sie dermaßen in die Hände patschten, daß mir die Hände noch ganz brennen; denn ich war auch dabei, sonst hätte ich die Geschichte niemals erfahren.« (565)

BOTEN? TRANSPORT. Was ein Bote überbringt, ist zunächst einmal kein Ding, sondern eine Botschaft (auch wenn die Botschaft durch ein Ding ausgedrückt werden kann). Von theoretischem Interesse ist der Bote nicht zuletzt deshalb, weil er das Medium als Subjekt vorstellt – als ein Subjekt, das *nicht zu wissen braucht.* Juristisch gesehen sind Boten Geheißpersonen. Zwar mögen die Engel oder der Götterbote Hermes wissen, was sie überbringen, aber darauf kommt es nicht an. Auch der Überbringer einer mündlichen Botschaft muss nicht verstehen, was er sagt; er muss nur nachsagen, was ihm aufgetragen wurde. Käme es nicht auf die Materialität des Signifikanten an, so könnten die Tiere nicht als Boten dienen. Am offenkundigsten wird das dort, wo die Botschaft den Boten selbst betrifft. Für Jacques Lacan gleichen wir alle dem (von ihm zurechtgestutzten) antiken Nachrichtensklaven, der – wie es in *Subversion des Subjekts und Dialektik des Begehrens im Freudschen Unbewussten* heißt – »unter seinem Haar das Kodizill mit seinem Todesurteil trägt und weder Sinn noch Text kennt, noch in welcher Sprache es geschrieben ist, noch schließlich, daß man es auf seine blankgeschabte Haut tätowierte, als er schlief« (178).

Man sieht an diesem besonderen Fall des ›Zwischenlagerns‹, dass die Botschaft in letzter Instanz nicht etwas ist, was ›weitergegeben‹ wird. Oder anders gewendet: Es ist nicht die

Botschaft, die weitergegeben wird. Man nehme den Fall des Phryxus aus Grillparzers *Der Gastfreund,* der zu dem des todgeweihten Nachrichtensklaven eine gewisse Analogie aufweist. Zwar bringt er das Goldene Vlies in vollem Bewusstsein nach Kolchis zurück, doch er weiß nicht, dass er dem Aietes damit den Vorwand liefert, ihn zu töten. Insofern fungiert das Ding als eine Art Behältnis für die unentzifferte Botschaft.

Solange ihn die Botschaft nicht selbst angeht, sollte es für den Boten unerheblich sein, was er an den Mann bringt. Und daher kann es ihm auch gleich sein, in welchem Maße ein Ding, das er überbringt, eine Botschaft enthält. Wenn er seine Aufgabe erfüllt, bleibt der Überbringer in der Regel so unauffällig wie Graziano, den Bassanio im *Kaufmann von Venedig* der als Richter verkleideten Portia mit dem Ring hinterherschickt, nachdem er deren Bitte darum zuerst abgeschlagen hatte. Andererseits aber *weiß* dieser Bote, was er tut, und wird nicht zuletzt deshalb von seiner als Anwaltsgehilfe verkleideten Frau Nerissa zu einem ebensolchen Treuebruch verleitet. Der Bote ist eben in einer zweideutigen Position, weil er kein bloßes Medium ist. Darum kann man gerade den wissenden Boten bekanntlich die schlechte Nachricht büßen lassen, die er dem Empfänger persönlich überbringt oder gar ins Gesicht sagt.

Die Antwort darauf ist die Reinigung des Vorganges von seinen kommunikativen Aspekten. Der Postbote wirft uns die Post in den Briefkasten und schaut uns nicht an, wie wir sie aufnehmen. Er ist nur für den *Transport* zuständig. Der Transport erfolgt durch eine Institution von Ort zu Ort und nicht durch eine Person von Sender zu Empfänger. Das macht den Brief zur Sache, die befördert wird wie andere Dinge auch. Zu einer beschrifteten Sache, deren Inneres zunächst und zumeist durch eine Umhüllung unzugänglich gemacht ist. Denn es hat von den Institutionen des Transportes unberührt zu bleiben. Es kann nur durch andersgeartete Institutionen angetastet werden, und das angeordnete Öffnen von Briefen,

Paketen oder Koffern verweist letztlich immer auf den Ausnahmezustand.

Die Möglichkeiten, die dadurch entstehen, dass etwas den Institutionen des Transportes anvertraut werden kann, sind naheliegenderweise der Ausgangspunkt vieler Geschichten. Sie können ebenso von den Folgen ordnungs*widrigen* wie ordnungs*gemäßen* Transportes handeln. Der eigenmächtige Postbote ist die klassische Figur für den ersten Fall. Alex van Warmerdam hat ihm in seinem Film *Die Noorderlinger,* wo er sich gewohnheitsmäßig in ein Wäldchen zurückzieht, um die Post seines Bezirkes systematisch durchzuarbeiten, ein amüsantes Denkmal gesetzt. Umgekehrt werden Folgen eines ordnungsgemäßen Transportes zum Startpunkt von Geschichten, wo die konstitutive Gleichgültigkeit der Institutionen des Transportes gegenüber dem Inhalt der Sendung genutzt wird. So beginnt die Sherlock-Holmes-Geschichte *The Cardboard Box* (in der deutscher Übersetzung *Ein unheimliches Paket* oder *Die Pappschachtel*) damit, dass einer Frau ein Paket mit zwei in Salz eingelegten menschlichen Ohren zugestellt wird.

Transportmittel sind Orte – oder Nicht-Orte – des Unfalls und des Zufalls. Von den vielen Dingen, die Reisenden zustoßen können, kommt den möglichen Widerfahrnissen des Gepäcks keine geringe Rolle zu. Das beliebte Motiv des vertauschten Koffers verführt etwa in der Rossini-Oper *Gelegenheit macht Diebe* (*L'occasione fa il ladro*) zu einem Wechsel der Identität. Vor allem wer sein Gepäck – wie man sagt – ›aufgibt‹, vertraut es den Institutionen des Transports wie der Vorsehung an. In Stevensons/Osbournes *Die falsche Kiste* wird die leichtfertige Vertauschung der Etiketten der beiden Kisten im Gepäckwagen durch die »nichtsnutzige Hand« des Mr. Wickham mit den folgenden Worten vorbereitet: »Es ist oft die erfreuliche Aufgabe des Geschichtsschreibers, auf die Pläne und (mit Verlaub zu sagen) Listen der Vorsehung hinzuweisen. Im Gepäckwagen lag [...] das Ei dieses Romanes (sozusagen) unausgebrütet. Die große Packkiste war angeschrieben: ›Waterloo, postlagernd‹, und trug die Adresse eines ›Walter Dent Pitman‹; und das Gepäckstück gerade daneben, ein größeres Faß, eingeklemmt in der Ecke des Gepäckwagens, trug die Aufschrift ›M. Finsbury, 16 John Street, Bloomsbury. Porto bezahlt‹.« (56)

Die innige Verbindung des Transportwesens mit ›Schicksal‹ und ›Geschick‹ wird schon von den Worten selbst zum Ausdruck gebracht. Das Schicksal wird uns auch dann aus der Ferne geschickt, wenn es ganz in der Nähe auf uns gewartet hat. Vor diesem Hintergrund ist das Funktionieren der Transportwege zu betrachten, von dem um 1900 eine besondere Faszination ausging. Damit sind nicht nur der Briefverkehr und die neuen technischen Medien wie Telefon und Telegraphie gemeint, denen in diesem Zusammenhang gewöhnlich die hauptsächliche Aufmerksamkeit gilt. Gerade dort, wo es um eine *Fracht* geht, tritt die institutionelle Seite des Transportwesens hervor. In einem Roman wie *Die falsche Kiste* ist unablässig von den mannigfaltigen Institutionen des Transports – von Möbelpackern bis zu Gepäckschaltern – die Rede, ohne die die Geschichte nicht denkbar wäre. Und je wahrscheinlicher das Ankommen einer Sache an ihrem Bestimmungsort ist, desto mehr wird das Ankommen des Unerwarteten (wie der Herkules-Statue für Morris Finsbury) oder das Ausbleiben des Erwarteten (wie des Flügels mit der Leiche für Gideon) zu einem Werk der Vorsehung.

Dass im Zentrum von *Die falsche Kiste* mit den vermeintlichen sterblichen Überresten von Onkel Joseph der Transport einer Sache steht, die man nicht transportieren, sondern nur *überführen* darf, verweist auf die Verwertbarkeit dieses Motivs in der Kriminalliteratur. Beispielhaft hierfür ist der Roman *The Cask* von Freeman Wills Croft, der zwar 1920 veröffentlicht wurde, aber – aus einem deutlich nostalgischen Blickwinkel – im Jahre 1912 spielt. Der deutsche Titel *Die Frau in dem Faß* kündigt schon an, worin es in dieser zwischen London und Paris hin- und herreisenden ›Kanalgeschichte‹ geht. Auf dem St.-Katherines-Dock in London wird ein Fass beim

Abladen anscheinend beschädigt, das eine Frauenleiche enthält. Der ebenfalls erschienene Adressat, ein Mr. Félix, macht sich durch den Versuch verdächtig, das Fass beiseitezuschaffen.

Was nun folgt, ist eine Rekonstruktion des Weges, den dieses Fass genommen hat. Es ist ein Weg, der in besonderer Weise die konstitutive ›Zusammengesetztheit‹ der Institutionen des Transports dokumentiert: Während des Transports geht die Fracht von Hand zu Hand. Frachtbriefe, Speditionspapiere und andere Dokumente sowie auskunftswillige Hafenbeamte, Angestellte der Gepäckaufbewahrung, Fuhrleute, Inhaber von Speditionsfirmen und weiteres Transportpersonal ergeben das Bild, dass ein offenbar eine Skulptur enthaltendes Fass an einem Dienstag auf dem Bahnweg von Paris aus in London eingetroffen ist, dass ein zweites, gleich aussehendes Fass ungewissen Inhalts von London aus donnerstags nach Paris verfrachtet wurde, und dass ein drittes, wiederum gleich aussehendes Fass am darauffolgenden Montag auf dem Seeweg in London ankam und nunmehr die Leiche der jungen Ehefrau eines Pariser Industriellen enthielt. Alle Fässer sind von einem gleich aussehenden Mann in Empfang genommen worden. Wie sich schließlich herausstellt, war das allerdings nicht der zeitweilig festgenommene Mr. Félix, sondern der Gatte der Ermordeten, der die Leiche loswerden und sich zugleich an seinem Nebenbuhler rächen wollte. Da er dazu das Fass benötigt, in dem ihm eine Speditionsfirma eine Skulptur ins Haus geschickt hat, bringt er unter falschem Namen auf dem Umweg über London ein zweites Fass in Umlauf, das er dann an die Speditionsfirma zurückschicken kann. Der ganze überkomplexe Plan beruht auf dem festen Vertrauen des Mörders in das Funktionieren des Transportwesens. Dass es aufgrund dieses Funktionierens ferngelenkt werden kann, bildet den Ausgangspunkt des Romans. Denn der Mörder hat es gerade darauf abgesehen, dass das Fass bei seiner Ankunft auf dem St. Katherine's Dock den unbestechlichen Hafenbeamten als verdächtig auffällt und seinen Inhalt enthüllt. Freilich wird ihm dieses Funktionieren – in Gestalt der lückenlosen Rekonstruierbarkeit aller Transportwege – letztlich auch zum Verhängnis.

DEPOT. Was sich im Depot befindet – etwa im Safe einer Bank –, ist einstweilen aus dem Verkehr gezogen. Das Depot ist mehr als ein bloßes Versteck; es ist ein (mehr oder weniger) instituierter *Ort*. Es geht nicht darum, dass etwas vergraben wird, wie in Grillparzers *Medea*, dem letzten Teil seiner Argonauten-Trilogie. Am »Strand der Meeresflut« hat Medea das Vlies »eingesargt und eingegraben«, aber damit gilt eben auch umgekehrt: »Zwei Handvoll Erde weg – und es ist mein!« Das Verscharrtsein definiert eine bestimmte Form oder besser Unform der Wiederkehr, die bei Grillparzer mit dem Wort *Schaudern* umschrieben wird. »Allein im tiefsten Innern schaudr' ich auf / Denk' ich daran und an das blut'ge Vließ«. Die Wiederkehr des Vergrabenen wird also in der Phantasie vorweggenommen – in diesem Fall als etwas Unerträgliches (das sich gleichwohl als unumgänglich erweisen wird): »Denn säh' ich in des goldenen Zeichens Glut / Des Vaters Züge mir entgegen starren, / Von Sinnen käm' ich, / Glaube mir!« (372)

Im Gegensatz dazu befindet sich das *Deponierte* unter einer *Obhut* – und sei es auch nur die fragwürdige Obhut eines Drachens oder einer Schlange. Freilich kann die betreffende Einrichtung, was den Inhalt des Depots betrifft, ebenso beide Augen zudrücken wie die Institutionen des Transports bezüglich des Transportierten. Das ändert aber nichts daran, dass etwa die Bahnhofsverwaltung Zugang zu den dort befindlichen Schließfächern hat.

Daher ist das Depot nicht nur deshalb nicht sicher, weil man es mit schierer Gewalt aufbrechen könnte, sondern auch, weil es durch höhere Gewalten geöffnet werden kann. *En miniature* zeigt dies Carl Boeses Komödie *Ein falscher Fuffziger*. Hier steckt die Protagonistin die Blüte ihrem kleinen Neffen in die Sparbüchse, in der ehrbaren Erwägung, dass sie auch dort einstweilen aus dem Verkehr gezogen ist. Doch das Vertrauen in die Sicherheit dieses Depots erweist sich als trügerisch – die höhere Gewalt naht in Gestalt der ahnungslosen Eltern, die den Schein der Sparbüchse entnehmen und ihn wieder in den Verkehr bringen. Eine zweite Unsicherheit hängt natürlich damit zusammen, dass derjenige, der etwas deponiert, Zugang haben oder sich als Zugangsberechtigter ausweisen können muss. Mit den untrüglichen Identifizierungsverfahren ist dieses Problem teilweise in den Hintergrund getreten, doch es bleibt dabei, dass Schlüssel und Gepäck- oder Pfandscheine, aber auch Codewörter entwendet werden können. Dan Browns Erfolgsroman *The da Vinci Code* (*Sakrileg*) gönnt sich (nach der Art so vieler schlechter Romane) mehr als ein Dutzend Seiten, um die diesbezüglichen Vorkehrungen der *Zürcher Depositenbank* in aller Breite darzulegen.

Davon abgesehen lassen Scheine und Schlüssel natürlich erkennen, dass es da ›etwas gibt‹. In Dashiell Hammetts *Malteser Falke* kommt es mit der Überbringung des Falken zu einer Konstellation, in der es angeraten ist, nicht nur die Sache zu deponieren, sondern auch die sichtbare Beziehung des Deponierten zum Deponierenden zu kappen. Dies geschieht durch Zwischenschaltung eines Depots zweiter Ordnung: Sam Spade gibt den ihm überbrachten Vogel sogleich in der Gepäckaufbewahrung ab und steckt den Gepäckschein in einen Briefumschlag, den er dann unter Verwendung eines Decknamens postlagernd an die Hauptpost schickt.

Erzähllogisch kann das deponierte Ding in einer Geschichte gewissermaßen die Position des unzugänglichen Referenten einnehmen. Dies ist in Dan Browns *Sakrileg* der Fall, der ja vom unzugänglich deponierten Gegenstand schlechthin handelt: vom *Heiligen Gral*. Ist das Ding allerdings *jederzeit* unzugänglich, lässt sich dessen Wandern nicht mehr beobachten: Beim Heiligen Gral geht es eben nicht um den Gral selbst, sondern um die Suche nach ihm. Nicht der Gral, sondern die Suchenden sind es, die sich von Ort zu Ort begeben.

Anders verhält es sich mit der relativen Unzugänglichkeit wie in dem umfänglichen Roman *Der Monddiamant* von Wilkie Collins.

Oberst Herncastle, der den Monddiamanten über die Leichen dreier Inder bei der Erstürmung von Srinrangapattam erbeutet hat, bewahrt den Edelstein nach seiner Rückkehr im Safe einer Bank auf: »Nie gab er ihn weiter und nie zeigte er ihn einer Menschenseele« (43). Das liegt nicht zuletzt daran, dass immer wieder drei Inder in London auftauchen, die nur auf eine Gelegenheit warten, den heiligen Stein der Mondgottheit wieder in ihren Besitz zu bringen. Um keinem gewaltsamem Verbrechen zum Opfer zu fallen, hat der Oberst den Stein nicht nur in einem unzugänglichen Depot verwahrt, sondern überdies verfügt, dass der Stein im Falle seines unnatürlichen Ablebens in »vier bis sechs Steine« (50) hätte zerschnitten werden sollen: »Es genügt ihm nicht, wenn er zu seinen gefürchteten Feinden sagt: ›Tötet mich, aber ihr werdet dem Diamanten nicht näher sein als jetzt! Er ist dort, wo ihr nicht näher an ihn herankommt, nämlich im bewachten Tresor einer Bank.‹ Statt dessen sagt er ihnen: ›Tötet mich, aber der Diamant wird nicht mehr derselbe sein! Seine Form ist zerstört.‹« (51).

Auch nach dem natürlichen Tod des Obersten, der vor dem Beginn des eigentlichen Romans liegt, sorgt das drohende »Komplott« (51) der Inder dafür, dass der Diamant in der Bank deponiert bleibt. Daher kommt es, dass der Diamant zwar das Kraftzentrum des Romans bildet, zugleich aber verdeckt und unzugänglich bleibt. Nur ein einziges Mal wird der Monddiamant im Laufe des Romans *vorgezeigt*. Dies geschieht, weil Oberst Herncastle seine Nichte Rachel zur Erbin des Diamanten bestimmt hat. Die Umstände der Präsentation, die am Tage ihres achtzehnten Geburtstages stattzufinden hat, sind vielsagend genug. So ist Franklin Blake, der die Übergabe vornehmen (und am Ende ein Paar mit Rachel bilden) wird, einige Zeit zu früh mit dem Diamanten zum Landsitz der Verinders gekommen und gibt ihn für diese Frist »in die Obhut der Bank von Frizinghall«, die ebenso sicher sei wie die »Bank von England« (57). Damit ist genau jene Institution bezeichnet, gegen die die als Gaukler auftretenden indischen Wächter des heiligen Steines ebenso wenig ankommen können wie die indische Kolonie gegen das Mutterland (das Transportwesen und die Bank sind die Pfeiler des Empire). Zugleich aber erkennt man, dass die ›Bank von England‹ lediglich ein Zwischenlager sein kann, da der Stein von Rechts wegen in die Hände der Inder gehört. Darüber hinaus haben die Inder nur deshalb eine Gelegenheit, sich des Diamanten zu bemächtigen, weil er nicht auf ewig in der Bank deponiert bleiben kann, sondern als Privateigentum den Eigentümer wechseln muss.

Im Vorgezeigtwerden entfaltet der Diamant seine Wirkung: »Das von ihm ausgehende Licht glich dem Licht des Vollmonds. Und blickte man in den Stein hinein, so blickte man in eine gelbe Tiefe, die einen so anzog, daß man nichts anderes sah. Er schien unergründlich, dieser Stein, den man zwischen Daumen und Zeigefinger halten konnte, unergründlich wie der Himmel selbst. Wir legten ihn eine Weile in die Sonne, dann schlossen wir das Tageslicht aus und ließen ihn im Dunkel leuchten, aus den Tiefen seines strahlenden Glanzes, unheimlich wie der Mond.« (76) Am nächsten Morgen ist der Diamant verschunden, und der Hauptteil des Romans widmet sich den rätselhaften Umständen dieses Verschwindens. Am Ende lässt sich nach einigen Verwicklungen rekonstruieren, dass der unter Drogen stehende Franklin Blake den Stein mitten in der Nacht selbst an sich genommen und ihn dem ebenfalls anwesenden Verwandten Godfrey Ablewhite mit den Worten in die Hand gelegt hat: »Godfrey, nimm den Diamanten und bring ihn zu deinem Vater in die Bank! Dort ist er sicher – hier nicht.« (475) Am nächsten Morgen weiß er nichts mehr davon. Der Bankierssohn mit diesem beziehungsvollen Namen führt aber ein Doppelleben und ist verschuldet. Er nimmt den Stein daher als Privatperson an sich.

Aber auch nach diesem Besitzerwechsel bleibt der Diamant in einem Banktresor. Denn der verschuldete Ablewhite hat ihn einem Wucherer namens Luker verpfändet, der ihm seinerseits auf der Bank deponiert hat. Was nun dieses Depot im Rahmen einer Pfandleihe von der gewöhnlichen Hinterlegung unterscheidet, ist seine ausdrückliche Befristung. Nach einem Jahr muss Mr. Luker den Stein zur etwaigen Auslösung vorlegen. Damit wird lediglich der Umstand verschärft, dass alle Depots nur Zwischenlager sind. Die Inder sind zur Stelle, als der Diamant aus der Bank geholt wird. Der Epilog lässt ihn wieder auf der Stirn der indischen Mondgottheit erstrahlen.

Von der Erzähloberfläche des Romans her gesehen ist die Verdecktheit des Diamanten im Depot unabhängig davon, wer ihn dort deponiert hat. Die Romanerzählung zeigt das Ding ein einziges Mal vor und lässt es wieder verschwinden, weil sie sich gleichsam im Unverdeckten aufhält. Die Erzählung *folgt* dem Ding nicht. Genau deshalb wird es zum unzugänglichen Referenten. Wir sehen den Diamanten nur dort, wo er der Gruppe als Schmuck der Frau präsentiert wird, nicht aber dort, wo einsame männlichen Subjekte – seien es Franklin Blake, Godfrey Ablewhite oder Mr. Luker – auf dem Weg von oder zur Bank einen Blick darauf werden. Statt eines verdeckten und stummen Diamanten wird uns an der Erzähl-*oberfläche* etwas anderes als wanderndes Ding nahegelegt.

Tatsächlich geht dort nämlich die mehr oder weniger geschwätzige Feder von Hand zu Hand, die den Roman konstituiert. Denn dieser ist zusammengesetzt aus einer Abfolge von ›Berichten‹, in denen verschiedene Beteiligte in chronologischer Reihenfolge ihren Teil zu der Geschichte beitragen. So beginnt etwa der Bericht des Advokaten Matthew Bruff mit der Erklärung, dass »Miss Clack, meine verehrte Freundin«, soeben »die Feder niedergelegt« habe, und er sie nun »als nächster in die Hand« (288) nehme. So sieht man die Oberfläche des Textes sich kräuseln, angeregt durch den unzugänglichen Referenten im Depot.

Von dem, was wandert (I)

Schatztruhe

EDELSTEINE. Auch eine vorläufige und unvollständige Aufstellung von dem, was wandert, muss ohne Zweifel mit den Edelsteinen beginnen. Denn sie sind nicht zu *überbieten*. Ihnen eignet etwas Überirdisches. So erzählt J. R. R. Tolkien im *Silmarillion* vom Schicksal der drei *Silmaril*, drei von einem Unsterblichen geschaffenen Edelsteinen, die – der dort entfalteten degenerativen Kosmogonie gemäß – das unbesudelte Licht der vernichteten *Zwei Bäume* aufbewahren, das älter ist als Sonne und Mond.

In der Menschenwelt sind die *Diamanten* das Vornehmste und auch Dauerhafteste. Sie werden aller Voraussicht nach all diejenigen überdauern, die sie in ihren Händen gehalten haben werden. Mehr noch: Alle diese Hände hinterlassen keinerlei *Spuren*. Die Oberfläche des geschliffenen Diamanten ist glatt und hart. Er ist die kristalline Form, die Form schlechthin. Nichts bleibt an ihm haften. Auch aus dem Gedärm des Juden Benjamin in Friedrich Hebbels *Der Diamant* geht er rein hervor. Nichts gibt folglich Aufschluss über den Weg, den der Edelstein zurückgelegt hat. Die Geschichte geht spurlos an ihm vorüber. Er ist stumm. Es gibt keinerlei Markierungen, die ihn auf welche Art auch immer als das ausweisen, was er ist. Er besticht stattdessen durch seine Evidenz.

Das heißt auch: Der Eigentümer kann sein dingliches Vollrecht, sein umfassendes Herrschaftsrecht nicht unter Beweis stellen, indem er etwa seinen Namen oder wenigstens seine Initialen eingravierte, wie es bei Ringen üblich ist. Zwischen dem Edelstein und seinem Eigentümer gibt es keine sichtbare, lesbare Beziehung. Natürlich können Zertifikate und Urkunden den Eigentümer ausweisen. Aber das ist immer nur ein Hilfsmittel. Daher ändern die Rechtsverhältnisse nichts daran, dass der Edelstein für sich betrachtet auf eine archaische Ordnung verweist, in der es auf die Gewalt der tatsächlichen Sachherrschaft ankommt.

Für geschliffene Edelsteine kommen – in Geschichten – zwei grundsätzlich zu unterscheidende Aggregatzustände in Frage: Sie können im Plural oder im Singular auftauchen. Lady Vandeleur gibt in Robert Louis Stevensons *Der Diamant des Rajahs* ihrem ergebenen Diener Harry Hartley den Auftrag, eine ominöse Hutschachtel an eine bestimmte Adresse zu bringen. Er gerät in Not, weil er auf dem Weg dem Gatten der Lady begegnet und vor ihm fliehen muss. Als er bei seinen Fluchtbemühungen über eine Mauer klettert und auf die Hutschachtel stürzt, deren Inhalt er noch nicht kennt, ergießt sich aus der Schachtel unversehens »ein gewaltiger Schatz von Diamanten«, der nun herumliegt, »teils in den Boden getreten, teils in königlicher, blendender Überfülle auf der Oberfläche zerstreut« (157). Das sind die *vielen* Edelsteine, die – zum Teil lose, zum Teil in Schmuckstücke gefasst – verstreut, zusammengerafft und als Beute geteilt werden können.

Etwas ganz anderes ist *der* Diamant des Rajahs, der sich ebenfalls in der Hutschachtel befunden hat, aber bei diesem Sturz in den Boden gedrückt und daher nicht sofort entdeckt wurde. Dieser Diamant ist ein Stein im Singular mit einer Identität, mit einem Namen. Wie etwa auch Wilkie Collins' *Monddiamant* verdient er es, von der Erzählung als etwas Einzigartiges eingeführt zu werden. Dabei wird, wenn man so will, seine Evidenz präsentiert. Dies geschieht, indem sein Anblick unbedarfte Augen überwältigt. Hier sind es die Augen von Simon Rolles, einem jungen Geistlichen ohne Pfründe, der sich im Garten ergeht und das »mit goldenem Schloß und Verzierungen« versehene Lederetui entdeckt: »Mr. Rolles öffnete das Etui und ein schwerer Seufzer fast schreckhaften Staunens entrang sich seiner Brust – da lag vor ihm in einer Wiege grünen Samts ein Brillant von wunderbarer Größe und reinstem Wasser. Der Stein hatte den Umfang eines Hühnereis, war herrlich geschliffen und ohne jeden Makel; als die Sonne ihn beschien, strahlte er ein Feuer aus wie Elektrizität und schien mit tausend innerlichen Flammen in seiner Hand zu brennen« (172). In dieser überwältigenden Evidenz weist der Diamant zurück ins Magische und Numinose, als könnte ein solches Ding weder von der Natur hervorgebracht noch von Menschenhand gemacht sein – als sei er nicht von dieser Welt. Mr. Rolles versteht zwar nichts von Edelsteinen, »aber des Rajahs Diamant war ein Wunder, das jeder begreifen musste; ein Dorfkind, das ihn aufgefunden hätte, wäre zur nächsten Hütte gestürzt, und ein Wilder hätte sich vor einem so imponierenden Fetisch anbetend im Staube gewälzt« (172).

Es sind natürlich diese Unikate, die zum Gegenstand von Geschichten werden. Meist handelt es sich um einen Diamanten. Dessen Singularität ist unüberbietbar (es kann allerdings auch andere Gründe für den Diamanten geben – in Eugen Helmlés *Im Nachtzug nach Lyon* ist es vor allem deshalb ein »Diamant«, der geraubt wurde und abhandenkommt, weil in diesem sogenannten *Lipogramm*-Text die Buchstaben »e« und »r« nicht vorkommen dürfen). Allenfalls der Rubin kann an ihn heranreichen, der aufgrund seiner Farbe – wie in Hebbels Märchenkomödie *Der Rubin* – auf das menschliche Blut verweist. Können solche Singularitäten einen rechtmäßigen Eigentümer, einen Privateigentümer haben? Die Geschichten jedenfalls handeln davon, dass sie keinen haben. Der Diamant in Hebbels gleichnamigem Drama ist nur eine Leihgabe, der Monddiamant bei Wilkie Collins muss zurück an den Platz des Heiligtums, der Diamant des Rajahs bei Stevenson wird in die Seine geworfen und damit dem menschlichen Zugriff bis auf weiteres entzogen.

Dem entspricht die Subjektposition derer, die den Diamanten einstweilen in ihrem Besitz haben. Sie können sich weder in ihm verewigen noch können sie ihn wirklich gebrauchen. Sie können nur etwas haben, wonach es auch andere verlangt. Auch aus diesem Grunde ist der Diamant in der Geschichte, in der von ihm die Rede ist, oft mit einem Fluch verknüpft. Auf einer grundlegenderen Ebene hängt der Fluch am Diamanten, gerade weil nichts am Diamanten hängenbleibt. Stattdessen wird er nämlich in Reden, in Geschichten eingesponnen. In einer Geschichte, die von einem Diamanten erzählt, werden gewöhnlich Geschichten erzählt, die sagen, was es mit ihm auf sich hat, die sich gerüchteweise über seine Vergangenheit verbreiten und sich in Weissagungen zukünftigen Unheils ergehen.

Bei Wilkie Collins konkretisiert sich der Fluch in den drei Brahmanen, die dem Monddiamanten aus dem fernen Indien ins koloniale Mutterland gefolgt sind. Nicht anders ist des Rajahs Diamant ein »wahrlich verfluchter Stein« (245), der – wenn auch mit feiner Ironie – in den Fluten der Seine versenkt werden muss. Im Widerspruch dazu steht bei Stevenson die Überlegung des Finders Simon Rolles, dass jeder, der diesen Stein besitze, »von dem auf der Menschheit lastenden Fluch befreit« sei, weil er »ohne Sorge oder Hast ungehindert seinen Neigungen nachzugehen« (172) vermöge. Aber das gilt eben nur, wenn man den Stein in einer entzauberten Welt nach seinem Tauschwert begreift. Und wie könnte man danach handeln? Die Einsicht, dass man den Stein etwa so leicht »verschachern« könne wie »die St. Pauls Kathedrale« (173), führt zur Erwägung einer Möglichkeit, die beim Wandern eines singulären Diamanten implizit stets mitläuft: Man kann den Stein »in drei oder vier Stücke zerschneiden« (174), heißt es im *Diamant des Rajahs*. Und im *Monddiamanten* hat der Erblasser, Oberst Herncastle, den auf dem Diamanten liegenden Fluch sogar mit der Verfügung von sich abwenden können, den Stein im Falle eines gewaltsamen Todes zwecks Zerteilung »bei einem berühmten Diamantenschleifer« (50) abzugeben.

Natürlich begehen die Erzählungen kein Sakrileg und lassen den unvergänglichen Diamanten unangetastet. Auch sie erkennen ihn als ein mythisches Ding an. Nur deshalb vermögen sie seine unsichtbare Kehrseite hervorzuheben. Bevor er den Diamanten des Rajahs von der Brücke wirft, befeuert sich Prinz Florizel in einer pathetischen Rede selbst zu dieser Tat. Dieser »Klumpen strahlenden Kristalls«, erklärt er unter anderem, errege ihm »nur Ekel, als wäre er von Leichenwürmern durchsetzt« (249).

JUWELEN, PERLEN. Insofern der Edelstein *getragen* wird, muss er *eingearbeitet* sein in ein Schmuckstück. Mit dieser Einarbeitung entsteht eine Zweideutigkeit, die auch im Wort *Juwelen* mitschwingt, da damit sowohl Edelsteine wie auch die Schmuckstücke bezeichnet werden: Das Verlangen kann sich sowohl auf das Schmuckstück als solches wie auch auf den darin eingearbeiteten Edelstein richten. Schon auf der Ebene des Wertes und der Verkäuflichkeit gilt für denjenigen, der das Schmuckstück unrechtmäßig in seinen Besitz gebracht hat: Sobald das Schmuckstück einen hohen Wiedererkennbarkeitsgrad hat, muss es in seine Bestandteile zerlegt, muss der Stein herausgebrochen und das edle Metall eingeschmolzen werden. Die Einheit von Stein und Einfassung ist prekär. Was durch die Zerlegung verlorengeht, ist die Arbeit des Goldschmieds, der Werkcharakter des Schmuckstücks.

Auf eine nahezu entgegengesetzte Weise wird von der Zweideutigkeit der in Schmuck gefassten Steine in einer Erzählung Gebrauch gemacht, die für das Motiv der wandernden Dinge in besonderer Weise einschlägig ist: dem *Fräulein von Scuderi* von E. T. A. Hoffmann. In dieser erstaunlich diskontinuierlich angelegten Novelle bekommt die betagte Titelheldin von einem vermeintlich Unbekannten unter verdächtigen Umständen eine Schatulle mit wertvollen Juwelen überbracht, die unschwer als Werke des ebenso berühmten wie absonderlichen Goldschmieds René Cardillac erkannt werden. Der Herbeigerufene gibt sie für sein ihm geraubtes Eigentum aus, drängt sie aber nach einigem Zaudern dem Fräulein von Scuderi erneut als Geschenk auf, was sie in gewisser Weise zu einer »dreiundsiebzigjährigen Goldschmiedsbraut« (670) macht. Die Scuderi nimmt die Juwelen zwar

schließlich an, hält sie jedoch für einen »Talisman des Bösen«
(671), weil sie anscheinend durch die Hände »jener hölli-
schen Gesellen« (669) gegangen sind, die derzeit im nächtlichen Paris ihr Unwesen treiben: Liebhaber, die mit Juwelen
zu ihren Geliebten unterwegs sind, werden »auf offener
Straße oder in den finsteren Gängen der Häuser beraubt, ja
wohl gar ermordet« (657).

Als »einer der kunstreichsten und zugleich sonderbarsten
Menschen seiner Zeit« (664) gilt Cardillac, das dunkle Kom-
plement zur Titelheldin, vor allem deshalb, weil er die ihm
von seinen Auftraggebern anvertrauten Juwelen zwar zu den
großartigsten Kunstwerken umarbeitet, die Herausgabe der
vollendeten Stücke aber unter den fadenscheinigsten Vor-
wänden zu verzögern versucht. Wenn man ihm ein Schächtel-
chen mit neuen – auch geringwertigen – Steinen anbietet, so
hält er sie entzückt gegen das Licht und wendet sich sogleich
der neuen Aufgabe zu: »Ho ho – gemeines Zeug? – mitnich-
ten! – hübsche Steine – herrliche Steine, laßt mich nur machen!« (665) Später stellt sich heraus, dass die Unfähigkeit
Cardillacs, die fertigen Schmuckstücke herauszugeben, und
die nächtlichen Raubmorde zusammengehören: Sie werden von Cardillac selbst ausgeführt, der sich seine eigenen
Schmuckstücke auf diese Weise zurückholt. Nur so erklärt
sich auch, warum »aller Nachforschungen auf allen Plätzen,
wo Juwelenhandel nur möglich war, unerachtet nicht das min-
deste von den geraubten Kleinodien zum Vorschein kam«
(657): Cardillac hortet seine Werke. Er zieht sie aus dem Verkehr, bevor sie eine Verbindung stiften zwischen den Männern und ihren Geliebten, bevor sie vom männlichen Auftraggeber an einen weiblichen Adressaten gelangen. Die Ausnahme (die ihn später allerdings reut) ist das Fräulein von
Scuderi: Hier werden die Juwelen ohne Umweg über einen
Dritten einer Frau verehrt, was die Erzählung nur unzurei-
chend zu motivieren vermag.

Diese Fixierung, die bis zu einem gewissen Grade die Pro-
blematik des Künstlers widerspiegeln mag, wird durch eine

nachgeholte Vorgeschichte begründet: Die Mutter Cardillacs war im ersten Monat ihrer Schwangerschaft bei einem Hoffest einem »Kavalier in spanischer Kleidung mit einer blitzenden Juwelenkette um den Hals« (691) begegnet, den sie von früher her kannte. Sie konnte den Blick nicht mehr von diesen »funkelnden Steinen« abwenden, »die ihr ein überirdisches Gut« dünkten. Es kam ihr vor, »als sei er im strahlenden Glanz der Diamanten ein Wesen höherer Art«. Als der Kavalier sie wenig später »brünstig in seine Arme« schließt und die Mutter »nach der schönen Kette« fasst, erweist er sich als ein höchst irdisches Wesen, weil er vom Schlag getroffen tot dahinsinkt. Dem Kind, das die Mutter später zur Welt bringt, ist die unheilvolle Fixierung auf »glänzende Diamanten, goldenes Geschmeide« (692) in die Wiege gelegt. Das ist genau zu lesen: Es handelt sich um eine zusammengesetzte Fixierung – einerseits auf die Edelsteine, andererseits auf die Schmiedearbeit, die sie einfasst. Ebendies ermöglicht es Cardillac, seine Fixierung in eine Tätigkeit umzusetzen, in der das Überirdische kunstreich bearbeitet wird. Das Ergebnis kann er freilich nicht hergeben. Damit tut er es dem Kavalier in spanischer Kleidung gleich. Auch dieser hat sich selbst mit den Juwelen geschmückt, statt sie einer Frau zu verehren.

Auch Perlen sind Erzeugnisse der Natur, die zu Schmuckstücken werden. Aber dies geschieht auf andere Weise. Zum Ersten treten Perlen in höherem Maße als Edelsteine im Plural auf: Sie treten meist als Paar in Form von Ohrringen auf oder werden aufgereiht. Die Perlenkette bedarf auch keiner Schmiedearbeit. Es ist schon ein größerer rhetorischer Aufwand nötig, wenn uns Rudolf Binding in der *Perle* eine bestimmte Perle als Singularität glaubhaft machen will. Und mit einem *Namen* wird die singuläre Perle auch hier nicht bedacht. Zum Zweiten betont gerade Bindings Erzählung die von den Edelsteinen verschiedene *Natur* der Perle: Sie ist etwas, was in dieser Vollkommenheit in der Natur wächst, während der Rohdiamant geschliffen werden muss. Zwischen dem Kohlenstoff aus den Tiefen der Erde und dem Perlmutt vom Grund des Wassers liegen Welten. Wenn die Perle in unsere Hände gelangt, haben die mineralische Welt, die Tierwelt und die Menschenwelt das Ihrige dazu getan. Auch wenn die ersehnte zweite Perle – so der Mann in Bindings Novelle – »schon geboren« sei, so liege sie doch noch »ungehoben auf den Tiefen des Meeres. Ich mußte auf den Perlenfischer warten, der sie auftauchend ans Licht bringen würde« (242). Während der strahlende Brillant seine dunkle Herkunft aus den Tiefen eines Bergwerks ganz und gar abgeschüttelt hat, verführt der matte Glanz des Perlmutts die Gedanken dazu, in die Gefilde zurückzuschweifen, wo die Perle wuchs und geborgen wurde. Die Perle ist, mit anderen Worten, ein poetischer Gegenstand, eine *Gabe der Natur* (an die sich ein Fluch nicht heftet).

Damit unmittelbar zusammenhängend ist die Verbindung des Schmuckstücks mit dem weiblichen Geschlecht bei der Perle sehr viel stärker als beim Edelstein. Johannes Vermeer hat sie wie kein zweiter Maler gefeiert, am unergründlichsten in dem Gemälde *Das Mädchen mit dem Perlenohrring*. Dem entspricht auch die ikonographische und allegorische Tradition, in der die Perle für Geburt, Unschuld, Reinheit oder Glaube steht. Schon in der Antike ist sie Attribut der Venus. Nicht von ungefähr also wird die Verbindung von Frau und Perle in Bindings Text hymnisch gefeiert. Perlen sind dazu bestimmt, von einer Frau getragen zu werden. »Sie atmet mit dem Fleisch«, heißt es dort von der Perle; vom Diamanten hingegen, er wolle sich »gegen das Fleisch behaupten« (235). Der Diamant ist also ein Fremdkörper, der eine Differenz und damit auch ein Begehren markiert; die Perle hingegen schmiegt sich an und naturalisiert das »Bild der Frau« (241) jenseits des Mangels.

Dieser organischen Verbindung zwischen Perle und Frau hat auch die vom Perlenhändler mit eigener Hand gefertigte Schmiedearbeit zu entsprechen. In »einen schwellenden Kelch von grünlichem Gold gefaßt«, wird die Perle zu einem Kunstwerk »von jener Einfachheit der Form, wie sie sonst nur die Natur selbst hervorbringt« (239). Vom Anblick, der sich ihm im Spiegel bietet, heißt es: »Sie begegnete der Perle mit ihrem Leibe wie die Erde dem Meer.« Zwar ist des Weiteren zwar auch vom Begehren die Rede, aber worum es in dieser Spiegel-Szene geht, ist eben das »Bild des Weibes, alles Schönen, alles Liebenswerten, alles Begehrenswerten« (241). Nur in dieser Szene sieht man die Perle an dem ihr zugedachten natürlichen Bestimmungsort. Ansonsten wird sie von Männern verwaltet.

RINGE. Ringe nehmen unter den Schmuckstücken eine Sonderstellung ein, weil sie keine bloßen Schmuckstücke sind. Ihnen eignet eine institutionelle Dimension, die etwa in der Zeremonie offenbar wird, in der sie *angesteckt* werden. Das gilt natürlich besonders für die Verlobungs- und die Eheringe. Bei ihnen kommt hinzu, dass der einzelne Ring auf sein Gegenstück verweist, mit dem er getauscht wird. In Geschichten ist alles, was mit diesen Ringen geschieht, *beziehungsvoll.*

So etwa in Lessings *Minna von Barnhelm.* So aber auch in Conrad Ferdinand Meyers *Die Hochzeit des Mönchs.* In dieser von Dante in einem abendlichen Gesprächskreis vorgetragenen Novelle weiß der Mönch Astorre, der sich aus Pflichtgefühl bereit erklärt hat, die vornehme Diana zu ehelichen, beim Ringkauf nicht, welche Ringgröße er wählen soll. Daraufhin bekommt er vom florentinischen Händler *zwei* Ringe vorgelegt, mit dem anzüglichen Kommentar: »Für die zwei Liebchen.« Infolge eines Stoßes lässt Astorre den einen Ring fallen, der »eine Höhlung hinab und dann durch seine eigene Bewegung getrieben« (53) zur anderen Seite weiterrollt. Er wird von einer Zofe aufgelesen, die ihn ihrer jungen Herrin Antiope an den Finger steckt, wo er »wie angegossen« (54) passt. Astorre, der davon nichts mitbekommen hat, streift wenig später den anderen Ring der ihm zugedachten Diana über. Auch dieser Ring passt. In Liebe wird der aus der Bahn geratene Mönch aber zu Antiope entbrennen, mit der ihn eine bedeutungsschwere Erinnerung verbindet; *sie* wird er entführen und mit Duldung Ezzelins, des Tyranns von Florenz, heiraten. Beim Maskenball verlangt die gedemütigte Diana von ihrer Rivalin, sie solle ihr den entwerteten Ring demütig vom Finger ziehen. Er lässt sich nicht abziehen: »Du biegst deinen Finger, jetzt krümmst du ihn!« (96), ruft Antiope aus und wird in diesem Moment von einem Pfeil Dianas tödlich durchbohrt.

Letztlich führt das symbolistische Verfahren Conrad Ferdinand Meyer dazu, eine dingliche Analogie zum Handeln der Figuren zu konstruieren, die das Geschehen zwar begleitet und ankündigt, nicht aber auslöst und motiviert. Nicht durch den ihr vom Schicksal zugespielten Ring sehen sich Astorre und Antiope einander verbunden, sondern durch eine dunkle Strebung, die in den Wegen der Dinge eine Analogie findet. Der wandernde Ring bleibt Motiv und gerade darin beziehungsvoll.

Wenn es um das Verhältnis der Geschlechter geht, kommen die Ringe in der Regel paarweise vor. Ausnahmen kann es freilich geben, wenn die eine Seite der Verbindlichkeit in den Vordergrund gestellt wird, wie es zum Beispiel im *Kaufmann von Venedig* der Fall ist, wo Bassanio den von Portia empfangenen Ring an den vermeintlichen Rechtsgelehrten weitergibt. Anders als ein gewöhnliches Schmuckstück kann ein Ring, wie sich hier zeigt, auch von Mann zu Mann weitergegeben werden. Das liegt einesteils daran, dass er nicht nach seinem materiellen Wert taxiert wird, sondern unter die Rubrik ›Andenken‹ oder ›Beweis der Anerkennung‹ fällt. Es liegt aber auf der anderen Seite auch daran, dass der Ring nicht an eine Frau weitergegeben werden muss, sondern auch vom Mann getragen werden kann. Er scheint insofern geschlechtsneutral. Freilich kann man vermuten, dass ein einzelner Ring dort, wo es um Beziehungen geht, am Ende doch bei der weiblichen Position einer Liebesbeziehung landen muss. Das sieht man etwa an dem Armreif in Howard Hawks' *Red River*, der wie ein Ring funktioniert: Zu Anfang scheitert die Familiengründung, weil die Braut Tom Dunsons, der er den Reif seiner Mutter übergestreift hat, ermordet wird; in Ermangelung einer Frau wird der Reif an den (effeminierten) Ziehsohn Matthew Garth weitergegeben; am Ende bekommt ihn dessen Braut mit Aussicht auf eine erfolgreiche Familiengründung.

Ringe, die sich nicht auf eine Beziehung beziehen, sind vor allem Insignien der Macht und der damit verbundenen Verbindlichkeit. Als *Herrscherring* und damit nicht zuletzt als *Siegelring* ist der Ring ein männliches Attribut, dessen schmückender Charakter zugunsten seiner Repräsentationsfunktion in den Hintergrund rückt (eine Verfallsform hiervon sind die sogenannten ›protzigen‹ Ringe, die Reichtum repräsentieren sollen). Diese Ringe sind aber kaum dazu ausersehen, zu wandern. Sie sind entweder Amtsringe, wie die Bischofsringe oder der *Fischerring* des Papstes, der seit dem 14. und bis ins 19. Jahrhundert auch zur Besiegelung päpstlicher Schreiben verwendet wurde. Oder sie sind dynastischer Natur: Dann bleiben sie in der Familie. Freilich geht mit deren Untergang auch der Ring verloren. Doch ein bloßer Besitzerwechsel des Ringes setzt keinen Dritten in die Herrschaftsrechte ein. Höchstens kann ein nicht mehr regierender Herrscher mithilfe des ihm verbliebenen Herrscherringes seine Rechte geltend machen, wie es der *falsche Woldemar* im gleichnamigen Roman von Willibald Alexis tut: Ein fremder Pilgrim präsentiert vor der erlauchten Tafel des Erzbischofs den Siegelring des großen Markgrafen Woldemar, den jener »nimmer vom Finger that« (I, 304), bevor er dreißig Jahre zuvor spurlos verschwand.

Anhand der Herrscherringe im weiteren Sinn kann sich die Frage nach der Macht und der Selbstermächtigung stellen. Im *Ring des Polykrates* geht es um die Grenze, die der Macht eines Tyrannen gesetzt ist. In Selma Lagerlöfs *Der Ring des Generals* muss das Gespenst des toten Generals dafür sorgen, dass der ihm einst vom König für zweifelhafte Dienste verliehene Ring wieder dem Grab beigegeben wird. An Bedeutung gewinnt das Wandern eines Herrscherringes, wenn er die Macht nicht nur repräsentiert, sondern *verleiht*: Ringe, die keine Liebesverbindung bezeichnen, bescheren ihren Träger innerhalb von mythischen Geschichten häufig einen übernatürlichen Machtzuwachs (eine Rolle spielt dabei, dass ein Ring besonders schwer geraubt werden kann und auch im Schlaf getragen wird). Die größten Beispiele hierfür sind natürlich Richard Wagners *Der Ring des Nibelungen* und J. R. R. Tolkiens *Der Herr der Ringe*, in denen es um das Problem der instrumentellen Macht geht. Bei Tolkien wird das Ringmotiv zu diesem Zweck gewissermaßen systematisiert und zum Grundgerüst der ganzen Romantrilogie gemacht. Es gibt nicht nur den *einen*, vom Bösen geschmiedeten Herrscherring, sondern auch *drei* Elbenringe, *sieben* Zwergenringe und *neun* Menschenringe, die allesamt mit magischen Eigenschaften ausgestattet sind. Sie stehen in Verbindung mit dem *einen* Ring der Macht, der dem Bösen abhandengekommen ist: In dem Moment, in dem der Herrscherring zur Rettung von Mittelerde in ebenjenes Feuer geworfen wird, aus dem er einst geschmiedet wurde, verschwindet nicht nur die auf den Ring übertragene Macht des Bösen, sondern auch die Wunderwirkung der übrigen Ringe.

Silbernes zum Gebrauch. Wie jeder weiß, können auch Dinge des täglichen Gebrauches wertvoll sein. Obwohl sie natürlich mehr wert sein können als manches Schmuckstück, sind sie in einem typologischen Sinne *weniger* wert. Das soll mit der Zuschreibung zum Ausdruck gebracht werden, es handle sich um *Silbernes*: Das *Silberne* ist weniger als das *Goldene*. Abgesehen davon waren wertvolle Gebrauchsgegenstände natürlich lange Zeit tatsächlich häufig aus Silber und sind es bisweilen – wie etwa Löffel, Gabel und Messer – noch heute. Ein spezifisches Wandern der handlichen Dinge kommt vor allem dann in Frage, wo sie *mitgeführt* werden, wie etwa die silberne Taschenuhr oder die silberne Tabaksdose. Diese Dinge sind in besonderer Weise der Entwendung ausgesetzt, weil mit ihrem Gebrauch ein wiederholtes Vorzeigen und Verstauen verbunden ist. Das Vorzeigen weckt das Begehren nach dem Besitz, das Verstauen die Aussicht auf zunächst unbemerkte Entwendung. Denn hier geht es nicht um Raub, sondern um Taschendiebstahl, auf dessen Möglichkeit jede Kette verweist, mit der eine Taschenuhr befestigt wird.

Hier zwei Beispiele für die Entwendung silberner Tabaksdosen aus einer Zeit, in der diese Behältnisse als Embleme bürgerlichen Wohlstandes firmierten. Zunächst eine Kalendergeschichte von Johann Peter Hebel: *Die Tabaksdose*. Tatort ist das bei Hebel so beliebte Wirtshaus im ebenfalls beliebten Holland. Inkognito ist auch der bekannte Zundelfrieder zugegen, der das Treiben *im Blick* hat. So sieht er, wie ein »dicker, bürgerlich gekleideter Mann« von einem zwielichtigen Gesellen dabei beobachtet wird, wie er »eine Prise Tabak aus einer schweren, silbernen Dose« nimmt. Er sieht, wie dessen Blick »nach der Rocktasche« wandert, »in welche der Mann die Dose gesteckt hatte«, während er ihn in ein Gespräch zieht. Er setzt sich zu ihm, erzählt einen Witz, über den »der dicke Mann so ins Lachen« gerät, »daß ihm fast der Atem verging, und unterdessen hatte der schlaue Gesell die Dose« (186).

Man sieht: Die Dose wird nicht nur vorgezeigt und wieder verstaut, man kann auch einen Blick auf sie erhaschen, wenn sie von der einen Tasche in die andere wandert. Der Geselle ist einerseits zwar schlau, andererseits aber dumm. Denn er hat nicht gesehen, dass er von einem Dritten gesehen worden ist. Dieser Dritte hat aber schon seinen Anteil an der Sache. Er hat seinen Blick darauf geworfen. Der Taschendieb verabschiedet sich von seinem Opfer unter einem Vorwand und verlässt die Wirtsstube. Draußen aber fängt ihn der Zundelfrieder ab: »Wollt Ihr mir auf der Stelle meines Herrn Schwagers seine silberne Dose herausgeben? Meint Ihr, ich hab's nicht gemerkt? Oder soll ich Lärmen machen? Ich hab Euch schonen wollen vor den vielen Leuten, die drin in der Stube sitzen.« (186f.)

So macht das der Parasit. Dem Taschendieb wird sein Diebesgut nicht entwendet, sondern er muss es *herausgeben*. Unter dem Vorgeben, dass die Tabaksdose an ihren rechten Ort zurückkehrt, bekommt der Parasit sie in die Hand. Während der Taschendieb nicht mit witzigen Worten geizte, um von seiner lautlosen Transaktion abzulenken, begeht der Zundelfrieder die seine, indem er ernste Worte spricht (freilich ist beide Male die Sprache zum Betrügen da, während der Blick Klarheit schafft). Zudem muss der Taschendieb dem Zundelfrieder auch noch dankbar sein. Denn er hat gesehen und drückt jetzt ein Auge zu. Der Gesell bittet ihn »vor Gott und nach Gott, stille zu sein«. Der Zundelfrieder – Gott hab ihn selig – steht nicht an, dem Taschendieb nebst einer Prise Tabak aus der Dose noch ein paar gutbürgerliche Lebensweisheiten auf den Weg zu geben. »Seht«, erklärt er, »in solche Not kann man kommen, wenn man auf bösen Wegen geht. Euer Lebenlang laßt es Euch zur Warnung dienen. Unrecht Gut faselt nicht. Ehrlich währt am längsten.« An diesem Punkt könnte der Zundelfrieder all das noch wahr machen. Erst mit dem letzten Halbsatz der Erzählung wird der Abweg aktenkundig: Der Frieder trägt die Tabaksdose »zu einem Goldschmied« (187).

Eine ganz andere, in ihren Ausgangsvoraussetzungen aber nicht unähnliche Geschichte erzählt Lessing in seinem Einakter *Die Juden*, einer sogenannten sächsischen Typenkomödie aus dem Jahre 1749. Das Wandern der silbernen Tabaksdose findet hier vor aller Augen statt: auf der Bühne, die sich ohne nähere Angabe als der Wohnsitz eines Barons erweist. Eben darin ähnelt der Ort des Geschehens dem Wirtshaus in Hebels Kalendergeschichte, einem öffentlichen Raum des Verkehrs, an dem der Blick des Zundelfrieder lediglich das erfasst, was alle sehen könnten, wenn sie nicht mit Blindheit geschlagen wären.

Bei Lessing wissen die Zuschauer von Anfang an mehr als die Beteiligten. Der erste Auftritt des spitzbübischen Verwalters verrät schon, dass er mit einem Spießgesellen seinen eigenen Herrn, den Baron, auszurauben versucht hatte, daran aber durch die Dazwischenkunft eines Reisenden gehindert wurde. Dieser Fremde, den der Baron als seinen Erretter vor diesem Überfall mutmaßlicher Juden in sein Haus eingeladen hat, wird nun vom Verwalter heimlich – und für alle sichtbar – seiner Tabaksdose beraubt, indem dieser ihm vormacht, wie die Juden auf den Jahrmärkten im Gedränge dem einen »das Schnupftuch, dem andern die Tobaksdose, dem dritten die Uhr« (381) stibitzen.

Der Baron und seine heiratsfähige Tochter möchten den einnehmenden Fremden als Gast bei sich behalten. Obwohl oder weil der »Physiognomie« des Reisenden nach seinem Dafürhalten das »Tückische, das Ungewissenhafte, das Eigennützige« der Juden völlig abgeht, möchte der Baron mehr über dessen Verhältnisse wissen und beauftragt ein Dienstmädchen, den impertinenten Diener des Reisenden auszufragen. Auf dieses Mädchen hat aber auch der Verwalter sein Auge geworfen. Als er vor ihr mit der entwendeten Tabaksdose groß tut, erklärt sie sogleich, ein Liebhaber, der ihr eine solche »silberne Dose« schenkte, hätte »gegen mich gewonnen Spiel« (396). So kommt die Dose an das Dienstmädchen, mit einem Kuss als einstweiliger Gegenleistung.

Das von der heiratswilligen Tochter noch einmal auf den Diener angesetzte Dienstmädchen besticht diesen mit der Dose, um von ihm mit einer erfundenen Geschichte von der abenteuerlichen Vergangenheit seines Herrn abgespeist zu werden. Inzwischen hat der Fremde die Dose vermisst und Verdacht gegen den Verwalter geschöpft. Als dieser bereitwillig seine Rocktasche ausleert, entfallen ihr versehentlich die falschen Judenbärte, die beim Überfall auf den Baron zur Tarnung dienten. Aber auch der Verbleib der Dose muss offenbar werden. Der ahnungslose Diener zeigt sie seinem Herrn vor: »Betrachten Sie diese Dose!« (409) Der nimmt sie in die Hand, erkennt sie, und es folgt das, was im germanischen Recht als *Dritthandverfahren* bezeichnet wird: Der bezichtigte Diener verweist auf das Dienstmädchen, das Dienstmädchen verweist auf den Verwalter.

Nunmehr wissen auch die Beteiligten, was die Zuschauer

sogleich gesehen haben. Aber es steht noch eine dritte Ent-hüllung ins Haus. Sie betrifft nun im Gegenteil eine Sache, die auch der Zuschauer nicht hat sehen können – dass man die Juden, von denen bereits wiederholt die Rede war, in Ge-stalt eines Vorzeigeexemplars schon die ganze Zeit gesehen hat: Der Reisende ist selbst ein Jude. Die Heirat mit der Toch-ter des Barons fällt ins Wasser.

Natürlich dient der Weg der Dose dazu, den inneren Adel des Juden ins rechte Licht zu setzen. Daher schenkt er (oder überlässt er) seinem Bedienten am Ende sogar die silberne Dose, gewissermaßen zum Dank für dessen Grobheiten. Er wird von ihm dafür mit dem bedenklichen Spruch belohnt, es gebe »wohl auch Juden, die keine Juden sind« (414). Bedenk-lich ist das Ganze aber auch, wenn man sich klarmacht, was der reisende Jude und die wandernde Tabaksdose gemein-sam haben: Beiden kann nicht ansehen, woher sie kommen. Es ist nicht zuletzt diese Eigenschaft, durch die die silberne Dose die niederen Beweggründe der unteren Bevölkerungs-schichten wecken kann (während der Jude das Begehren des adligen Fräuleins weckt).

Das Geld. Schatztruhen enthalten vornehmlich Goldstü-cke. Diese *zählen* nicht als Geld, sondern *wiegen* als Gold. Da-gegen ist nichts zu sagen. Das gehortete *Geld* hingegen wird seinem Zweck entfremdet, indem man es aus dem Verkehr gezogen hat, für den es bestimmt war. Das Zirkulieren, das Wandern ist der Normalzustand des Geldes und wird daher nicht als solches wahrgenommen. Es sei denn, das Geld wan-dert in *ausgezeichneter* Weise. Dies geschieht dann, wenn es ein *bestimmtes* Geld ist, wenn es – in einer Geschichte – mit dem bestimmten Artikel versehen wird: *das* Geld.

Das Geld kann zum Beispiel eine bestimmte Geld*menge* sein – etwa das für die Miete bestimmte Geld, das der Vater vertrunken oder der Sohn verspielt hat. Als eine derartige imaginäre Einheit kann das Geld aber nicht weitergegeben werden. Das vertrunkene oder verspielte Geld wird gewissermaßen zur Substanz – es bleibt nicht zusammen, sondern verstreut sich oder versickert. Damit es weiterhin *das* Geld bleibt, bedarf es entweder eines Wissens um die Weitergabe oder eines Minimums an materieller Existenz – gleichsam einer irdischen Hülle, die seine Kontinuität verbürgt. Das kann ein Sparschwein sein, der sprichwörtliche Koffer voller Scheine oder auch nur ein bestimmtes Bündel Banknoten. In jedem Falle kann man dann den Weg des Geldes verfolgen. Daher erfüllt im übertragenen Sinne auch das *schmutzige* Geld diese Bedingung: Man muss es waschen, auf dass es wieder zur Substanz werde ohne Vergangenheit.

In Geschichten ist es folglich umgekehrt die *Herkunft* des Geldes, die einem mit *dem* Geld in die Hände gespielt wird. Etwa in den Romanen *Der Mann aus London* und *Der Zug aus Venedig* von Georges Simenon. Vor allem aber im Film. In der Regel wird *das* Geld nicht redlich erworben, sondern eher zufällig erbeutet oder aufgefunden. Der Koffer voller Geld ist mit einer Vergangenheit behaftet und erweist sich dann meist als *zu groß* für den Betreffenden. In der Komödie *Blue Money* von Colin Bucksley stiehlt ein irischer Taxifahrer in London den Geldkoffer eines Kunden, aber bei der anschließenden Verfolgung durch verschiedene Gruppen schmilzt die Beute immer mehr zusammen. In *Money for Nothing* von Ramon Menendez bringen drei von zwei arbeitslosen Jugendlichen gefundene Geldsäcke kein Glück, weil die Versuche, *das* Geld zu Geld zu machen, kläglich scheitern. In *Ein einfacher Plan* von Sam Raimi wird den Provinzlern der von ihnen nach einem Flugzeugabsturz entdeckte Koffer voller Schwarzgeld zum Verhängnis. In *Millions* von Danny Boyle fliegt eine Tasche voller Geld aus dem Zug auf das Refugium, das sich zwei Kinder am Rande der Bahnstrecke gebaut haben. Die Beispiele ließen sich ohne Schwierigkeiten vermehren.

In all diesen Fällen wird *das* Geld nicht weitergegeben. Die Herkunft insistiert entweder dadurch, dass die Vorbesitzer dem Geld hinterher sind, oder einfach dadurch, dass es *zu viel* ist für denjenigen, in dessen Hände es gespielt wurde. Schon dies *Zuviel* bewirkt aber, dass *das* Geld zu einem *geheimen* Reservoir gemacht werden müsste, um sich unauffällig zerstreuen zu können. Natürlich kann der Geldkoffer wie jeder unrechtmäßige Besitz seinerseits wieder abhandenkommen. Ein Dritter kann ihn sich unter den Nagel reißen; die Wohnung eines Dritten kann als ein unverdächtiges Depot dienen. *Dasselbe* Geld bleibt es unter diesen Bedingungen aber nur, insofern die Vorbesitzer die *Spur* auch bis zu diesem Dritten verfolgen können oder das Geld auch für diesen Vorbesitzer *zu viel* ist. Eine intersubjektive Verkettung entsteht auf diese Weise nicht.

Dazu müsste *das* Geld zu einer Botschaft werden. In dem Film *Le Train de Vienne* (*Der Zug aus Wien*) von Caroline Huppert aus dem Jahre 1989 stiehlt der Sohn des französischen Botschafters in Wien seinem Vater einen als Lösegeld vorgesehenen Koffer mit Geld. Die Geisel wird umgebracht; der Vater begeht Selbstmord. Der Sohn schiebt den Koffer im Zug nach Paris einem vermeintlich Unbekannten unter, der sich aber als ein ehemaliger Lehrer des jungen Mannes erweist. Indem dieser den Zusammenhang erschließt, beginnt er den Geldkoffer als eine ihm unwissentlich übermittelte Botschaft aufzufassen – als die Aufforderung, die Auseinandersetzung mit diesem jungen Mann zu suchen.

Eine gewisse Art von Verkettung bringt *das* Geld in dem Film *Smoke* von Wayne Wang und Paul Auster zustande. Hier befindet es sich in einer braunen Papiertüte. Der jugendliche Farbige Rashid versteckt sie beim Schriftsteller Paul, wo er zu Gast ist, in einem unbeobachteten Moment in einem Bücherregal. Später findet Paul die Tüte zufällig beim Herausnehmen eines Buches. Er schüttet sie aus, die Scheine fallen zu Boden – 5918 Dollar. Es ist die Beute eines Banküberfalls, die die Täter auf der Flucht haben fallen lassen. Aber sie haben Rashid, der die Tüte aufgehoben und eingesteckt hat, erkannt. Jetzt sind sie hinter ihm her. Rashid aber will das Geld behalten: Es sei ›seine Zukunft‹. Dies bewahrheitet sich freilich anders als gedacht. Tatsächlich liegt seine Zukunft nämlich in dem Netz von Beziehungen, das sich rund um Auggies Tabakladen in Brooklyn gewoben hat und mit seinen beweglichen Positionen an die Stelle einer Familie getreten ist. Auggie hat Rashid als Hilfskraft bei sich angestellt, aber Rashid ruiniert versehentlich die geschmuggelte Ladung kubanischer Zigarren, in die Auggie sein ganzes Vermögen von fünftausend Dollar gesteckt hatte. Weil er trotzdem weiter bei Auggie arbeiten möchte, investiert er seine Zukunft in eine Wiedergutmachung und bietet diesem das Geld in der braunen Papiertüte an.

Auggie will die Kompensation zunächst nicht akzeptieren. Da dieses Geld für Rashid *zu viel* ist, sei es ja wohl ohnehin gestohlen. Schließlich aber nimmt er es an. Wenig später kreuzen die Räuber auf der Suche nach dem Geld bei Paul auf und richten ihn übel zu. Er aber kann hernach Auggie mit Genugtuung mitteilen, dass er nichts über den Verbleib des Geldes hat verlauten lassen und sich mithin als loyaler Freund erwiesen hat. In diesen Verbindungen, die das Geld unter Beweis stellt, erschöpft sich seine Funktion. Verbraucht wird es nicht, denn es ist, weil es *das* Geld ist, irgendwie nicht die richtige Art Geld. Gegen Ende des Films gibt Auggie das Geld einer Freundin von früher, die völlig abgebrannt bei ihm aufgekreuzt ist und damit ihrer drogensüchtigen Tochter helfen will, von der sie behauptet, dass Auggie ihr Vater sei. Damit verschwindet das Geld aus der Geschichte, die es durchquert hat. Es verschwindet, bevor es – wie man annehmen muss – spurlos versickert, verpulvert wird, sich in Rauch auflöst. Die Bankräuber werden, wie aus der Zeitung zu erfahren ist, von der Polizei erschossen. Niemand wird mehr auf der Spur nach diesem Geld sein, das sich nur in der *Spurfolge* aus der allumfassenden Zirkulation herausgehoben hat.

Hier wie in den übrigen Geschichten geht es um Geld, das seinem rechtmäßigen Eigentümer abhandengekommen ist. Unter bestimmten Bedingungen kann *das* Geld aber auch in rechtsförmigen Transaktionen von Hand zu Hand gehen. So in der 81. Novelle des *Decamerone*. Die zweihundert Gulden werden hier *das* Geld, weil sich Gulfardo unter dem Vorwand eines anstehenden Geschäftes genau *jene* Summe von seinem Handelspartner ausleiht, die dessen habgierige Frau als Entlohnung für ihre Liebesdienste von ihm verlangt hat. Dass der Hurenlohn der Ehebrecherin vom betrogenen Gatten stammt, wäre allerdings eine ganz willkürliche Pointe, wenn Ambruogia nicht darüber hinaus genau *dieses* Geld wieder an ihren wiedergekehrten Mann abführen müsste, weil sie es bekundetermaßen in dessen Stellvertretung angenommen hat.

ZU GROSSES. In *Das Halsband der Königin* erzählt Alexander Lernet-Holenia eine *Vorgeschichte*. Zunächst einmal erzählt er vom *Vorabend* der Französischen Revolution, von Marie Antoinette, von der Degeneration und dem Ausverkauf des Adels. Das tut er, indem er die sogenannte Halsbandaffäre aufbereitet, die nach Meinung des Verfassers den Ausbruch der Revolution sehr begünstigt hat. Auch der versatzstückhafte Bericht Lernet-Holenias selbst wird zusammengehalten vom titelgebenden Diamanthalsband, das die Hofjuweliere Boehmer und Bassenge eigens für das königliche Haus angefertigt hatten, ohne jedoch damit beauftragt worden zu sein. Vergeblich bieten sie das auf die unerhörte Summe von 1,6 Millionen Livre geschätzte Stück dem Königshaus zum Kauf an. Schon einige Jahre liegt das Kapital brach, als die Juweliere schließlich versuchen, es über die Gräfin La Motte zu einem Sonderpreis doch noch an die Königin zu bringen. Damit fallen sie einer weitgespannten Intrige zum Opfer. Die La Motte und ihre Bande bekommen den Schmuck zu fassen. Das Halsband wird ohne weiteres zerlegt und zerwirkt. Die einzelnen Teile gelangen durch diese und jene Hände hierhin und dorthin.

Das *Halsband der Königin* ist also ein Ding, das nie bei der Königin angekommen ist und deshalb seinen Namen zu Unrecht trägt. Es ist nie getragen worden, hat – auch wenn es *ge-*

zeigt wurde – nie wahrhaft das Licht der Welt erblickt. Seine Geschichte als *Ding* bleibt eine Vorgeschichte. Der Erstausgabe des Buches ist ein Faltplan beigegeben, der dem Betrachter die Ausmaße des Halsbandes in Originalgröße vor Augen stellt. Das zwölfte Kapitel widmet sich seiner Beschreibung und trumpft auf mit den sieben in ihm verarbeiteten Solitären und den sechshundertvierzig weiteren, meist haselnußgroßen Diamanten »im Gesamtgewicht von 2.800 Karat« (100). Schon das nächste Kapitel aber ist mit »Die Zerwirkung der Beute« betitelt – und das Wort »Beute« benennt das Ding immer schon als Plural. Weil das Halsband der Königin ein singulär zusammengesetztes Ding ist – zu groß gleichsam für diese Welt –, ist es seine *Bestimmung,* zur Beute zu werden. Weil ihm der Platz im Symbolischen verwehrt ist, kann es auch nicht wandern. So gerät dieses vom Text beschworene Ding gewissermaßen zum *Gegenstück* des *entwendeten Briefes,* dessen Inhalt uns Edgar Allan Poe nie mitgeteilt hat.

Wunderkammer

TROPHÄEN, WAFFEN. Trophäen sind Siegeszeichen – also Gedächtniszeichen, die den Sieg verewigen. Wer dem Gegner die Fahne abgenommen hat, kann sie vor sich her tragen und ausstellen. Insofern die Trophäe auf den Sieg bezogen ist, hat sie ihren Wert zunächst einmal für den, der ihn errungen hat. Aber sie hat diesen Wert nicht aus sich selbst, sondern aus der Wertschätzung des gegnerischen Vorbesitzers. Ich kann das Siegeszeichen nicht erschaffen, ich muss es *übernehmen.* Es ist stets *ausgezeichnet.* Es hat einen auszeichnenden Vorbesitzer – und sei es dessen Kopfhaut, aus der ich einen Skalp machen werde.

Ganz verschiedene Dinge können zu Trophäen werden. Und der Sieger kann ganz verschieden mit ihnen umgehen. Abgeschlagene Köpfe kann man auf Speere spießen. Man kann sogar mit ihnen kegeln, wie der entsetzte Zeuge in der

Episode »Der andere Sohn« im Film *Kaos* der Brüder Taviani erkennen muss. Der Kopf als Trophäe ist allerdings ein Grenzfall, weil er das Symbolische im Realen fundiert. Das Zeichen ist hier zugleich das *corpus delicti*. Es ist kein einfaches Siegeszeichen, sondern ein Sieges*beweis*. Der Kopf des Besiegten ist der körperliche und unumstößliche Beweis dafür, dass die Tat vollbracht ist. Daher ist er im Grunde nicht mehr Besiegter, sondern Opfer. Die Unumstößlichkeit macht es darüber hinaus möglich, dass sich die Seite der Täter in Auftraggeber und Ausführenden aufteilt und der Kopf zum Beweis der Ausführung wird. In Sam Peckinpahs *Bring mir den Kopf von Alfredo Garcia*, wo ein mexikanischer Feudalherr demjenigen eine Million versprochen hat, der ihm den Kopf des Schwängerers seiner Tochter überbringt, erweist sich der Rückweg der Trophäe als so umwegig, dass diese in ihrem Beutel zu stinken beginnt.

So etwas gehört nicht in die Wunderkammer (sondern allenfalls ins Raritätenkabinett). Als *Beweise* sind Trophäen zunächst der Verwesung ausgesetzt. Es fehlt ihnen die Haltbarkeit des bloßen Zeichens. Und es fehlt ihnen der Respekt, der den Siegeszeichen entgegengebracht wird. Abgetrennte Körperteile sind kein Gedächtniszeichen; sie werden verscharrt, wenn sie den Beweis wirklich oder vermeintlich erbracht haben. Im besten Fall werden sie vom Sieger einverleibt: Leber und Lunge des vermeintlich getöteten Schneewittchen, von der Stiefmutter als Beweis für deren Tötung vom Jäger verlangt, werden von dieser gekocht und verspeist.

Es ist aber ohnehin fraglich, welches Schicksal die Trophäen erwartet. Das sieht man auch an den haltbarsten Trophäen, den ausgezeichneten Edelsteinen. Der Prolog von Wilkie Collins' *Monddiamant* berichtet, dass sich der Sultan Tipu einen profanen Dolch mit dem heiligen Stein der Inder verzieren lässt. In Tolkiens *Silmarillion* setzt Melkor die geraubten Silmaril seinen unsterblichen Verwandten zum Hohn in seine Eisenkrone ein. Diesem Hohn lässt sich entnehmen, dass dem Triumph, mit dem der Sieger die Trophäe ausstellt, auch eine bittere Erkenntnis beigemischt ist: Das Ausgestellte ist nicht das Eigene und wird sich als haltbarer erweisen als der Triumph. Die Trophäe ist ein Gedächtniszeichen, das verblasst. Daher landen die Trophäen in der Wunderkammer, wo es andere ihresgleichen gibt; und die Pokale verstauben in den Regalen.

Was bedeutet dann eine Trophäe in der Hand eines Dritten, wenn sie nicht durch ihren materiellen oder magischen Wert zu bestechen imstande ist wie ein Edelstein? Das hängt zunächst einmal davon ab, inwiefern es ein *Wir* gibt, das sich der Pflege des Gedächtnisses widmet. Denn die Trophäe ist in erster Linie ein den anderen entrissenes Ding, das den *Unsrigen* gezeigt wird. Solange die Trophäe bei uns bleibt, wird sie nicht eigentlich an einen Dritten weitergegeben. Und kein Dritter hat ein Interesse an dem Zeichen für einen Sieg, der nicht der seine ist.

Anders verhält es sich mit den Trophäen, die nicht bloß dazu dienen, den Sieg *auszustellen*, sondern ihn zu *erringen*. Das sind die Waffen. Als Trophäe ist die Waffe, mit der man etwa den Kopf abschlägt, das Gegenteil des abgeschlagenen Kopfes. Die Waffe wird einerseits als etwas vorgezeigt, was man hat; andererseits kann sie einem abgenommen werden. Dann kann ein anderer sie gebrauchen. Auch aus der Rüstkammer können die Waffen jederzeit wieder hervorgeholt werden (wenn sie außer Gebrauch kommen, so liegt das nicht am Besitzerwechsel, sondern an ihrer veralteten Technologie). Schon bei Homer gibt es die ›Waffenherkunftsgeschichte‹, die an gebotener Stelle – im 21. Gesang der *Odyssee* – nachträgt, dass Odysseus seinen Bogen im Tausch gegen Lanze und Schwert von seinem Freund Iphitos erhalten hat, dem er einst von seinem Vater Eurytos auf dem Sterbebett überreicht wurde (V. 13 ff.). Es liegt nahe, die Geschichte der Waffe ab jenem *ausgezeichneten* Punkt zu erzählen, an dem sie zur Trophäe wurde. Im 7. Gesang der *Ilias* wird beispielsweise berichtet, dass Ereuthalion die Rüstung von Areithoos, dem »Keulenschwinger« (V. 138), trägt. Dieser wurde von Lykurgos mit Arglist in einem Hohlweg umgebracht und der Rüstung beraubt, die der gealterte Lykurgos dann seinem Genossen Ereuthalion weitergegeben hat.

Man sieht allerdings, dass die Waffe ihren Status als Trophäe mit der Weitergabe an einen Kampfgenossen im Grunde einbüßt. Nicht zur Erinnerung an einen Sieg wird die Rüstung übergeben, sondern wegen ihrer erprobten Eigenschaften: Daher ist es nicht eine Rede der Helden, sondern der epische Erzähler selbst, der den Herkunftsnachweis zur Sprache bringt. Mit der Weitergabe rückt der Zeichencharakter der Sache in dem Maße in den Hintergrund, wie ihre Verwendbarkeit in den Vordergrund rückt. Umso mehr gilt das dort, wo die Waffe nicht übergeben, sondern geraubt wird. So in *Winchester 73* von Anthony Mann, wo das berühmte Repetiergewehr seine Karriere zwar als Trophäe beginnt, dann aber sogleich einbüßt: Lin McAdam, dem Sieger im Wettschießen, wird die Waffe noch vor Ort geraubt, und die folgenden Besitzerwechsel des Gewehres, die der Western erzählt, resultieren keineswegs aus dieser Startbedingung. Allein das noch leere Feld für das Eingravieren des Namens gemahnt daran, dass das Gewehr nur demjenigen zusteht, der die Trophäe *errungen* hat.

All dies sind Männergeschichten. Ein anderes Ansehen gewinnt die Sache erst, wenn Frauen als Adressaten einer Trophäe in Betracht kommen. Indem die Männer die Trophäe an die Frau abgeben, bekennen sie sich als Hochstapler. Der Film *Der Wilde* von Laszlo Benedek zeigt es in wünschenswerter Klarheit: Der von Marlon Brando gespielte Johnny muss die Trophäe, die er nicht errungen hat, sondern die seine Motorradgang für ihn hat mitgehen lassen, der guten Kathie übergeben, um sich aus seiner Erstarrung zu lösen. Natürlich hat sich die Bedeutung der Trophäe dadurch ins Gegenteil verkehrt: Ein Zeichen des Sieges soll es jetzt sein, wenn man sie abgibt. In ganz anderer Weise hat auch Thibaut de Vallormes, der unmännliche Held in Gottfried Kellers *Die Berlocken*, seine an der Uhrkette versammelten Trophäen fälschlich erworben. Seine »Siegesspolien« (344) – ein Korallenherz, ein Kristallherz, ein Herz aus milchweißem Opal und anderes mehr – hat er den Mädchen unter Vortäuschung falscher Tatsachen geraubt. Für sein angebetetes Indianermädchen, dem er diesen Schmuck auf deren Wunsch hin schließlich übergibt, sind diese Preziosen natürlich keinerlei Siegeszeichen von was auch immer. Thibaut de Vallormes jedoch muss erkennen, dass seine Berlocken in unvermuteter Weise durchaus wieder zu einem Siegeszeichen werden können, als er sie an der Nase des Jünglings baumeln sieht, der die Angebetete heute Nacht in sein Zelt führen wird.

ZWEIFELHAFTE WUNDERDINGE. Es ist – nach Maßgabe der *Gattung* – nicht ohne weiteres zu sagen, was ein Wunderding eigentlich ist. Gewiss ist es mit Kräften ausgestattet, die den Besitzer zu etwas befähigen, wozu er sonst nicht in der Lage wäre. Vielleicht sind es aber nur eingebildete Kräfte, deren Wirksamkeit sich dem *Glauben* verdankt. In dieser Hinsicht sind die Wunderdinge das Gegenstück zu den Dingen, auf denen ein Fluch liegt. Auch ein solcher Fluch betrifft eine übernatürliche Eigenschaft, die man dem Ding nicht ansehen kann und die sich womöglich der Bedeutung verdankt, mit der es *befrachtet* wird.

Besonders lehrreich ist in dieser Hinsicht das Goldene Vlies, wie es uns in der Trilogie von Franz Grillparzer entgegentritt. In *Der Gastfreund* erklärt Phryxus den Kolchern, wie ihm das geraubte Goldene Vlies zur Rettung diente: »Des Vaters Häscher fand ich vor den Toren / Sie wichen scheu des Gottes Goldpanier / Die Priester neigten, das Volk lag auf den Knieen / Und vor mir her es auf der Lanze tragend / Kam ich durch tausend Feinde bis ans Meer. / Ein schifft' ich mich und hoch als goldne Wimpel / Flog mir das Vließ am sturmumtobten Mast / Und wie die Wogen schäumten, Donner brüllten / Und Meer und Wind und Hölle sich verschworen / Mich zu versenken in das nasse Grab / Versehrt ward mir kein Haar und unverletzt / Kam ich hierher an diese Rettungs-

küste / Die vor mir noch kein griech'scher Fuß betrat.« (220)
Allem Anschein nach ist es also das mit wundersamer Kraft
begabte Vlies, das Phryxus auf seinem Weg und auf seiner
Fahrt beschirmt. Weil aber Phryxus gleichwohl nicht der
rechtmäßige Eigentümer des Vlieses ist, kann diese Kraft, der
er seine Rettung verdankt, auch im entgegengesetzten Sinne
gedeutet werden: Aietes sieht in ihm den Überbringer des
Goldenen Vlieses, der umstandslos getötet werden darf. Mit
dem Fluch des sterbenden Phryxus aber büßt das Vlies seine
wunderbaren Kräfte ein. Das heißt nicht, dass nun dieser
Fluch wirksam ist. Das Vlies, so notiert Grillparzer in sein Tagebuch, sei vielmehr ein »sinnliches Zeichen« (796). Es wird
mitgeschleppt als Symbol: »Jason will das Vließ, als das einzige
Zeichen seines Ruhmes, das allein ihm noch Achtung in der
Welt verschaffen kann, das ihm Selbstvertrauen geben kann
bei der allgemeinen Verwerfung« (777). Und auch wenn es
von Medea vergraben wird, ist es nichts weiter als ein Ding,
das nicht an seinem Platz ist.

Ein Wunderding kann aber auch auf andere Weise unei-
gentlich sein. In dem Film *Lulu on the Bridge*, der ersten Regie-
arbeit von Paul Auster, stürzt der Saxophonist Izzy (gespielt
von Harvey Keitel) zu Beginn auf der Bühne von einer Kugel
getroffen nieder. Durch den Lungenschuss berufsunfähig geworden und aus der Bahn geworfen, findet er nachts bei einem Erschossenen eine Tasche, die eine auf eine Serviette geschriebene Telefonnummer und ein Paket enthält. In diesem
Paket befindet sich ein zunächst gewöhnlich aussehender, etwas weniger als faustgroßer Stein, der jedoch im Dunkeln
bläulich zu leuchten und zu schweben beginnt. Die Telefonnummer entpuppt sich als die der jungen, noch unbekannten Schauspielerin Celia. Als der alternde Izzy der jungen
Frau die Wirkung des Steines vorführt, nimmt diese den
leuchtenden Stein in ihre Hände und erlebt ein ungekanntes
und unerhörtes Glücksgefühl. Nachdem auch Izzy diese Erfahrung gemacht hat, werden die beiden unter dem *Zeichen*
dieses Steines ein rückhaltloses Paar. Als sich Celia vorerst für

Dreharbeiten nach Europa verabschiedet, gibt Izzy ihr den Stein mit auf den Weg. Während nun Izzy in New York einer geheimnisvollen Organisation in die Hände fällt, der er aber nichts von dem Stein und Celia erzählt, wirft die verzweifelte Celia den Stein schließlich von einer Brücke in den Fluss, weil er seine wunderbare Kraft offensichtlich nur im Beisein des Geliebten entfaltet. Und wenig später, als sie von der besagten Organisation gestellt wird, springt sie selbst von der Brücke. So verbleibt der Stein letztlich im Bereich der Metapher. Die auf der Jagd nach ihm sind, werden ihn nicht bekommen. Den Liebenden hingegen, für die er nur das Glück der Anwesenheit bedeutet, muss er außerhalb der Beziehung zum toten Gegenstand werden. Und schließlich wird es auch diese Beziehung und diesen Stein nicht wirklich gegeben haben. Denn am Ende stellt sich heraus, dass die ganze Geschichte, die der Film erzählt, nur eine letzte Phantasie des durch den Lungenschuss in Wahrheit tödlich getroffenen Izzy gewesen ist. Celia ist nur die Frau, die in dem Moment den Weg des Krankenwagens kreuzt, in dem dessen Sirene abgestellt wird: »Celia begreift, daß der Mensch in dem Wagen gestorben ist« (143).

Unzweifelhafte Wunderdinge finden sich natürlich in Märchen. Von der Zauberlampe Aladins über das sich deckende Tischlein bis zu dem Ring, der seinen Träger in William Makepeace Thackerays Die Rose und der Ring zur begehrenswerten Schönheit macht, begegnen in Märchenerzählungen immer wieder solche instrumentellen Gegenstände. Aber diese Wunderdinge wandern letztlich nicht. Der »Wunschstein« (450) aus dem Grimmschen Märchen Die treuen Tiere ist ganz und gar durch den Bezug auf den Mann definiert, der ihn entweder hat oder nicht hat. So interessiert zum Beispiel nicht, wo dieser Wunschstein war, bevor der Mann seiner das erste Mal ansichtig wird. Er kommt einfach aus dem Nichts über das Wasser dahergeschwommen. Entsprechend ist es beliebig, an wen der Mann den Wunschstein aus Dummheit verliert. Wie die Kaufleute, die ihm den Stein abgeschwatzt haben, mit ihm umgehen, bleibt vollkommen ausgespart: Sie sind gewissermaßen nur ein Depot – der Ort, wo der Stein dem Mann entzogen ist, wo er ihn *nicht* hat –, bis die treuen Tiere für seine Wiederbeschaffung sorgen.

Die Regel von der festen Verbindung von Held und unzweifelhaftem Wunderding hat auch für moderne Märchen Gültigkeit. In dem Film *Like Mike* aus dem Jahre 2002 (unter der Regie von John Schultz) kommt Calvin, ein vierzehnjähriger Junge im Waisenhaus, in den Besitz von Schuhen, die möglicherweise dem Basketball-Idol Michael Jordan gehört haben und ihrem Träger übermenschliche Fähigkeiten im Basketball bescheren. Die prinzipielle Ablösbarkeit des Gegenstandes von seinem Träger strukturiert nun naheliegenderweise den Film. Aber niemand anders kann sich des Dinges dauerhaft bemächtigen. Auf der einen Seite kann man daher sagen, dass jedes Wunderding im Märchen wandert, insofern es als etwas Abtrennbares *virtuell* wandert. Auf der anderen Seite wandert es nicht wirklich, weil es nie an einen Dritten gelangt. In *Like Mike* werden die magischen Schuhe, nachdem sie ihren Zweck erfüllt haben und der Junge eine neue Familie gefunden hat, einfach durch den dauernden Gebrauch kaputtgehen. So verlangt es die moderne Konvention, die das Märchen in die prosaische Welt einpasst.

Man kann ergänzend hinzufügen, dass die Geschichten um Wunderdinge dort, wo es keinen Helden gibt, dazu dienen, auf einer anderen Ebene deren Zweifelhaftigkeit zu erweisen. Geschehen kann das in jenen scheinbaren Märchen, wie sie etwa Hans Christian Andersen erzählt hat. In *Die Galoschen des Glücks* werden besagte Überschuhe von einer naiven Glücksfee in der Garderobe einer vornehmen Kopenhagener Soiree abgestellt. Wer sie anzieht, dem werden Wünsche erfüllt – keine materiellen Wünsche jedoch, sondern solche der Orts- und Zeitveränderung sowie des Wechsels der Identität und der Substanz. Da die verschiedenen Personen, die die Galoschen anziehen, gar nichts von ihrem Glück wissen und deshalb nur unbedachte, halb ausgesprochene Wünsche erfüllt bekommen, enden die Episoden jeweils in einer mehr oder weniger lehrreichen Katastrophe. Die Perfidie des Ganzen gipfelt im letzten Kapitel, das mit »Das Beste, was die Galoschen brachten« (197) überschrieben ist: Ein Student, der sich mit den Galoschen auf Reisen gewünscht hat, kommt zu der Einsicht, dass Reisen eigentlich nur gut wären, wenn man »keinen Körper« hätte. »Im Grunde weiß ich schon, was ich will, ich will an ein glückliches Ziel, dem glücklichsten von allen!« Schon steht der »schwarze Sarg« (202) da, und der Student ruht als Leichnam darin. Merke: Wo es keinen Helden gibt, taugen auch die Wunderdinge nichts.

Und andere Instrumente. Welche Instrumente könnten noch in eine Wunderkammer gehören? Gewöhnliche Instrumente kann man zur Hand nehmen und wieder weglegen. Sie bleiben gleichgültig. Es entsteht keine eigentümliche Verbindung zwischen mir und dem Instrument und keine eigentümliche Kraftentfaltung. Anders kann es sich vor allem mit *Musikinstrumenten* verhalten. Es gibt zahlreiche Geschichten, in denen die Spieler ihr Instrument *lieb*gewinnen, es nicht mehr aus der Hand geben wollen, ihm unverwechselbare und vielleicht wunderbare Töne entlocken. Auf welche Weise wird ein Musikinstrument unter diesen Bedingungen wandern?

Wohl nicht auf die Weise des *grünen Akkordeons*, das in dem Roman von Annie Proulx für ein Jahrhundert seinen Weg durch den amerikanischen Kontinent und die Musikstile verschiedenster ethnischer Gruppen macht. Das Akkordeon ist kein Instrument der klassischen Musikkultur. Die entscheidende Mitgift, die der italienische Erbauer des grünen Akkordeons seinem Instrument mit auf den Weg gibt, ist daher »ein wenig Dissonanz«, so dass »das Instrument schrill und klagend« klingt und die »Hörer an die Brutalität der Liebe« und »an mancherlei Hunger« denken lässt (14). Das prädestiniert das Instrument zu einem *Randgang* durch minoritäre musikalische Kulturen.

Zugleich erscheint das grüne Akkordeon nicht als das Objekt der Begierde. Wenn es beispielsweise am Ende des ersten Teiles – dem Originaltitel *Accordion Crimes* entsprechend – als Hinterlassenschaft eines Ermordeten mitgenommen wird, so hat es gleichwohl nicht das Mordmotiv ausgemacht. Es ist, auch wenn es in Ehren gehalten wird, kein sakrales Objekt. Zwar kann der jeweilige Besitzer eine Vorliebe dafür entwickeln, doch ist dieses zweireihige Knopfgriff-Akkordeon nicht davor gefeit, von seiner Umgebung geringgeschätzt zu werden – etwa von der ein »Piano-Akkordeon« spielenden Félida, für die es ein Spielzeug für Säufer und Amateure« ist und ein »Männerinstrument«, weil »die Männer es so spielen, wie wenn sie ficken« (232). Und ihr Vater, der Akkordeon-Virtuose Abelardo, missbraucht das von ihm bevorzugte grüne Akkordeon gleichzeitig als Versteck für seine durch den Drogenhandel verdienten Tausend-Dollar-Scheine.

Der Weg des grünen Akkordeons kann unter diesen Voraussetzungen nur abwärtsgehen. Wie die Musik, die auf ihm gespielt werden kann, büßt es seinen Wert im modernen Amerika immer weiter ein. Damit gerät es in einen immer schrofferen Gegensatz zu den Tausend-Dollar-Scheinen, die es auf seiner Odyssee bis zum Schluss unentdeckt beherbergt. Ganz am Ende fliegt einer von ihnen drei am Highway spielenden Kindern vor die Füße, als das fortgeworfene grüne Akkordeon von einem Truck überrollt wird.

In die Wunderkammer gehört statt des grünen Akkordeons die *rote Violine*. Von ihrer Geschichte erzählt der (mit einem *Oscar* für die Musik von John Corigliano bedachte) Film *The Red Violin* des Kanadiers François Girard aus dem Jahre 1998. Dabei bedient er sich diverser mythologischer Schemata, deren Eckpunkte in einer doppelten Rahmung bestehen. Am mythischen Anfang steht der Geigenbauer Nicole Bussotti. Ihm gelingt im Cremona des Jahres 1681 die vollkommene Geige, die er für seinen Sohn baut, den seine schöne Gattin Anna in sich trägt. Am mythischen Ende steht eine große Auktion im Montreal der Gegenwart, als deren

Höhepunkt *die* rote Violine von Bussotti versteigert werden soll.

Mutter und Kind sterben bei der Geburt, und Bussotti vollendet die Violine in Verzweiflung. Zuvor hatte die von unguten Vorahnungen gequälte Anna eine Wahrsagerin aufgesucht, die ihr die Tarot-Karten gelegt und ein langes Leben prophezeit hatte. Zwischen den einzelnen Episoden, die verschiedene Stationen der Violine von ihrer Schöpfung bis zu ihrer Versteigerung zeigen, springt der Film jeweils zurück zu dieser Szene, in der die Kommentare zu den nacheinander aufgedeckten Tarot-Karten jeweils einer Episode im Leben der *Violine* statt der Frau entsprechen.

Da ist zunächst die traurig-sentimentale Geschichte des kleinen Kaspar Weiss aus dem 18. Jahrhundert, der die rote Violine in einem von Mönchen geführten Waisenhaus spielt und von ihnen als ein Wunderkind erkannt wird. Mit einem freundlichen, aber mittellosen französischen Mentor und mit seiner geliebten Violine, die er mit sich ins Bett nimmt, reist er nach Wien, um dort nach einer harten Übungszeit dem mephistophelischen Grafen Mansfeld vorzuspielen, der ihm als Erstes seine Violine abkaufen möchte. Bevor er einen Ton herausgebracht hat, bricht der mit einem Herzfehler behaftete Kaspar tot zusammen.

Da ist sodann die sinnlich-sentimentale Geschichte des bewunderten englischen Violinvirtuosen Frederick Pope aus den 19. Jahrhundert, den die von einer schönen Zigeunerin erstandene Violine zu musikalischen und erotischen Höhepunkten mit seiner Geliebten Victoria hinreißt. Als die leidenschaftlich Liebende von einer Reise aus Russland zurückkehrt, ertappt sie den dem Opium verfallenen Frederick beim Violinspiel mit einer anderen Frau. Sie feuert eine Pistole auf ihn ab. Obwohl der Schuss nur den Hals der Geige gestreift hat, lässt sie einen Todgeweihten zurück.

Und da ist schließlich die heroisch-sentimentale Geschichte aus dem revolutionären Schanghai des 20. Jahrhunderts, in das es die Violine durch die Heimkehr eines chinesischen Bedienten von Frederick Pope verschlagen hat. Eine Funktionärin der Partei rettet die rote Violine, auf der ihre Mutter einst in den Konzertsälen Erfolge feierte, vor ihrer Vernichtung als bürgerliches Instrument. Sie lässt sie heimlich einem ehemaligen Geigenlehrer zukommen, der die Geige zusammen mit anderen Instrumenten lange Jahre bis zu seinem Tode hütet. Die Sammlung wird von der chinesischen Regierung konfisziert und zur Versteigerung freigegeben.

Man sieht, dass der Film nur ausgewählte Momente in der Geschichte der roten Violine ins Bild setzt. Bevor etwa der kleine Kaspar Weiss in den Besitz dieser Geige kommt, sieht man (in rascher Überblendung) nacheinander verschiedene Generationen von Waisenhauskindern auf dem Instrument spielen. Ebenso sieht man, wie die Geige bei immer neuen Generationen von Zigeunern in Gebrauch ist. Und von den Konzerten, die die Mutter der jungen Funktionärin mit der Geige bestritten hat, erfährt man lediglich über Erinnerungsphotos. Gemeinsam ist allen Episoden, dass die Geige in ihnen mit einer Person besonders verbunden ist, die sie dann gleichwohl loslassen muss. Dabei gerät jeweils das *Leben* der roten Violine in Gefahr. Nur knapp entgeht sie den Scheiterhaufen der Kulturrevolution. Nur knapp entgeht sie der Zerstörung durch den Schuss Victorias. Und nur durch die Grabschändung der Zigeuner entgeht sie der Verrottung, nachdem die Mönche sie aus Pietät zusammen mit Kaspar Weiss beerdigt haben.

Anders als das grüne Akkordeon, das als ein materieller Gegenstand immer weiter herunterkommt und im Rauschen dieser Welt aufgeht, erfährt die rote Violine eine Apotheose. Sie verdankt sich einer zweiseitigen teleologischen Konstruktion. Auf der einen Seite stehen die – eigentlich der Frau geltenden – rahmenden Prophezeiungen der Wahrsagerin, die ihr diese Apotheose verheißen. Und auf der anderen Seite steht der Rahmen der Versteigerung, in der sich die Apotheose bewahrheitet. Auch auf diese Versteigerung, auf der die rote Violine als der »Star des Abends« angekündigt wird, springt der Film jeweils zwischen den einzelnen Episoden zurück. Auf die Versteigerung läuft alles zu. Hier wird der roten Violine die (in Zahlen ablesbare) Wertschätzung zuteil, die ihr zu gebühren scheint. Das ist das Verdienst des beauftragten Violin-Spezialisten Charles Morritz, dessen Untersuchungen im Vorfeld erst erweisen, dass es sich nicht um *irgendein* Instrument, sondern um *die* rote Violine handelt, die seit den Zeiten des Virtuosen Frederick Pope legendär ist. Noch einmal verstärkt wird die teleologische Konstruktion des Film dadurch, dass auch die ›Erben‹ der verschiedenen Episoden bei der Versteigerung mit anwesend sind: Die Nachkommen der letzten chinesischen Eigentümerin bieten mit, ein Abgeordneter der Frederick-Pope-Gesellschaft ebenfalls, und die mittellosen Mönche des Klosters verfolgen die Angelegenheit wenigstens am Telefon (und im Gebet).

Aber die »rote Violine« ist nur ein Name – der Mann, der sie am Ende für mehr als zwei Millionen Dollar ersteigern wird, hat nur einen Namen ersteigert, denn er hatte das Instrument zuvor beim Probespiel (noch unwissend, dass es sich um *die* rote Violine handelte), als »nichts Besonderes« beiseitegelegt. Die Apotheose der Versteigerung ist – so will uns der Film bedeuten – schon insofern falsch und verfehlt, als sie den Wert der Geige beziffert und sie der ökonomischen Ordnung einverleibt. In Wahrheit jedoch bleibt die – nunmehr Geld verschlingende – rote Violine ebenso ein Fremdkörper der ökonomischen Ordnung wie das – am Ende Geld ausspuckende – grüne Akkordeon. Sie ist kein bloßes Tauschobjekt, kein totes Ding.

Angedeutet wird dies in den Irritationen, die von beiden Seiten in die zweifache Rahmung eingebaut sind und auf ein doppeltes *Geheimnis* verweisen: Bei der Präsentation der Geige auf der Auktion kommt es zu einer (mehrfach gezeigten) kleinen Verzögerung; die Kartenlegerin, die ja eigentlich der werdenden Mutter die Zukunft sagen sollte, spricht sie jeweils an, als sei sie selbst die Geige.

Es stellt sich heraus, dass der Violin-Spezialist Morritz mit Hilfe eines Kollegen die rote Violine vor der Präsentation gegen eine Kopie ausgetauscht hat. Während alle anderen letztlich nur den *Namen* kaufen wollen, hat er erkannt, dass diese Geige ein *Wunder* ist. Im Vorfeld der Versteigerung sind die beiden dem Korpus der Geige mit modernster Technologie zu Leibe gerückt und haben dabei diesen Leib als »die vollkommenste aller Schöpfungen« erfahren. Das ist die eine Seite der *wahren* Apotheose. Auf der anderen Seite enthüllt das Ende des Films das Geheimnis der Rede der Wahrsagerin, das mit dem Geheimnis der roten Farbe zusammenfällt: Der Geigenbauer hat seine Violine vollendet, indem er dem Lack das Blut seiner toten Frau beigemischt hat. Das Blut erweckt diesen Korpus, diesen Leib, zum Leben. Das ist die mythische Erklärung für das Leben dieser durch Zeit und Raum wandernden roten Violine – für die Leidenschaft, die sie zu wecken vermag.

Gehört ein solches Instrument nun tatsächlich in die Wunderkammer? Offenbar nicht, da in Wahrheit nur eine Kopie ersteigert wird. In der Ordnung des Mythos ist das Ende ein Anfang. Während das grüne Akkordeon einer unwiderruflich zerstörerischen, entropischen Zeit unterworfen ist, beginnt für die rote Violine ein neuer Zyklus: Der Sohn des Violin-Spezialisten Morritz wird (in der Neuen Welt) auf dem Instrument spielen, das sein Erbauer Bussotti einst (in der Alten Welt) für seinen Sohn vorgesehen hatte.

Von dem, was wandert (II)

Raritätenkabinett

HANDARBEITEN. Handarbeit meint zunächst: keine Fabrikware. Darüber hinaus versteht man unter Handarbeiten vor allem jene Tätigkeiten, mit denen ehrbare Frauen seit Penelope mittels Weben, Knüpfen, Stricken, Nähen, Häkeln oder Sticken ein stoffliches Endprodukt herstellen. Seit der industriellen Revolution zeichnen sich diese Handarbeiten dadurch aus, dass sie nicht die Fabrikware sind, die sie auch sein könnten. Daraus ergibt sich hinsichtlich der Wertschätzung ein problematischer Status. Gilt für die Bestimmung des Wertes das entsprechende industrielle Produkt als Maßstab? Bemisst er sich nach der tatsächlich aufgewendeten Arbeitszeit? Oder hängt er zusammen mit der Wertschätzung der Person, die diese Arbeit aufgewendet hat?

Das Wandern einer solchen Handarbeit kann das darin liegende Spannungsverhältnis manifest machen. So etwa in Alfred de Mussets Erzählung *Die beiden Geliebten*: Valentin, der junge Protagonist, bekommt von der reichen Geliebten zufällig genau jenes Kissen geschenkt, das die arme Geliebte in seinem Beisein in langen Abendstunden bestickt und ohne sein Wissen zu Markte getragen hat. Die persönlichen Erinnerungen Valentins an die Verfertigung des Kissens stehen hier im Kontrast zu der beiläufigen Art des Erwerbs durch die reiche Geliebte, die überdies behauptet, es selbst bestickt zu haben. Im Gegenzug stellt es einen Verstoß dar, wenn es sich bei der weitergegebenen Handarbeit um eine Gabe der Liebe handelt: Wer zum Beispiel ein gesticktes Taschentuch weiterverschenkt, missachtet den Schenkenden. Es ist nicht nötig, dass dieser auch der Produzent ist, wenn sich in der Handarbeit nur eine persönliche Geschichte verdichtet. Entsprechend befrachtet Othello das von Desdemona verlorene Taschentuch mit einer regelrechten Herkunftserzählung, die es in ausgezeichneter Weise als ein Einzelstück erscheinen lassen soll. In Shakespeares Stück wird ein weiteres Moment des handgefertigten Stückes bedeutsam: Es lässt sich identifizieren. Weil das verlorene Taschentuch mit einem unverwechselbaren Erdbeer-Motiv bestickt ist, eignet es sich besonders als Indiz der Eifersucht. Wenn Cassio seiner Geliebten Bianca das Taschentuch mit dem Auftrag übergibt, es zu kopieren, dann zeigt sich allerdings auf beziehungsvolle Weise, dass auch diese Identifizierbarkeit nicht unzweideutig gegeben ist. Und bei Alfred de Musset erkennt Valentin nur an einem (nicht weniger beziehungsvollen) kleinen Spritzer zweifelsfrei, dass es sich um *dasselbe* Kissen handelt.

Alles in allem ist die Handarbeit ein Ding von ungewissem Wert und schwankender Bedeutung. Als ihr Paradigma ließe sich das bestickte Taschentuch bezeichnen. Es verdichtet ihre wesentlichen Merkmale. Zunächst einmal ist das Taschentuch eine Kleinigkeit, ein Stück Stoff. Erst die zeitaufwendige Stickerei macht es zu einem Luxusartikel, den man mit sich führt und vorzeigt (in dieser Hinsicht nicht unähnlich der silbernen Tabaksdose). Und den man verlieren kann. Abgesehen davon ist das Sticken nicht zuletzt in der Literatur des 19. Jahrhunderts die privilegierte Form der zu Hause stattfindenden weiblichen Erwerbsarbeit (bei Autoren wie Balzac lässt sich beliebig nachlesen, dass sie umso mehr der Ausweg verschämter Armut ist, als sich die reichen Frauen mit derselben Beschäftigung die Zeit vertreiben). Vor allem aber kann dieses Stück Stoff auf verschiedene Weise zum Träger von Bedeutung werden. Damit ist nicht nur der indizielle Zeichenwert gemeint, der in *Othello* im Vordergrund steht. Vielmehr ist die weibliche Handarbeit etwas, was mit Bedeutung *befrachtet* wird, weil sie aufnahmefähig ist für Spuren im wirklichen oder übertragenen Sinn (im Grunde ist die Stickerei selbst die erste dieser Spuren). Wenn Frau von Parnes in Alfred de Mussets Erzählung auf dem Kissen ihrer Nebenbuhlerin herumtrampelt, so hinterlässt dies ebenso Spuren wie die Behauptung Jagos, Cassio habe sich mit Desdemonas Taschentuch den Bart abgewischt.

All diese Motive bündeln sich in mustergültiger Weise in einer ungewöhnlichen Erzählung von James Fenimore Cooper aus der Mitte und dem Herzen des 19. Jahrhunderts: *Autobiography of a Pocket-Handkerchief* (in der deutschen Übersetzung von 1853: *Die französische Erzieherin oder das gestickte Taschentuch*). Tatsächlich wird hier ein gesticktes Taschentuch auf knapp zweihundert Seiten zum erzählenden Subjekt. Zu Beginn ist es allerdings noch kein gesticktes Taschentuch. Es ist noch nicht einmal ein Taschentuch. Ein Ichbewusstsein besitzt das Taschentuch nämlich schon vor seiner eigentlichen Existenz – es erinnert sich auch seiner Vergangenheit als feinster Batist, ja sogar als Flachsblume auf einem amerikanischen Feld. Im engeren Sinne erblickt es – inzwischen in der Picardie – als Teil eines Kollektivs das Licht der Welt, das die Stunde herbeisehnt, »da wir das Magazin unseres Fabrikherrn verlassen sollten« (18).

Nach der Fiktion dieser Erzählung können die einzelnen Taschentücher miteinander (aber auch mit anderen Kleinigkeiten aus Stoff) auf eine ideale Weise – nämlich ohne Mund – kommunizieren. Sie geben und empfangen, wie das »Ich« an einer Stelle näher ausführt, »nicht durch Organe, wie sie unter Menschen gebräuchlich sind«, können aber in eine Art »magnetische Erregung« versetzt werden und besitzen dadurch in gewissen Grenzen die »Gabe des *Hellsehens*« (36). Dadurch werden sie zu teilnehmenden Beobachtern der menschlichen und gesellschaftlichen Verhältnisse, in denen sie zirkulieren.

Diese Organlosigkeit wirft auch die Frage nach dem *Geschlecht* des erzählenden Taschentuchs auf. Auf der einen Seite zeichnet sich das Taschentuch durch vollkommene Passivität aus. So ist die »Rolle« in der Welt, der es entgegenfiebert, »bloße Schaustellung« (17). Auf der anderen Seite trifft das Taschentuch während seiner Wartezeit eine männliche Objektwahl (wenn man so sagen darf): das schöne, aber verarmte Mädchen Adrienne, das die Taschentücher wirklich schätzt, während sie für die anderen »ein bloßes Rechenexempel« (26) sind. Der Erzähler ist, so darf man schließen, auf seltsame, aber wesenhafte Weise zwittrig.

Der Verkauf der Taschentücher gestaltet sich wegen der politischen Wirren um die bürgerliche Revolution von 1830 als schwierig. Zwar kommt die ganze Lieferung glücklich nach Paris, aber die als Käuferin avisierte Herzogin lässt auf sich warten. Da betritt die nun endgültig in Not geratene Adrienne das Geschäft und erkennt die Taschentücher »auf den ersten Blick« (33) wieder. Mit ihrem letzten Geld kauft sie eines von ihnen, um es in Heimarbeit zu besticken. Ihre Wahl fällt natürlich auf das erzählende Taschentuch, das schon früher bei einer Gelegenheit mit einem Tropfen *Eau de Cologne* benetzt und damit imprägniert und ausgezeichnet worden war. So wird die Objektwahl wechselseitig. Das Taschentuch verspürt das »Entzücken der Berührung« (33) durch Adrienne und stellt fest: »Als mich das liebe Mädchen in den Rahmen spannte, um mich mit eigner niedlicher Hand zu zieren, warf sie einen Blick des Entzückens, ja selbst der Zärtlichkeit auf mich« (47). Was bei dieser Affäre nach zwei Monaten harter Arbeit herauskommt, ist ein Tuch »von seltener Schönheit«, das »in ganz Paris« (57) seinesgleichen sucht.

Gleichwohl ist das Taschentuch eine Ware und eine Haut, die zu Markte getragen werden muss. Im Folgenden entfaltet der Text den besonderen Warencharakter dieses Luxusartikels in aller Ausführlichkeit, wobei die jeweiligen Preise genau notiert werden. Schon Desirée, die Comptoirdame, glaubt nur auf ihre Rechnung zu kommen, indem sie den an Adrienne zu zahlenden Preis bis aufs äußerste drückt. Gleichwohl verbleibt das Taschentuch »zwei bis drei Jahre« (68) als totes Kapital in der Schublade, bevor es von einem Colonel Silky gekauft und in die Neue Welt mitgenommen wird. Doch auch für diesen Mann ist das Taschentuch ein Spekulationsobjekt, das er in New York mit Gewinn weiterverkaufen will.

Aber gerade in der Neuen Welt wird deutlich, dass sich die Käufer um diese ebenso ausgesuchte wie nutzlose Handarbeit keineswegs reißen. Sein Wert bleibt eben ungewiss und seine Bedeutung schwankend: Als es schließlich für hundert Dollar von der Tochter des Bauunternehmers Halfacre erworben wird, avanciert es zwar umgehend zum Objekt der Begierde im Bekanntenkreis, aber ihre Freundin Klara erklärt es sogleich für »nutzloses Zeug« (92), das hier »nicht an seinem Platz« (94) sei; und wie es der Zufall will, macht der Vater noch in derselben Nacht Bankrott und das Taschentuch wird für fünfzig Dollar zurückverkauft.

Auch bei der nächsten Käuferin, der oberflächlichen Julie Monson, findet das Taschentuch seinen Platz in der Welt nicht. Vor allem für die Männer im Haus ist der »Fetzen«, das sie gar mit dem Spottnamen »das insolvente Taschentuch« (153) belegen, eine »unsinnige Verschwendung« (141). Zu ihnen gehört auch der – wenn man so sagen darf – gutbetuchte Betts Shoreham, der sich in die mittellose französische Erzieherin von Julie Monson verliebt hat. In dieser Beziehung wird das Taschentuch nun auch mit einer intersubjektiven Dimension befrachtet. Nachdem die Erzieherin den Brief gelesen hat, in dem Betts Shoreham um eine Unterredung bittet, bekommt sie, um ihre Tränen zu trocknen, »durch einen Missgriff« (158) das Taschentuch in die Hand. Als sie Betts gleich darauf unvermutet in die Arme läuft, gesteht sie ihm zwar ihre Liebe, lehnt seinen Antrag aber aufgrund ihrer unvereinbaren Verhältnisse ab. Da fällt der Blick des jungen Mannes auf das »verdammte Taschentuch«, das so wenig zur Schlichtheit der jungen Französin zu passen scheint: »Ich möchte wohl wissen, in welcher Berührung es eigentlich mit Ihren Gefühlen steht; denn ich will nur gestehen, daß es, wie Desdemonas Tuch, Mißtrauen in meine Seele geworfen hat, nur freilich aus ganz andern Gründen.« (162) Um sich zu rechtfertigen, erzählt die Erzieherin ihrem Angebeteten nun, was die deutsche Übersetzung von Coopers Erzählung bereits im Titel andeutet und der Leser bereits geahnt hat: Sie selbst habe dieses Taschentuch einst in Frankreich gestickt. Das Taschentuch selbst erkennt – wenig glaubwürdig – erst jetzt in der französischen Erzieherin Adrienne wieder. Bei ihr ist das Taschentuch also nicht im höchsten Maße deplatziert, sondern im Gegenteil ganz und gar an seinem Platze.

Während Adrienne und Betts schließlich einer glücklichen Verbindung zustreben, zerschlagen sich Julies eigene Heiratspläne mit einem geldgierigen jungen Mann unter dem Zeichen dieses Taschentuchs, gegen das die Besitzerin daraufhin einen »solchen Widerwillen« fasst, dass sie »kaum einen schicklichen Anlass erwarten« (182) kann, um es der französischen Erzieherin zu schenken. Mit dieser Rückkehr wird nicht nur (in einer für die Literatur des 19. Jahrhunderts charakteristischen Weise) die entfremdete Handarbeit nachträglich umdefiniert. Es wird zugleich die Unverträglichkeit der Handarbeit mit dem Warenverkehr unter industriellen Bedingungen statuiert. In der Welt der Waren ist dieses Taschentuch ein Fremdkörper. Dafür hat es eine Geschichte. Am Ende kann Adrienne sagen: »Dieses Taschentuch ist meine eigene Arbeit, und mir wegen der *Erinnerungen*, die sich daran knüpfen, unendlich theuer« (186).

SOUVENIRS? Kleine und (im Gegensatz zu den Denkmälern) bewegliche Dinge, an die sich Erinnerungen knüpfen, gibt es im Rahmen ganz unterschiedlicher kultureller Praktiken. Sie reichen von den bei einer Wallfahrt erstandenen Heiligenminiaturen bis zu den heutigen Reiseandenken, von der vererbten goldenen Uhr bis zur aufbewahrten Locke der Geliebten, von der in Ehren gehaltenen Taufkerze bis zur erbeuteten Trophäe, von der Reliquie bis zum Fetisch. Die individuelle Pflege dingbezogener Erinnerungen, die wir mit den Worten *Souvenir* oder *Andenken* bezeichnen, hat sich ohne Zweifel im Laufe des 19. Jahrhunderts zum Teil aus älteren Formen entwickelt. Auf der einen Seite entsteht eine industrielle Produktion etwa der nachgefragten Reiseandenken, auf der anderen Seite werden zunehmend für jeden Dritten ganz wertlose oder gleichgültige Dinge wie Haarnadeln und Ähnliches zu intimen Gegenständen des Andenkens.

Daraus ergibt sich schon, dass das Souvenir im engeren Sinne kaum als wanderndes Ding in Frage kommt. Je ausschließlicher das Ding seinen Wert durch den Einzelnen und seine nur ihm eigenen Erlebnisse erhält, desto wertloser wird es in den Augen eines Dritten sein. Weder der von einer Reise mitgebrachte Eiffelturm noch die Haarlocke der Geliebten eignen sich zum Verkauf oder zum Verschenken. Natürlich heißt das nicht, dass Souvenirs nicht wandern, aber sie wandern nicht *als* Souvenirs. Das können sie nur, wenn es sich um ein Ding des kollektiven Gedächtnisses handelt wie etwa der »Souvenir-Baseball«, den Nick Shay in Don DeLillos *Unterwelt* als »Erinnerung an das Scheitern« (116) im legendären Baseballspiel zwischen den Dodgers und den Giants im Jahre 1951 erworben zu haben überzeugt ist. Oder wie die Dinge, die im Raritätenkabinett landen. Andernfalls ändern die Erinnerungsstücke ihren Status, wenn sie weitergegeben werden. Die Berlocken, die Thibaut de Vallormes in Gottfried Kellers Erzählung als Trophäen für vorgetäuschte Eroberungen an der Uhrkette hängen hat, erinnern den baumlangen Indianer, an dessen Nase sie schließlich baumeln, an nichts mehr.

Im Grunde verhält es sich eher umgekehrt: Nicht das Souvenir wandert, sondern das, was wandert, kann zum Souvenir werden. Es wird erzählt, wie ein Ding im Laufe der Geschichte seinen Status ändert, indem es zum Erinnerungszeichen dieser Geschichte wird. In einem formalen Sinn ist dies der Effekt aller Geschichten von wandernden Dingen, insofern das Ding für den, der die Geschichte kennt, am Ende mit dieser Geschichte befrachtet ist. Auf eine ganz materielle Weise ist dies zum Beispiel bei dem Auto in Helmut Käutners *In jenen Tagen* der Fall: Jede der Episoden, die der Film als eine Etappe in der Geschichte dieses Autos erzählt, hat ein Erinnerungszeichen auf oder in ihm hinterlassen. Allerdings können die beiden Männer, die das Auto ausschlachten, diese Erinnerungszeichen nicht lesen. Nur *wir* werden ihrer teilhaftig (und zwar im Moment ihrer Demontage, so dass die Erinnerung uns auch *aufgegeben* wird).

Innerhalb der Geschichte muss es natürlich kein Subjekt geben, das sowohl den Überblick über die Geschichte des wandernden Dinges hat als auch das Ding selbst in den Händen hält, das als Erinnerungszeichen dieser Geschichte firmiert. So besteht in Gottfried Kellers *Berlocken* der Witz ja gerade darin, dass das Erinnerungszeichen dem Protagonisten am Ende auf immer entzogen ist. Im Grunde verbürgt das *Strukturmotiv* des wandernden Dinges gerade die Möglichkeit, den handelnden Figuren jenen Moment zu versagen, in dem sie sich die Geschichte des wandernden Dinges *aneignen*. Genau diese Schließung der Struktur tritt uns in Coopers Autobiographie des Taschentuchs entgegen, das die gute Adrienne am Ende sinnend als Souvenir in ihren Händen hält.

Wenn auf der einen Seite das Souvenir zu etwas anderem wird und auf der anderen Seite etwas anderes zum Souvenir zu werden vermag, kann dann auch ein Souvenir zu einem anderen Souvenir werden? Dies gibt uns eine kleine Geschichte zu sehen, die von der Entdinglichung eines Souvenirs handelt. In dem Film *Mademoiselle* von Philippe Lioret aus dem Jahre 2001 spielt Sandrine Bonnaire eine verheiratete Frau und Mutter von zwei Kindern. Claires Blick fällt zu Beginn – während sie im Auto auf ihre Familie wartet – auf ein Theaterplakat. Der Leuchtturm darauf löst die Rückblende auf das erotische Abenteuer aus, das Claire einige Zeit zuvor für einen Moment von ihrem Lebensweg abgebracht hat. Auf einer Jahreshauptversammlung des Pharmakonzerns, für den sie erfolgreich arbeitet, wird einem ausscheidenden Kollegen – gewissermaßen als degenerierte herrschaftliche Gabe – ein beinahe meterhoher Leuchtturm geschenkt, den dieser am Morgen der Abreise wohl eher absichtlich in seinem Hotelzimmer stehen lässt. Claire nimmt das Souvenir an sich, um es ihm später noch einmal zu übergeben. Weil der Bus in der Zwischenzeit ohne sie abgefahren ist, fährt sie im Auto der drei Stegreifschauspieler mit, die sie am Abend zuvor kennengelernt hat. Bei den folgenden, zurückhaltend und gelassen erzählten Verwicklungen wird Claire den Leuchtturm im Kofferraum vergessen und daher noch einmal zurückkehren, statt ihren Zug zu nehmen; sie wird in eine Hochzeit geraten, auf der der Leuchtturm irrtümlich für ein Hochzeitsgeschenk gehalten wird. Vor allem aber wird sie eine Nacht mit einem der Stegreifschauspieler verbringen, in den sie sich verliebt hat, und der ein Drama verfasst hat, das auf einem Leuchtturm spielt.

Bei alldem wird klar, dass dieses immer wieder ins Bild gesetzte Ding im Grunde nutzlos ist, dass es überzählig ist – ein unerwünschtes, überdimensioniertes Geschenk. Aber mit dem Weg, den dieses geschmacklose Souvenir nimmt, wird es zum Wahrzeichen der ebenso flüchtigen wie tiefen Verbindung zwischen Claire und dem Schauspieler. Es wird gleichsam zu dem Ding, das diesen beiden den Weg in die Untiefen der Liebe gewiesen hat und dessen materielles Schicksal am Ende dank dieser Transsubstantiation belanglos wird. Als Souvenir dieser Liebe und als Symbol dieser Untiefen taucht das Ding aus der Vergangenheit auf dem Theaterplakat in *entdinglichter* Form wieder auf: Das Drama um den Leuchtturm ist aufgeführt, wie Claire es dem Geliebten ans Herz gelegt hatte. Dann öffnen Gatte und Kinder die Autotüren und verscheuchen diesen Moment der Irritation – der Erinnerung an ein Ereignis ohne Souvenir.

STOFFTIERE. In Geschichten für Kinder können auch Dinge von Kindern wandern. Solche Geschichten haben oft den Vorteil, dass die (mythische) Struktur in ihnen offen daliegt. Hier zwei Versionen, in denen ein Stofftier im Mittelpunkt steht – also ein Gegenstand, der im weiteren Sinne als Übergangsobjekt *par excellence* fungiert. Das Stofftier ist immer schon mehr als ein totes Ding (und mehr als ein Souvenir), da es dazu dient, den unvermeidlichen Verlust der symbiotischen Beziehung zur Mutter symbolisch zu bearbeiten. Und deshalb ist es selber etwas, dessen möglicher Verlust bearbeitet werden muss. Für diesen Fall stellen die Geschichten eine mythische *Lösung* vor.

Das Bilderbuch mit dem Titel *Monkie* von Dieter Schubert benötigt dazu keine Worte. Das Kind kann sich die Lösung selber erarbeiten. Ein kleiner Junge verliert, bei einem Fahrradausflug mit seiner Mutter von einem Unwetter überrascht, seinen über alles geliebten Stoff-Affen. Das Tier gerät nun – unter der Erde und über der Erde, in den Lüften und unter Wasser – unter die Tiere. In der unheimlichen und doch nicht unvertrauten Tierwelt wird es zunehmend demontiert. Zuerst zerren es Mäuse in ihre Höhle unter einem alten Baum. Als Nächstes wird es von einem Igel zur Ausstaffierung der Behausung und als Spielgerät für die Igelkinder benützt. Dann wird es von einer Elster geraubt, die ihm die Glasaugen auspickt. Anschließend fallen gelassen, modert es in der Unterwasserwelt vor sich hin, bis ein Angler kommt, der statt eines Fisches unversehens diesen Stofftier-Kadaver aus dem Wasser fischt.

Dieser gütige alte Mann vertritt die Stelle der Gottheit, die für den Erhalt der lebenden Dinge Sorge trägt und damit die Welt im Gleichgewicht hält. Zufälligerweise besitzt er einen Laden mit Kindersachen und hat sich auf die Restauration von Stofftieren spezialisiert. Und so feiert der Affe Auferstehung. Die Wunden werden ihm geheilt. Die Augen, Spiegel der Seele, werden ihm zurückgegeben. Im Schaufenster wird der kleine Junge des Wunders teilhaftig. Das letzte Bild zeigt ihn selig mit seinem Monkie.

In dem ebenso klugen wie anrührenden schwedischen Kinderfilm *Eine kleine Weihnachtsgeschichte* von Asa Sjöström aus dem Jahre 1999 ereignet sich das Wunder zu Weihnachten. In der Adventszeit entfällt der geliebte Teddybär NooNoo einem kleinen Mädchen im hektischen Gedränge einer Stockholmer U-Bahn-Station. In der Folge zeigt der Film die Odyssee dieses handgearbeiteten Teddybären abwechselnd mit den kleinen vorweihnachtlichen Begebenheiten in der Familie des Mädchens, deren Leitmotiv das Bemühen um die Verarbeitung des Verlustes ist.

Ein älterer Mann findet NooNoo, vergisst ihn aber am Postschalter. Aus Versehen gerät er in einen Postsack nach Lappland, wo ihn eine Postbeamtin mit dem Schlitten übers Wochenende zu ihrer Familie mit nach Hause nimmt. Auf dem Rückweg geht er in einem Schneesturm verloren, der Hund eines Langläufers gräbt ihn aus. Er schickt ihn an eine Fernsehstation, die einen Suchaufruf senden soll. Versehentlich zu Boden gefallen, wird er von einer Reinigungskraft als Müll eingeschätzt, von den Männern der Müllabfuhr jedoch zur späteren Verwendung aussortiert. Erneut verlorengegangen, liest ihn ein älterer Junge auf, der ihn aber, von gleichaltrigen Mädchen wegen des Stofftiers gehänselt, von einer Brücke auf das Dach eines nach Stockholm fahrenden LKW wirft. Der Fahrer des LKW bringt ihn seiner Freundin in eine Kneipe mit, doch eine andere Frau lässt ihn mitgehen, um ihn bei einem Antiquitätenhändler zu Geld zu machen. Dort kauft ihn spät am Weihnachtsabend ein junger Mann, der aus der Neuen Welt zum ersten Mal nach Schweden gekommen ist, um die Familie seines Vaters kennenzulernen – er ist der Halbbruder des kleinen Mädchens.

Das noch unbekannte Mitglied der Familie beschenkt das Mädchen also mit seinem verlorenen Übergangsobjekt, das aber damit zugleich den Übergang schafft zum Bruder. Denn zuvor hatte das Mädchen mehrmals verlauten lassen, es wolle statt eines neuen Bruders lieber ihren NooNoo zurückhaben. Weil es an Weihnachten ums Ganze geht, um die ganze Familie, herrscht am Ende Vollzähligkeit.

Anders als Monkie fällt NooNoo nicht in eine tierische, sondern in eine menschliche Umwelt. Das Stofftier wird nicht demontiert, sondern mit Sorge bedacht. So wie der gute Alte, der Monkie zur Wiederauferstehung verhilft, Väterliches und Mütterliches in sich vereinigt, so sorgt sich in diesem Film gleichsam das ganze Land Schweden (entsprechend dem

Wunschbild der Schweden von ihren helfenden Institutionen) auf zugleich väterliche und mütterliche Weise um dieses Übergangsobjekt. Das geschieht, indem der Teddybär in den Menschen, die ihn finden, sowohl das Kind wie auch das Einfühlungsvermögen in das Kind wachruft. Wir sind Vater-Mutter-Kind. Über allem ist die Idee der Familie.

In beiden Fällen handelt es sich um *Dinggeschichten*, in denen das Ding dazu bestimmt ist, eine Reihe exemplarischer Stationen zu durchlaufen, die verschiedene Milieus zur Anschauung bringen und schließlich ein Bild der Tierwelt bzw. der schwedischen Gesellschaft ergeben. Das Stofftier selbst *erleidet* diese Geschichte (wie der Zinnsoldat bei Hans Christian Andersen). Bei dem Affen Monkie hinterlässt die Geschichte auch Spuren, während NooNoo unbeschadet aus seiner Reise hervorgeht, weil Schweden kein menschenfernes Terrain ist. Und während Monkie seine Geschichte in völliger Passivität erleidet, will NooNoo am Ende dem Bruder des Mädchens ein kleines Zeichen geben und fällt ihm sogar vor die Füße, um von ihm gekauft zu werden. In solch kleinen märchenhaften Momenten nimmt die Filmerzählung Partei für das Übergangsobjekt. Es schreibt ihm Subjektstatus zu. Das entspricht freilich der Logik der Dinggeschichten überhaupt, die das Ding durch die Aneinanderreihung von Leidensstationen virtuell immer schon in den Stand eines Subjekts versetzen. Darin gleichen Monkie oder NooNoo der (ohne Organ sprechenden) Limousine in Helmut Käutners *In jenen Tagen* oder dem (ohne Organ schreibenden) Taschentuch bei James Fenimore Cooper.

KLEINER EXKURS ZUR FRAGE DER RELIQUIEN. Wollte man sich den Geschichten von wandernden Dingen zuwenden, die als etwas erzählt werden, was sich *wirklich* zugetragen hat, so würde man vermutlich feststellen, dass ihre überwiegende Anzahl von Reliquien handelt. In diesen Geschichten taucht das wandernde Ding freilich zunächst und zumeist nicht als Strukturmotiv auf.

So ist es häufig keine *ganze* Geschichte, die erzählt wird, sondern eine ausschnitthafte Begebenheit, die einen einzelnen Orts- oder Besitzerwechsel einer Reliquie beleuchtet. Die einfachste Grundform findet sich als bildliche Darstellung etwa auf dem Markusschrein im Münsterschatz von Mittelzell auf der Reichenau. Man sieht, wie der venezianische Kaufmann, der dem Kleriker Ratold Gebein des heiligen Markus verkauft, den Eid schwört und dabei »die Linke in einen Kessel mit siedendem Wasser« taucht: »Durch die bestandene Probe war der Beweis der Authentizität erbracht«, schließt Anton Legner in seinem Buch *Reliquien in Kunst und Kultur* etwas vorschnell (50).

Das Gegenstück dazu sind die Berichte über die Herkunft einer Reliquie, in denen die verschiedenen Stationen der wechselvollen Geschichte, die sie durchlaufen haben soll, aufgezählt sind. Diese zweifelhaften Herkunftsnachweise sind reine Dinggeschichten, in denen die betreffende Reliquie je nach Grad der legendenhaften Ausschmückung auf verschiedene Weise ihre Wirksamkeit unter Beweis stellt (die nicht zu verwechseln ist mit der *instrumentellen* Handhabbarkeit von Wunderdingen). Nicht selten sind es freilich verwirrende Geschichten mit Lücken und Verzweigungen. Zum Beispiel die heilige Lanze. Nach dem Evangelium des Johannes hat ein römischer Legionär seine Lanze dem am Kreuz hängenden Jesus in die Seite gestoßen. Da als Christusreliquien wegen der Auferstehung Christi keine Körperteile, sondern nur sogenannte Berührungsreliquien in Frage kamen (abgesehen von Nabelschnur, Vorhaut oder Milchzahn, deren Echtheit schon im Mittelalter sehr skeptisch beurteilt wurde), kam einer Lanze mit dem Blut Christi ein besonderer Rang zu. Die *Legenda aurea* erzählt denn auch davon, dass die getrübten Augen dieses Legionärs mit Namen Longinus durch die Berührung mit diesem Blut wieder sehend geworden wären. Mit dieser Lanze sollte die heilige Lanze der (heute in der Wiener Hofburg befindlichen) Reichskleinodien identisch sein, deren Wunderkraft seit der siegreichen Schlacht auf dem Lechfeld von 955 über jeden Zweifel erhaben war. Sie galt als die Lanze des Kaisers Konstantin, in dessen Waffen die Heilige Helena der Legende zufolge überdies Partikel der Kreuzesnägel »zum Unterpfand immerwährenden Sieges einschmieden ließ« (83), wie es bei Legner heißt. Andererseits wurde überliefert, dass die von der Heiligen Helena in Jerusalem aufgefundene Lanzenspitze im Jahre 614 nach Konstantinopel gelangte, bis Sultan Bajazeth II. die Stadt eroberte und sie Papst Innozenz zum Geschenk anbot. Dazu Adolf Hofmeister in *Die heilige Lanze, ein Abzeichen des alten Reichs*: »Als 1492 Sultan Bajazeth II. dem Papst das Eisen der Longinuslanze zum Geschenk anbot, das mit Konstantinopel an die Türken gekommen war, zeigten manche Kardinäle Bedenken, ob man sich durch die Annahme der Gabe nicht lächerlich machen werde. Denn, sagten sie, die wahre Lanze der Passion soll schon in Nürnberg sein oder in Paris oder auch in Venedig.« (78)

Die Herkunft einer Reliquie ist stets zweifelhaft. Das liegt nicht nur am Dunkel der Geschichte und an der langen Zeitspanne, die der Bericht von ihrer Herkunft zu überbrücken hat. Die sogenannten *Authentiken* – Pergamentstreifen, auf denen der Name des betreffenden Heiligen zwecks Beglaubigung verzeichnet war – führen nur das konstitutionelle Problem vor Augen: dass die Reliquie nicht sagen kann, was sie ist (oder nicht ist). An und für sich betrachtet, sind Reliquien eben Überreste, die gewöhnlich als wertloser Abfall, Plunder, Fetzen, Gebein beiseitegeräumt oder verscharrt werden. Zu verehrungswürdigen Objekten werden sie erst, indem ihnen ein ausgezeichneter Ort eingeräumt wird. Die Reliquiare – besondere Behältnisse für die einzelne Reliquie – stellen in dieser Hinsicht bereits eine Weiterentwicklung dar, da anfangs jede Reliquie einem Altar zugeordnet war, unter dem sie verwahrt wurde.

Die Reliquie befindet sich also als solche an einem Ort, der dem Ding seinem bloßen Aussehen nach nicht zukommt. Darin liegt die formale Bedingung für eine prekäre Eigengesetzlichkeit, die für das Wandern der Reliquien charakteristisch ist. Dass sich das sakrale Objekt zu Recht an diesem Ort befindet, zeigt sich nur in seiner von den Gläubigen unterstellten Wirksamkeit – also letztlich in der Aufmerksamkeit, die ihm zuteil wird. Diese lässt sich in andere Währungen umrechnen. Reliquien sind das ganze Mittelalter über ein knappes Gut. Sie wurden, wie Karl-Heinz Kohl in *Die Macht der Dinge* zusammenfasst, »für die Errichtung jeder neuen Kirche benötigt, sie halfen Krankheiten heilen, sie schützten einzelne Personen und ganze Gemeinden, sie stellten für Wallfahrtsorte eine Quelle des Reichtums dar und galten überdies als Prestigeobjekte« (59). Daher ist die Reliquie im Mittelalter auch Handelsobjekt sowohl von fahrenden Händlern als auch im großen Stil. So nutzte ein Diakon namens Deusdona im 9. Jahrhundert seine Stellung als Verwalter einer Reihe von Katakomben, »um die Begräbnisstätten in der Umgebung Roms systematisch auszuplündern« (60).

Das Laterankonzil von 1215 versuchte dem Handel durch ein Verbot Einhalt zu gebieten. Tatsächlich ist der käufliche Erwerb von Reliquien etwas für Leichtgläubige. Strukturell gesehen befindet sich die Reliquie in den Händen der *vierten Position* nicht an ihrem Platz, sondern in einem prekären Zwischenzustand, wo der Glaube an sie in Gefahr ist, wo sie von ihrer Reduktion auf ihre Materialität als bloßer Abfall bedroht ist. Daher spielen zwei Formen des Besitzerwechsels bei den Reliquien eine besondere Rolle, in denen es die vierte Position nicht gibt: Schenkung und Raub.

Anders als die Souvenirs, mit denen sie ja einige Ähnlichkeit haben, eignen sich die Reliquien zum Verschenken. Geschenkreliquien sind symbolische Gaben, in denen sich der Schenkende und der Beschenkte im gemeinsamen Glauben an den Wert des Geschenkes verbunden wissen. Durch die Schenkung verlieren die Reliquien nicht an Glaubwürdigkeit. Sie wandern von symbolischem Ort zu symbolischem Ort, ohne sich zwischenzeitlich in den Händen des Händlers an einem Nicht-Ort zu befinden. Ihre Echtheit beruht freilich auf dem Kredit, den der Schenkende genießt. In der Regel hat er mindestens so groß zu sein wie der des Beschenkten. Im Mittelalter haben die Päpste ihr angestammtes Kapital an sterblichen Überresten Heiliger systematisch dazu benutzt, sich Könige und Hochadel durch Geschenke von Reliquien zu verpflichten. Die Könige folgten ihrem Beispiel, indem sie die Fürsten ihres Reiches aus ihren Sammlungen mit Gaben bedachten. Allerdings unterliegt auch das Verschenken von Reliquien der prekären Eigengesetzlichkeit: Man kann vermuten, dass der Glaube des Schenkenden an die Wunderkraft der Reliquien hinter dem Kredit zurückbleibt, den er selbst genießt. Wer Reliquien freiwillig aus der Hand gibt, dem gelten andere Dinge mehr als deren Wirksamkeit. Der Sultan Bajazeth II. glaubte mit Sicherheit überhaupt nicht an die Wunderkraft der heiligen Lanze, die er der Christenheit zum Geschenk anbot.

Wer sich in den Besitz einer Reliquie von unbezweifelter Wirksamkeit und unbezweifelbarem Prestige setzen will, musste daher zu Raub und Diebstahl greifen. Das geschah natürlich in erster Linie im Rahmen kriegerischer Eroberungen, bei denen auch die Kirchen mit ihren Reliquien geplündert wurden. Der ertragreichste Reliquienraub dieser Art ereignete sich bei der Einnahme der Stadt Konstantinopel während des Vierten Kreuzzugs im Jahre 1204. Umberto Eco hat ihn in *Baudolino* anschaulich beschrieben. Bei solchen Plünderungen sind Reliquien freilich in der gleichen Weise Beutegut wie etwa juwelenbesetzte Goldkreuze, die keiner Authentiken bedürfen. Ein wesentlicher Unterschied zwischen dem Raub heiliger Überreste und dem Raub sonstiger Wertgegenstände hingegen liegt in einer Gedankenfigur, mit der diese Taten *gerechtfertigt* werden sollen. Sie tritt vor allem dort hervor, wo die Beraubung ohne den Deckmantel des Krieges auskommen muss. Eine Rechtfertigung war unter diesen Umständen nötig, da der Diebstahl bei einer öffentlichen Ausstellung der geraubten Reliquien nicht verborgen bleiben konnte. Sie konnte nur aus dem geraubten Gut selber kommen, oder genauer: aus dem *Willen* des Heiligen, um dessen Überrest es ging. Wäre dieser nämlich, wie Karl-Heinz Kohl zusammenfasst, »mit dem Besitzwechsel nicht einverstanden gewesen, hätte er schon Wege gefunden, um ihn zu verhindern. Diese Begründung wurde umso mehr geglaubt, als zahlreiche Erzählungen von Reliquien in Umlauf waren, die sich gegen ihre Entwendung mit Erfolg zur Wehr gesetzt hatten« (62). Unter der Überschrift »Andächtige Beraubung« gibt Anton Legner verschiedene Beispiele dafür, dass sich die »Räuber oft im geheimen Einverständnis mit den Heiligen selbst« wähnten, die sich an ihrem bislang eingeräumten Ort »vergessen und vernachlässigt oder nicht genügend gehütet fühlten« (45).

In dieser Gedankenfigur tritt die prekäre Eigengesetzlichkeit der Reliquie in ihr volles Recht. Die Reliquie befördert ihr eigenes Wandern: Auf der einen Seite liefert sie einen Vorwand dafür, dass man sie unrechtmäßig entwendet; auf der anderen Seite setzt sie die erfolgreiche Entwendung nachträglich ins Recht. Die Reliquie wandert also aus eigenem Recht. Daher verschwimmen bei ihr die Grenzen zwischen Besitz und Eigentum. Sie ist eben von Anfang an nicht am rechten Ort.

Was schließlich Gott über die wundertätigen Reliquien und ihre Ortswechsel vermag, kann man einer kleinen Geschichte in der *Legenda aurea* des Jacobus de Voragine über den Leichnam des Heiligen Augustinus in Pavia entnehmen, die überdies vor Augen führt, dass die fälschungssicherste Form des Reliquienerwerbs immer noch der unmittelbare Zugriff ist. »Es war Einer, der hatte Sanct Augustinum gar lieb, der gab dem Mönche, der seines Leichnams hütete, großes Gut, daß er ihm einen von des Heiligen Fingern gebe. Der Mönch nahm das Geld und schnitt einem andern Toten den Finger ab, wickelte ihn in ein seiden Tuch und gab ihm den, und sprach, es sei ein Finger Sanct Augustini. Der Mensch empfing ihn mit großer Ehrfurcht und betete ihn allezeit andächtig an, tat ihn an Mund und Augen und drückte ihn häufig an seine Brust. Da sah Gott seinen großen Glauben an und erbarmte sich über ihn, daß er ihm einen wirklichen Finger des Heiligen auf gar wunderbarliche Weise gab, und ließ den andern verschwinden. Als der Mensch heimkehrte, tat der Finger große Wunder, und das Gerücht davon drang bis nach Pavia. Da sprach der Mönch, daß es eines andern Toten Finger sei. Sie taten das Grab auf; da fanden sie, daß einer von des Heiligen Fingern fehlte. Als das der Abt vernahm, entsetzte er den Mönch seines Amtes und strafte ihn schwerlich.« (650 f.)

Signifikantes

KLEIDUNGSSTÜCKE. Kleidung gilt schon deshalb als signifikant, weil ein Kleidungsstück, das jemand sichtbar trägt, einer ›Sprache der Mode‹ untersteht und auf diffuse Weise Botschaften aussendet. Nicht diese Ebene der Signifikanz ist hier gemeint. Denn diesseits oder jenseits dessen kann ein Kleidungsstück natürlich auch zum Träger einer ganz spezifischen Botschaft werden. Hierhin gehört die institutionelle Dimension von Kleidung (von ständischen Kleiderordnungen bis zum Krönungsmantel eines Kaisers) ebenso wie ihre mögliche Funktion als Indiz. Mit Kleidungsstücken kann man sich als jemand zu erkennen geben und sich verraten.

Die Hosen des Herrn von Bredow bei Willibald Alexis stehen hinsichtlich des ›vestimentären Code‹ in Opposition zu den Pluderhosen, die jetzt bei Hofe in Mode sind; ihr Träger, der Ritter Götze von Bredow, gibt durch das unbeirrte Tragen dieser Hosen zu erkennen, dass er an den Traditionen festzuhalten gesonnen ist. Darüber hinaus ist dieses Kleidungsstück aber auch ein unverwechselbarer Gegenstand (in einer Geschichte), der mit seinem Träger förmlich verwachsen scheint. Gleichwohl sind die Hosen wie jedes Kleidungsstück ablösbar und können von einem anderen getragen werden. Einerseits erkennt man den Ritter an seinen berühmten Hosen aus Elchleder, andererseits kann der Ritter nicht am

Aufstand gegen den Kurfürsten teilgenommen haben, weil sein Verwandter Hans Jürgen zu gleicher Zeit mit dieser Hose angetan bei Hofe vorstellig geworden ist.

In diesem Sinne beruht die Signifikanz (die Ausgezeichnetheit) eines unverwechselbaren Kleidungsstückes darauf, dass *es* an anderer Stelle wiederauftauchen kann. Es verweist dann auf die Abwesenheit des vormaligen Trägers. Das gilt natürlich – trivialerweise – für alle Dinge, die eine Identität und einen Eigentümer haben. So wird mir zum Beispiel in der Wohnung eines Bekannten ein Gemälde auffallen, wenn ich es an einem anderen Ort zu sehen gewohnt war. Kleidungsstücke sind jedoch für dieses Verhältnis exemplarisch, weil sie *sichtbar* auf dem Körper getragen werden: Erstens werden sie in besonderer Weise mit ihrem angestammten Träger assoziiert und zweitens springt ihr Auftauchen bei einem anderen Träger besonders ins Auge (im Gegenzug wird dieses Verhältnis allerdings auch *ungewiss*, da es sich – zumal in Zeiten der Konfektionsware – auch um ein anderes Kleidungsstück handeln kann, das nur genauso aussieht).

Die Verknüpfung mit dem Körper des angestammten Trägers kann dadurch zum entscheidenden Kriterium gemacht werden, dass das ablösbare Kleidungsstück eine genaue Passform haben muss. So in *Aschenputtel*: Dass Aschenputtel diejenige ist, die des Nachts in großartiger Kleidung getanzt und das Herz des Königssohnes gewonnen hat, erweist sich mittels ihres goldenen Schuhs, den dieser durch eine List in seine Hände gebracht hat. Zunächst behaupten die zwei Schwestern, es sei der ihre. Um den Schuh passend zu machen, stutzt die Mutter den Fuß jeweils blutig zurecht. Beide Male will der unbedarfte Königssohn schon mit ihnen als Braut in sein Schloss reiten und wird nur durch zwei Täubchen auf den Betrug hingewiesen: »Blut ist im Schuh!« Erst Aschenputtel ist die Richtige.

Während bei den Schuhen die Passform das Problem ist, lassen sich die Hüte leicht abnehmen. Von allen Kleidungsstücken ist die Verknüpfung mit dem Träger beim Hut am losesten. Diesen Umstand macht sich der wundervoll anarchische Film *Das Ding ist geritzt* von Pierre Prévert aus dem Jahre 1932 zunutze. Die Fäden laufen hier in einem Hutgeschäft zusammen, dessen Sortiment sich aus Raubzügen rekrutiert, die der Inhaber mit seinem Angestellten in Abständen unternimmt. An allen möglichen Stellen werden Hüte in vollendeter Choreographie ihren Besitzern vom Kopf entwendet. Die so erbeuteten Hüte werden den Kunden – gewissermaßen nach dem Motto *Hut ist Hut* – zum Einheitspreis von zweiundsechzig Franc auch dann aufgeschwatzt, wenn sie den Wunsch nach einem anderen Hut geäußert hatten: Insbesondere einem Mann, der eigentlich ein echt französisches *Béret* kaufen wollte, dieses aber erst vom amerikanischen Milliardär auf den Kopf gesetzt bekommt, der (zu seiner Freude) im Keller des Hutgeschäftes gefangen gehalten wird. Mittels des *Bérets* wird er dann allerdings, als er gegenüber im Hause des Milliardärs auftaucht, als einer der Entführer identifiziert und entsprechend behandelt. *Hut ist Hut* stimmt eben auch in diesem Sinne nicht.

Die Botschaft, die von einem signifikanten Kleidungsstück ausgeht, kann ganz verschieden sein. In jedem Falle jedoch scheint sie den Charakter einer *Aufforderung* anzunehmen. Der goldene Schuh enthält die Aufforderung, den passenden Fuß zu suchen. Das *Béret* fordert dazu auf, ihren ahnungslosen Träger festzuhalten. Am zweiten Beispiel zeigen sich zwei wesentliche Momente des getragenen Kleidungsstücks. Erstens kann man, sobald man das Kleidungsstück von einem anderen übernommen hat, nicht wissen, ob und welche Botschaft es freisetzen mag. Zweitens braucht man aber ebenso wenig zu wissen, *für wen* das getragene Kleidungsstück eine Botschaft darstellt. Der Mann mit dem *Béret* hat keine Ahnung, dass er sich ausgerechnet in jenes Haus begibt, in dem seine Kopfbedeckung signifikant wird, während sie für die ganze übrige Welt so unauffällig bleibt, wie der Mann unterstellt.

Aus diesem Umstand resultiert der Aufforderungscharakter. Er folgt gewissermaßen aus der Exklusivität der Botschaft. Weil ich weiß, dass das Kleidungsstück nur für mich signifikant ist, nehme ich es als Botschaft auf. Ich werde einer Botschaft *unterworfen*, die mich zu etwas auffordert. Ein besonders klares Beispiel hierfür ist der (für den Oscar nominierte) deutsche Kurzfilm *Die rote Jacke* von Florian Baxmeyer aus dem Jahre 2002. Die Jacke – ein Fanartikel des FC Bayern München – erinnert einen alleinerziehenden Vater an seinen bei einem Autounfall ums Leben gekommenen Sohn. Er gibt sie in eine Kleidersammlung. Mit einem Hilfskonvoi des Roten Kreuzes gelangt sie in das umkämpfte Sarajevo. Einem Jungen gelingt es, ihrer habhaft zu werden. Kurz darauf findet er seine Eltern tot vor dem brennenden Haus. Der Junge wird verwundet und gelangt nach Deutschland. Durch Zufall trifft er auf den Vater des tödlich verunglückten Kindes, der die Jacke seines Sohnes erkennt. Welche andere Aufforderung könnte darin beschlossen sein als die, sich des Jungen anzunehmen?

Anders als bei diesen zivilen Kleidungsstücken ist das Wandern von Kleidung, die auf einer institutionellen Ordnung beruht, reglementiert. Oder genauer: Das Tragen einer solchen Kleidung ist reglementiert. Nicht jeder darf sich eine Uniform kaufen und sie tragen. Solange die institutionelle Ordnung in Kraft ist, in der diese Kleidung als Uniform figuriert, enthält sie eben eine Aussage über den Status ihres Trägers. Ihre Signifikanz ist nicht exklusiv, sondern richtet sich an jeden von uns. Jeder von uns ist aufgefordert, ihr Folge zu leisten. Die *Identität* der Uniform spielt dabei natürlich keine Rolle. Definitionsgemäß gibt es von einer Uniform stets mehrere Exemplare, die sich hinsichtlich ihrer Signifikanz nicht unterscheiden: Uniform ist Uniform.

Gerade deshalb ist eine *ganz bestimmte* Uniform zu einem der berühmtesten wandernden Dinge in der deutschen Literatur geworden: die Uniform des Hauptmanns von Köpenick. Das gleichnamige Drama von Carl Zuckmayer handelt nämlich nicht nur von der fragwürdigen Kraft der Uniform als solcher, es handelt auch von der Karriere einer ganz bestimmten Uniform. Wie der Protagonist Wilhelm Voigt verschiedene Leidensstationen durchläuft, bevor er als Titelheld zu dem Akteur wird, der den Bürgermeister von Köpenick verhaftet und die Kasse beschlagnahmt, so auch die Uniform, mit der er dies ins Werk setzt. Die Uniform ist der zweite Protagonist dieses Dramas.

Schon im ersten Satz vermeldet der Hauptmann von Schmettow, dem sie in der renommierten Uniformschneiderei anprobiert wird: »mit der Uniform da stimmt etwas nicht« (7). Als der unvorschriftsmäßige Abstand zweier Knöpfe schließlich berichtigt ist, hat der Auftraggeber aber aufgrund einer unglückseligen Angelegenheit (in die er sich in Zivil hat verwickeln lassen) den Dienst quittieren müssen. Die Uniform kommt als Remittende zurück ins Geschäft, um dann an den Reserveoffizier Obermüller verkauft zu werden, der schon sehr viel weniger aus vollem Herzen Militär ist. Zehn Jahre später ist sie dem nunmehrigen Bürgermeister von Köpenick, der sich zu einer Übung gemeldet hat, viel zu eng geworden. Er überlässt das inzwischen leicht lädierte Stück – pflichtvergessen – seiner drallen Tochter, die mit ihr bekleidet bei einer anzüglichen Gesangsdarbietung auf Männer wie auf Frauen anziehend wirkt. Beim anschließenden Umtrunk setzt sich die Deszendenz der Uniform durch eine Verunreinigung fort, die sie schließlich für einen jüdischen Gebrauchtkleiderhändler prädestiniert. Dort wird sie an Wilhelm Voigt verscherbelt, der damit einen Maskenball bestreiten zu wollen behauptet. In gewisser Weise endet Zuckmayers Stück (das der Untertitel ja als Märchen ausweist) tatsächlich in der karnevalistischen Verkehrung.

Mit Bravour inszeniert das Stück die *Investitur* als Rückkehr von einem *Abort*. In voller, strahlender Uniform tritt der schließlich zum Hauptmann von Köpenick gewordene Wilhelm Voigt aus einer öffentlichen Toilette am Bahnhof Schlesisches Tor vor zwei wartende Bahnbeamte, denen es die Sprache verschlägt. *Diese* Uniform und *dieses* Subjekt (die sich von ferne und von ungefähr schon in der ersten Szene begegnet sind) haben einander gefunden, weil sie füreinander geschaffen sind. Mit anderen Worten: In dieser *bestimmten* Uniform, die er im Schaufenster des Kleiderhändlers gesehen hat, ergeht an das Erdenwesen mit Namen Wilhelm Voigt die Aufforderung, sie erstmals *als* Uniform zur Geltung zu bringen. Dies geschieht in einem Moment der Verschmelzung, der imaginären Präsenz, von der aber zunächst nur die Außenwirkung ins Auge gefasst wird. Für die Anwesenden im Köpenicker Rathaus steht eben mit dem uniformierten Hauptmann die unwiderstehliche militärische Ordnung selbst *leibhaftig* vor ihnen. Dabei verdichtet sich die Aufforderung zum *Befehl.* »Sone Uniform, die macht det meiste janz von alleene«, befindet Wilhelm Voigt rückblickend: »Ich hab mir de Uniform angezogen – und denn hab ick mir'n Befehl gegeben – und denn bin ick losjezogen und hab'n ausjeführt.« (141) Die Uniform evoziert eine sich selbst begründende Befehlsstruktur. Wilhelm Voigt erfindet, zum Hauptmann von Köpenick geworden, den Befehl, aus dem er die Befehle ableitet, die er weitergibt. »Befehl ist Befehl« (119), erklärt er dem entgeisterten Bürgermeister von Köpenick.

Ganz am Schluss, auf dem Polizeirevier, wo Wilhelm Voigt alles aufklärt, wird die verwandelnde Kraft der Uniform noch einmal vorgeführt. Jetzt ist aber nur noch die andere Seite der Verschmelzung, dieser imaginären Präsenz zu bewundern. Sie enthüllt sich als Kraft, die sich ganz und gar in sich selbst erschöpft – vor dem Spiegel, den die Beamten herbeischaffen lassen, damit sich das Subjekt endlich (und ein für alle Mal) auch selbst in der Uniform sehen kann. Wilhelm Voigts Lippen formen als Kommentar zu dieser Schein-Investitur des Subjekts das Wort, mit dem das Drama schließt: »Unmöglich« (144).

Wollte man sich auf die Suche nach einem Kleidungsstück begeben, das der Uniform, wie sie im *Hauptmann von Köpenick* zur Geltung kommt, in jeder Hinsicht entgegengesetzt ist, so könnte man meinen, es in Alex van Warmerdams großartigem Film *De jurk* (in der deutschen Fassung *Das geheimnisvolle Kleid*) von 1996 gefunden zu haben. Nicht zufällig beginnt Zuckmayers Drama mit der *Form* der Uniform, Warmerdams Film hingegen mit dem *Stoff* des Kleides: Während der Vorspann läuft, sieht man im Vordergrund Baumwollpflanzen, mit dem Ende des Vorspanns kommt die Erntemaschine frontal auf die Kamera zu und pflückt die Baumwolle, aus der das Kleid hergestellt werden wird. Das Kleid ist folglich nicht von Anfang an da, sein Entstehensprozess wird verfolgt. An ihm sind verschiedene Leute direkt und indirekt beteiligt: ein jüngerer Designer, der in letzter Zeit nur unannehmbare Entwürfe gemacht hat (ihm ist seine Freundin weggelaufen, weil er innerhalb und außerhalb des Bettes ein Langweiler ist); ein älterer Mitarbeiter der Firma, der sich mit der Auswahl der richtigen Stoffmotive beschäftigt (seine frustrierende Ehe ist gerade zerfallen); ein Modemacher, der den Schnitt des Kleides entwirft (vor dem ein Mädchen flieht, weil er es zur Sodomie mit seinem Hausschwein zwingen wollte). Diese Missgestalten, die an seiner Wiege standen, geben – so legt der Film nahe – dem nicht sonderlich aufsehenerregenden Kleid etwas mit auf den Weg. Zuckmayers Drama inszeniert eine Gesellschaft, die von einer pervertierten Anbetung der Uniform durchdrungen ist. Warmerdams Film zeigt eine Gesellschaft, die von einem pervertierten Begehren durchzogen ist.

Obwohl das Kleid als Konfektionsware produziert ist, firmiert es im Film ab dem Augenblick, da eine ältere Frau es von der Stange weg kauft, als *dieses* einzelne Stück. Die Frau will plötzlich mit ihrem Mann ihr Leben ändern und am helllichten Tag Sex haben, bricht aber vor dem Vollzug zusammen und stirbt. Der Wind weht das Kleid vor die Füße eines Gärtners, und der gibt es einer jungen Frau, die in einer Villa nach dem Rechten sieht. Sie lebt mit einem Maler zusammen, der sie aber über seiner Kunst vernachlässigt. Im Zug fällt sie mit dem Kleid einem Schaffner in die Augen, der sofort von ihr besessen ist. Er überfällt sie des Nachts zu Hause in Abwesenheit des Malers. Sie gibt seinem Drängen halb nach, die beiden werden aber unterbrochen (dass das Begehren nie ans Ziel gelangt, bildet das Leitmotiv des Films). Sie vertagen die Sache auf den nächsten Morgen, an dem der Schaffner mit ihr in einem wildfremden Haus ohne Umstände ins Bett will. Schließlich vereitelt das Auftauchen der Hausbewohnerin die Vergewaltigung. Der Frau gelingt die Flucht, aber der Fahrer des leeren Busses, der sie aufnimmt, will sie ebenfalls vergewaltigen. Wieder kann sie fliehen. Das Kleid gibt sie in die Altkleidersammlung. Zuvor aber hat der Maler ein großes Porträt von ihr in diesem Kleid begonnen.

Das Kleid selbst gelangt an eine Boutiquebesitzerin, die es kürzer näht. Zum nächsten Träger wird ein Mädchen, das noch bei seinen Eltern wohnt. Sogleich fällt es im Zug demselben Schaffner auf, der sich in das Haus einschleicht, als die unangenehmen Eltern das Mädchen für eine Nacht alleine gelassen haben. Er zwingt das Mädchen dazu, sich nackt ins Bett zu legen, wo er sich allerdings nur neben sie legt, ohne mit ihr zu schlafen. Am nächsten Morgen flieht das Mädchen. Eine Obdachlose klaut ihr den Beutel mit dem Kleid darin, das sie über ihre anderen Sachen anzieht. Im Winter erfriert die Obdachlose in ihrer Höhle. Das Kleid wird bei der Einäscherung verbrannt. Aber ein ebenfalls obdachloser alter Mann, der mit der Frau befreundet war, hatte sich zuvor ein Stückchen abgeschnitten, das er als Halstuch verwendet. Er wirft den Fetzen fort, als er von einer Prostituierten im Park für hundert Gulden einen echten schönen Zungenkuss bekommen hat. Diesen letzten Rest zerfetzt – als Gegenstück zur Erntemaschine am Anfang – ein großer elektrischer Rasenmäher.

Aber damit ist noch nicht Schluss. Es gibt noch eine Auferstehung im Medium der Kunst: Das Porträt des Malers, auf dem die Frau mit Kleid verewigt ist, befindet sich im Museum. Es wird einer Schulklasse erklärt. Da kommt der Schaffner und schneidet plötzlich mit einem Messer Kleid mit Frau aus dem Gemälde heraus. Beim Versuch, mit seiner Beute zu entkommen, wird er gefasst.

Wie fällt nun ein Vergleich dieses Kleides mit der Uniform im *Hauptmann von Köpenick* aus? Die Uniform ist ein männliches Kleidungsstück; das Kleid wird von Frauen getragen. Die Uniform wird zwar symbolisch verunreinigt, bleibt aber ganz und integral; das Kleid erscheint überhaupt nicht als ein Gegenstand, der symbolisch verunreinigt werden könnte, aber es verliert immer mehr von seiner stofflichen Integrität, bis der letzte Fetzen verschwunden ist. Von der Uniform geht ein unmissverständlicher Befehl aus; das Kleid hingegen weckt ein dunkles Begehren. Für die *Signifikanz* des Kleides ist dies von entscheidender Bedeutung. Es scheint nämlich, als werde erst vor dem Gemälde – wenn es das Kleid materiell gesehen nicht mehr gibt – deutlich, dass es das Kleid war, das diese misslingenden Geschlechterbeziehungen ins Werk gesetzt hat. Aber vielleicht stimmt nicht einmal das. In jedem Falle weckt das Kleid auf verschiedene Weisen ein verrücktes, ein deplatziertes Begehren, das für die Subjekte so unwiderstehlich ist wie ein Befehl. Aber die Subjekte schreiben diesen Befehl nicht dem Kleidungsstück zu (das mithin keineswegs ein Fetisch ist). Während wir uns von der imperativischen Botschaft einer Uniform jederzeit angesprochen fühlen, wissen die Subjekte im *Geheimnisvollen Kleid* nichts von dessen Signifikanz – weder die es tragen noch die es sehen. Geheimnisvoll ist das Kleid *für uns*, die wir seiner Geschichte beiwohnen.

MÜNZE UND SCHEIN. Eine Münze gleicht der anderen, ein Schein gleicht dem anderen. Man hält sie nicht auseinander. Die Austauschbarkeit von Schein und Münze ist der Witz des Geldes, das Jacques Lacan in seinem berühmt gewordenen Seminar über Edgar Allan Poes *Entwendeten Brief* als »den annihilierendsten Signifikanten« bezeichnet, »den es in Bezug auf die Signifikation überhaupt gibt« (37). Die Geschichte von Schein und Münze ist nicht die Unsere. Wie könnten wir sie verfolgen? Was könnte sie uns angehen?

In der Nummer 249 des *Tatler* von 1710 erzählt Joseph Addison die *Adventures of a Shilling*. Der als Addison selbst auftretende Erzähler berichtet zunächst von seinem Gespräch mit einem abendlichen Besuch, der die Behauptung aufgestellt hat, dass auch die umtriebigsten Personen nicht halb so viele Abenteuer erlebt haben wie jener stumme Shilling dort auf dem Tisch. Nachdem der Freund ihn verlassen hat, verfällt der Erzähler in eine Träumerei, eine »unaccountable reverie«: Der Shilling richtet sich auf, kehrt sich ihm zu, öffnet seinen Mund und beginnt (wie später der Silbertaler in Andersens gleichnamigem Märchen) sein Leben zu erzählen, »in a soft silver sound«.

Schon seine ersten Worte machen deutlich, dass diese Ich-Fiktion – wie das Taschentuch bei James Fenimore Cooper – vom Stoff und nicht von der Form her gedacht werden will: Das ›Licht der Welt‹ hat das Geldstück nämlich schon in Peru erblickt, bevor es in England zum Geldstück geprägt wurde, »mit dem Kopf der Königin Elisabeth auf der einen Seite und den Waffen des Landes auf der anderen«. In den folgenden fünf Jahren wird die Münze so rasch von Hand zu Hand weitergegeben, dass sie zu ihrem Entzücken fast in jeden Winkel des Reiches kommt (während ihr das Schicksal von Andersens Silbertaler, im Ausland für falsch gehalten zu werden, erspart bleibt). »Wir Shillings mögen nichts so sehr wie reisen«, klärt die Münze auf, womit sie sich gänzlich im Einklang mit den Theorien über den wohltätigen Umlauf des Geldes befindet (»Juchhe! Jetzt geht's in die weite Welt hinaus!«, spricht der Silbertaler zu Beginn von Andersens Märchen). Aber über diesen Umlauf lässt sich im Grunde nichts sagen. Als die eigentliche *Geschichte* stellen sich vielmehr die Einschnitte und Unterbrechungen des bestimmungsgemäßen Umlaufs dar. Das ist zunächst ein Geizkragen, der den Shilling über lange Jahre mit vielen Leidensgenossen in einer Kassette verschließt und nur zum Zählen herausholt. Das ist sodann eine abergläubische alte Frau, die ihn in der Überzeugung im Portemonnaie behält, dass ihr mit einem Shilling mit dem Kopf der Königin Elisabeth darauf nie das Geld ausgehen werde.

Das ist weiterhin ein junger Mann, der den symbolischen Shilling statt des erhofften Erbes vermacht bekommt und ihn wutentbrannt aus dem Fenster in ein Brachland wirft, wo er die Zeit von Oliver Cromwells Herrschaft unentdeckt verbringt. Und das ist schließlich ein Spieler, der den inzwischen ob seines Alters und seiner Prägung zu einigem Ansehen gekommenen Shilling zusammen mit einigen anderen der gleichen Sorte als Spielmarken zweckentfremdet.

Wie nicht anders zu erwarten, gewinnt das Geldstück eine Signifikanz nur in dem Maße, in dem es nicht in seiner allgemeinen Bestimmung aufgeht. Daher ist die Geschichte dieses Shillings exemplarisch – die einzelnen Stationen führen vor, welche Bedeutungen eine Münze *sonst noch* für ihren Besitzer annehmen kann. Dass es sich jedes Mal um *dieselbe* Münze handelt, ist dabei unerheblich. Entsprechend fungiert der Shilling an keiner Stelle als Erinnerungszeichen. Der Shilling selbst kann sich zwar erinnern, aber seine Identität als ›Ich‹ ist vollkommen leer. Darauf weist mit unverkennbarer Ironie die »Katastrophe« hin, die den Shilling in reifen Jahren nach seinen erlittenen Abenteuern ereilt. Er wird nämlich aus dem Verkehr gezogen und mit anderen seines Schlages in einen Schmelztiegel geworfen, aus dem er aber in ungeahntem Glanz neu ersteht. Danach wird ihm übrigens noch eine weitere Auszeichnung zuteil. Nachdem er in die Tasche eines Dichters gelangt ist, wird dieser zu dem berühmten Gedicht *The Splendid Shilling* inspiriert (so der Titel eines Gedichtes von John Phillips). Aber Shilling ist Shilling. Dem Shilling gebührt nur der unbestimmte Artikel.

Die Unauffälligkeit der Münze ist sozusagen die Ausgangsvoraussetzung eines Romans von Marguerite Yourcenar, der im Original *Denier du Rêve*, in der deutschen Übersetzung aber nicht unzutreffend *Eine Münze in neun Händen* heißt. In neun Teile ist dieser im faschistischen Italien der dreißiger Jahre angesiedelte Roman gegliedert. Diesen neun Teilen entsprechen die neun Hände, durch die ein Zehn-Lire-Stück während eines einzigen Tages und einer Nacht wandert. Dabei befindet sich die Münze im Kraftfeld eines bedeutungsvollen Geschehens: dem missglückenden, für die Attentäterin tödlich endenden Anschlag auf Mussolini.

Die Münze wandert, ohne dass einer der Beteiligten dessen gewahr würde. Aber auch der Text selbst richtet sein Augenmerk keineswegs auf die Übergänge, sondern gestaltet sie unauffällig. Die Münze wird nicht als *die* Münze bezeichnet. Oft kann der Leser daher erst nachträglich schließen, dass die Münze inzwischen wieder in eine andere Hand gelangt ist. Der tölpelhafte, von seiner Frau Angiola verlassene Anwalt Paolo Farina hat die Münze seiner Geliebten Lina Chiara geschenkt, »in der Hoffnung, daß die Neuheit der Prägung die Bescheidenheit des Geschenks ausgleiche« (19). Die Prostituierte Lina Chiara aber hat von dem Arzt Alessandro Sarte erfahren. daß sie unheilbar an Krebs erkrankt ist, und sie ersteht mit der Münze einen Lippenstift, mit dem sie sich »wie durch einen Zaubertrick vor dem Schrecken und der Verzweiflung« (21) schützt. Der spießbürgerliche Parfumeur Giulio Lovisi, dessen Tochter Giovanna mit dem inhaftierten Schriftsteller Carlo Stevo verheiratet war, überreicht die Münze in einer Kirche der Sizilianerin Rosalia di Credo, um ohne jede innere Beteiligung eine Kerze zu stiften. Die vom Leben enttäuschte Rosalia di Credo gibt die Münze, den »Obolus für Charon« (66), ihrer Nachbarin Marcella Sarte gegen einen Blechteller Kohlenglut, mit der sie halb willentlich einen für sie tödlich endenden Zimmerbrand verursacht. Der Arzt Alessandro Sarte nimmt die Münze bei einem unvermuteten Besuch bei seiner von ihm getrennt lebenden Frau an, »wie jemand, der ein Messer schenkt und vermeiden will, daß es Unglück bringt« (97), denn er will nicht glauben, dass Marcella, die den ihm vor Zeiten entwendeten Revolver nachträglich bezahlen will, damit das Attentat auf Mussolini verüben wird. Alessandro lässt die Münze in die »verkrümmte Hand« (133) einer alten Blumenverkäuferin fallen, ohne der zufälligen Kinobekanntschaft Angiola di Credo – Schwester Rosalias und Frau Paolo Farinas – die Rosen zu überreichen, da er in diesem Augenblick vom gescheiterten Attentat und vom Tod Marcellas erfährt. Die geizige und bösartige Blumenhändlerin Dida schenkt unter dem Eindruck der Ereignisse aus einem ihr unerklärlichem Antrieb die Münze einem alten Mann, der aber keineswegs ein Bettler, sondern der bekannte, todkrank nach Rom zurückgekehrte Maler Clément Roux ist. Clément Roux verwickelt sich kurz darauf in ein nächtliches Gespräch mit Massimo, dem Mitverschworenen Marcellas und Geliebten Lina Chiaras und wirft das Geldstück nach einem alten Brauch in einen römischen Brunnen. Dort wird es von Didas Schwiegersohn Oreste gefunden, der sich statt nach Hause zu seiner kurz vor der Entbindung stehenden Frau in eine Kaschemme begibt und mit dem Zehn-Lire-Stück – vermutlich – seinen Rausch bezahlt.

Das Geldstück nähert sich also, während es von Hand zu Hand geht, langsam dem Brennpunkt des Geschehens, um sich dann wieder von ihm zu entfernen. Ihre wechselnden Besitzer sind auf vielfältige Weise miteinander verknüpft. Die Arten des Übergangs von einer Hand in die andere sind dabei ganz verschieden, haben aber eine Gemeinsamkeit – sie sind alle in irgendeiner Weise *verfehlt*. Die Münze ist gewissermaßen fehlgeleitet, wenn die Käufe, die mit ihr getätigt werden, nutzlos sind; wenn sie als Almosen einem Unbedürftigen gegeben wird, wenn sie als Bezahlung nur scheinbar angenommen wird usw. Die Münze ist nicht nur unauffällig, sie wird auch als etwas weggegeben, was nicht von Wert ist. Jedes Mal, wenn die Münze den Besitzer wechselt, haben die Beteiligten etwas anderes im Sinn. Sie sind nicht bei der Sache, weil die Münze gegeben wird, um etwas anderes loszuwerden oder um etwas anderes als das Erworbene zu bekommen. Und so repräsentiert die Münze auch die leere, bloß abstrakte und nur vom Text gewusste Verbundenheit, indem sie neun auseinanderfallende Geschichten um einen Fehlschlag herum organisiert – neun Geschichten, in denen die Aufmerksamkeit des Romans wie die Münze vom einem zum anderen wandert, und in denen es jedem um etwas anderes geht.

Beim Geldschein liegen die Verhältnisse ein wenig anders. Zum Ersten kann ein Schein natürlich eine größere Summe darstellen, die ins Gewicht fällt. In Raymond Chandlers *Der lange Abschied* bekommt Philipp Marlowe einen von Terry Lennox vor seinem vermeintlichen Selbstmord geschriebenen Brief mit einem »Porträt von Madison« (87) darin. Das ist ein »Fünftausend-Dollar-Schein«: »In den ganzen USA sind davon nur etwa tausend Stück in Umlauf.« (89) Am Ende wird der Privatdetektiv diesen Schein seinem von den Toten auferstandenen Auftraggeber zurückgeben, der seinen guten Glauben missbraucht hat. Vollends zu einem unverwechselbaren – und einem ›unwechselbaren‹ – Ding wird der Schein in Mark Twains *The Million Pound Note*. Aber zunächst einmal ist die einzelne Banknote nur von einem *gewissen* Wert. Zum Zweiten ist eine Banknote als Gegenstand identifizierbar durch die ihm aufgedruckte Nummer. Dadurch wird es theoretisch möglich, ihren Weg zurückzuverfolgen. Für den gewöhnlichen Gebrauch freilich ist diese Nummerierung unerheblich. Wer liest schon die Nummer einer Banknote? Und wer gar merkt sie sich?

Darauf antwortet ein Film, der mit einem Zwanzig-Dollar-Schein etwas ähnliches anstellt wie der Roman *Eine Münze in neun Händen* mit der Zehn-Lire-Münze: *Twenty Bucks* von Keva Rosenfeld aus dem Jahre 1988 (in deutscher Fassung mit dem verunglückten Titelzusatz *Geld stinkt nicht – oder doch ?*). Zu Beginn des Films wird ein Zwanzig-Dollar-Schein auf eine New Yorker Straße geweht. Bevor einige Kinder seiner habhaft werden können, hat eine exzentrische Stadtstreicherin sich den Schein geschnappt. Für sie handelt es sich um ein Zeichen, eine Botschaft: Die Nummer des Scheins soll ihr Tipp für die Zahlenlotterie sein, bei der soeben der Jackpot von 14 Millionen Dollar bekannt gegeben wurde. Während sie den Schein noch andächtig vor sich hält, kommt ein Junge auf dem Skateboard vorbei und stibitzt ihn ihr aus den Händen. Aber die Nummer hat sie sich gemerkt.

In der Folge wandert der Schein durch verschiedenste

Hände im New York der achtziger Jahre. Dabei nimmt er ganz unterschiedliche Positionen ein. Ein mit Kaugummis reich gewordener Mann arabischer Herkunft überreicht ihn zum Beispiel dem Bräutigam seiner Tochter als symbolisches Geschenk: Als er vor langen Jahren bei seiner Ankunft in New York für sein gesamtes Bargeld einen solchen Zwanzig-Dollar-Schein eingewechselt bekommen habe, sei dieser für ihn die Verheißung aller Möglichkeiten der Neuen Welt gewesen. Als die Tochter den Wunsch äußert, den Schein gerahmt an die Wand zu hängen, hat der unbedarfte junge Mann ihn beim Männerabend bereits einer Stripteasetänzerin in den Slip gesteckt (und die Heirat zerschlägt sich). In der Folge macht sich der Film den Umstand zunutze, dass das Wandern eines Scheines anders als das einer Münze Spuren hinterlassen kann. Eine Münze kann vielleicht abgegriffen sein oder rosten, ein Schein hingegen eignet sich als Zeichenträger. Eine Großmutter schickt ihrem Enkel die Zwanzig-Dollar-Note per Post und schreibt den Gruß direkt auf den Schein. Eine Kaffeetasse hinterlässt einen Ring auf der Banknote. Das Blut eines erschossenen Kriminellen tropft darauf. Schließlich durchweicht ihn sogar der Magen eines lebenden Fisches, in den er als Hauptgewinn eines Angelwettbewerbes praktiziert worden war.

Im Laufe des Films häuft der Schein also neben der Nummer verschiedene weitere Kennzeichen an, an denen man ihn wiedererkennen könnte. Das geschieht aber nicht. Der Film bietet ein Kaleidoskop unterschiedlicher Verwendungsweisen eines Geldscheines, aber der Geldschein selbst wird nicht Gegenstand der Betrachtung. Er bleibt unauffällig. Eine Geschichte hat er nur für uns. Nur für uns ist er *derselbe*. Wie nicht anders zu erwarten, nutzt der Film das Wissensgefälle zwischen uns und seinen Figuren. Der junge Mann etwa, der den Geldschein leichtfertig der Tänzerin zugesteckt hat, statt ihn als Symbol gerahmt an die Wand zu hängen, schlägt genau diesen Schein aus, als er ihm in einer späteren Episode von einem mitleidigen Schwulen angeboten wird.

Wie in dem Roman von Marguerite Yourcenar verbindet das Zirkulieren der Banknote verschiedene Figuren, die an verschiedenen Stellen im Film wiederauftauchen. Auch die exzentrische Stadtstreicherin kommt zwei weitere Male dem von ihr zuerst ergriffenen Schein ganz nahe. Beide Male wird nebenbei gezeigt, wie sie durch das Zusammentreffen unglücklicher Umstände daran gehindert wird, den von ihr avisierten Tipp für die Lotterie zu tätigen. Auch die junge Frau mit schriftstellerischen Ambitionen, die den Schein schließlich in einer Bar auf dem Flughafen vor ihrem Abflug nach Spanien in den Händen hält, ist bereits mehrfach aufgetaucht. Sie führt den Schein einer letzten Verwendungsweise zu, indem sie ihrem Bruder zeigt, dass es ihr nicht ums Geld geht: Sie zerreißt ihn in kleine Stücke.

Anders als der Roman *Eine Münze in neun Händen* hat der Film *Twenty Bucks* kein Kraftzentrum, kein Ereignis, auf das seine Episoden bezogen sind. In gewisser Weise wird dadurch das Zirkulieren selbst zur globalen Aussage. Weil das Zirkulieren gleichgültig ist und niemanden ausschließt, ergibt sich daraus eine Art Querschnitt verschiedener Lebensweisen in New York. Dabei kann der Film aber nicht bleiben. Auf zweifache Weise benötigt er einen *Ausgang*. Zum einen macht die schriftstellernde junge Frau, nachdem sie den Geldschein zerrissen hat, die Bekanntschaft des ebenfalls nach Spanien fliegenden jungen Mannes, dessen Heirat wegen der Fehlverwendung des Geldscheines geplatzt ist: Es bahnt sich eine Beziehung an, die nicht im Zeichen des Geldes steht. Zum anderen sammelt die unvermittelt auftauchende exzentrische Stadtstreicherin die meisten Fetzen des Geldscheines wieder auf, setzt die Stücke zusammen und erkennt an der Nummer, dass es *derselbe* Geldschein ist, den sie zu Beginn in den Händen hielt.

Man muss also exzentrisch sein, um der Identität eines Geldscheins auf die Spur zu kommen. Aber man interessiert sich dann eben nicht mehr für den Schein als materielles Ding, sondern für die immaterielle Signifikanz der Nummer (die Geschichte dieses Scheines, die *wir* gesehen haben, ist der exzentrischen Stadtstreicherin vollkommen gleichgültig). Und das Wunderbare wird Ereignis: In diesem Moment wird die Ziehung der Gewinnzahlen auf den Monitoren des Flughafens bekannt gegeben, und es sind tatsächlich die Nummern *dieses* Geldscheines. Nur ist die Stadtstreicherin daran gehindert worden, den Lotterieschein auszufüllen. So bleibt ihr nichts, als den zusammengestückelten Geldschein auf die Bank zu tragen, wo sie erfährt, dass materiell gesehen einundfünfzig Prozent eines Geldscheins ausreichen, um ihm seinen ganzen Wert zu bewahren. Sie bekommt einen neuen Schein ausgehändigt, auf dessen Nummer sie das nächste Mal setzen wird.

BÜCHER. Als wandernde Dinge sind Bücher signifikant, weil sie eine Menge Signifikanten enthalten. Das ist weniger trivial, als es sich anhört. Bücher sind zunächst einmal Gegenstände, die man kaufen kann wie andere Dinge auch. Darüber hinaus ist ein Buch ein Medium, das etwas speichert und übermittelt. Diese beiden Eigenschaften stehen in einem Spannungsverhältnis zueinander. So wird unter diesen Bedingungen ein Merkmal des Kaufens konstitutiv, das jeder Warenverkehr in den Hintergrund drängen muss: das Risiko des Kaufs der Katze im Sack. Man muss Regeln für den Fall finden, dass der gekaufte Sklave krank ist, der Esel sich als störrisch erweist, der Kopfhörer einen Wackelkontakt hat. Auch bei Büchern gibt es natürlich Verfahren zusätzlicher Informationsbeschaffung, die das Risiko eines Fehlkaufs mindern sollen. Das ändert aber nichts daran, dass man hier grundsätzlich (wegen der Menge der Signifikanten) nicht im Voraus wissen kann (und nicht wissen will), was man sich eingehandelt hat. Und solange die Signifikanten in Ordnung sind (und nicht etwa Seiten fehlen), kann eine Enttäuschung kein Rückgaberecht begründen. Phänomenologisch gesehen erweist die Lektüre das Buch immer als *etwas anderes*, als man erwartet hat. Insofern ist das *wahre* Lesen immer das Lesen eines Buches, das mir – als Geschenk, in der Buchhandlung oder anderswo – *in die Hände gefallen* ist. Es ist immer der Zufall, der mich dazu führt, gerade dieses und kein anderes Buch zu lesen. Zwar ist das Buch kein Brief, der für mich bestimmt wäre, doch wenn ich etwas mit ihm anfangen kann, hat es seine Bestimmung erfüllt.

Vorerst. Wenn das Buch gelesen ist, wird es ins Regal gestellt. Ist dies der für das Buch bestimmte Ort? Nein. Das Regal ist nur als eine Zwischenstation aufzufassen. Sogar das einzigartige *Sandbuch* mit seinen unendlich vielen Seiten, dessen sich der Erzähler in der gleichnamigen Erzählung von Jorge Luis Borges entledigt, indem er es in eines der Kellerregale der Nationalbibliothek stellt, wird eines Tages wieder jemandem in die Hände fallen. Als Speichermedium befindet sich das Buch in einer Warteposition. In gewisser Weise ist es dazu bestimmt, zu wandern. Daher gibt des Antiquariate und Leihbibliotheken. Vor allem aber gibt es den Brauch, Bücher zu verleihen – sie jemandem *zu lesen zu geben*.

Erst damit befindet sich das Buch auf dem Weg zu einer *bestimmten* Signifikanz. Bei dem Buch, das mir in einer Bücherei oder auf dem Flohmarkt in die Hände fällt, ist es unerheblich, dass es sich gerade um dieses Exemplar handelt. Denn die Rede ist hier nicht von kostbaren Einzelexemplaren oder wertvollen Handschriften, sondern von Büchern, die in mehreren Exemplaren und in verschiedenen Auflagen verfügbar sind. Gerade weil das Buch kein ausgezeichneter Gegenstand ist, wird es nicht nur ohne weiteres verliehen, sondern bisweilen auch *weiterverliehen*. Im Weiterverliehenwerden vermag das Buch eine intersubjektive Verkettung zwischen einem Ersten und einem oder mehreren Dritten zu stiften. So hat schon rechtlich gesehen der Eigentümer einen Herausgabeanspruch gegenüber demjenigen, an den das Buch weiterverliehen wurde. Das gilt unabhängig davon, ob der Betreffende den Weiterverleihenden für den Eigentümer gehalten hat oder nicht. Jenseits der Rechtsverhältnisse können Geschichten von den unkontrollierbaren Signifikanzen erzählen, die das Weiterverleihen eines Buches zeitigt. Dazu drei Beispiele.

In Michel Butors *Der Zeitplan* (*L'Emploi du Temps*) von 1956 spielt ein vergriffener Kriminalroman mit dem Titel *Der Mord von Bleston* eine wichtige Rolle. Dem jungen Franzosen Jacques Revel, dem Schreiber dieses fiktiven Tagebuchromans, ist dieses Buch zu Beginn seines einjährigen Aufenthalts in der englischen Industriestadt Bleston in die Hände gefallen. Als er es seiner Bekannten Ann Bailey leiht, ist es für ihn bereits zu einer Art symbolischem Führer durch die ihm wie ein feindliches Wesen entgegentretende Stadt geworden. Wie sich herausstellt, hat die junge Frau das Buch an einen Vetter weiterverliehen, der es wiederum an einen Bekannten weitergegeben hat. Bei der verspäteten Rückgabe des schon verloren geglaubten Buches (dem Tagebuchschreiber war es inzwischen gelungen, ein zweites Exemplar aufzutreiben) stellt sich heraus, dass die Wohnung des Bekannten, des letzten Gliedes in der Kette der Besitzer, »Zimmer für Zimmer und Möbel für Möbel« (64) jener Wohnung gleicht, die im Roman als die Wohnung des Mörders beschrieben wird. Flankierend dazu erzählt Jacques Revel, dass er den Autor des pseudonym erschienenen Romans kennengelernt hat, und gibt dessen wahren Namen preis. Als der so verratene Autor darauf bei einem merkwürdigen Autounfall beinahe ums Leben kommt, erscheint Revel der Roman selbst als eine verdeckte Anzeige und der Autounfall als ein Versuch, den Mitwisser einer Tat zu beseitigen.

Der *Nouveau Roman* Butors macht sich also ein Strukturelement des Kriminalromans zunutze. Durch das Weiterverleihen gerät der fiktive Roman vermeintlich an denjenigen, der etwas *damit anfangen* kann – der nämlich erkennt, dass er mehr als bloße Fiktion ist. Für den Täter wird das weitergegebene Buch zur Botschaft: Er ist durchschaut. Die Kunde davon erreicht den Eigentümer Revel allerdings nur von ferne und vom Hörensagen bei der Rückgabe des Buches. Und außerdem wird die unterstellte Botschaft zwar durch ein bestimmtes Exemplar des Buches übertragen, aber sie bezieht sich weder auf dieses bestimmte Exemplar noch auf den Weg, den es genommen hat. Und auch für Revel ist nicht der Umstand bedeutsam, dass *sein* Exemplar diesen Weg genommen hat. Was ihn in den eigenen Augen schuldig gemacht hat, ist die *Information* über die Identität des Autors, von der er annimmt, sie habe ohne einen materiellen Träger denselben Adressaten erreicht wie das Buch.

Auch in dem Film *Ghost Dog* von Jim Jarmusch bleibt das durch Weiterverleihen wandernde Buch ein – wenn auch strukturell bedeutsames – Nebenmotiv. In Michel Butors Tagebuchroman hebt sich die Logik narrativer Schließung, wie sie im weiterverliehenen Buch als für die Gattung Kriminalroman konstitutiv entfaltet wird, in der unabschließbaren Polyphonie eines selbstbezüglichen Textgebildes auf. In *Ghost Dog* taucht das schmale Taschenbuch *Rashomon* mit Erzählungen von Ryonsuke Akutagawa nur handlungsbegleitend auf. Es hat zunächst den Anschein, als käme das Motiv des wandernden Dinges lediglich ergänzend hinzu, als würde es nur zitiert oder übergestülpt.

Der Titelheld – ein farbiger Profikiller, der auf dem Dach eines Hauses gemeinsam mit seinen Tauben nach dem Verhaltenskodex der Samurai lebt – lässt bei der Erfüllung eines Auftrages die zufällig anwesende junge Tochter eines Mafiabosses namens Louise vor allem deshalb am Leben, weil sie gerade die Lektüre dieses Buches mit Geschichten aus dem alten Japan beendet hat. Der Blick des wortkargen Ghost Dog fällt auf das auf dem Boden liegende Buch, er hebt es auf, die wie in Trance wirkende junge Frau empfiehlt es ihm, leiht es ihm. Er steckt es ein, liest es und verleiht es kurz darauf mit einer Bitte um Stellungnahme weiter an ein etwa zwölfjähriges Mädchen mit Namen Pearline, mit dem er auf einer Parkbank in ein Gespräch über Bücher gekommen ist (sie ist die einzige Person, mit der er sich im Film wirklich unterhält). Bei einem Blutbad, das der nun seinerseits wegen seines Kunstfehlers von Killern verfolgte Ghost Dog unter den Mafiosi anrichtet, lässt er – neben dem zweitklassigen Mafiaboss Louie, als dessen bis zum Ende ergebener Gefolgsmann er sich nach Art der Samurai definiert, weil er ihm einst das Leben gerettet hat – die junge Frau ein zweites Mal am Leben: Als ob es nichts anderes zu sagen gebe, erinnert sie ihn – der gerade ihren Vater in ihrem Beisein erschossen hat – mit wiederum abwesender Stimme an das Buch, das er noch von ihr habe. Am Ende des Films, nachdem Pearline das Buch Ghost Dog zurückgegeben und dabei ihre Begeisterung vor allem für die erste der sechs Geschichten um Ausdruck gebracht hat, wird es tatsächlich an die Entleiherin zurückkehren. Ghost Dog, der weiß, dass seine Zeit abgelaufen ist, lässt sich in voller Absicht von seinem Herrn und Meister Louie mit Kugeln durchlöchern und drückt ihm sterbend das blutbefleckte Buch mit der Bitte um Lektüre und spätere Stellungnahme in die Hand. Was Ghost Dog nicht weiß: Auf dem Rücksitz des auf Louie wartenden Autos sitzt die junge Frau, die zweite Überlebende des großen Sterbens. Sie erkennt das Buch und reklamiert es als ihr Eigentum. Louie gibt es ihr – aber erst nach einem kurzen Zögern, weil Ghost Dog es *ihm* zum Lesen gegeben habe.

Es ist bezeichnend, dass der Film, bevor das Buch an seinen Ausgangspunkt zurückkehrt, diesen Moment des Zögerns einführt. Die Rückkehr eines Buches an den rechtmäßigen Eigentümer ist nicht seine Rückkehr an den wahren Adressaten, da das Buch nur in seinem Unterwegssein lebt – in der Wirkung, die es auf die lesenden Subjekte ausübt. Für Louise, die es schon zu Anfang ausgelesen hat, gäbe es am Ende höchstens das Blut neu zu bedenken, mit dem es auf seinem Weg befleckt wurde. Wie sieht aber die Wirkung der Lektüre aus, die das Buch bei denen entfaltet, die es in die Hand bekommen? Eine *bestimmte Botschaft* (wie sie in Butors Roman unterstellt wird) enthält das Buch hier gerade nicht. Ghost Dog nimmt das Buch zur Hand, weil es Geschichten aus dem alten Japan enthält (Akutagawa selbst ist übrigens ein Autor des beginnenden 20. Jahrhunderts). Das ist eigentlich auch schon alles, was darüber zu sagen ist. Das Buch legt gewissermaßen eine gemeinsame Disposition frei: Die es lesen, sind von einer *anderen Zeit* kontaminiert.

Ghost Dog lebt nach dem Kodex der Samurai, dem *Hagakure* aus dem beginnenden 18. Jahrhundert, in dessen englischer Übersetzung Ghost Dog immer wieder liest (Zitate daraus werden wiederholt in den Film eingeblendet). Vom *Hagakure* aus erschließt sich auch der Stellenwert des *Rashomon*-Buches. Dessen entscheidender Leser ist nicht Ghost Dog, sondern das Mädchen Pearline. Für sie wird es sozusagen zu einem Propädeutikum für das *Hagakure*. Denn als Ghost Dog sich dafür bereit macht, von seinem Meister Louie erschossen zu werden, übergibt er sein Exemplar des *Hagakure* dem Mädchen, und am Ende des Films sehen wir die in die Lektüre versunkene Pearline als seine kommende Nachfolgerin.

In Butors Roman fungiert das weiterverliehene Buch als Index, als *Anzeige*. In Jarmuschs Film *bahnt* es etwas *an*. Noch einmal anders verhält es sich in Danièle Dubroux' hintersinnig-verspieltem Film *Das Tagebuch des Verführers* (*Le Journal du Séducteur*) aus dem Jahre 1995. Hier wird das gleichnamige Buch von Søren Kierkegaard mehrfach leihweise in andere Hände weiter- und zurückgegeben. Die junge Psychologiestudentin Claire findet das zerlesene Exemplar in einem adressierten Umschlag und macht mit dem Adressaten ein Treffen aus, um es ihm zu übergeben. Dieser, der ebenso attraktive wie durchgeistigte Philosophiestudent Grégoire, schreibt seine Abschlussarbeit über Kierkegaard und gibt das Buch, das er zuvor einer anderen Studentin namens Charlotte geliehen hatte, nun Claire zu lesen. In den folgenden Verwicklungen verliebt sich Claire in Grégoire, sie macht einige Bekanntschaften mit seltsamen Leuten – wie dem ehemaligen Philosophielehrer Grégoires, seinem Nachbarn und der mit ihm zusammenlebenden Großmutter –, und sie hilft ihm, eine Leiche zu beseitigen: Die offenbar umnachtete Charlotte hatte einen Mann erschlagen, um ihren geliebten

Grégoire vor ihm zu schützen (bevor sie einige Zeit später Selbstmord beging).

Das titelgebende Buch, das Claire in Abwesenheit Grégoires seinem zwielichtigen Nachbarn zurückgibt, scheint dabei zunächst eher eine Nebenrolle zu spielen. Später allerdings ertappt Claire Grégoire dabei, wie er im Café das Buch mit denselben gewinnenden Worten einer anderen Studentin zu lesen geben will. Kurzerhand tritt sie hinzu und schnappt sich das Buch. Weiterhin erfährt sie, dass Grégoire das Buch von seiner Großmutter bekommen hat, damit es zwischen ihm und den Frauen besser klappt. Sie selbst hat nämlich dessen verführerische Kraft in jüngeren Jahren mehrfach erproben können: »Das Buch hat eine Macht.« Die bekommt gegen Ende auch der Psychoanalytiker Claires zu spüren, dem sie die ganze Geschichte erzählt und das Buch zu lesen gibt. Er verfällt seiner jungen Patientin vollkommen, dringt in die Wohnung Grégoires ein, wird handgreiflich, bekommt von Claire einen Schlag mit einem stumpfen Gegenstand auf den Kopf und kann sich später an nichts mehr erinnern.

Bei alledem bleibt der Stellenwert des Buches auf eine konstitutive Weise zweideutig. Dass die überspannte Großmutter ihm wunderbare Kräfte zuspricht, besagt nichts. Auch werden die Behauptungen der Großmutter keineswegs filmisch untermauert – etwa dadurch, dass das Buch besonders in Szene gesetzt, in Nahaufnahme gezeigt würde oder Ähnliches. Es bleibt ein gewöhnlicher Gegenstand, der von Hand zu Hand geht. Einerseits soll die Verführungskraft des Buches damit zusammenhängen, dass es sich genau um *dieses* Exemplar handelt, da von anderen Auflagen oder Ausgaben dieses Werkes eine solche Wirkung anscheinend nicht ausgeht. Andererseits lässt sich die Verführungskraft des Buches nicht mit seiner Materialität erklären. Offenbar ist es erst die intensive Lektüre, die zunächst bei Claire und später bei ihren Analytiker diese – im Übrigen allmähliche – Wirkung zeitigt. Durch diese Lektüre werden sie mit Haut und Haaren in das Thema der Verführung verwickelt, von der das Buch Kierkegaards handelt.

Tatsächlich legt der Film nahe, die Verführungskraft des *Tagebuchs des Verführers* mit den Umständen zu begründen, unter denen dieses Exemplar verliehen wird. Es geht also weder bloß darum, dass es sich um *diesen* Text handelt, noch darum, dass es sich um *dieses* Buch handelt. Das Gebaren und die etwas morbide Schönheit des geheimnisvollen Grégoire lassen es in Verbindung mit dem durch die Lektüre entfalteten Thema der Verführung als überaus naheliegend erscheinen, dass Claire ihm immer mehr verfällt. Daher nimmt die empörte Claire es auch als eine bloße ›Masche‹ ihres Grégoire wahr, wenn sie sehen muss, dass er mit einer anderen Studentin das gleiche Verfahren einschlägt. Anders gesagt: Mit Büchern kann man umso besser verführen, je mehr sie zu einem ›Kategorienfehler‹ verführen. Dieser besteht darin, die Umstände der Übergabe (die zum Lesen verführen) zu dem Inhalt des Buches (in dem es um Verführung geht) in Beziehung zu setzen. Das Ganze ist alles in allem eine Sache der Worte – der Worte, mit denen das Buch zum Lesen gegeben wird, und der Worte, aus denen es besteht. Das sieht man auch im ›Fall‹ des Psychoanalytikers (der überdies zeigt, dass die Verführung durch das Buch anders als die Verführung in diesem Buch geschlechtsneutral ist): Zunächst hört er sich in der *talking cure* die Reden Claires an, sodann vertieft er sich nachts im Ehebett an der Seite seiner ältlichen Gattin in die Lektüre, und tags drauf verkündet er seiner Frau, dass er unter einer besonders heftigen »Gegenübertragung« leide.

Jemandem etwas zu lesen geben heißt immer auch: ihn zum Lesen zu verführen suchen. Wenn das *Tagebuch des Verführers* zu lesen gegeben wird, treten die Verführung zum Lesen und das Lesen von der Verführung in eine verführerische Konjunktion. Ein weiteres Moment kommt hinzu. Das Zu-lesen-Geben knüpft ein besonderes Band, weil die Gabe des Buches kein Geschenk ist. Oder genauer: Was *gegeben* wird, ist nicht das Buch, sondern Worte. Denn das Buch muss zurückgegeben werden. Und diese Rückgabe zieht eine neue Gabe nach sich, weil sie ihrerseits mit Worten verbunden ist. Wer ein geliehenes Buch zurückgibt, muss eine Antwort auf das Zu-lesen-Geben geben (auch in *Ghost Dog* wird dies ausdrücklich eingefordert). Das ist etwas anderes – und mehr – als der Gabentausch, dem zufolge die Gabe mit einer Gegengabe beantwortet werden muss. Es knüpft eine *bestimmte* Beziehung.

So betrachtet ist das Zu-lesen-Geben eine Sache, in der das *Weiterverleihen* nicht mehr vorkommt. Ob Grégoire das Buch von seiner Großmutter bekommen hat, ist im Grunde unerheblich, und die *Geschichte*, die der Film erzählt, in dieser Hinsicht nur Beiwerk. Das Zu-lesen-Geben erscheint jeweils als eine Angelegenheit zwischen Zweien. Denn der Dritte ist ohnehin als Abwesender anwesend. Er ist im Buch selbst enthalten. Das *Tagebuch des Verführers* darf nicht von dem stammen, der damit verführen will. Es müssen von einem anderen verantwortete Worte sein (natürlich kann man auch zu lesen geben, was man selbst geschrieben hat, aber dann muss das Geschriebene trivialerweise an einen anderen *gerichtet* sein). Auch ohne gewandert zu sein, kommt es kraft seiner Signifikanz woanders her. Was im Verleihen eines Buches zu lesen gegeben wird, darf keine *unmissverständliche* Botschaft sein, darf nicht einmal unmissverständlich *Botschaft* sein.

BRIEFE? Dies führt schließlich auf das Problem der Briefe. Denn Briefe sind zweifellos und unmissverständlich Botschaften, die von dem Verfasser des Briefes an seinen Adressaten gehen. Sie sind schlechthin signifikant: englisch *letter*, französisch *lettre* – das ist der Buchstabe wie der Brief; »herrliche Zweideutigkeit der Sprache« (29), vermerkt Lacan dazu in seinem Seminar über Poes *Entwendeten Brief*. Briefe sind daher ein Ausnahmefall (und ein Paradigma) der wandernden Dinge. Wenn sie zu ihnen gezählt werden sollen, so nicht, insofern sie sich auf dem Weg von einem Ersten zu einem Zweiten befinden, sondern insofern sie vom Weg ihrer Bestimmung abkommen.

Das kann auf zweierlei Weise geschehen. Erstens kann der Brief einen Umweg machen oder auf einen Abweg geraten, *bevor* er angekommen ist oder bevor der Empfänger Gelegenheit gehabt hat, nach Gutdünken mit ihm zu verfahren. Das ist der Fall, den wir in *Der entwendete Brief* von Edgar Allan Poe vor uns haben. Weil er ein Ding ist, kann ein Brief immer auch abgefangen werden (und davon handeln natürlich zahllose Geschichten). Entsprechend ist es »der *einen Umweg machende Brief*, derjenige, dessen Weg *prolongiert* wurde« oder »der *unzustellbare Brief*«, der Jacques Lacan »beschäftigt« (28). Zweitens kann der Brief jederzeit auf einen Abweg geraten, *nachdem* er angekommen ist und der Empfänger Gelegenheit gehabt hat, sein Wandern durch Vernichtung zu verunmöglichen. Und zwar einerseits, indem er unversehens in die Hände eines Dritten gerät – etwa die Briefe des Liebhabers in die Hände des Ehemannes (auch davon handeln natürlich zahllose Geschichten) –, und andererseits, indem er an Dritte *weitergegeben* wird. Dann wird der Brief einem oder mehreren anderen *zu lesen gegeben.*

Dies ist letztlich die Voraussetzung aller Briefromane. In ihnen werden Briefe gewechselt, die *wir* zu lesen bekommen, obwohl sie nicht für uns bestimmt sind. Fiktionsintern heißt das, dass sie an einen Herausgeber weitergegeben worden sein müssen, der für ihre Publizität gesorgt hat. In den *Gefährlichen Liebschaften*, den *Liaisons dangereuses* von Choderlos de Laclos – dem Kompendium all dessen, was man mit Briefen anstellen und anrichten kann – wird bezeichnenderweise noch eine weitere Instanz dazwischengeschaltet. Bevor sie an einen *rédacteur* gelangen, laufen die verschiedenen Packen der Briefe gegen Ende bei Madame de Rosemonde ein, die als moralische Instanz und damit bereits als eine Art Institution fungiert. Der Chevalier Danceny etwa schreibt dazu im hundertneunundsechzigsten Brief: »Ich bin überzeugt, gnädige Frau, wenn ich Ihnen die Briefschaften zu treuen Händen übergebe, diene ich ebenso gut den beteiligten Personen, wie wenn ich sie ihnen selber übergäbe.« (384) Insoweit scheint Madame de Rosemonde als ein verschwiegenes Depot zu fungieren. So lässt sie auch in ihrem Antwortschreiben an den Chevalier verlauten: »Ich will Ihnen gerne die Hand dazu bieten, mein Herr, soweit es von mir abhängt, daß alles, was mit diesen Vorgängen im Zusammenhang steht oder darauf folgen könnte, stillschweigend in Vergessenheit gerät.« (388) Zugleich aber ist es, wie Ulrike Vedder in ihrem Buch *Geschickte Liebe* schreibt, »diese Stillstellung der Briefzirkulation in Form einer Sammlung, die die spätere ›publicité‹ überhaupt erst ermöglicht«, weswegen das Depot, der Sammelpunkt von Briefen, nie als »Endpunkt«, sondern immer schon als »Relais« gedacht werden muss (180).

Zwei Briefe hat der Chevalier Danceny lediglich in »Abschriften« beigelegt. »Die Originalbriefe behalte ich in meinem ureigensten Interesse.« (384) Dies berührt, was das Wandern von Briefen betrifft, den entscheidenden Punkt: Insofern der Brief tatsächlich nur aus Signifikanten besteht, leistet die Abschrift denselben Dienst wie der Originalbrief (und die *publicité* bringt den Originalbrief ja gerade zum Verschwinden). Ein Missbrauch ist die Weitergabe des Inhalts in einer Abschrift ebenso wie die Weitergabe des Originals. Wer einen Brief zu lesen gibt, braucht ihn nicht auszuhändigen. Wer ihn abfängt und liest, kann ihn gleichwohl zustellen. Der Empfänger eines Briefes ist insoweit dessen Eigentümer, als er ihn verbrennen darf. Aber auch ein verbrannter Brief kann möglicherweise seinen Weg in der Welt machen. Zugleich aber hat der Brief, als *geistiges* Eigentum betrachtet, seinen Verfasser nie verlassen.

Der Brief bleibt, auch wenn er wandert, immer eine Sache zwischen dem Verfasser und dem Empfänger. Diese Sache hat ein entlegenes Gegenstück in einer Einrichtung, die in der römischen Antike *tessera hospitalis* und in der griechischen Antike *symbolon* hieß. Wörtlich heißt »symbolon« das »Zusammengeworfene«, das »Zusammengefügte«. Es handelt sich um einen kleinen Gegenstand – etwa eine Tonscherbe –, der in zwei Teile zerbrochen wird. Die eine Hälfte behielt der Gastgeber oder der einheimische Handelspartner; der Gast oder der auswärtige Handelspartner nahm die andere Hälfte mit sich auf die Heimreise. Wenn sich ein Fremder bei einem der beiden einfand und eine Scherbenhälfte mitbrachte, die genau zu ihrem Gegenstück passte, so hatte er sich als vertrauenswürdiger Gast oder Stellvertreter des Handelspartners ausgewiesen.

Mittels eines Dinges wird hier über eine zeitliche und räumliche Entfernung eine Verbindung aufrechterhalten – eine symbolische Verbindung. Aber dieses Ding wird nur dadurch *signifikant*, dass es eine *halbe* Sache ist. *An sich* kann ein Ding nichts Halbes sein (als Ding sieht man ihm nicht an, dass es eine halbe Sache ist). In Gestalt des *symbolon* geht eine halbe Sache hinaus in die Welt und kehrt vielleicht – als ein Brief ohne Inhalt – wieder zurück zu ihrer anderen Hälfte. Dann *bezeichnet* sie ihren Träger. Wäre derjenige, der mit der *tessera hospitalis* fortgeht, derselbe wie der, der mit ihr zurückkehrt, so bedürfte er ihrer nur, wenn der derjenige, der am Ort geblieben ist, nicht mehr derselbe ist. Es ist also ein Dritter, der die andere Hälfte wie ein Empfehlungsschreiben in den Händen hält. Als eine halbe Sache gilt es auch den Brief zu verstehen.

Von dem, was wandert (III)

Bedenkliches und Zweifelhaftes

TÖDLICHES. Wie kann mir etwas Tödliches in die Hände gespielt werden oder zwischen die Finger kommen? Es könnte eine Bombe mit brennender Zündschnur sein, mir aus einem Slapstick zugeworfen, die ich nun meinerseits in unbedachter Hast statt zurück oder in das nahe Wasser einem Dritten zuwerfe. Eher könnte es eine Briefbombe sein, mir von Ted Kaczynski zugesandt, dem berüchtigten *Unabomber* (einer Abkürzung für *university and airline bomber*), der zwischen 1978 und 1995 sechzehn Briefbomben vornehmlich an Universitäten und Fluglinien in den USA geschickt hat. Vielleicht könnte ich auch einen jener mit einem Milzbranderreger kontaminierten Briefe erhalten, wie sie nach dem 11. September 2001 in Amerika auftauchten.

Es gibt auch Geschichten von Büchern mit vergifteten Seiten, wie in der *Geschichte von dem treulosen Wesir* aus den *Erzählungen aus den Tausendundein Nächten*, in der ein unschuldig zum Tode Verurteilter dem Despoten als Vermächtnis ein einzigartiges Buch zu lesen gibt, das diesem durch Befeuchten der Finger mit der Zunge – weil die »Blätter zusammenhafteten« (I, 71) – den gerechten Tod bringt. In Umberto Ecos *Der Name der Rose* ist es der blinde Jorge selbst, der sich die Seiten der von ihm vergifteten Handschrift am Ende in den Mund stopft, um sie dem Zugriff der Welt zu entziehen. Man sieht: Gerade diese ferngelenkten Dinge können – trotz des Vermerks *Nur persönlich zu öffnen* – den vom Absender vorgesehenen Empfänger immer auch *nicht* erreichen. Sie können dazu bestimmt sein, zu ihrem Absender zurückzukehren. Absichtlich oder versehentlich. Einer modernen – von David Holt und Bill Mooney in *The Exploding Toilet. Modern Urban Legends* wiedergegebenen – Legende zufolge hat einmal ein Terrorist nicht genug Porto auf seine Briefbombe geklebt. Als der Brief mit dem Vermerk »Zurück an den Absender« an ihn zurückkam, erinnerte er sich nicht mehr, um was es ging (12).

Erst wenn das tödliche oder verderbliche Ding nicht den erreicht, dem es zugedacht war, wird es zu einem wandernden Ding, wird eine Geschichte aus der Sache. Derjenige, der dann die Briefbombe öffnet oder das vergiftete Buch liest, wird davon nicht anders betroffen als der ursprünglich Ausersehene. Insofern wird uns in diesem Moment unhintergehbar die Frage nach dem schicksalhaften Adressaten auferlegt. So stirbt in *Die Königin Margot* (*La Reine Margot*) von Alexandre Dumas der unberechenbare König Karl IX. an einem von seiner Mutter Katharina von Medici vergifteten Buch, das eigentlich Heinrich von Navarra, dem späteren *bon roi* Heinrich IV., zugedacht war (zu sehen auch in der gleichnamigen – in Deutschland mit dem Titel *Die Bartholomäusnacht* versehenen – Verfilmung von Patrice Chéreau). Auf der anderen Seite kann die Bombe, wenn sie den schuld- und arglosen Boten zerfetzt, zum Inbegriff des blinden Schicksals werden. In dem Roman *Der Geheimagent* (*The Secret Agent*) von Joseph Conrad bringt der geistig zurückgebliebene Stevie durch ein Stolpern die Bombe zur Detonation, mit der ein Anschlag auf die Sternwarte von Greenwich verübt werden sollte. In der – wie gewöhnlich sehr freien – Adaption von Alfred Hitchcock unter dem Titel *Sabotage* von 1936 wird die bei Conrad eher ausgesparte Szene zum dramatischen Zentrum der gesamten Handlung: Man sieht den arglosen, aber keineswegs zurückgebliebenen Stevie, wie er mit der Bombe, die ihm der undurchsichtige Mann seiner älteren Schwester mit auf den Weg gegeben hat, durch das mittägliche London unterwegs ist und immer wieder durch Menschenansammlungen, aber auch durch eigene Saumseligkeit davon abgehalten wird, das Paket rechtzeitig an seinem Bestimmungsort am Bahnhof zu deponieren; in (erstmaliger) Ausreizung der *suspense*-Technik weiß der Zuschauer, dass die Zeitbombe um Viertel vor zwei detonieren wird – und wenn er die Straßenbahn explodieren sieht, in der noch unmittelbar zuvor die Hand des Jungen das Paket gestreichelt hat, dann weiß er auch, dass für diesmal keine gütige Vorsehung dem blinden Schicksal zuvorgekommen ist (was Hitchcock selbst später als schweren Fehler bezeichnet hat).

In all diesen Geschichten geht es um tödliche Sendungen, die eine *Bestimmung* haben. Es gibt aber auch den umgekehrten Fall. Er liegt dann vor, wenn es darum geht, tödliche Substanzen zu *entsorgen*. Giftfässer schickt man nicht auf den Weg, um jemandem den Tod zu bringen, sondern um sich ihrer zu entledigen. Sie sind etwas, was gerade keinen Adressaten, keine Bestimmung hat. Ihr Bestimmungsort kann nur die Deponie sein, auf der sie für immer ankommen. Geschichten, die sich aus dieser Perspektive tödlicher Fracht annehmen, gibt es folglich erst im Zeitalter des Sondermülls. Es sind Geschichten, die von *Machenschaften* erzählen, von falscher Deklarierung und verbotener Lagerung. Und was falsch deklariert und verbotenerweise gelagert wird, ist kein Einzelding wie der Brief mit tödlichem Inhalt. Es ist wesentlich pluralisch – eine auf Fässer verteilte Substanz, deren Spur sich verliert, denen man auf die Spur kommt. So etwa in dem Jugendfilm *Die Spur der roten Fässer* von Kai Wessel, in dem Kinder auf einem verlassenen Militärgelände in Brandenburg Fässer mit giftigen Chemikalien entdecken und einem Umweltskandal auf die Spur kommen. Oder in Wigbert Wickers grobschlächtiger (vom Verschwinden der Seveso-Giftfässer im Jahre 1982 inspirierter) Komödie *Didi auf vollen Touren* von 1986, in der der frischgebackene LKW-Fahrer Didi Hallervorden mit einer Ladung vermeintlicher Giftfässer in Frankreich unterwegs ist, während die tatsächlichen Giftfässer auf dem Atlantik verklappt werden sollen.

Von allen tödlichen Dingen, die wandern können, trifft die *atomare Fracht* in besonderer Weise die Phantasmen der westlichen Zivilisation. Selbstverständlich ist daher alles, was mit einer solchen Fracht zu tun hat, eine staatliche Aufgabe. So wurde zum Beispiel der Transport des radioaktiven Materials (die sogenannten *Castor-Transporte*) zeitweise zu einer Art nationalem Ausnahmezustand und zu einer Inszenierung dessen, was einen sicheren Transport ausmacht. Der vertrauenswürdige Staat ist es, der das Wandern solchen Materials in Zwischenlager betreibt (während das märchenhafte *Endlager* hienieden unerreichbar scheint). *Unheimlich* ist uns hingegen die Vorstellung, dass auch weniger vertrauenswürdige Staaten mit diesem Material umgehen. Das hängt freilich auch damit zusammen, dass dieses Material gegebenenfalls auch *wiederaufbereitet* werden kann. In dieser Hinsicht ist es nicht nur die extremste Form des Sondermülls, sondern auch der mögliche Stoff einer zukünftigen Atomwaffe und daher eine Ware. *Unerträglich* ist uns daher die Vorstellung, dieses Material gelangte in private Hände, wanderte verdeckt von Hand zu Hand statt unter staatlicher Aufsicht von Ort zu Ort. Wie etwa 1994, als in München 363 Gramm russisches Plutonium aufgefunden wurden.

Auf eindrücklichste Weise hat der Film *Kiss me Deadly* von Robert Aldrich der in unserer Zivilisation kursierenden Angst vor dem Wandern radioaktiven Materials Gestalt gegeben (als deutscher Verleihtitel wurde zwar passend, aber weniger beziehungsreich *Rattennest* gewählt). Die längste Zeit des 1955 nach einer Romanvorlage des anrüchigen Mickey Spillane entstandenen Films bleibt unklar, wonach hier verschiedene Leute auf der Suche sind und wovon andere nicht sprechen wollen. Unter den ersteren ist der zynische und stets gewaltbereite Privatdetektiv Mike Hammer, der in der Eingangssequenz eine junge, offenbar verwirrte Frau namens Christina des Nachts auf dem Highway aufgelesen hat. Als Christina kurz darauf gefoltert und getötet wird, wittert der davongekommene Mike Hammer das große und möglicherweise lukrative Geheimnis. Wie in Dashiell Hammetts *Malteser Falken* ist es die Jagd und nicht das Ding selbst, was seine Aufmerksamkeit erregt. Zusammen mit seiner ihm willig ergebenen Sekretärin Velda (die er überdies mehr oder weniger offen zur Prostitution anhält) stochert er im Dunkeln, ohne im

Entferntesten zu wissen, was er unter Bedrohung seines Lebens eigentlich sucht. Unter anderem nimmt Mike Hammer den Kontakt zu Christinas ehemaliger Mitbewohnerin Lily Carver auf, die augenscheinlich selbst in Gefahr ist und sich später schutzsuchend an ihn wendet.

Einige Personen müssen sterben, bevor Mike Hammer im Spind eines Sportclubs auf den doppelt ummantelten Koffer stößt, der das atomare *Etwas* enthält. Er vermerkt seine Wärme, bevor er ihn einen Spaltbreit öffnet. Für einen kurzen Augenblick strahlt ihm ein unerträglich gleißendes Licht entgegen und hinterlässt eine Brandwunde auf seiner Hand. Es ist jene Sorte Brandwunde, die man schon zuvor auf dem Gesicht eines verängstigten (und später ermordeten) Wissenschaftlers gesehen hat: Auch dieser ist mit dem *Etwas* in Berührung gekommen.

Was dieses Etwas ist, wird im Film nie ohne Umschweife gesagt. Es wird aber inszeniert, dass es nicht ohne Umschweife gesagt werden kann: Der mit Mike Hammer von alters her bekannte Kriminalbeamte verlangt von diesem die Herausgabe des Spindschlüssels, in dem sich der Koffer befindet, und verleiht seiner Forderung mit den betont ausgesprochenen Worten »Manhattan Project – Los Alamos – Trinity« Nachdruck. Als sei die Benennung des Etwas tabu, muss diese Wortkette an deren Stelle treten. Was keine Privatperson in den Mund nehmen darf, kann niemand als seine Privatsache betrachten. Es ist nicht konkretisierbar und droht in seiner gleißenden Helle den Film selbst zu zerstören. Mehr noch als die übrigen tödlichen Dinge kann es daher nur unter der Bedingung seiner Ummantelung wandern. Denn für sich betrachtet ist das Tödliche zunächst einmal eine unscheinbare und ungerichtete Substanz, die in alle Richtungen explodieren oder sich in alle Richtungen zerstreuen kann. Das sich im gleißenden Licht verbergende Etwas in *Kiss me Deadly* ist die letzte Steigerung davon.

Schauplatz des verstörenden Finales ist eine Villa am Strand. Die junge Frau mit den kurzen blonden Haaren, die als Lily Carver bei Mike Hammer Schutz gesucht hat, entpuppt sich als Gabrielle, die mordende Komplizin des Dr. Soberin, der das radioaktive Material offensichtlich für eine fremde Macht in seinen Besitz gebracht hat. Aber auch sie weiß nicht, was dieser Koffer enthält, den der Mann jetzt vor sich auf dem Tisch stehen hat. Auf seine Bestätigung, es sei sehr kostbar, verlangt sie plötzlich mehr als bloße Bezahlung, sie verlangt die »Hälfte«. Als sich der Mann mit dem Hinweis darauf weigert, dass sich der Inhalt dieses Koffers nicht teilen lasse, reklamiert sie das »Ganze« für sich und schießt auf ihn. Der tödlich Getroffene versucht gleichwohl noch, dafür zu sorgen, dass die tödliche Fracht an den Mann gebracht wird. Statt einer Adresse kann er aber nur noch die Anweisung geben, den Koffer nicht zu behalten und nicht zu öffnen.

Am Ende geht es also nicht mehr nur darum, dass eine Sache des Staates wie eine Privatsache zirkuliert, sondern es geht – auch dies wie in Hammetts *Malteser Falken* – um das Verhältnis der Geschlechter. Der im Auftrag einer fremden Macht agierende Dr. Soberin bleibt an ein – wenn auch feindliches – staatliches Handeln gekoppelt und insofern berechenbar. Während der Mann die Sache weitergeben will, möchte sich die Frau das Etwas *hier und jetzt* zu Gemüte führen. Zuvor kommt ihr aber noch der Privatdetektiv in die Quere. Mit der Waffe in der Hand fordert sie ihn auf, näher zu kommen, um sie zu küssen. Es lässt sich nicht sagen, was Mike Hammer, der zu ihr wie zu allen Frauen ein anzügliches Verhältnis entwickelt hat, dazu treibt, dieser wiederholten Aufforderung nachzukommen, bis sie auch ihn niederschießt. Nun ist die Frau allein mit dem Ding, dieser anderen Büchse der Pandora. Es ist ganz still. Wenn sie diese Büchse öffnet, wird sie noch Zeit haben zu erkennen, dass ihr Inhalt *etwas anderes* ist – ein Etwas, das niemand sein Eigen nennen kann (ebenso wenig wie den phallischen Falken bei Hammett, der sich demjenigen, der ihn zu haben meint, als Fälschung entlarven muss). Anders als Mike Hammer am Spind öffnet die Frau die Büchse ganz. Ohne Geistesgegenwart verschwindet sie im Hier und Jetzt. Sie hat zwar nicht den erwarteten Genuss des Dinges vor sich, doch dessen Gegenteil ist nicht weniger *faszinierend.* Den Blick entgegen aller Wahrscheinlichkeit unverwandt auf die unerträglich gleißende Helle gerichtet, beginnt sie zu schreien. Die Filmmusik nimmt diesen Schrei zu einem entsetzenden Crescendo auf. Und während der durch den Schuss wider Erwarten nur verletzte Mike Hammer seine gefangengehaltene Sekretärin Velda noch eben zu retten vermag, geht deren phantasmatisches Umkehrbild, die männermordende Gabrielle, mit dem Haus in Flammen auf.

Leichen. Leichen sind nicht tödlich, sondern tot. Auch ihr Wandern ist allerdings bedenklich. Denn von jeher sind Leichen keine Privatsache. Folgerichtig sprechen wir, wenn sie heutzutage den Ort wechseln, davon, dass sie *überführt* werden. Dies geschieht offen in entsprechend gekennzeichneten Gefährten und Behältnissen. Wandern sie hingegen von Hand zu Hand, so muss dies verdeckt geschehen – heimlich, in der Nacht, unauffällig. Wer dies tut, macht sich nicht nur verdächtig, den Tod verschuldet zu haben – er verstößt schon dadurch gegen das Gesetz, dass er etwas als Privatsache behandelt, was keine sein kann. Zumeist möchte er die Leiche loswerden. Nur unter Sonderbedingungen kann der tote Körper zu einem begehrten Gegenstand werden – wie etwa beim Leichenraub für anatomische Zwecke.

Natürlich geht es nicht nur darum, eine Leiche verschwinden zu lassen – sie zu verscharren, zu versenken, zu zerstückeln, wie man es aus der Kriminalliteratur kennt. Vom Wandern einer Leiche kann man erst sprechen, wenn der tote Körper wieder auftaucht, und zwar nicht einfach an einem anderen Ort, sondern im Verantwortungsbereich eines anderen Subjektes, dem er etwa untergeschoben wird. Dies ist ein verschiedentlich wiederkehrendes Motiv in schwarzen Komödien, die aus dem Moment der letztlich blasphemischen Behandlung der Leiche als Ding eine besondere Antriebskraft zu erhalten hoffen. Schon indem sie eine Perspektive wählen, in der die Machenschaften mit dem Leichnam mehr oder weniger direkt gezeigt werden (in welcher Zone der Übertretung sich ja auch Hitchcocks *The Trouble with Harry* aufhält), unterscheiden sie sich von den Detektivromanen, die – wie etwa in *Die Frau in dem Faß* von Freeman Wills Croft – den Weg, den ein toter Körper in seinem Behältnis genommen hat, nachträglich rekonstruieren. So bekommen es in dem Film *Die Leiche ist im falschen Koffer* (*Le crime rend la monnaie*) von Mario Camerini aus dem Jahre 1960 drei Ehepaare im Spielerparadies Monte Carlo mit der in einem Koffer befindlichen Leiche einer alten Frau zu tun. 1992 hat Eugene Levy unter dem Titel *Es war einmal ein Mord* (*Once Upon a Crime*) ein Remake dieses Stoffes abgeliefert. Seine vollendete Form als Strukturmotiv hat die wandernde Leiche freilich bereits im ausgehenden 19. Jahrhundert in Robert Louis Stevensons und Lloyd Osbournes Roman *Die falsche Kiste* gefunden, wo der tote Körper des vermeintlichen Erbonkels in verschiedenen Behältnissen kreuz und quer durch das geschäftige London expediert wird. In diesem Roman stellt sich einer der Betroffenen die entscheidende Frage in der folgenden Form: »Wie wird ein Ehrenmann eine ehrlich erworbene Leiche los?« Dabei fällt ihm die »unnachahmliche Geschichte vom Buckligen« (155) aus den *Erzählungen aus den Tausendundein Nächten* ein; er lässt sich diese Geschichte »noch einmal durch den Kopf gehen«, verwirft sie aber »als untaugliche Vorlage« (156), da sich die dort vorgestellten Lösungen im großstädtischen London nicht umsetzen lassen. Schon deshalb ist, was hier erzählt wird, einer genaueren Betrachtung wert.

Die Geschichte des Buckligen wird in einer längst vergangenen Zeit in China angesiedelt. Ein Schneider und seine Frau laden spätabends einen komischen Buckligen, der ihnen auf der Straße begegnet, zu ihrem Amüsement zu sich nach Hause ein und bewirten ihn. Die übermütige Frau steckt ihm ein übergroßes Stück Fisch in den Mund und befiehlt ihm zu schlucken. Er erstickt an einer großen Gräte, die sich darin befindet. Mit dem Tod des Buckligen beginnt seine Geschichte als Ding, zu der ihn das Zuviel seines Körpers offenbar prädestiniert (daher nimmt es auch nicht wunder, dass er von Beginn an nur als Erleidender und nicht als Handelnder vorgekommen ist).

Sein Tod ist vom Schneiderehepaar zwar verschuldet, aber alles andere gewollt – er ist *culpa*, nicht jedoch *dolus*. »Es gibt keine Majestät und es gibt keine Macht außer bei Allah! Der Arme! Daß sein Tod so durch unsere Hände kommen mußte!« (293), ruft der Mann. Es sind aber eben nur die Hände, die den Tod des Buckligen bewirkt haben. Wenn die Hände ihn nun fortschaffen, haben sie nachher nichts mehr damit zu tun. Die Frau hat den Einfall, ein Tuch über den Buckligen zu werfen und ihn auf der Straße für ein von den Pocken befallenes Kind auszugeben. Sie bringen ihn in tiefer Nacht zu einem jüdischen Arzt. Eine schwarze Sklavin öffnet ihnen, der sie einen Vierteldinar geben, damit der Arzt den Kranken untersuche. Als diese nach oben geht, um den Arzt zu holen, verschwinden die beiden: »Laß den Buckligen hier, und laß uns unser Leben retten!« (293 f.) Der Jude aber kommt herunter, stolpert im Dunkeln über den Buckligen, so dass dieser umfällt. Als er gewahr wird, dass der Mann tot ist, hält er sich für den Verursacher: »O Esra! O Moses und die zehn Gebote! O Aaron! O Josua, Sohn des Nun! Ich bin über diesen Kranken gestolpert, und da ist er hinuntergefallen, und nun ist er tot!« Um ihrer beider Leben zu retten, macht seine Frau den Vorschlag, den Toten von der Dachterrasse »in das Haus unseres Nachbarn, des Muslims« (294) zu werfen. Der kurz darauf zurückkehrende Nachbar, ein Aufseher über die Küche des Sultans, hält die Gestalt für einen Dieb an seinen Schmalzvorräten und schlägt ihn mit einem Hammer vor die Brust. Als er sieht, dass er tot ist, ruft er aus: »Warum mußte sich das Schicksal dieses Menschen gerade durch meine Hand erfüllen?« (295) Er lädt sich den Buckligen auf und trägt ihn in eine dunkle Straße in die Nähe des Basars, wo er ihn an eine Mauer lehnt und verschwindet. Da kommt ein betrunkener Christ des Weges, der Makler des Sultans, um sein Wasser zu lassen. Wähnend, die dunkle Gestalt wolle ihm seinen Turban wegreißen, gibt er ihr einen Faustschlag in den Nacken, so dass sie umkippt. Ein Wächter wird auf die Sache aufmerksam und erkennt, dass der Bucklige tot ist: »Bei Allah, das ist ja herrlich! Ein Christ, der einen Muslim mordet!« Der Christ wird dingfest gemacht. Am Morgen gibt der Präfekt den »Befehl, den Mörder zu hängen« und lässt »den Henker den Spruch verkünden« (296).

Es gibt also das muslimische Schneiderehepaar und drei weitere vermeintliche Verursacher des Todes des Buckligen, die den drei großen monotheistischen Religionen angehören. Keiner von ihnen hatte diesen Tod im Sinn, aber alle wissen, dass dies vor dem Gesetz keine Rolle spielen wird. Das Spiel folgt der vereinfachenden despotischen Logik, dass, wer mit dem Toten gefunden wird, selbst des Todes ist (und jeder kann jederzeit mit einem Toten gefunden werden). Dem Wissen darum, dass man dem Gesetz verfallen ist, scheint aber kein Verdikt vor dem ›inneren Gerichtshof‹ zu entsprechen. Die Betroffenen versuchen, die Schuld loszuwerden, indem sie sie gleich einem Ding *weitergeben*. Dies geschieht unter der Voraussetzung, dass die Schuld als solche nicht zum Verschwinden zu bringen ist – dass das *corpus delicti* nicht verscharrt, zerstückelt oder versenkt werden kann. Damit werden die Weitergebenden freilich zu möglichen Verursachern eines zweiten Todes. Während sie den Tod des Buckligen unwissentlich oder zumindest unwillentlich verursacht haben, machen sie sich – welcher monotheistischen Religion sie auch zugehören – kein Gewissen daraus, dass nun ein anderer für diesen Tod den Kopf hinhalten muss. Allerdings können sie sich (wie bei der Weitergabe von Falschgeld) mit der Erwägung beschwichtigen, dass der andere ebenso verfahren kann. Aber die Nacht währt nicht ewig, und den Letzten werden die Hunde beißen. Dieser Letzte ist der Christ.

Doch die Geschichte ist noch nicht zu Ende. Auf die Verkündigung des Henkers drängt sich der muslimische Aufseher über die Küche des Sultans durch die Menge und gibt sich unter Erzählung seiner Geschichte als den Schuldigen an: »Ist es nicht genug für mich, daß ich einen Muslim getötet habe, soll ich auch noch einen Christen totmachen? Also hänge keinen anderen als mich!« (297) Folglich bekommt der Muslim den Kopf in die Schlinge. Da drängt sich der jüdische Arzt durch die Menge und gibt sich unter Erzählung seiner Geschichte als den Schuldigen an: »Ist es nicht genug für mich, daß ich ohne mein Wissen einen Muslim getötet habe, und soll ich mir nun wissentlich noch den Tod eines zweiten Muslims auf das Gewissen laden?« (297 f.) Also wird dem Juden die Schlinge um den Hals gelegt. Da drängt sich der muslimische Schneider durch die Menge und gibt sich unter Erzählung seiner Geschichte als den Schuldigen an: »Laß den Juden frei und hänge mich!« (298)

Sind die monotheistischen Religionen auf diese Weise nicht aufs schönste rehabilitiert, da sie allesamt – sieht man von der Asymmetrie ab, dass der Christ dies eigentlich nicht unter Beweis stellen konnte – die Unterscheidung zwischen *culpa* und *dolus* im Herzen tragen und sich darin vom despotischen Gesetz unterscheiden? Aber was geschieht jetzt? Im Grunde ist der eigentliche Verursacher des Todes des Buckligen in dieser Spurfolge keineswegs erfasst: Von der übermütigen Frau des Schneiders, die dem Buckligen das Stück Fisch in den Mund gestopft hat, ist keine Rede mehr gewesen. Sie ist nicht autorisiert, den Kopf hinzuhalten.

Insofern sind es vier Schuldlose, die nun unter Aufschiebung der Hinrichtung dem König selbst ihren Anteil an der »Geschichte des Buckligen« noch einmal erzählen müssen, da sie so wunderbar ist. Nachdem sich der König daran ergötzt hat, verlangt er in Ausweitung der despotischen Logik, eine noch wunderbarere Geschichte zu hören, sonst müsse er alle vier hängen. Der Christ, der muslimische Verwalter und der Jude erzählen daraufhin Geschichten, die aber im Ohr des Despoten »nicht wunderbarer als die Geschichte des Buckligen« klingen. Bleibt der Schneider, »der das ganze

Elend veranlasst hat«: »Schneiderlein, wenn du mir etwas erzählen kannst, was wunderbarer ist als die Geschichte des Buckligen, so will ich euch allen eure Schuld vergeben« (343). Der Schneider erzählt nun eine Geschichte, innerhalb derer wiederum ein Barbier eine lange Geschichte erzählt, an deren Ende er eingesperrt wird. Von dieser Geschichte gibt der König zu, sie sei als noch wunderbarer als die des Buckligen, verlangt aber, dass man diesen Barbier aus seinem Gefängnis herbeischaffe. Der Barbier wird herbeigeholt und vom ganzen Zusammenhang in Kenntnis gesetzt. Er verlangt den toten Buckligen zu sehen, schiebt ihm eine eiserne Zange in den Hals und holt das blutgetränkte Stück Fisch mit Gräte heraus. »Der Bucklige aber nieste, sprang auf, strich sich mit der Hand über die Stirn« (405).

TIERE? Inwiefern Tiere zu den *Dingen* gezählt werden dürfen, ist fraglich. Im Römischen Recht haben sie freilich als *Sachen* gegolten. Seit 1990 enthält das Bürgerliche Gesetzbuch (§ 90a) allerdings eine Ergänzung, der zufolge Tiere *keine* Sachen sind, im Allgemeinen aber die für Sachen geltenden Vorschriften Anwendung finden. Gewiss kann man sagen, dass Tiere weder Menschen noch Dinge sind, sondern eben Tiere. Ebenso freilich steht fest, dass sie Eigentümer haben oder herrenlos sein können, dass sie gekauft und verschenkt, gefunden und geraubt werden können wie Dinge. Was geschieht also mit den Tieren, wenn sie in Geschichten als etwas vorkommen, das von Hand zu Hand wandert?

Zunächst ist festzuhalten, dass es vor allem eine Frage der *Perspektive* ist. Man kann die Geschichte eines Tieres aus dessen Perspektive erzählen. Zwei prominente Beispiele hierfür sind Virginia Woolfs *Flush. A Biography* von 1933 und Paul Austers *Timbuktu* von 1999. In beiden Fällen nehmen wir teil an den Gedanken und Gefühlen des Hundes, dessen Geschichte erzählt wird. Dabei ist aber entscheidend, dass dies *nicht* in der ersten Person geschieht. Es werden uns keine *Lebens-Ansichten des Katers Murr* von E. T. A. Hoffmann und keine

Forschungen eines Hundes von Kafka dargeboten. Stattdessen bewirkt die bewegliche Erzählperspektive eine schleichende Vermenschlichung, eine Einverleibung der Position des Tieres ohne phantastische Verfremdung. Da die Erzählung nicht an die Perspektive des Hundes gebunden ist (Woolf hält sogar betont an den Konventionen der biographischen Form fest), *vermittelt* sie diese Perspektive auf eine geschwätzige Weise. Und es ist gerade diese Vermittlung, die das *Ding* zum Verschwinden bringt. Der Cockerspaniel Flush der kränklichen Dichterin Elisabeth Barrett-Browning wird im Laufe seines Lebens auch gestohlen; Mr. Bones, der Hund in *Timbuktu*, ist nach dem Ende seines ersten Herrchens zeitweilig herrenlos und hat dann weitere Besitzer. Beide haben sie Dinge zu erleiden, beide sind sie stumme Zeugen dessen, was in der Menschenwelt geschieht. Aber um die Frage zu stellen, was das Tier als Ding ist, bedarf es einer anderen Perspektive, einer *anderen Stummheit*. Bedarf es dazu nicht der Perspektive von außen, der Perspektive des Films?

Wie ist es zum Beispiel in *Lotna* von Andrzej Wajda aus dem Jahre 1959? Wir erleben die ersten Tage des Zweiten Weltkrieges, den Überfall der Deutschen auf Polen. Aber die Deutschen bekommt man in diesem Film nicht zu Gesicht, man sieht nur ein märchenhaftes, poetisches Polen in schönen Farben, das den Panzern und den Flugzeugen kaum Widerstand bietet, eine Zielscheibe für Bomben und Kanonengeschütze. Und man sieht den wundervollen Apfelschimmel Lotna, der zu Beginn in einer emblematischen Einstellung über eine weite Wiese galoppiert, ohne von den links und rechts einschlagenden Granaten verletzt zu werden. Lotna ist das Objekt der Bewunderung für die Mitglieder eines sie beobachtenden polnischen Ulanenregiments, das als Relikt einer versunkenen Zeit gegen die heranrollenden Panzer keine Chance haben wird. Vier von ihnen – ein Rittmeister, ein Oberleutnant, ein Wachtmeister und ein junger Fähnrich – treffen in einem Schloss, dessen Bewohner sie über das Herannahen der Deutschen informieren wollen, erneut auf dieses Pferd, das die Gemächer durchstreift wie in einem Film von Tarkowskij. Es ist die letzte Freude des Gutsherrn, eines bettlägerigen alten Mannes, der als Einziger im Schloss zurückgeblieben ist. Nun aber überlässt er Lotna den Kavalleristen – das Pferd solle sie »zum Siege tragen«. Der Rittmeister bekommt das Pferd, das alle vier reiten möchten, obwohl schon jetzt ausgesprochen wird: »Wer ein solches Pferd reitet, der hat keine Chance.« Denn seine auffallende Farbe macht es zu einem leichten Ziel.

Schon bevor der Rittmeister bei einem verzweifelten Ausbruch aus der Umzingelung durch deutsche Panzer und Infanterie tödlich getroffen am Steigbügel seiner Lotna hängen bleibt, hat er per Los für einen Erben gesorgt: Der junge Fähnrich, der nächste stolze Besitzer, wird die Hochzeitsnacht mit seiner Braut, einer unvermutet wiedergetroffenen jungen Lehrerin, nicht verbringen können, weil die parabelhafte Flucht vor den Deutschen weitergeht. Für den jungen Mann endet sie in einem Kugelhagel, als er bei einem Angriff seiner auf eine Wiese laufenden Lotna hinterherrennt. Seine Braut, die schon zuvor ihren Mann nicht mit dieser Stute teilen wollte, wird nur durch den nächsten Besitzer, den Oberleutnant, daran gehindert, das Pferd zu erschießen. Die Flucht der auf ein kleines Häuflein zusammengeschmolzenen Ulanen ist inzwischen an der russischen Grenze angelangt, wo der Oberleutnant entkräftet vom Pferd steigt und dahinsinkt. Der Wachtmeister nimmt ihm das Pferd. Der wieder zu sich gekommene Oberleutnant schießt ihm hinterher und trifft das Pferd. Es lebt noch, aber es ist verloren – verloren wie Polen. Der Wachtmeister weist sich schließlich als der letzte Besitzer aus, weil er es ist, der dem Pferd den Gnadenschuss zu geben vermag. Mit Tannenzweigen decken die beiden den Kadaver zu. Die letzte Einstellung zeigt den Grenzstein, der das Ende Polens markiert.

Das Tier wird in diesem ohne Zweifel schönen Film also zu einem schönen *Symbol*. Und insofern es zum Symbol wird, ist es alles andere als stumm. Es verliert seine Opazität, seine Undurchdringlichkeit, seine Rätselhaftigkeit. Lotna ist, wo sie auftaucht, ein leuchtender Fleck, der von einem versunkenen Reich kündet. Sie steht für das Lebendige im Gegensatz zum toten Kriegsgerät. Im liebevollen und kenntnisreichen Umgang mit ihr eröffnet sich ein umfassendes Milieu, in dem die Kavallerie eingebettet ist in das polnische Volk (wenn etwa ein alter Priester den Ulanen zeigt, wie man Lotna reitet). Genau deshalb ist aber auch das Wandern Lotnas von Besitzer zu Besitzer kein wirkliches Wandern. Der Gutsherr, der Rittmeister, der junge Fähnrich, der Oberleutnant und der Wachtmeister – sie alle repräsentieren letztlich nur einen Teil des zur Idee überhöhten Polen. Sie gehören zu einer Einheit. Im Grunde ist es gleich, wer Lotna reitet. Entsprechend hat auch der Interessengegensatz, den die Braut des jungen Fähnrich zwischen sich und der von ihm gerittenen Stute formuliert, hier keinen wirklichen Ort; und der Film macht dies auf der visuellen, poetischen Ebene auch unmissverständlich deutlich, indem er das weiße Pferd und die junge Braut in ihrem weißen Hochzeitskleid einander ganz nahe rückt.

Die Geschichte, die der Film erzählt, ist zwar die Geschichte eines Untergangs, aber eines *schönen* Untergangs, und insofern keine Leidensgeschichte, keine Agonie, sondern eine rückwärtsgewandte Feier. An dem schönen Tier geht diese Geschichte daher letztlich auch spurlos vorüber. Wie Polen ist Lotna bis zu ihrem Tode schön wie auf einer Parade. Und sie setzt dem, was ihr widerfährt, keinen Widerstand entgegen; sie scheint, da sie uns selbst zum Merkzeichen dient, ohne Gedächtnis zu sein. Zwar könnte man den verschiedenen Besitzern, die ihre Lotna reiten wollen, obwohl sie auf ihr »keine Chance« haben, mit Fug und Recht eine Art Todestrieb unterstellen, der in ihnen am Werke wäre. Der Film aber deutet diesen Todestrieb um in eine eher kindliche Freude, eine Unbedarftheit, die auch angesichts des drohenden Unterganges den Sinn für das Schöne nicht verloren hat. Das Polen, das uns dieser Film zu sehen gibt, geht nicht zu Ende, weil es sich überlebt hat, sondern weil es kindlich geblieben ist. Lotna leuchtet.

Daher etwas anderes. *Zum Beispiel Balthasar.* So heißt die deutsche Übersetzung des Schwarz-Weiß-Films *Au Hasard Balthasar* von Robert Bresson aus dem Jahre 1960. Balthasar ist ein Beispiel, und er ist ein Esel. Darin ist alles enthalten. Er leuchtet nicht.

Es beginnt damit, dass wir auf einer Bergwiese ein dunkelgraues neugeborenes Eselchen sehen, das von seiner Mutter gesäugt wird. Zwei Kinder, Marie und Jacques, betteln Jacques' Vater an, ihnen den kleinen Esel zu schenken. Er lehnt kategorisch ab. Aber im nächsten Bild sehen wir die beiden mit dem Esel von dannen ziehen. In dieser Auslassung, in diesem falschen Anschluss zeigt sich schon das filmische Prinzip. Die Welt wird uns nur als Bruchstück gegeben. Wir werden dem, was da geschieht, mit den Augen folgen, ohne wirklich zu verstehen. Und wir werden zu Zeugen von durchkreuzten Handlungen und Plänen. Insofern wird das Auge der Kamera also dem verständnislosen Auge des Esels gleichen, das uns immer wieder stumm und ausdruckslos anblickt.

Der Esel bekommt eine christliche Taufe auf den Namen Balthasar. Die ineinander verliebten Kinder geben ihm vom Salz der Weisheit. Gleichwohl wird er niemals etwas anderes sein als ein Esel. Und die Bilder von einer Welt ohne Gewalt sind bald zu Ende. Die Kinder werden getrennt. Jacques' Familie muss zurück in die Stadt. Jahre später. Die zu einer jungen Erwachsenen gewordene Marie hat ihre von Innigkeit und Achtung geprägte Beziehung zu Balthasar bewahrt. In einer ebenso ergreifenden wie erratischen Szene schmückt sie die dunkle Gestalt des Nachts mit einem Kranz aus Blumen. Aber dabei wird sie schon von Gérard und seiner Clique beobachtet. Diesem gewaltbereiten jungen Mann, der die Gegend unsicher macht und sich als Schmuggler und Dieb betätigt, wird Marie hörig. In ihrer Lust am Leiden ähnelt sie ihrem Vater, dem Dorfschullehrer, der sich aus falschem Ehrgefühl in einem Rechtsstreit gegen Jacques' Vater ruiniert.

Nachdem Maries Vater den Esel für unzeitgemäß und nutzlos erklärt hat, tritt Balthasar in dieser von Gewalt durchzogenen dörflichen Pyrenäen-Welt seine Leidensgeschichte an. Immer wieder wechselt er seinen Besitzer. Gérard quält ihn, wenn er mit ihm zur Tarnung seiner Schmuggelgeschäfte für den Bäcker Brot austrägt. Der Vagabund Arnold, der wohl einen Mord begangen hat und sich nach einer unerwarteten Erbschaft zu Tode saufen wird, führt Touristen auf ihm durch die Berge. Zwischenzeitlich soll er sogar in einem Provinzzirkus angebliche Rechenkunststücke vorführen. Ein von Geiz zerfressener Kornhändler treibt ihn mit der Peitsche zur Fron am Mühlstein an. Und immer wieder kreuzen sich seine Wege beiläufig mit denen von Marie, der nicht weniger rätselhaften menschlichen Kreatur, die sich doch noch von Gérard lossagt, dann aber von ihm und seiner Clique vergewaltigt und nackt zurückgelassen wird und in der Folge aus der Geschichte verschwindet. Balthasar hingegen wird bei einer nächtlichen Schmuggeltour Gérards von Zöllnern angeschossen und von der Bande zurückgelassen. Mit diesem von Menschen unbeobachteten letzten Moment wird dem Tier eine Art Frieden zuteil. Inmitten anderer Tiere, inmitten einer Herde Schafe sinkt er nieder und stirbt. Haben wir ihm etwas anderes wünschen können?

Man sieht: Der Esel Balthasar ist etwas ganz anderes als der Apfelschimmel Lotna. Er ist nicht hell, sondern dunkel. Seine Geschichte ist nicht Parade, sondern Passion. Er ist nicht der bevorzugte Gegenstand des Begehrens, sondern der Bosheit. Er ist nicht das Zeichen der Reinheit, unter dem sich etwas zum Ganzen fügt, sondern der schuldlose Zeuge eines verständnislosen Auseinanderfallens. In Balthasar erscheint das Tier als ein Ding, das gequält werden kann, weil es ohne Schuld ist – das leidet wie ein Mensch, aber stumm bleibt. Es duldet die Schläge und lässt die Liebkosungen über sich ergehen. Umso bestürzender erscheinen die minimalen Zeichen des Widerstandes, wenn Balthasar etwa trotz der Peitsche für einen Moment nicht weitergeht, wenn wir das Geschrei des

Esels hören, das schon im Vorspann die Klaviersonate von Schubert für eine kleine Weile unterbricht.

Als *Beispiel* ist Balthasar mehr als ein bloßes Symbol. Kein beredtes, sondern ein stummes Beispiel. Es tritt uns entgegen als eine unausgesprochene Frage, die nicht dazu da ist, beantwortet zu werden. Kann man aber sagen, dass dieser Film den Esel Balthasar von Hand zu Hand wandern lässt? Sollen wir nicht lernen, dass es in dieser Passionsgeschichte im Grunde gleich ist, in wessen Händen sich das Tier befindet? Letztlich lässt der Film uns diese Kreatur gerade als *das Ding* sehen, das sich entzieht und in Wahrheit niemandem gehört. Das Ding, an dem wir alle Anteil haben.

VON MENSCHEN ALS DINGEN. Nicht vom Sklavenhandel soll hier die Rede sein, sondern von *Geschichten,* die Subjekte – jenseits einer Rechtsform – dadurch in eine dingliche Position versetzen, dass sie von Hand zu Hand gehen. Das heißt: Sie sind Kreaturen in fremder *Gewalt*; es wird die sogenannte ›tatsächliche Sachherrschaft‹ ausgeübt (die freilich auf verschiedene Weise beschränkt ist).

Es liegt nahe, dass es vor allem die Frau ist, an der die tatsächliche Sachherrschaft ausgeübt wird. Dabei geht es allerdings um Frauen, die noch nicht an den Mann gebracht sind – um Frauen also, die im Volksmund bisweilen als »junges Ding« oder »dummes Ding« bezeichnet werden. Die siebente Novelle des zweiten Tages in Boccaccios *Decamerone* lässt in dieser Hinsicht an Klarheit nichts zu wünschen übrig. Die Zusammenfassung dieser langen Geschichte lautet: »Der Sultan von Babylon schickt seine Tochter dem Könige von Algarbien als Gemahlin, und sie gerät durch mannigfache Abenteuer in einem Zeitraume von vier Jahren an verschiedenen Orten neun Männern in die Hände; schließlich wird sie ihrem Vater als Jungfrau zurückgebracht und zieht, so wie früher, zum Könige von Algarbien als seine Gattin.« (155)

Von Alatiel wird einerseits gesagt, dass die »das schönste Weib war, das damals auf der Welt ersehn wurde« (157), andererseits ist sie in der Tat ein ›dummes Ding‹: Als die Dame nach dem Schiffbruch, der sie vom geraden Weg zum Bräutigam abbringt, dem feurigen Pericone auf Mallorca in die Hände fällt, weiß sie zunächst noch nicht, »mit was für einem Horne die Männer stoßen«. Als sie es aber weiß, kommt es »zu often Malen vor, daß sie sich, ohne auf eine Einladung zu warten, selber zu so süßen Nächten« einlädt (161). Bei diesem Verhältnis kann es aber nicht bleiben, weil diese schönste aller Frauen auch anderen in die Augen fällt. Hier wird Pericone von seinem Bruder Marato ermordet, die sich grämende Dame wird aufs Schiff gebracht und bald von dessen »heiligen Wirdinderhandhart« (163) getröstet. In dieser Art geht es weiter, wobei sich der Rang der Bettgenossen bis zum Herzog steigert. Alle Männer greifen zur Gewalt, um diese Dame in ihre Gewalt zu bringen. Gegen die erbeutete Frau selbst werden sie aber nicht gewalttätig. Die Dame kommt ihrer Position als Ding entgegen, indem sie sich *fügt*. Sie wird nicht nur genossen, sie genießt auch. Die Beraubungen hinterlassen zwar eine blutige Spur, aber dieser Genuss geht spurlos vorüber. Nichts bleibt an dieser Dame hängen. Ihre Schönheit bleibt rein wie ein Juwel.

So kann es freilich nicht ewig weitergehen. Die Auszeit gesetzwidrigen Genießens wird zwar über Gebühr ausgedehnt, muss aber schließlich doch ein Ende haben. Der Status und die strukturelle Voraussetzung dieser Auszeit werden dort deutlich, wo sich die Odyssee dem Ende nähert. Ihr Raum ist nämlich der christliche Teil des Mittelmeeres, was weniger in religiöser als in sprachlicher Hinsicht von Bedeutung ist. Erst in Smyrna begegnet die Dame wieder einem Mann, der »ihre Sprache verstand – was ihr, die schon mehrere Jahre, weil sie weder jemand verstanden hatte noch von jemand verstanden wurde, wie eine Taubstumme gelebt hatte, sehr lieb war« (172). Die Dame ist in der Position des Dings, weil sie – auch wenn sie sprechen kann – stumm ist. Das Genießen erscheint als etwas, was zwar nicht jenseits von Sprache ist, sich aber nicht sprachlich vermitteln und vor allem nicht sprachlich vertreten lässt. Nicht zufällig auch wird die Dame erst, als sie wieder in eine Sprachgemeinschaft zurückkehrt, vom Text mit ihrem Namen Alatiel genannt. Und aus ihrer Geschichte wird eine ganz andere Geschichte als die, die die Novelle gerade erzählt hat. Wieder sprachmächtig geworden, erklärt Alatiel dem schüchternen Antigonus, sie wäre lieber »vor mehrern Jahren im Meere ertrunken«, »statt daß ich ein solches Leben hätte führen müssen, wie ich es habe führen müssen« (175). Und nach dem ausführlichen Bericht von ihren Schicksalen, von denen ihr Vater nichts zu hören bekommen wird, beginnt Antigonus »vor Rührung zu weinen« (176). Die Sprache dient also dazu, zu verhehlen. Sie verhehlt, was die Novelle am Ende freilich noch einmal verrät. Nachdem Alatiel nun erfolgreich an den König von Algarbien expediert worden ist, heißt es: »Und sie, die mit acht Männern vielleicht zehntausendmal geschlafen hatte, legte sich als Jungfrau zu ihm und machte ihn glauben, sie sei es« (180) – sei ein unerfahrenes junges Ding.

Es können auch ganz andere Eigenschaften sein, die ein Subjekt für die Position des Dings prädestinieren. Etwa im Märchen. In dem Grimmschen Märchen *Daumesdick* wäre ein armes, kinderloses Bauernehepaar auch schon mit einem Kind zufrieden, das »nur Daumens groß« (178) wäre. Ein solches Kind wird ihnen dann geschenkt. Obwohl es nicht an Nahrung fehlt, wächst Daumesdick nicht, erweist sich aber im Übrigen »bald als ein kluges und behendes Ding« (179). Um seinen Eltern nützlich zu sein, dient er sich zwei Interessenten als käuflich zu erwerbendes Ding an: »Vater, gib mich nur hin, ich will schon wieder zu dir kommen.« (180) Die folgende Odyssee beginnt damit, dass er seinen neuen Besitzern bei der erstbesten Gelegenheit entspringt und in einem Mauseloch verschwindet. Nachdem er in der Folge durch sein Geschrei einen Einbruch beim Pfarrer verhindert hat, für den er sich zuvor bei den beiden Dieben als Handlanger empfohlen hatte, verläuft seine unfreiwillige Reise über den Magen einer Kuh und eines Wolfes.

Diese Stationen sind Orte, die nicht von ungefähr auf die Gebärmutter verweisen. Bei einem frühgeborenen Geschöpf von der Größe eines Fötus liegen sie nahe. Dabei bieten diese Höhlungen einerseits Schutz, andererseits sind sie gefahrvoll, weil sie nicht ohne fremde Hilfe verlassen werden können. Und Daumesdick kann schon von seiner Größe her nicht über sich verfügen. In einer Hinsicht unterscheidet sich Daumesdick auf seiner Reise allerdings von einem Ding. Das ist seine überragende Sprachkompetenz (insofern ist er das Gegenteil der schönen Alatiel). So recht kommt sie zur Geltung, wo das Märchen in einer Bühnenfassung gegeben wird. Für den zwergwüchsigen Oskar Matzerath in der *Blechtrommel* wird eine solche Aufführung zum eindrücklichen Erlebnis, gerade weil man den Helden gar nicht zeigt, sondern nur »seine Stimme hören« lässt (100).

Seine Sprachmacht befähigt den der eigenen Fortbewegung Unfähigen, all diejenigen, mit denen er auf seiner Reise – in welcher Form auch immer – zu tun hat, zu lenken oder zu hintergehen. Daumesdick ist auf seiner Miniatur-Odyssee listig wie Odysseus. Aus dem Magen der Kuh schreit er, als der Platz langsam eng wird, als wäre er selbst die Kuh: »bringt mir kein frisch Futter mehr, bringt mir kein frisch Futter mehr« (182), so dass der Pfarrer die vermeintlich von einem bösen Geist besessene Kuh am Ende sogar schlachten lässt. Sein Meisterstück liefert er im Bauche des Wolfs ab, der selbst zum Adressaten seiner Rede wird: »lieber Wolf, ich weiß dir einen Weg zu einem herrlichen Fraß« (183) – und er beschreibt ihm das Haus seiner Eltern, in dem er, nachdem sich der Wolf dort des Nachts tatsächlich an den Vorräten gütlich getan hat, wiederum einen gewaltigen Lärm macht, so dass der Vater erwacht, den Wolf tötet und den Sohn rettet. Damit hat sich der geplante Scheinverkauf realisiert. Er sei »viel in der Welt herumgekommen«, erklärt Daumesdick. Und auf die Frage, wo er denn gewesen sei, antwortet er: »Ach Vater, ich war in einem Mauseloch, in einer Kuh Bauch und eines Wolfes Wanst: nun bleib ich bei euch.« (184) Das mag man wohl glauben.

Wenn man es *recht betrachtet*, kann auch ein Mann auf seiner Odyssee in die Position eines Dinges geraten. Das ist freilich weniger ein Stoff für ein Märchen als für eine Groteske. Auch der junge New Yorker Yuppie Paul in *After Hours* (*Die Zeit nach Mitternacht*) von Martin Scorsese zum Beispiel möchte nach Hause, wo allerdings niemand auf ihn wartet. Er hat sich vielmehr noch spät am Abend nach Soho aufgemacht, um sich mit einer jungen Frau namens Marcy zu treffen, die er am selben Tag nach der Arbeit in einem Snack-Restaurant kennengelernt hat. Aber auf der Taxifahrt dorthin wurde ihm sein letzter Zwanzigdollar-Schein aus dem Fenster geweht. Nun kann er aus eigener Kraft nicht mehr zurück, und seine albtraumartige Nacht in Soho nimmt zunehmend surreale Züge an. Immer wieder gerät er in die Hände von Frauen, mit deren Wünschen er nicht klarkommt. Die offenbar gestörte Marcy versucht vor ihm zu verbergen, dass sie in Theorie und Praxis auf das Thema Verbrennungen fixiert ist, und nimmt sich später das Leben; die attraktive Bildhauerin Kiki, die mit ihr im gleichen Loft wohnt und von Paul massiert werden will, lebt ihre sadomasochistische Neigung aus; die sexbesessene ältliche Kellnerin, die ihn mit zu sich in die Wohnung nimmt, versucht er mit lahmen Worten abzuspeisen; die zuvorkommende Eisverkäuferin, die zunächst in ihrem Apartment seine Versuche zu telefonieren torpediert, stellt sich später an die Spitze einer Art Bürgermiliz, die den inzwischen als flüchtigen Dieb geltenden Paul durch die nächtlichen Straßen von Soho hetzt.

Aber inwiefern begründet nun eine solche nächtliche Großstadt-Odyssee, die es seit Arthur Schnitzlers *Traumnovelle* in verschiedenen Varianten gibt, eine *Dinghaftigkeit* ihres Protagonisten? Das hängt damit zusammen, dass es hier nicht um das dunkle Begehren dessen geht, der in der Nacht vom geraden Wege abkommt, sondern um die Tumbheit dessen, der nicht weiß, was das Weib will. Vor allem aber ist es eben eine Frage der *Betrachtungsweise*. In Scorseses Film wird sie am Ende unmissverständlich deutlich gemacht. Die Letzte in der

Reihe der Frauen, in deren Hände Paul gerät, ist nämlich die verbraucht aussehende June, an die er sich hilfesuchend wendet. Sie versteckt ihn in einem ausgedehnten Kellergewölbe, in dem sie merkwürdigerweise an den gleichen lebensgroßen Gipsstatuen arbeitet wie die sadomasochistische Bildhauerin Kiki. Als die aufgebrachte Bürgermiliz ihr Atelier durchsucht, hat sie Paul bereits mit Gips und Mull zugekleistert und so (als Zitat aus der Zeit des Slapstick) in eine ihrer Skulpturen verwandelt. Mit Pauls nutzlosen Reden hat es jetzt auch ein Ende. Das einzig Lebendige an ihm sind die Augen, die man durch die Augenlöcher glitzern sieht. Kaum aber ist er, in diese Pass-Form gebracht, für einen Moment unbeaufsichtigt, kommen die wirklichen Einbrecher, die man schon mehrmals im Film kurz gesehen hat, und stehlen die frischgebackene Skulptur. Mit quietschenden Reifen rasen die Einbrecher in ihrem Lieferwagen um die Ecke. Da öffnet sich die Hecktür, und das Ding fällt auf die Straße. Dies geschieht genau vor der Firma, die man Paul zu Beginn des Films hat verlassen sehen. Inzwischen ist schon wieder Tag geworden. Pauls Nacht als Ding ist vorbei. Die Tore öffnen gerade. Für ihn beginnt jetzt ein neuer Arbeitstag.

ZU KLEINES. Es gibt unscheinbare Dinge, bei denen niemand darauf achtet, welchen Weg sie nehmen mögen oder genommen haben (es sei denn, sie werden zu Indizien). Dazu gehören jene Gebrauchsgegenstände, die man häufig liegenlässt, wie Kugelschreiber mit Werbeaufdrucken oder Einwegfeuerzeuge. Oder gar Büroklammern, Stecknadeln oder Knöpfe. Diese Dinge werden nicht zum Gegenstand unserer Aufmerksamkeit. Wir sehen uns nicht als deren Eigentümer. Doch auch hier könnte man die Betrachtungsweise ändern und sich den unscheinbaren Dingen und ihren Wanderungen zuwenden. Geschichten werden sich aus dieser veränderten Weltsicht allerdings kaum ergeben. Eine solche Grundstimmung trägt den Protagonisten Gio Magnasco in dem 2001 auf Deutsch erschienenen kleinen Roman *Fünf Knöpfe aus*

Seide von Ernesto Franco. »Auch Dinge haben ihre Art zu reisen«, heißt es in diesem Sinne: »Ein und derselbe Hammer, ein und dieselbe Niet wandern bei uns von einem zum anderen, bis sie zu dem kommen, der am besten mit ihnen umgehen kann. Dann halten sie an, ohne viele Worte, ohne große Volksreden. Die Dinge reisen nämlich nicht von Ort zu Ort, sondern von Mensch zu Mensch. Nach dem unberechenbaren Prinzip der Anziehung, das keiner Ordnung und keinem Herrn dient.« (64)

Gerade aus dieser Perspektive sind jedoch Hammer und Niet verschiedenartige Dinge. Mit dem einen macht man etwas fest, das andere wird befestigt. Und zwar so, dass es zweierlei verbindet. Gio Magnasco ist der Apologet und das Genie dieser unselbständigen Dinge, die nicht für sich stehen, sondern – als das Unscheinbare *par excellence* – dazu bestimmt sind, anderes zu verbinden. Denn er ist um 1900 Inhaber einer ungewöhnlichen Eisen- und Kurzwarenhandlung, in der es neben Nägeln, Schrauben und Schlössern auch Reißverschlüsse und alle Sorten von Knöpfen zu kaufen gibt. Und er ist der erfindungsreiche Spezialist für unübertroffene Verbindungen im Schiffs- und Eisenbahnbau.

Das Schicksal ereilt Gio Magnasco auf einer unvorstellbaren Kurz- und Eisenwarenmesse auf der äthiopischen Hochebene, wo seine unscheinbaren Dinge bei den dortigen Einwohnern begeisterten Absatz finden, um dann tags darauf zu seinem Entsetzen – den »Berlocken« des Thibaut de Vallormes bei Gottfried Keller nicht ganz unähnlich – *an einer anderen Stelle*, nämlich an ihnen selbst, wieder vor ihm aufzutauchen: »Gio Magnasco kann nun besser sehen, und er sieht Inbusschrauben, die große und kleine Ohren durchbohren, sieht Unterlegscheiben für Eisenbahnniete in phänomenale Lippen versenkt, sieht Armbänder aus Glanzpapier, sieht einen Engländer-Schlüssel an einer winzigen Leistenbeuge hängen, sieht Reißzwecken, die in Unterarmen stecken, und zwei Schraubendreher für Lokomotiven, die Haarnadeln gleich einer königlichen Frisur ihre Fasson geben. Er sieht

Knöpfe aus Atlasseide auf die Haut genäht, um die Brustwarzen eines Mädchens und eines Kriegers zu vermehren, und einen glattrasierten Kopf, der mit einem dichten Flor aus kurz unter die Kopfhaut gerammten spitzen Ziernägeln geschmückt ist.« (123 f.) Der Schlaganfall ereilt ihn beim Anblick einer im Schlamm mit einem unsichtbaren Mann kopulierenden Frau, deren »üppiger Busen wippt im Takt mit zwei kleinen Yale-Schlössern, die an ihren Ohrläppchen baumeln« (126).

Aber anders als seine Kollegen begreift Gio Magnasco, dass diese Zweckentfremdung nicht einfach rückständig ist, sondern »daß wir diejenigen sind, die um Tausende von Jahren zurück sind«; denn die Archäologen werden unsere unscheinbaren Dinge in ferner Zukunft genauso behandeln, wie es die Afrikaner schon jetzt tun – »wie Schmucksachen oder Fundstücke, die man für Reisende und Schulkinder in Museen ausstellt« (131).

In diese Gruppierung Gehöriges

DER ZAHIR. So lautet – lange vor Paolo Coelho – der Titel einer Erzählung von Jorge Luis Borges. Was ist ein Zahir? Oder: Was ist der Zahir? Die Erzählung setzt ein mit einer präzisen Erklärung: »In Buenos Aires ist der Zahir eine gewöhnliche Münze im Wert von zwanzig Centavos. Die Buchstaben NT und die Ziffer 2 sind hineingekerbt wie von einer Rasierklinge; auf der Rückseite befindet sich die Jahreszahl 1929.« (85) An dieser Beschreibung irritiert der Zusatz, dass der Zahir das, was er ist, *in Buenos Aires* ist. Ist der Zahir denn etwas, was woanders etwas anderes ist? In der Tat kündigt sich schon in den ersten Worten die für Borges charakteristische Abdrift des Textes an.

Denn nun öffnet sich eine Klammer mit einer längeren Aufzählung, was der Zahir zu anderen Zeiten an anderen Orten war. So erfahren wir unter anderem: »In Guazara, gegen

Ende des 18. Jahrhunderts, war der Zahir ein Tiger; in Java ein Blinder aus der Moschee von Surakarta, der von den Gläubigen gesteinigt wurde; in Persien ein Astrolabium, das Nadir Schah auf dem Meeresgrund versenken ließ« (85). Die zuerst gegebene Erklärung wird mithin sogleich entwertet. Der Zahir kann offenbar alles Mögliche sein – ein unscheinbares Ding, ein Tier, ein Mensch, ein aufsehenerregendes Ding. Aus der Steinigung des Blinden und der Versenkung des Astrolabiums mag man allerdings schließen, dass der Zahir etwas sein könnte, was vernichtet oder weggeschafft gehört.

Im nächsten Abschnitt meldet sich der Urheber dieser textuellen Abdrift zu Wort. Es ist ›Borges‹ selbst (der es stets verschmäht hat, seine Ich-Erzähler mit Decknamen zu bedenken): »Heute haben wir den 13. November; den Zahir erhielt ich im Morgengrauen des 7. Juni. Zwar bin ich nicht mehr das ›Ich‹ jener Episode, immerhin aber bin ich noch imstande, mich der Vorgänge zu entsinnen, vielleicht sogar darüber zu berichten. Noch bin ich, wie immer lückenhaft, Borges« (85). Die Abdrift des Textes wird durch diese Situierung des ›Ich‹ also explizit gemacht und auf eine noch nicht durchschaubare Weise mit dem Erhalt des Zahirs verknüpft. Der Ich-Erzähler ist, wie man sagen könnte, *außer Form*.

Vom Zahir ist auf den nächsten Seiten dann überhaupt nicht mehr die Rede, sondern stattdessen ausführlich von einer am Tag vor dem Erhalt des Zahirs verstorbenen Frau, in die der Ich-Erzähler aus der Ferne verliebt war. In der Kneipe, in der er nach der Beerdigung einen Schnaps getrunken hat, gab man ihm »den Zahir mit dem Kleingeld heraus« (88). Sogleich denkt er wie »in einer ersten Fieberphase« an »die berühmten Münzen, die in Geschichte und Sage aufblinken«. Später beginnt er über das Geld zu philosophieren – darüber, »daß es kaum etwas gibt, das weniger materiell ist als das Geld, da jede Münze – auch eine Münze im Wert von zwanzig Centavos – strenggenommen die ganze Skala künftiger Möglichkeiten enthält« (88). Und er versteigt sich sogar zu dem Gedanken, dass eine Münze daher letztlich »für die Willensfreiheit des Menschen« steht. Zu jenem Zeitpunkt, ergänzt ›Borges‹ hier in einer weiteren Klammer, kam ihm noch »nicht in den Sinn, daß diese ›Gedanken‹ ein Winkelzug von mir, eine Art Auflehnung gegen den Zahir sein könnten und daß sie seine dämonische Macht erst auslösten« (89).

Damit bekommen wir also eine ungefähre Vorstellung davon, was der Zahir ist: ein Ding, um das die Gedanken dessen, der es besitzt, beständig kreisen. Der Ich-Erzähler, der diese Wirkung nun an sich feststellt, weiß zu diesem Zeitpunkt freilich noch nicht, dass er *den Zahir* hat. Gleichwohl entschließt er sich, ihn wieder loszuwerden. Dies bewerkstelligt er nicht in der Art, wie sich die Gläubigen des Blinden entledigen und Nadir Schah des Astrolabiums, sondern so, wie er es bekommen hat. In einer Vorstadtkneipe bestellt er einen Kognak und bezahlt mit dem Zahir, wobei es ihm mit Hilfe »meiner dunklen Sonnengläser und meiner halbgeschlossenen Lider« gelingt, »die Hausnummer und den Namen der Straße nicht zu sehen« (89). Auf diese Weise kann der Zahir zirkulieren. Und er kann auf diese Weise eine Menge Subjekte – aber jedes für sich – *anstecken.* Denn die Aktion des Ich-Erzählers erweist sich als erfolglos. Die Besessenheit, die der Besitz des Zahirs auslöst, endet nicht mit der Aufgabe des Besitzwillens. Die Besessenheit hängt nicht am materiellen Objekt (eine solche ›materialistische‹ Sichtweise wäre Borges ganz und gar fremd). Vielmehr bricht sie sich nach einer gewissen Inkubationszeit endgültig Bahn.

Da es sich um eine einsame Besessenheit handelt, die sich bei jedem auf seine Art ausprägt (und da Borges von Büchern besessen ist), fällt ›Borges‹ ein Buch in die Hände, das ihn über seine Besessenheit aufklärt: die in Breslau 1899 erschienene Ausgabe »von Barlachs *Urkunden zur Geschichte der Zahirsage*« (91). Aus dieser Abhandlung, die er »wieder und wieder« (92) liest, lernt er, dass *Zahir* auf Arabisch »offenkundig« und »sichtbar« bedeutet und »solcherart einen der neunundneunzig Namen Gottes« vorstellt; das Wort werde in »mohammedanischen Ländern« allgemein angewandt, um »Dinge zu bezeichnen, denen die entsetzliche Eigenschaft des Nicht-vergessen-Werdens innewohnt und die den Menschen, der sie sich immerfort ausmalen muß, schließlich in den Wahnsinn treiben« (91). Jetzt hat er also den Namen für sein Ding. Und neben verschiedenen Fallbeispielen aus der Geschichte erfährt er von der Auffassung des Mohammed-el-Yemení, »daß es nichts Erschaffenes gäbe, dessen Gestalt nicht die Eigenschaften des *Zaheer* annehmen könne, der Allerbarmer ließe es jedoch nicht zu, daß er zur gleichen Zeit zwei Dinge sei« (92).

Inwiefern ist der Zahir also ein Ding? Offensichtlich ist er ein Ding, das in keine Gruppierung gehört, das sich nicht kategorisieren lässt, ein ›Ding an sich‹. Dass jedes Ding zum Zahir werden kann, ist nur die eine Seite. Auf der anderen Seite lässt sich, wenn alles Erschaffene zum Zahir werden kann, alles Erschaffene als Ding betrachten. Was ist ein Ding? Ein Ding ist etwas, das der Zahir sein kann. Ein Ding ist etwas, das von uns Besitz ergreifen kann. Wie aber kann der Zahir dann selbst ein *bestimmtes* Ding sein, das ich in die Hand bekomme, das mir in die Augen fällt? Die Antwort auf diese Frage kann nur sein: Gott hat ihn dazu bestimmt, und zwar allein dadurch, dass er *die Eigenschaft, Zahir zu sein, durch die Dinge wandern lässt.* Andernfalls könnte er mit den Dingen zerstört werden. Der Zahir aber muss unzerstörbar sein, weil es Dinge gibt.

Abgesehen davon entbehrt es natürlich nicht der Ironie, dass der Zahir im Jahre 1929 als kleine Münze herumgereicht wird, während er der Sage nach »im Zeitalter der Unschuld ein Götzenbild namens Yaúq gewesen« (92) sei. Nun hört der Ich-Erzähler von Leuten, die in eine Anstalt eingeliefert werden mussten und unentwegt »von irgendeiner *Münze*« faselten. Er selbst kann den Zahir in seiner Vorstellung bereits von hinten und von vorn zugleich sehen, »als wäre meine Sehkraft sphärisch und der Zahir in ihrem Zentrum«. Während der Zahir einerseits wandert, rückt er andererseits für jeden

Einzelnen unverrückbar ins Zentrum. »Alles, was nicht der Zahir ist, erreicht mich nur in Wellen, als käme es aus unendlichen Weiten.« Daher erweist sich das, was zunächst als die Abdrift des Textes erschien, nun als die Gegenbewegung eines Soges, den der Zahir auf den Ich-Erzähler ausübt und der ihm jede Möglichkeit, über etwas anderes zu sprechen, und jede Fähigkeit zur Vermittlung rauben wird. Schon jetzt steht der Ich-Erzähler verständnislos denen gegenüber, »deren Zahir keine Münze, sondern ein Stück Marmor oder ein Tiger war. Wie leicht es gewesen wäre, nicht an einen Tiger zu denken!« (93)

Der Zahir bezeichnet also jene Ding-Dimension, die jenseits oder diesseits aller Intersubjektivität liegt. Auf sein Wandern gibt es daher keine angemessene Perspektive. Folgerichtig endet der Text (wie so viele Texte von Borges) mit einem Ausblick auf das Mystische, das *Eine*. Der Ich-Erzähler zitiert einen Ausspruch aus dem *Asrar Nama*, dem »Buch der unbekannten Dinge«: »Der Zahir ist der Schatten der Rose, der Riß im Schleier.« (93) In diesem Sinne formuliert er am Ende sein Projekt: »Vielleicht werde ich dahin gelangen, den Zahir auszulöschen, in dem ich immer und immer wieder an ihn denke. Vielleicht werde ich hinter dieser Münze Gott finden.« (94)

ETWAS ÜBER NASEN. Johann Peter Hebels Kalendergeschichte *Drei Wünsche* bietet eine bemerkenswerte Variante jener verbreiteten Geschichten, die davon erzählen, wie drei Wünsche vertan werden. Die Ironie, mit der Hebel das Thema behandelt, ersieht man schon daran, dass die »Bergfei«, die dem »recht vergnügt und glücklich beisammen« (235) lebenden jungen Ehepaar drei innerhalb von acht Tagen einzulösende Wünsche freigibt, den schönen Namen Anna Fritze trägt. Jetzt sind die beiden erst euphorisch, dann aber »recht übel dran, weil sie vor lauter Wünschen nicht wussten, was sie wünschen wollten«. Aus »Furcht, es möchte für gewünscht passieren, ehe sie es genug überlegt hätten«, wagen sie nicht einmal, »davon zu sprechen«. Als aber beim bescheidenen Abendessen der Frau der Geruch der Bratkartoffeln »lieblich in die Nase« steigt, sagt sie gedankenverloren: »Wenn wir nur jetzt ein gebratenes Würstlein dazu hätten.«

Ohne zu wissen, was sie sagt, gibt die Frau also einen Wunsch weiter, der ihr von einem Partialobjekt – der Nase – gewissermaßen *diktiert* wurde. Im Nu liegt die Wurst vor ihr in der Pfanne – sie wandert nicht, sondern ist »wie der Blitz« an Ort und Stelle. Ihr Mann erkennt zwar, was die Frau auf diese Weise mit dem ersten der drei Wünsche angerichtet hat, aber den Bezug seines eigenen Sprechens zum Wunsch realisiert auch er nicht. Für ihn ist die Wurst ein anstößiges Objekt, das auf dem Teller nicht am Platze ist, und so bricht er »in aller Unschuld« in die Worte aus: »Wenn dir doch nur die Wurst an der Nase angewachsen wäre« (236). Im Nu sitzt die Wurst an jenem Körperteil der Frau, das sie herbeigerufen hat, »wie angewachsen im Mutterleib« und zu beiden Seiten herabhängend »wie ein Husarenschnauzbart« (237). Jetzt ist die Wurst erst recht nicht am Platze, jetzt ist sie erst recht zum anstößigen, obszönen Objekt geworden. Denn jetzt hat die Frau unübersehbar etwas, was nur ein Mann im Verborgenen haben sollte. Die Frau hat einen unbedachten Wunsch geäußert, der Mann hat einen unbedachten Wunsch geäußert. Den dritten Wunsch äußern die beiden gemeinsam mit Bedacht, weil er bei einem glücklichen jungen Ehepaar selbstverständlich darin bestehen muss, die Frau »von der vermaledeiten Wurst zu befreien« (237). Im Nu ist die Wurst weg.

Was ist diese Wurst für ein Ding? Das ist eine Frage, die mit einem einfachen Hinweis auf den symbolischen und den imaginären Phallus und das Gesetz der Verschiebung keineswegs beantwortet ist. Auf der Ebene der erzählten Geschichte müsste man zunächst fragen: Wie kann dieses Ding sowohl ein *Ganzes* wie auch ein *Teil* sein? Ein Ganzes ist es in der Pfanne, ein Teil ist es an der Nase der Frau. Aber was ist dieses Ding, nachdem es beides gewesen ist? Es fällt auf, dass wir nicht wissen, was mit der Wurst geschieht, nachdem sie ein Körperteil *gewesen* ist. Es ist nicht mehr von ihr die Rede, und der dritte Wunsch, der über ihr Schicksal verfügt, wird nur referiert, aber nicht mehr wörtlich wiedergegeben. Man darf daraus schließen, dass sie zu einem *unmöglichen* Ding geworden ist, das in dieser Welt keinen Platz hat (und in jedem Falle nicht mehr essbar ist).

Nasen kann man abschneiden (in dunklen Zeiten war das bekanntlich eine grausame Körperstrafe). Und was ist die abgeschnittene Nase für ein Ding? In jedem Falle kann man nichts Rechtes mehr mit ihr anfangen – so wenig wie etwa mit dem abgeschnittenen Ohren in Conan Doyles Sherlock-Holmes-Geschichte *The Cardboard Box*. Wenn sie ihren Dienst als Indiz oder als Trophäe getan haben, verschwinden sie aus der Geschichte. Körperteile wandern nicht, weil sie etwas Reales sind, weil sie an Ort und Stelle festgewachsen sind.

Aber muss man in Zeiten der *Organtransplantation* nicht genauer sein? Operateure sind stolz darauf, dass ein *zweimal* verpflanztes Herz im Körper *dreier* Menschen geschlagen hat. Es gibt rührselige Geschichten, in denen mit dem verpflanzten Herzen auch die Liebe wandert (wie in dem Film *Was das Herz sein eigen nennt* des »Bollywood«-Regisseurs Atul Agnihotri oder wie in *Zurück zu dir* von Bonnie Hunt). Ebenso gibt es natürlich gruselerregende Geschichten, in denen sich transplantierte Körperteile selbständig machen (wie in Robert Wienes Stummfilm *Orlacs Hände*, wo einem Konzertpianisten nach einem Unfall die ihm transplantierten Hände eines Raubmörders zum Verhängnis werden). Und spricht man nicht im Gegenzug vom *Organhandel*, für den der menschliche Körper nur ein Ersatzteillager ist (ein Thema, dessen sich – seiner Zeit voraus – Rainer Erler schon Ende der siebziger Jahre mit dem Fernsehfilm *Fleisch* angenommen hat)? Tatsächlich führt gerade das Verhältnis von Organtransplantation und Organhandel vor Augen, dass es mit dem ›Wandern‹ hier eine grundlegend andere Bewandtnis hat. Man kann zwar sagen, dass ein Organ im Organhandel von Hand zu Hand wandert. Aber die Transplantation gehört zu einer anderen Ordnung, und denjenigen, dem ein Organ eingepflanzt wird, kann man nicht als dessen Eigentümer bezeichnen.

Wenn Körperteile wandern könnten, würden merkwürdige Dinge geschehen. Sie gehören ins Reich einer Phantastik, die mit derjenigen der *Wunderdinge* wenig zu tun hat. Einen Einblick hierzu gibt uns eine berühmte Novelle von Nikolaj Gogol, *Die Nase*. In ihr findet ein Barbier eines Morgens eine Nase in seinem Brot, die er seltsamerweise ohne Schwierigkeiten als die eines seiner Kunden, des Kollegienassessors Kowalew, identifiziert. Nun ist dieser Fund zwar ausgesprochen unglaubwürdig, aber noch nicht phantastisch. Phantastisch hingegen ist, dass der besagte Kollegienassessor am Morgen zu seinem eigenen Erstaunen mit einer glatten Fläche an Stelle seiner Nase aufwacht. Es gibt keine Szene des Abschneidens, sondern gerade umgekehrt ein unbemerktes Abhandenkommen (die verlorene Nase verweist daher nur im strukturellen Sinne der Ablösbarkeit überhaupt auf die Kastration).

Umso weniger kann der bestürzte Barbier natürlich mit diesem Ding anfangen. Er versucht die Nase, über deren genauere Beschaffenheit der Text sich ausschweigt, loszuwerden. Seltsamerweise ist es aber offenbar nötig, sie in der Öffentlichkeit verschwinden zu lassen: Nach einem ersten erfolglosen Versuch wird er beim zweiten Versuch von einem Polizeimann dabei beobachtet, wie er die in einen Lappen gewickelte Nase in die Newa fallen lässt und sich fühlt, »als wären ihm mit einemmal zehn Pud von der Seele gefallen« (566). Was allerdings passiert, nachdem ihn der Polizeimann anspricht, hüllt die Erzählung explizit »in einen undurchdringlichen Nebel, und was weiterhin geschah, ist schlechthin unbekannt« (567).

Diese Traumlogik bewährt sich nun auch darin, dass der nasenlose Kowalew sich ohne weiteres auf die Suche nach dem verlorenen Körperteil begibt und sogar bemerken muss,

317

dass ein Herr in der Uniform eines Staatsrates, der gerade einer Kutsche entsteigt, »niemand anderes als seine eigene Nase war« (569). In der Kirche versucht Kowalew dem Herrn begreiflich zu machen, dass er seine Nase ist, bekommt von diesem aber eine Abfuhr, die nichts an Klarheit zu wünschen übrig lässt: »Sie irren, sehr geehrter Herr. Ich bin mir selbst genug.« (571) Auch die weiteren Versuche Kowalews – so sein Bemühen, die Nase über eine Zeitungsannonce zurückzugewinnen – sind nicht von Erfolg gekrönt. Doch dann lässt sich ein Polizeimann melden. Es ist derjenige, der den Barbier beobachtet hat. Er hat die Nase gefunden: »wir haben sie gerade erwischt, als sie abreisen wollte. Sie saß schon in der Diligence und wollte nach Riga fahren.« (583)

Wie selbstverständlich allerdings hat die vom Polizeibeamten mitgebrachte und nun zurückerstattete Nase ein gewöhnliches Format. Die Freude Kowalews wird allerdings schnell getrübt: »Die Nase war gefunden, aber man mußte sie doch befestigen und an ihren alten Platz bringen.« (584) Bis jetzt ist Kowalew allenfalls der Eigentümer eines Dinges, das ihm wieder abhandenkommen und sich auf obszöne Weise ein zweites Mal selbständig machen könnte. Der von Kowalew herbeigerufene Arzt überspielt seine Ratlosigkeit, indem er von jeglichem Pfusch in dieser Hinsicht abrät: »Waschen Sie die Stelle öfters mit kaltem Wasser, und ich versichere Ihnen, daß Sie ohne Nase genauso gesund bleiben, als wenn Sie eine Nase hätten. Die Nase dagegen empfehle ich Ihnen in einem Gefäß mit Spiritus aufzubewahren« (586). Aber gottlob setzt sich die Logik des Traums gegen die Naturgesetze dieser Welt durch. Kowalew wird davon erlöst, Eigentümer seiner Nase zu sein. Stolz verkündet die Erzählung: »Vollendeter Unsinn geschieht auf dieser Welt. Mitunter fehlt überhaupt jegliche Wahrscheinlichkeit: plötzlich befand sich dieselbe Nase [...] wieder an ihrem Platz, das heißt zwischen den Wangen des Majors Kowalew.« (590)

NICHTVORHANDENES. Die Dinge, die wandern, muss es nicht wirklich geben. In gewissem Sinne gilt sogar das Gegenteil: *Weil* die Dinge wandern, *braucht* es sie nicht wirklich zu geben. Das Vorhandensein eines Dinges kann fiktiv sein, weil das wandernde Ding *an einem anderen Ort* ist. Dann wandert nicht das Ding, sondern sein Fehlen. Ein Ding, das ich habe oder zu haben behaupte, verpflichtet mich auf eine Antwort auf die Frage: Woher hast du das? Ein Ding, das ich gehabt zu haben einräume, verpflichtet mich auf eine Antwort auf die Frage: Was hast du damit gemacht? Zur Beantwortung dieser Frage muss ich, wenn man die Herausgabe eines Gegenstandes von mir verlangt, eine *Geschichte* erzählen, denn nur so kann ich begründen, warum ich ihn nicht vorzeigen kann: Der Gegenstand ist mir entwendet worden, ich habe ihn verloren, ich habe ihn verliehen (wir alle haben solche Geschichten schon erzählt). Auf der einen Seite erkenne ich durch das Vorbringen dieser Geschichte an, dass ich den betreffenden Gegenstand *gehabt habe*; in diesem Sinne habe ich ihn gleichsam *angenommen*. Auf der anderen Seite habe ich ihn *nicht mehr*; ich bin ihn durch die Geschichte *losgeworden*. Und für das Erzählen einer solchen Geschichte spielt es keine Rolle, ob ich ihn tatsächlich jemals gehabt habe. In jedem Falle versetzt uns das Ding, das wandert, sobald wir es haben oder gehabt zu haben einräumen, in die Subjektposition dessen, der eine Geschichte erzählen können muss. Und wenn es das Ding, das ich gehabt zu haben einräume, nicht gibt, wird es sich um eine erfundene Geschichte handeln müssen. Das hat Folgen. Ein Beispiel aus der Praxis.

Alexander Weißberg-Cybulski erzählt in seinen erstmals 1951 erschienenen und überaus bemerkenswerten Erinnerungen die Geschichte seines Zellengenossen Kuschnarenko, der während der stalinistischen Säuberungen wie viele andere eines fiktiven bewaffneten Aufstandes angeklagt ist. Mit der Untersuchung des Aufstandes, in den Kuschnarenko involviert wurde, war aber ein unerfahrener Untersuchungsrichter betraut worden, der vergessen haben musste, »daß er sich im Reich der Fiktionen befand. Vielleicht hatte er es nie erkannt. Er nahm die Anklage ernst.« Weil zum bewaffneten Aufstand eigentlich auch Waffen gehören, erpresste er vom unterstellten Anführer der Verschwörung ein Geständnis, in dem von einem Waffenlager die Rede war, das einer seiner Mitverschworenen verwalte, das aber in Wahrheit natürlich nicht existierte. Erfahrenere Untersuchungsrichter hingegen hüteten sich, »Geständnisse zu erzwingen, die konkrete Corpora delicti einschlossen«.

Natürlich wurde jetzt dieser Mitverschworene verhaftet, der sich in einer Zwangslage befand, denn »Waffen waren reelle Dinge. Waffen waren keine Gespräche.« Bei einem erfundenen konterrevolutionären Gespräch konnte alles durch ein erpresstes Geständnis miteinander in Einklang gebracht werden. Ein geheimes Waffenlager hingegen war aufzudecken und zu beschlagnahmen. Weil das aber bei erfundenen Gegenständen nicht möglich ist, mussten nunmehr die geheimen Waffen – einmal durch die Sprache in die Welt gesetzt – bis ans Ende der Welt gesucht werden. Die Untersuchung war unabschließbar. »Dieser Untersuchungsrichter war hereingefallen. Seine Kollegen und Vorgesetzten durften ihn nicht aufklären. Sie alle lebten im Reiche der Fiktionen, aber sie mussten – wie die Leute in Andersens Märchen von des Kaisers neuen Kleidern – die Fiktionen ernst nehmen.« (260) Der beschuldigte Mitverschworene »besaß keine Waffen und konnte daher keine herausgeben. Er konnte auch nicht erfinden, er habe die Waffen besessen und irgendwo vergraben. Der Untersuchungsrichter wäre verpflichtet gewesen, sie ausgraben zu lassen.« (260) Anfänglich leugnet der Verhörte, die Waffen erhalten zu haben. Aber nach »einigen Tagen ›Untersuchungsdruck‹ brach er zusammen.« Er nimmt die verbotenen Waffen, die es nicht gibt, gewissermaßen an und erklärt, »er habe sie Smirnow, einem anderen Mitglied der Organisation, geschickt. Man verhaftete Smirnow. Das Spiel begann von neuem. Smirnow gab die Waffen seinem Kameraden Lysenko. Die nicht existierenden Waffen gingen so von

einem zum anderen.« Bevor sie in den Händen Kuschnaren-
kos gelandet sind, der Weißberg die Geschichte erzählt, sind
sie bereits »durch elf Hände gegangen« (260).

Kuschnarenko ist nun das vorerst letzte Glied in der Kette.
Jemand hat ausgesagt, ihm die Waffen gegeben zu haben.
Schon seit Wochen wird er wegen der Waffen gefoltert, die er
von seinem Vorgänger nicht annehmen will, weil er dann jemanden nennen muss, dem er sie weitergegeben hat. Weil es
sich um ein erfundenes Ding handelt, kann man es nicht haben, sondern nur weitergegeben haben. In der Zelle wird be-
ratschlagt. Weißberg hat eine zündende Idee. Er bittet Kuschnarenko, zu überlegen, ob er nicht einen Bekannten hat,
der kürzlich verstorben ist. »Wir können dem Toten die Waffen schicken.« Kuschnarenko fällt nur sein alter Geographie-
lehrer ein, der nicht in Frage komme: »Ein Parteiloser, ein
ganz unpolitischer Mensch. Aus dem kann man keinen Auf-
ständischen machen. Sie werden ihn nicht nehmen.« Die Vorstellung, einen alten Professor zu nehmen, erscheint ihm absurd: »Wenn ich zugebe, die Waffen bekommen zu haben,
dann werden sie das protokollieren, und dann kann ich nicht
mehr zurück.« Weißberg weiß es besser: »Der Untersuchungsrichter sucht einen Abschluss der Geschichte. Ein Lebender
ist kein Abschluß. Er braucht einen Toten.« (261) Auf die
Wahrscheinlichkeit der abschließenden Geschichte komme
es nicht an. Kuschnarenko kann sich immer noch nicht ent-
schließen. »Noch drei Tage quälte er sich jede Nacht im Verhör.« Schließlich ist er so weit, im nächsten Verhör die wandernden Dinge auf diese Weise aus der Welt zu schaffen.
Schon nach zwei Stunden kommt er mit Zigaretten beladen
zurück: »Der Untersuchungsrichter hat mich beinahe um-
armt« (262).

Starten. Vorgeschichten und Voraussetzungen

Vorbedingungen

ANFÄNGLICHE PRÄGUNG. Geschichten, in denen Dinge wandern, haben diese Dinge meistens nicht zum *Gegenstand.* Denn sie handeln von den Subjekten, die durch das wandernde Ding miteinander verknüpft werden. Unter diesen Vorzeichen liegt es nahe, dass die Dinge in die Geschichten gewissermaßen als *Fertigprodukt* eintreten. Dann haben die Dinge zwar eine Vorgeschichte, aber diese Vorgeschichte ist unerheblich. Das versteht sich vor allem dort von selbst, wo das Ding als Indiz der Eifersucht ein intersubjektives Dreieck konfiguriert. Wie der Apfel gewachsen ist, der die Verwicklungen in der *Geschichte von den drei Äpfeln* auslöst, tritt hinter seinen Zeichencharakter ganz zurück und spielt ebenso wenig eine Rolle wie die Herkunft des Spiegels in Billy Wilders *Das Apartment* oder der Ringe in *Minna von Barnhelm.* Das heißt natürlich nicht, dass die Ringe in Lessings Drama vor ihrem ersten Auftauchen auf der Szene keine Bedeutung hätten. Dass Tellheim und Minna sich durch diese Ringe verbunden haben, gehört ja zur Vorgeschichte der Bühnenhandlung. Aber diese erzählbaren oder rekonstruierbaren Vorgeschichten reichen nicht weiter zurück als bis zu jenem Moment, in dem das Ding von den Figuren der Geschichte mit einer Bedeutung *belegt* wurde.

Der Baseball in Don DeLillos *Unterwelt* bekommt erst in dem Moment eine *Identität*, in dem ihn der legendäre Schlag trifft, der das Spiel entscheidet. Der Pokal, den Johnny in Lazlo Benedeks *Der Wilde* mit sich herumträgt, gewinnt erst *Konturen*, nachdem einer von der Motorradgang ihn hat mitgehen lassen. Das Leben, das er vor seinem Wandern als (vermeintliche) Leiche führte, gehört nicht zur *Geschichte des Buckligen.* Und die Münze, die in Marguerite Yourcenars

Roman durch neun Hände wandert, ist schon zuvor dazu bestimmt gewesen, *unauffällig* durch andere Hände zu wandern. Es gibt jedoch auch Geschichten, die anders funktionieren – in denen die Geschichte des Dinges von Beginn an erzählt wird. Das kann aus verschiedenen Gründen und auf verschiedene Weise geschehen. In jedem Fall aber hat dann bereits der Anfang eine Bedeutung.

Der Anfang ist dort, wo noch nicht das Recht des Eigentums herrscht. Am Anfang steht, mit anderen Worten, nicht der erste *Erwerb* (etwa der Gewinn des Gewehrs in Anthony Manns *Winchester 73*) und erst recht nicht die erste *Nutzung* (etwa die Jungfernfahrt mit der nagelneuen Limousine in Helmut Käutners *In jenen Tagen*). Am Anfang kann zum Beispiel die *Herstellung* des Gegenstandes stehen. Unter welcher Voraussetzung ist diese Herstellung von Bedeutung? Gewiss ist sie an und für sich höchst bedeutsam, wenn dem Ding dabei etwas *Prägendes* mit auf den Weg gegeben wird, das – auf welche Weise auch immer – ein bestimmtes Schicksal vorzeichnet. Wird das Ding, wenn es eine solche anfängliche Prägung gibt, nicht unter der Hand zum *Subjekt* einer Geschichte? Dann könnte die Geschichte des Dinges auch als die Geschichte eines Subjekts erzählt werden, in der aus dessen *Leben* berichtet wird.

Machen wir die Probe aufs Exempel. Am Anfang eines Lebens steht die *Geburt.* James Fenimore Coopers *Autobiography of a Pocket-Handkerchief* beginnt damit, dass das Taschentuch über seine eigene Geburt berichtet. Freilich gleicht der Herstellungsprozess eines Taschentuchs keineswegs einem Geburtsvorgang. Entsprechend lässt sich der *Augenblick* der Geburt in dieser Ich-Erzählung nicht lokalisieren. Das Ichbewusstsein dieses Taschentuchs schwebt schon über den Flachsblumen, die dereinst seinen Stoff liefern werden. Es nimmt sich also gewissermaßen selbst vorweg oder verlängert sich – umgekehrt betrachtet – nachträglich in seine Vorzeit. Es bestimmt sich nicht dadurch, dass es sich als ein geformtes Ding unterscheidet, sondern lässt sich im Ununterschiedenen, im Stofflichen anfangen. Sogar die Fabrik, in der die Taschentücher tatsächlich hergestellt werden, erscheint als Verlängerung eines natürlichen Entstehungsvorganges;»weit entfernt«, erklärt das Taschentuch für sich und seine Brüder, »uns um die entschwundene Wonne unseres Pflanzenlebens [...] zu grämen, konnten wir den Eintritt in unsere neue Existenz mit all ihren Genüssen kaum erwarten« (17). Von einer anfänglichen Prägung kann hier offenbar nicht die Rede sein.

Die beim ersten Eindruck vielleicht ungereimt erscheinende Form der Autobiographie erweist sich in dieser Hinsicht als folgerichtig. Natürlich ist es absurd, wenn ein zukünftiges Taschentuch schon als Blume auf dem Felde zuhört, wie am Wegesrand etwas vorgelesen wird. Tatsächlich geraten aber wir alle im autobiographischen Erzählen in ein unhaltbares Gerede, insofern uns die eigene Geburt eben nur als äußeres Faktum zugänglich ist. Und das heißt auch, dass wir nicht dieses Faktum als prägend beschreiben, sondern die einschneidenden Erfahrungen, die wir hernach auf unserem Lebensweg machen. Die Form der Autobiographie besagt, dass die Prägung, wenn es um die Geschichte eines Lebens geht, nicht am Anfang steht. Coopers Autobiographie eines Taschentuchs ist die Probe aufs Exempel dafür, dass es im Reich der Dinge nicht anders ist. Die anfängliche Prägung ist nicht die erste, sondern die *zweite Geburt*. Deswegen kann ich beschreiben (glaube ich beschreiben zu können), was mich geprägt hat.

Deswegen beschreibt das Taschentuch nonchalant, wie es von der guten Adrienne in zweimonatiger Handarbeit bestickt wird. In dieser entscheidenden Prägung wird es *ausgezeichnet* (auch der Shilling in Joseph Addisons *Adventures of a Shilling* berichtet in der Ich-Form, wie er zunächst als Rohstoff in Südamerika das Licht der Welt erblickt hat, um dann in England zur Münze *geprägt* zu werden). Dass das Taschentuch zu diesem Zeitpunkt bereits eine ganze Weile in der Welt der Waren unterwegs ist, macht letztlich jene Anomalie aus, die für den weiteren Lebensweg bestimmend ist. Auf der einen Seite gilt das Taschentuch als ein Gebrauchsgegenstand: Es ist dazu bestimmt, einmal gekauft und dann benützt zu werden. Das ist nicht der Rede wert und gewiss kein Lebensweg. Durch die entscheidende Prägung hingegen, die *dieses* Taschentuch erfährt, gerät es auf seinem *Lebensweg,* weil es aufgehört hat, ein bloßer Gebrauchsgegenstand zu sein. Es wird durch die Prägung des Besticktwerdens zu einem *ausgezeichneten* Gegenstand, zu einem unnötigen Luxusartikel, dessen eigentlicher Wert nicht verlässlich *geschätzt* werden kann, und der nunmehr in der Welt der Waren zirkuliert, ohne jemals im Gebrauch anzukommen. Während der industrielle Herstellungsprozess des Taschentuchs offenbar als Verlängerung eines natürlichen Geburtsvorganges beschrieben werden kann, wird es durch die prägende Handarbeit zu einem Fremdkörper.

Welches Schicksal, welche Bestimmung kann dem Taschentuch dann mit seiner prägenden Auszeichnung vorgezeichnet worden sein? Mit dem Besticktwerden durch die gute Adrienne nimmt das Taschentuch selber, wenn man so sagen darf, eine ›Objektwahl‹ vor, die es der Zirkulationssphäre letztlich entziehen wird (wozu es von sich aus freilich nichts beitragen kann). Auch wenn die Schönheit der Stickerei erkannt wird, kann niemand die Handarbeit Adriennes wirklich würdigen, weil beim Prozess der Entstehung niemand zugegen war als die Erzeugerin und das Taschentuch selbst, das uns davon berichtet (weshalb die Erzählung Partei für die Handarbeit ergreift). Die Herstellung einer Handarbeit ist ein intimer und in diesem Sinne exklusiver Vorgang, der sich nicht in der Einzigartigkeit des Produktes (als Werk) aufhebt. Die Prägung setzt hier also eine Exklusivität ins Werk, die das Ding dazu bestimmt, am Ende nirgendwo sonst als am Busen oder im Schoße ihrer Erzeugerin zur Ruhe zu kommen. Insofern war sein Weg durch die Welt ein Irrtum. Und umgekehrt gilt dann: *Waren* sollten keine Lebensgeschichte haben, keine anfängliche Prägung.

Bei Handarbeiten liegt es nahe, den Vorgang der Herstellung als anfängliche Prägung zu erzählen, die bedeutsam für den Weg des Dinges sein wird. Natürlich muss das Ding deshalb nicht zum Subjekt der Geschichte werden. In Alfred de Mussets *Die beiden Geliebten* kann die Verfertigung des gestickten Kissens einfach in Form von Reminiszenzen erzählt werden: Valentin erinnert sich an die trauten Abende beim stickenden Fräulein Delaunay, nachdem er der Identität des Kissens mit dem von Fräulein de Parnes geschenkten gewahr geworden ist. Und diese Erinnerungen sind auch das Entscheidende. Denn letztlich wandert das Kissen nur, um die Erinnerungen an den Vorgang seiner Produktion auszulösen. Von der Logik der Geschichte her muss man sagen: *Weil* Valentin der Herstellung beigewohnt und deren Intimität geteilt hat (wie bei Cooper das Taschentuch selbst), ist er der Ausersehene, zu dem das fertige Produkt zurückkommt. Die *anfängliche Prägung* hebt sich auf diese Weise gleichsam auf, indem sie mit sich kurzgeschlossen wird. *Ausgezeichnet* wird nicht das fertige Produkt (von dem vielmehr gesagt wird, dass es nichts Besonderes ist), sondern die Tätigkeit des Produzierens als geteilte Intimität. Das Ding muss jedoch – nach dieser für das 19. Jahrhundert charakteristischen Logik – den Umweg über den Markt als seiner Negation nehmen, um diese geteilte Intimität als solche ins rechte Licht des Interieurs zu rücken. Wenn die Handarbeit *nicht* in den Schoß der Erzeugerin zurückkehren und dort bleiben soll »wegen der *Erinnerungen*, die sich daran knüpfen« (186), wie es bei Cooper heißt, dann kann sie nur wie dieses Kissen für den *Ausersehenen* bestimmt sein und zu dessen Objektwahl beitragen.

In einer Geschichte mit wandernden Dingen wird nicht leicht eine Handarbeit auftauchen, ohne dass auch von deren Herstellung erzählt wird (sogar Zuckmayers *Hauptmann von Köpenick* zeigt zu Beginn die Fertigstellung der Uniform) – und zwar sogar dann, wenn das Wandern des betreffenden Dinges überhaupt nichts mit seiner Herkunft zu tun hat. Das liegt daran, dass sich die Handarbeit dazu *anbietet*. Auch Stoff ist geduldig. Mustergültig ist dies erkennbar an der forcierten Art und Weise, mit der Othello die Vorgeschichte des verschwundenen Taschentuches ins Spiel bringt. Zunächst deklariert er es als eine bedeutungsvolle Gabe und als ein altes Erbstück, dem im Hinblick auf sein derzeitiges Problem nahezu magische Fähigkeiten zugeschrieben werden. Mittels eines Diskurses versucht er, dem Ding eine anfängliche Prägung zu geben, wofür er schließlich auch den Vorgang der Herstellung in Anspruch nimmt. Gerade die forcierte Weise, in der das geschieht, darf man als Symptom dafür nehmen, dass dieses Taschentuch als Indiz keine *eigene* Bedeutung hat: »Eine Sybille, die zweihundertmal / Der Sonne Jahreslauf geseh'n hat, stickte / Das Muster in prophetischer Verzückung. / Die Seide stammt von heiligen Raupen und ist / Gefärbt in Mumiensaft, den Magier ziehn / Aus Jungfraunherzen.« (114)

Ein solcher *Diskurs* verweist auf die mythologische Dimension der Frage nach der anfänglichen Prägung. Wie kann denn bei der Herstellung etwas in das Ding *hineingelegt* werden, so dass es eine *eigentümliche* Bestimmung bekommt? Und welche Art der Bestimmung kann das sein? Bis zu einem gewissen Grade lässt sich auf der Ebene der Beschreibung der Anschein erwecken, dass das Ding sich seine Besitzer gleichsam aussucht. Dies geschieht, indem es durch einen *besonderen Zug* ausgezeichnet wird. Beispielsweise gibt der Erbauer des grünen Akkordeons bei Annie Proulx dem Klang seines Instrumentes »ein wenig Dissonanz« (14) mit auf den Weg. Daraus ergibt sich in der Regel eine *Dinggeschichte*, bei der die Erzählung dem Ding folgt. In seiner Odyssee durchläuft das Ding eine Kette von Besitzern, die für diesen Zug *empfänglich* sind (oder die das Ding weitergeben, weil sie nicht empfänglich sind).

Diese epische Schrumpfform lädt zur mythologischen Überformung ein. Dann wird die anfängliche Prägung zu einer wunderbaren Eigenschaft überhöht. So wird die rote Violine in dem Film von François Girard zu einem einzigartigen Instrument, weil sie von ihrem Erbauer mit dem Blut seiner toten Frau imprägniert wurde. In drei Episoden, die als entscheidende Momente seiner *Lebensgeschichte* fungieren, wird dann stellvertretend gezeigt, wie dieses Instrument diejenigen, die dafür empfänglich sind, zu einem besonderen Spiel inspiriert oder dazu bringt, alles zu tun, um es zu retten. Auf diese Weise findet es am Ende zu einem neuen wahren Adressaten. Während für die Öffentlichkeit der besondere Zug des legendären Instrumentes in seiner sichtbaren farblichen Besonderheit besteht, enthüllt es sich dem gutachtenden Violin-Spezialisten Philipp Moritz als »die vollkommenste aller Schöpfungen«. Er wird dieses Instrument bei der Versteigerung gegen ein Duplikat austauschen, damit sein Sohn darauf spielen kann, als wüsste auch er, was uns nur die Konstruktion des Films offenbart: dass der Erbauer Bussotti diese Geige für seinen zukünftigen Sohn hergestellt haben wollte.

Die anfängliche Prägung oder der besondere Zug kann zunächst einmal der Unterscheidung von anderen Dingen derselben Art dienen. Die rote Violine wird auf den ersten Blick an ihrer Farbe erkannt. Und der junge Valentin bei Musset identifiziert das besagte Kissen, als er auf den zweiten Blick den winzigen Tintenspritzer entdeckt, den er selber versehentlich darauf hinterlassen hat. Die *Eigentümlichkeit*, die dem Ding in einer mythischen Struktur durch die anfängliche Prägung verliehen wird, erschließt sich aber weder auf den ersten noch auf den zweiten Blick. Denn sie gehört nicht zur Ordnung des Sichtbaren. Sie ist verborgen. Sie erschließt sich nur denjenigen, die für das Ding empfänglich sind, die in eine Verbindung mit ihm treten – die sich von ihm faszinieren lassen oder sich ihm verschreiben. Aber auch für diese Ausgewählten bleibt der einzige Zug *im Grunde* unsichtbar, denn Zugang finden sie nur zu seinen Wirkungen. Die Violine bleibt ein rätselhaftes Instrument und als ein solches wandert sie gleich einer Sonde durch die Zeiten und Räume, um sich mit denjenigen zu verbinden, die für sie empfänglich sind. Denn niemand weiß, dass die Einzigartigkeit der roten Violine auf dem Blut einer werdenden Mutter beruht. Allein die mythische Erzählung ist dazu da, dieses Verborgene ins rechte Licht zu rücken und uns zu *zeigen.*

Alex van Warmerdam bedient sich in *Das geheimnisvolle Kleid* ausgiebig dieser mythischen Struktur, verschiebt sie aber zugleich auf eine wesentliche Art und Weise. Der ganze erste Teil dieses Filmes ist dem Herstellungsprozess des Kleides gewidmet. Nachdem uns der Vorspann in Gestalt einer riesigen Erntemaschine auf einem Baumwollfeld an die notwendige stoffliche Vorgeschichte aller Kleider erinnert hat, werden wir – wie man sagen könnte – mit dem niederländischen *Milieu* bekannt gemacht, aus dem das Kleid hervorgehen wird. Es ist charakterisiert durch verfehlte Verhältnisse zwischen den Geschlechtern, durch pervertierte Formen der Kommunikation und durch eine latente Bereitschaft zur Gewalt. Der mickrige Designer, der das Stoffmuster entwirft, empfindet es dem Kleid seiner pakistanischen Nachbarin nach, das ihm als Zeugen bei einem eskalierenden Streit mit Straßenarbeitern in die Augen gefallen ist. Das Meeting zur Auswahl des Stoffmusters endet in Handgreiflichkeiten des sexuell frustrierten Art-Directors. Der mondäne Modeschöpfer bekommt das Stoffmuster und skizziert den Schnitt des Kleides nach dem fehlgeschlagenen Versuch, eine junge Frau zur Sodomie zu zwingen.

Das Kleid ist ein einfaches Sommerkleid, auf dem und in dem all das keine Spuren hinterlassen hat. Wie sollte es auch? Wir sehen, wie die endlosen Stoffbahnen maschinell mit dem farbigen Muster bedruckt werden. Wir sehen, wie zahlreiche Frauen an ihren Nähmaschinen das Kleid nähen. Wir sehen, wie der LKW die fertige Konfektionsware zu den einzelnen Geschäften bringt. Und dann sehen wir ein bestimmtes Exemplar dieses Kleides im Schaufenster, das schließlich von einer älteren Frau gekauft wird. Was wir also *nicht* sehen können, ist eine anfängliche Prägung, ein besonderer Zug. Denn erstens ist an diesem Kleid nichts zu sehen und zweitens unterscheidet es sich in nichts von den anderen Kleidern. Doch dann zeigt der Film in verschiedenen Episoden, wie einige von denen, die mit dem Kleid in Berührung kommen, von einem unvertretbaren, aber unabweislichen sexuellen Begehren ergriffen werden, als ob es durch die Umstände, unter denen es das Licht der Welt erblickt hat, anfänglich geprägt worden wäre. Indem der Film diese Umstände zu sehen gegeben hat, zwingt er zu der Unterstellung, die späteren Wirkungen des Kleides hätten in ihnen ihren *Grund*. Es würde sich also um eine (unmögliche) *immaterielle* anfängliche Prägung handeln, die durch das Kleid weitergegeben würde und es zu einem *geheimnisvollen* Objekt machte.

Ein geheimnisvolles Objekt, das durch die niederländische Gesellschaft der neunziger Jahre des 20. Jahrhunderts wandert und bei denen, die dafür empfänglich sind, ein unvertretbares Begehren wachruft. Jedoch ist dieses obskure Objekt (anders als etwa die rote Violine) nicht selbst das Objekt des Begehrens. Das Begehren richtet sich nicht auf das Kleid, sondern meldet sich – gebieterisch und nur notdürftig kaschiert – lediglich im Zusammenhang mit ihm (indem das Begehren den Träger befällt oder dem Träger gilt). Für die Figuren im Film ist das Kleid stets ein gewöhnliches, geheimnisloses Kleid, an dem nichts unsichtbar ist. Daher gibt es für sie auch keinen Grund, dieses Kleid zu ergründen; es bleibt ihnen verborgen, dass in diesem Kleid etwas verborgen ist. Geheimnisvoll ist es nur für uns. Wir sind es, die etwas sehen wollen, was es nicht zu sehen gibt. Denn auch wir können nicht *sehen*, dass das Kleid diese Vorfälle auslöst. Würden wir jede Episode für sich betrachten, würden wir nicht darauf kommen, dass es sich so verhält.

Machen wir, um den Status dieser immateriellen anfänglichen Prägung zu ergründen, am Schluss noch ein Gedankenexperiment. Wenn es diese immaterielle Prägung gibt, dann müsste sie sich folgerichtig, da es sich nicht um eine Handarbeit, sondern um eine Massenware handelt, *allen* Kleidern dieser Serie mitgeteilt haben. Stellen wir uns also vor, dass dies wirklich der Fall wäre. Dann wären Entgleisungen der Art, wie wir sie dem Kleid zuschreiben, in der niederländischen Gesellschaft statistisch gesehen besonders häufig (sie gliche jenem Milieu, das uns im ersten Teil des Films als Wiege des Kleides gezeigt wird). Wenn wir nun umgekehrt davon ausgehen wollen, dass diese statistische Häufung tatsächlich vorliegt, so werden wir auch ein Kleid finden als einen *Leitfaden, um davon zu erzählen.* So gesehen ist nicht das Kleid geheimnisvoll, und die anfängliche Prägung ist die mythische Form der Erzählung. Im Originaltitel heißt *Das geheimnisvolle Kleid* nur *De Jurk.*

DUNKLE URSPRÜNGE. Jedes Ding hat Teil an der Dunkelheit, es hat seine dunkle Seite. Martin Heidegger spricht in *Das Ding,* wo er das Ding als »Geviert« von Göttlichen und Sterblichen, Himmel und Erde bestimmt, vom »dunkle[n] Schlummer der Erde« (170). In einem spezifischeren Sinn kann der Ursprung eines Dinges entweder dunkel sein, weil es von einem dunklen Trachten seinen Ausgang nimmt oder weil sein Anfang ins Dunkel gehüllt ist.

Wunderdinge wie der Ring des Nibelungen bei Wagner und der Ring der Macht bei Tolkien zum Beispiel nehmen ohne Zweifel von einem dunklen Trachten ihren Ausgang, das in der Tiefe haust und mit der Herstellung des Dinges alles dieser Tiefe untertan machen will. Das Dunkle soll sich über die Welt breiten. In den Ringen, die in der Tiefe geschmiedet sind, nimmt die lastende Schwere überhand. Sie sind mythische Gegenstände, deren Wesen sich aus ihrer Herstellung ergibt. Mit der *anfänglichen Prägung* ist diese dunkle Seite aber nicht zu verwechseln. Das anfänglich geprägte Ding ist jemandem zugedacht, es soll in die Welt hinaus; das dunkle Ding hingegen soll bleiben, wo es ist, er soll die Welt zu sich hinunterziehen. Wie kein anderes Ding ist es von seinem Schöpfer *nicht* dazu bestimmt, zu wandern: Der Ring des Nibelungen hätte den Finger Alberichs nie verlassen, der Ring der Macht auf ewig bei Sauron bleiben sollen (daher sind sie auch beide nicht als dynastische Erbstücke gedacht, sondern sollen einzig der Alleinherrschaft dienen). Dass es diese Ring-Dinge überhaupt geben muss, ist der Kern der Metaphysik der Macht, die beide Werke zum Gegenstand haben und die sie vergegenständlichen. Darin liegt auch ihre eigentliche Dunkelheit.

Eine andere Dunkelheit eignet offenbar den Wunderdingen, die geradewegs aus der Hölle kommen. Das *Galgenmännlein* bei Friedrich de la Motte Fouqué und der *Flaschenteufel* bei Robert Louis Stevenson sind Dinge – oder besser Wesen –, die ihr Unwesen treiben, indem sie *zirkulieren*: Sie müssen immer preiswerter verkauft werden als sie erstanden wurden und nehmen ihren letzten Eigentümer mit in die Hölle. Die Ringe der Macht, könnte man vereinfacht sagen, ersetzen die Politik, der Flaschenteufel hingegen das Wirtschaften. Während es auf der einen Seite um die dunkle Konzentration der Macht geht, ist der Flaschenteufel dazu bestimmt, Reichtümer an die lange Reihe seiner Eigentümer zu verstreuen, bis der letzte die metaphysische Zeche zahlt. Ins Dunkel bleibt gehüllt, wer jener Erste war, der zu Lasten dieses Letzten den teuflischen Vertrag eingegangen ist. In dieser Hinsicht bietet ein anderes Ding von dunklem Ursprung selbstredend genaue Auskunft: das »Ding an sich« in Klaas Huizings gleichnamigem Roman. Denn dieses Ding *ist* ja – womit Huizing ein altes Legendenmotiv aufgreift – nichts anderes als das bleibende Dokument eines allerersten Vertragsabschlusses, nämlich die Tonscherbe mit dem Abdruck von Adams Hand, mit dem dieser den Vertrag mit dem Teufel besiegelt hat, um in Ruhe sein Land bearbeiten zu dürfen. Dieses Ding ist zwar hienieden offenbar unzerstörbar, richtet aber, wenn man diesem humoristischen Roman glauben darf, keinen nennenswerten Schaden an.

Aus der Perspektive derjenigen, die sich im Licht befinden, können auch ganz andere Ursprünge ins Dunkel gehüllt sein. Für die Kolonialmächte etwa können die *Kolonien* das Dunkel – das *Herz der Finsternis* – sein. Es gibt einige Geschichten aus der Zeit des Empire, in denen ein Ding aus dem Dunkel der Kolonien nach England wandert, um dort gleichsam eine

Botschaft auszurichten, die erst *verstanden* werden muss. So etwa in Stevensons *Der Diamant des Rajahs* und in Wilkie Collins' *Der Monddiamant*. Natürlich entstammen alle Edelsteine insofern dem Dunkel, als sie aus den Tiefen der Erde hervorgeholt werden, aber darum geht es hier nicht. Dunkel sind vielmehr die Verhältnisse, in denen Dinge ihren Besitzer wechseln, ohne dass von rechtmäßigem Eigentum gesprochen werden könnte. Seinen Platz hat der Monddiamant in einem fremden Kult, aber schon bevor er die mörderische Gier des englischen Offiziers weckte, war er zur Beute geworden. Bei Stevenson dient der skrupellose englische Offizier drei Jahre einem »halbbarbarischen Herrscher« (248) und geht über Leichen, um in den Besitz des Diamanten des Rajahs zu kommen, der ihm in die Augen gefallen ist. Aus einer gehobenen Perspektive kann das, was aus den Kolonien ins Mutterland wandert, ohnehin nur als Beute apostrophiert werden. Umso mehr gilt das aber dann, wenn auf diese Weise zum Privateigentum wird, was nicht zum Privateigentum geschaffen ist, weil es gewissermaßen zu groß dafür ist. Diese Diamanten können ihre dunkle Herkunft als Beutegut – zumal sie ihnen in Form dubioser Geschichten und sogar in Gestalt von drei Brahmanen folgt – nicht ablegen und erweisen sich im Mutterland des Privateigentums als ein Fremdkörper.

Bei Wilkie Collins und Robert Louis Stevenson versteht der letzte britische Besitzer die darin liegende Botschaft, sodass er dem Privateigentum entsagt, bevor es zu spät ist. Ein dem Edelstein ganz entgegengesetztes Ding, das wiederum von einem englischen Offizier nach England gebracht wird, ist die *Affenpfote* von William W. Jacobs. Dieses »schmutzige, runzelige kleine« (143) Ding ist nun ganz und gar dazu ausersehen, all jenen eine Lehre zu erteilen, die nach Art der westlichen Zivilisatoren die höhere Macht des Schicksals zu verdrängen suchen. Der Fakir, der die Affenpfote damit begabt hat, »drei verschiedenen Menschen drei Wünsche zu erfüllen«, um zu zeigen, dass man das eigene Schicksal nur zu seinem Schaden korrigieren kann, war laut dem berichterstattenden Offizier ein »sehr heiliger Mann« (136). Man mag das daran sehen, dass er den Schaden, den er auf diese Weise anrichtet, auf drei Parteien begrenzt – dass das Wandern der Affenpfote also mit dieser Geschichte an ein Ende gekommen ist und fortan nur noch deren zweideutige Lehre zirkulieren kann. Dunkel ist dieser »Talisman« (139) aus einer anderen Welt zunächst, weil ihm übernatürliche Kräfte zugeschrieben werden, an die man um 1900 nicht mehr zu glauben vermag. Das ist nur einer der Gründe dafür, warum die Botschaft auch dieses Dings der erhellenden Kommentare bedarf. Die Wünsche werden nämlich laut Begleitinformation des Offiziers so erfüllt, »dass man es dem Zufall zuschreiben könnte, wenn man wollte« (143). Die Bereitschaft, sich Wünsche erfüllen zu *lassen*, erkauft man sich mit ungeahnten Schicksalsschlägen. So die Weisheit der kolonisierten Kultur. Als dunkle Macht erweist sich daher am Ende der Zufall. Daran kann man erinnert werden müssen, auch wenn man es nie bestreiten wollte.

DUNKLE GABEN DER NATUR. Schließlich ist noch ein Ding der Natur vorzustellen, dessen Ursprung auf besonders *spürbare* Weise dunkel ist. Es ist eine Ausgeburt der Literatur und findet sich in dem schmalen Buch *Brummstein* des Dänen Peter Adolphsen aus dem Jahre 2003. Das Buch muss zunächst in einer weiten Ausholbewegung die Erdzeitalter sowie die geologische Entstehung der Alpen rekapitulieren und in ihrer zeitlichen Unermesslichkeit vor Augen stellen, um die Herkunft des titelgebenden Dinges darin zu fundieren (ein mythischer Anfang im wissenschaftlichen Gewand also). Unter besonderen geologischen Bedingungen ist – wie wir informiert werden – im »2314 Meter hohen Silberenberg, 37 Kilometer westnordwestlich von Chur« das »schätzungsweise viertgrößte Höhlensystem der Welt« entstanden, das den passenden Namen *Hölloch* trägt (und im Übrigen tatsächlich existiert). »Ungehört von allen, ausgenommen von zwei Personen an je ihrem Ende des 20. Jahrhunderts, ertönt an dieser Stelle ein ständiges Brummen; seine Ursache ist, daß die Kris-

tallstruktur in diesem mehrmals metamorphosierten Fels-
massiv als Resonator für bestimmte Schallwellenverbindun-
gen gewirkt hat, ausgelöst durch die Millionen von Erdbeben,
die wie eine knarrende und krachende Hintergrundmusik
das Entstehen der Alpen begleitet haben.« (8)

Der erste Mensch, der das Brummen des Gesteins hört, ist
ein Mann namens Josef Siedler aus Augsburg. Er wird angelockt von einem Artikel in der Tagespresse, in dem unter der
Überschrift »Der Eingang zur Unterwelt geöffnet« Werbung
für »die offizielle Öffnung des Hölloch am 1. Juli 1906« gemacht wird (15). Er ist ein passionierter Anhänger der damals noch bisweilen vertretenen Lehre, dass das Innere der
Erde unermessliche Hohlräume birgt, in denen dem Roman
Das kommende Geschlecht von Edward Bulwer-Lytton zufolge
das den herkömmlichen Menschen überlegene Volk der Vril
lebt. Um Kontakt zu diesem Volk aufzunehmen, steigt Josef
Siedler mit einem Führer in die tiefste bekannte Stelle des
Hölloch hinab. Während der Führer auf ihn wartet, erkundet
er den unterirdischen Raum und wird von einem schwachen
Brummen angelockt. Er hält das rechte Ohr an einen Felsen
aus granitähnlichem Gestein, und »die Erdbeben von 125
Millionen Jahren wummerten an sein Trommelfell« (26). Mit
seinem Geologenhammer schlägt er ein Stück des Gesteins
ab: »Vorsichtig hielt er das Felsstück ans Ohr; es brummte
nicht, zitterte aber ganz leicht, wie er im gleichen Moment be-
merkte. Er steckte das rätselhafte Ding in die Tasche« (32).

Dieses Ding ist ein *Stück*. Ein Stück Urgestein, ein Stück
dunkler Ursprung. Aber das gilt – wie uns Francis Ponge in
seiner diesbezüglichen Meditation in *Im Namen der Dinge* begreiflich macht – für jeden Kieselstein: »Alles Felsgestein ist
aus der Zellteilung des gleichen ungeheuren Urahns hervorgegangen« (81); woraufwir wandeln, ist der »zerstückelte
Leichnam« eines »Lebewesens, das so groß wie die Welt war«
(85) und nun einem zwar sehr langsamen, aber jedenfalls
unumkehrbaren Prozess der Erosion ausgesetzt ist, weshalb
man »durchaus sagen kann, daß der Stein, der sich in der Na-

tur nicht erneuert, in Wirklichkeit das einzige ist, was in ihr fortwährend stirbt« (89). Dies bedenkt man nicht leicht, wenn der Stein zum Kieselstein geworden ist, wenn er, wie Ponge sich ausdrückt, in das »Zeitalter der Person, des Individuums« eingetreten ist; auch wegen der »Vollkommenheit seiner Form« erscheint mir der Kieselstein, »den ich ergreifen und in der Hand drehen und wenden kann« (91), nicht als Stück, sondern als eine runde Sache. Er erinnert nicht mehr an seinen dunklen Ursprung.

Anders der Brummstein, den Josef Siedler ergreift und in seine Tasche steckt. Er ist ein Stück, in dem die dunkle Herkunft aus dem Gerippe des ›ungeheuren Urahn‹ *spürbar* (nicht aber sichtbar) ist, wenn man ihn in der Hand dreht und wendet. Das leichte Zittern ist dem Stein als eine anfängliche Prägung mit auf den Weg gegeben – als ein besonderer Zug, der freilich nicht in ihn hineingelegt worden ist, sondern sich aus dem dunklen Innern einer menschenfernen Vorzeit der Oberfläche *mitteilt*. Auf diese Weise wird die – wenn man so will – animistische Beschreibungsperspektive realisiert, die uns Francis Ponge nahelegt: Das tote Gestein lebt.

Es ist die animistische Beschreibungsperspektive unserer Hand. Wir haben das *Gefühl*, dass dieses Ding lebt, auch wenn wir wissen, dass das nicht sein kann. Dieses Ding ist einerseits weniger als ein Ding (nämlich nur ein Stück) und andererseits mehr als ein Ding (nämlich etwas von der Art des Lebendigen). Aber gerade deshalb teilt es sich unserem Gefühl in seiner Dinghaftigkeit mit. Und in diesem Gefühl (das wir imaginieren können), ist in gewissem Sinn auch schon die Geschichte seiner Herkunft als Stück eines ungeheuren Ganzen enthalten, von der uns hier erzählt wird. Der Stein ist in die Hände eines zwar gewissenhaften, aber unberufenen Mannes gelangt, der mit ihm eigentlich nichts anfangen kann. So verstaut er das Ding in einer kleinen Holzschachtel und fügt auf einem Zettel die Geschichte seiner Auffindung im Telegrammstil hinzu: »Dies ist ein Felsstück aus der Tauchstrecke im Hölloch in der Schweiz. Es gab ein Brummen von sich. Litt an vorübergehender Taubheit, nachdem ich dem Stein gelauscht hatte. Hörte vier Töne.« (40) Mit dieser Beschriftung wird der dunkle Ursprung *namhaft* gemacht. Und es wird *namhaft* gemacht, dass der Stein nur Stück von einem Ganzen ist. Sein Vibrieren ist nur ein fernes Echo und – für den, der hören will – ein Vorbote oder eine Verheißung des Ursprungs.

Franz Zweywälder, der junge, anarchistisch gesinnte Neffe, liest diesen Zettel, nachdem Josef Siedler mit seiner Frau durch einen Unfall ums Leben gekommen ist, beim Ordnen seiner Habseligkeiten. Er nimmt den Stein in die Hand und verspürt »ein leichtes Kitzeln in den Fingerspitzen. Das Rätsel erregte ihn, aber was er damit machen sollte, wußte er nicht«. Für die Revolution ist der Stein untauglich. Obwohl er also einen gewissen *Zug* verspürt, packt er ihn zurück in die Schachtel und legt einen zweiten Zettel dazu: »Diese Schachtel fand sich im Nachlaß von Josef und Andrea Siedler, Augsburg, anno 1919, gez. Franz Zweywälder.« (40) Später schenkt Franz die »kleine Schachtel mit dem Stück vom brummenden Felsen« seiner jüdischen Geliebten Judith, weil sie »gewiß das größte Rätsel des Erdballs sei« (43), bevor er vor der Polizei fliehen muss. Als die jüdische Buchhändlerfamilie im Anschluss an die »Reichskristallnacht« nach Dänemark flieht, vergisst Judith den Koffer, der die Schachtel mit dem Brummstein enthält, im Zug, worauf dieser bis zum Ende des Krieges auf dem Fundbüro der Reichsbahn in Altona von dem pensionierten Fahrkartenverkäufer Georg Weide gehütet wird. Auf der Suche nach Essbarem durchsucht er die Koffer des Fundbüros und stößt so auf den Brummstein, den man nicht essen kann. Zusammen mit dem verstörten Jungen, den er zu sich ins Fundbüro aufgenommen hat, schreibt er einen dritten Zettel: »Gefunden 1943 im Fundbüro des Deutschen Reichsbahn, Hamburg-Altona, gez. Georg Weide und Ferdinand Höffel.« Und der Junge, der den Zug des dunklen Ursprungs verspürt, legt ein Versprechen ab: »Eines Tages

werde ich in die Schweiz reisen und das Rätsel lösen.« (54)
Aber das geschieht nicht. Die beiden zieht es nach Kriegs-
ende zu den Mecklenburgischen Seen, wo sie sich in einem
verlassenen Waldhaus einrichten. Nach dem baldigen Tod
des alten Georg Weide lebt der junge Ferdinand weitere Jahre
unentdeckt in diesem Waldhaus, bevor er in ein Kinderheim
der entstehenden DDR gesteckt wird. Dort schließt er
Freundschaft mit Jöggi, dem er zum Abschied, als dieser sich
in den Westen absetzt, den Brummstein mit auf den Weg gibt:
»Du wirst eher die Möglichkeit haben, in die Schweiz zu fahren« (64). Jöggi aber heiratet Marianne, eine angehende
Künstlerin in Düsseldorf, der er den Brummstein für ihre
erste Einzelausstellung überlässt: »Das letzte Objekt der Ausstellung trug den Titel *Zentraleuropäisches Rätsel* und bestand
aus der Schachtel mit dem Brummstein, die Marianne mit einem steifen gelben Plastikband versiegelt hatte.« Zuvor hat
sie einen vierten Zettel hinzugefügt: »Marianne Hecht
schrieb diesen Zettel 1964 in Düsseldorf. Ich erkläre hiermit
diese Schachtel – samt Inhalt – für Kunst.« (71) Laut Vertrag
verpflichtet sich der Käufer dieses Kunstobjektes, »an den Ort
zu reisen, der auf einem Dokument in der Schachtel erwähnt
wurde, und sich zu bemühen, das Rätsel zu lösen, das der übrige Inhalt darstellte«, allerdings erst, wenn er überzeugt ist,
die Entsiegelung des Kästchens, als eine »künstlerisch verantwortbare Handlung« (71) vornehmen zu können.

An sich ist der Brummstein ein unscheinbares Ding. Man
sieht ihm nichts an. In der Gesellschaft anderer grauschwar-
zer Steine von Walnussgröße würde er verlorengehen. Erst
wenn man ihn in die Hand nimmt, erschließt er sich als Rätsel. Daher bedarf er eines Behältnisses und der Beschriftung.
Was an ihm fasziniert, ist das Rätsel seines dunklen Ursprungs, für das er ein Gespür und auch ein Verantwortungs-
gefühl gibt. In gewisser Weise ist es daher folgerichtig, wenn
dieses Reliquiar versiegelt und der Zugang zu seinem Inhalt
durch eine symbolische Barriere erschwert wird. Auf der anderen Seite wird der Brummstein dadurch freilich von sei-

nem dunklen Ursprung abgeschnitten. Wer den Brummstein *samt* seinem Behältnis zum *Zentraleuropäischen Rätsel* erklärt, kann sich von dem Rätsel des Steines gerade nicht angesprochen fühlen. Es ist die Handlungsweise dessen, der mit diesem Ding nichts anderes anzufangen weiß. Es entsteht ein Rätsel zweiter Ordnung, bei dem das Ding zu einem MacGuffin wird, der beliebig weitergegeben werden kann.

Die Käufer des *Zentraleuropäischen Rätsels*, ein Unternehmer aus Remscheid und seine Frau, öffnen das versiegelte Reliquiar jedenfalls nicht. Nach dem Tod des Ehepaars kommt deren respektable Kunstsammlung jedoch mitsamt dem Rätsel Ende der achtziger Jahre an die Kunstsammlung Nordrhein-Westfalen in Düsseldorf. Die Geschichte des Brummsteins nähert sich ihrem Ende, als die mit der Inventarisierung beauftragte Kunsthistorikerin Ulrike Breslauer sich entschließt, die geforderte »künstlerisch verantwortbare Handlung« vorzunehmen. Während einhundert Jahre deutscher Geschichten in der sogenannten Wiedervereinigung konvergieren, kommt die weltfremde Ulrike nicht mehr von dem »zitternden Stein« los, der einer anderen Zeitrechnung angehört. »Es war jetzt, so fand sie, die Aufgabe des Museums, d. h. ihre Aufgabe, sich zu bemühen, das Rätsel des Steins zu lösen.« (82) Ein konsultierter Geologe kann das Zittern des als Hornblendenschiefer identifizierten Steines in einer »Frequenz von 130 Hertz und einem Ausschlag von 2,1 Mikrometer« (83) nicht erklären. Das Rätsel nimmt Ulrike jetzt immer mehr in Anspruch. Sie beginnt »über Geologie, Mineralogie und die Entstehung von Bergen und Felsenhöhlen« (83) zu lesen. Schließlich zieht es sie zum dunklen Ursprung. Dreiundzwanzig Stunden braucht sie vom Eingang der Höhle bis zu jener Stelle, wo Josef Siedler das regelmäßige Brummen gehört hat. Im Schein ihrer Karbidlampe sieht sie den Felsen, der »von derselben grauschwarzen Farbe« ist »wie der zitternde Stein in ihrer Tasche«. Und dann will sie hören: »Getrieben von der Erinnerung an den Text auf Zettel 1, legte sie langsam das Ohr an den Felsblock, erschrak aber dennoch heftig, als dessen ohrenbetäubendes Wummern losbrach. Anschließend näherte sie vorsichtig ihr anderes Ohr dem Stein, und Josef Siedlers Erlebnis aus dem Jahre 1907 mit vorübergehender Taubheit und vier Heultönen wiederholte sich.« (90) Auf der Rückfahrt kommt Ulrike bei einem Autounfall ums Leben. Über das unscheinbare kleine Ding in ihrer Tasche wird nichts mehr gesagt. In jedem Fall wäre es ein Prunkstück im *Museum der unerhörten Dinge.*

Vorgaben

HERRSCHAFTLICHE GABEN. Es gibt Gaben, die eine grundlegende Asymmetrie zur Voraussetzung haben. Jemand, der herrscht, kann in ganz verschiedener Absicht jemandem etwas geben, der nicht herrscht. In jedem Fall aber soll dieser Akt das Herrschaftsverhältnis nicht aufheben, sondern befestigen. Entscheidend ist, dass die Gabe nicht durch eine *entsprechende* Gegengabe beantwortet werden kann und dass sie selbst eine nicht entsprechende Antwort auf eine *Vorleistung* ist. Das macht sie zwielichtig oder zweideutig oder zweischneidig. Deshalb sind die herrschaftlichen Gaben zunächst zu unterscheiden von zwei verwandten Formen, die sie im Prinzip jederzeit mit ihrer Zweideutigkeit anstecken können: von der *Verleihung* eines Ordens und der Auslobung eines *Preises.* Beides sind nicht zufällig öffentliche Zeremonien, die die demokratischen Institutionen unserer Tage von feudalen Herrschaftsverhältnissen übernommen haben. Die Verleihung eines Ordens ist eine rein symbolische Gabe, die die beidseitige Anerkennung der Positionen unbefragt voraussetzt; der ausgelobte Preis geht an denjenigen, der sich zuvor in einem geregelten Wettbewerb *selbst* ausgezeichnet hat.

Im Gegensatz zu diesen anerkannten *Formen* gelten die formlosen herrschaftlichen Gaben in den staatlichen Institutionen einer Demokratie nicht mehr als legitim, was etwa in der Wendung zum Ausdruck kommt, dass der Staat keine Geschenke zu verteilen habe. Das weist natürlich darauf hin, dass dem Staat unterstellt werden darf, unter der Hand ständig Geschenke zu verteilen. Aber diese Geschenke sind eben Geldgeschenke, die keinen Anteil haben an der symbolischen Ordnung (die *Zeremonie* des Schenkens hingegen wird nur zwischen Staatsoberhäuptern in Form von Gastgeschenken gepflegt). Und die Beschenkten *brüsten* sich nicht mit dem, was sie erhalten haben.

Vor Zeiten war es nicht nur im Märchen anders, in dem herrschaftliche Gaben von struktureller Bedeutung sind, weil der König der ist, der beliebig schenken kann. Im Mittelalter waren neben wertbeständigen Dingen wie Lehen oder schlichten Reichtümern bezeichnenderweise auch die wertunbeständigen Reliquien beliebte herrschaftliche Gaben. In neueren Zeiten und späteren Geschichten genießt diese Praxis kein hohes Ansehen (vor allem, wenn sie davon nicht wie die Märchen als Endpunkt, sondern als Vorgeschichte erzählen). Wenn man der nachgereichten Vorgeschichte des Prinzen Florizel glauben will, opfert der britische Offizier Thomas Vandeleur in Stevensons *Der Diamant des Rajahs* die respektablen Werte »Ehre, Ruf, Freundschaft, Vaterlandsliebe« und dient dem Rajah, »wie Jakob Laban diente«, um den Diamanten als herrschaftliche Gabe zu erhalten (248). Aus dieser Perspektive ergibt sich die Zwielichtigkeit der herrschaftlichen Gabe. Sie mag – sobald sie über die symbolische Gabe hinaus ein Vermögen bedeutet – Gunstbezeigung, Gegenleistung, Abfindung, Entlohnung, Bestechung und noch anderes sein. Nichts verbindet diesen Diener mit seinem Herrn. Und dem ist es ganz gleich, was mit seinem Geschenk geschieht, was aus dieser Vorgabe entsteht. Deshalb gibt auch die Vorgeschichte dem Diamanten nichts anderes auf den Weg als eine Begründung dafür, dass er in der Hand eines jeden Privatbesitzers am falschen Platz ist.

Anders in Selma Lagerlöfs *Der Ring des Generals*. Hier ist herrschaftliche Gabe noch in Kraft, da es dem General nicht um deren materiellen Wert geht. Insofern ist sie nicht zwielichtig. Aber sie ist doch zweideutig und zweischneidig. Die Schenkung des Rings an den General Bengt Löwensköld durch den kriegswütigen Karl XII. liefert die gleich zu Anfang erzählte Startbedingung der Romanhandlung. Während andere Zeitgenossen behaupteten, »der König habe durch Unverstand und Übermut das Reich bis an den Rand des Untergangs gebracht« (8), hat der General treu zu ihm gestanden und den Ring als Anerkennung dafür erhalten. Mit dem Königsring am Finger präsentiert sich der General stolz auf dem Porträt im Salon des Stammhauses, mit dem Königsring will er begraben werden. Bevor die eigentliche Romanhandlung mit der Grabschändung einsetzt, stellt die Erzählung klar, dass der Ring eben nicht nur als symbolische Gabe ins Gewicht fällt, sondern dass er ein Vermögen wert ist und dass dieses Vermögen darüber hinaus auch ganz unmittelbar dem verarmten Volk entzogen worden war. Denn mit »nur ganz wenigen Ausnahmen hatten alle Schmucksachen und alle Gefäße aus edlem Metall der Krone abgeliefert werden müssen« (9). Der General hingegen will die herrschaftliche Gabe ganz für sich haben. Er stellt sich vor, dass sein König auch im Jenseits die Seinen um sich versammeln werde, und dann »würde der Ring ein Erkennungszeichen sein« (8).

Eine herrschaftliche Gabe, deren Wert rein symbolisch ist, kann vielleicht nicht zwielichtig und zweideutig, aber sie kann im höchsten Maße zweischneidig sein. Ein ambivalentes Zeichen. Dies gibt Willibald Alexis' historischer Roman *Die Hosen des Herrn von Bredow* auf hintergründige Weise zu bedenken. Die Hosen, die ihrem Träger in der Romanhandlung abhandenkommen und entwendet werden, haben eine komplexe Vorgeschichte, in der sich anfängliche Prägung, dunkler Ursprung und herrschaftliche Gabe verschränken. Sie wird ausführlich als legendenhafte Gründungsgeschichte entfaltet. Es ist die Geschichte des Ahnherrn Wußo, eines zwangschristianisierten Wenden. Die Geschichte der Unterwerfung.

Nur widerwillig dient Wußo dem Markgrafen Otto, der die wilde, sumpfige Mark Brandenburg in ein neues, urbar ge-

machtes Land verwandeln will. Auf der Jagd nach einem großen Elch geraten die beiden in eine ungangbare, finstere
Wüstenei, aus der der Herrscher nach dem Willen Wußos
nicht lebend wieder herauskommen soll. Aber Sankt Johannes, der neue Schutzpatron der Marken, lässt Otto stets den
richtigen Weg finden. So will Wußo sich schließlich bereden,
er dürfe seinen erschöpft in den Schlaf gesunkenen Herrn
mit dem Speer meucheln. Aber Sankt Johannes hält den
Speer fest. In diesem Moment erwacht der Markgraf aus einem Traum, in dem er sich von dem Geweih des riesenhaften
Elches schon beinahe aufgespießt wähnte. Der Traum wird als
»Gottes Finger« erkannt, und der Elch »könne nur Satan gewesen sein, der Wut schnaube und zittere in seinem Ingrimm,
weil der Markgraf in dem Lande schon so Großes vollbracht
und noch mehr vollbringen wolle, daß seine, der Herrschaft
Finsternis aufhöre« (161). Der gute Wußo aber glaubt nach
dem vereitelten symbolischen Vatermord selbst dieser Elch
zu sein. Er irrt »im Wahnsinn durch Wald und Heide«, hört
hinter sich »die wilde Jagd, geführt von Sankt Johannes, daß
sie den letzten Elenhirsch fange, auf den der Fürst den großen Preis ausgesetzt« (162). Wie der Elch nährt er sich nur
noch von Wurzeln und Gras und scharrt sein Lager in den Ge-
büschen, bis ihm Sankt Johannes erscheint und sagt, er habe
genug gebüßt. Er fasst nun den Vorsatz, diesen letzten Elch
selber zu töten: »Das war seine Aufgabe; sein Herr, dem er das
Leben verwirkt, hatte es geboten.« (163) Schließlich steht er
ihm Aug in Aug gegenüber. Da sprechen »des Hirsches Augen« zu Wußo: »Mußt du mich töten, so tötest du dich selbst.
Leben kann ich nicht mehr, wo ich der einzige bin meiner
Art, der nur noch umschleicht wie das Gespenst auf den Grab-
hügeln derer, die mit ihm lebendig waren«. Und noch viel
mehr sprechen die Augen. Sie fragen, ob er sich noch hei-
misch fühle »in dem Land, wo die Fremden deine Wälder roden, in denen du Schatten hattest und Lust«, wo »sie deine
Götterbilder verbrennen, vor denen du betest«, wo sie »die
Grabhügel deiner Väter durchwühlen«; und sie fordern ihn

auf: »willst du dich fügen in fremde Knechtschaft, so hilf ihnen ausrotten und roden, hilf ihnen verleumden und schmähen die alten Freien, hilf ihnen den Boden der Väter umackern, ihre Gräber zerstören, ihre Heiligtümer verbrennen, und schleudere dein tödliches Geschoß mir in die Brust« (164). Dies tut Wußo mit »zugedrücktem Auge« und in der Hoffnung, Sankt Johannes werde noch einmal den Speer fassen und die Tat verhindern. Aber das geschieht nicht. »Die Bäume rauschten wie vor Schrecken. Wußo mochte nicht ertragen den letzen Blick des Elchs, er sah sich selbst in den sterbenden Zügen. Zusammenstürzte auch er, nicht in seinem Blute, im hitzigen Fieber.« (164) Er genest nur noch, um – »dieser Welt erstorben« – sein Leben in Zweifeln und scheinbarer Umnachtung im Kloster Lehnin zu beschließen, das an der Stelle gegründet worden war, wo einst der Elch dem Markgrafen im Traum begegnete.

Dies ist die »Sage«, die in der Familie weitererzählt wird »von Mund zu Mund«. Den letzten Elch aber hat der Markgraf Otto »zum ewigen Andenken« Wußos Nachkommen geschenkt (165). Mit dieser Vorgeschichte wird die aus seinem Leder gemachte Hose auf ihrem Weg im Roman *befrachtet* (die laut Nachgeschichte des Anschlussromans *Der Werwolf* als Kuriosität in der Rüstkammer des Landesherrn landet). Es ist die Vorgeschichte eines zweischneidigen (diabolischen) Symbols. Wir können sie eigens bedenken – aber wie können wir sie *mitdenken*, wenn wir dem Geschehen des Romans folgen?

GABEN AN DEN HERRSCHER. Eines ist gewiss: Der Markgraf Otto gibt etwas, was ihm nicht zu eigen ist, sondern was er sich nur angeeignet hat (insofern besteht sogar eine Gemeinsamkeit mit Karl XII. in Lagerlöfs Roman). Denn der weltliche Herr *erzeugt* nichts, sondern kann nur in eine herrschaftliche Gabe *verwandeln*, was er zuvor anderswo hergenommen hat. Und im Falle des letzten Elches kann der Herrscher noch nicht einmal das Symbol sein Eigen nennen, das er gibt. In der herrschaftlichen Gabe ist der Herr nicht unbedingt Herr.

Sieht man das nicht auch an Polykrates, wenn er bei Schiller den Ring ins Meer wirft? Denn auch das ist letztlich eine Art herrschaftlicher Gabe.

Die Geschichte von Polykrates zeigt zudem, dass die Umkehrung der herrschaftlichen Gabe nicht zu unterschätzen ist: die Gabe *an* den Herrscher. Nicht alles, was der Herrscher ausgibt, verdankt sich Einzugsermächtigungen und Beutezügen. Es können auch Geschenke sein. Der Ring wäre nicht zu Polykrates zurückgekehrt, wenn der Fischer ihm den kapitalen Fisch nicht zum Geschenk gemacht hätte, in dessen Magen er sich fand. Ein etwas aufsehenerregenderes Geschenk an einen Herrscher ist der Malteser Falke, von dessen Vorgeschichte Hammetts Roman berichtet. In auffallender Ausführlichkeit lässt der Roman unter der Kapitelüberschrift »Das kaiserliche Geschenk« den fetten Gutman, der sein Leben der Jagd nach diesem Falken verschrieben hat, in dieser Sache zu Wort kommen. Der Falke ist die Gegengabe des Malteserordens dafür, dass Kaiser Karl V. ihm die Insel Malta als Lehen überlassen hat. Der Kaiser hatte als Tribut nur die »symbolische Bestätigung« (132) eines herrscherlichen Falken pro Jahr vorgesehen, die Malteser wollen aber im ersten Jahr zeigen, dass auch sie zu herrschaftlichen Gaben imstande sind. Sie schicken ihm »einen prachtvollen goldenen Falken, von Kopf bis Fuß mit den schönsten Edelsteinen aus ihren Schatztruhen besetzt« (133).

Die Malteser wollen also ihrem Herrscher gegenüber mit einem Vogel auftrumpfen, der mehr ist als nur ein Symbol. Das macht ihre Gabe zwielichtig und setzt sie der Gefahr aus. Ein echter Falke ist keine willkommene Beute, ein goldener, mit Edelsteinen besetzter Falke schon. Daher ist es folgerichtig, dass das Geschenk nie ankommt. Das Schiff, das den Vogel nach Spanien bringen soll, wird gekapert. Seitdem befindet sich der Malteser Falke auf Abwegen. Wer ist sein rechtmäßiger Eigentümer? Nach Gutman könnte man allenfalls behaupten, er gehöre dem König von Spanien. Im Grunde aber fällt dieses Ding unter das natürliche Recht auf Beute:

»Ein Stück von solchem Wert, das auf solche Weise von Hand zu Hand gegangen ist, gehört ganz offensichtlich demjenigen, der es sich anzueignen versteht.« (137) Was könnte er aber als Privatier damit anfangen? Ein imperiales Symbol lässt sich nicht an den Mann bringen. Es gehört insofern zu den Dingen, die ›zu groß‹ sind, wie das *Halsband der Königin* bei Alexander Lernet-Holenia. Also müsste er ›das Stück‹ in Stücke zerwirken. Darin bewahrheitet sich einmal mehr, dass Beute immer schon Pluralisches bezeichnet. Das heißt aber auch, dass dieses Ding, das im Amerika des Romans als Fälschung kursieren wird, nie ein wahrhaftes imperiales Symbol, sondern immer schon eine Art Fälschung gewesen ist; denn »Beutezüge gegen die Sarazenen« (133) haben die Schatztruhen der Malteser gefüllt, aus denen sie den Falken *bestückt* haben.

Herrschaftliche Gaben sollten, wenn es nach ihrer Symbolkraft geht, dem genealogischen Prinzip folgen. Gleich der Herrschaft sollen sie von Generation zu Generation weitergegeben werden wie die Hosen des Herrn von Bredow oder der Ring Salomonis in Brentanos Gockel-Märchen. Für die Gaben *an* den Herrscher gilt dies nicht. Der Herrscher kann den Fisch, der ihm dargebracht wird, ohne weiteres verzehren. Es können aber besondere Bedingungen eintreten, unter denen eine solche Gabe das genealogische Prinzip ganz unmittelbar betrifft – und zwar dann, wenn es nicht die Gabe eines Untertanen ist, sondern die Gabe einer *Instanz*. Dann kann eine Gründungsgeschichte daraus werden. In Hebbels Komödie *Der Diamant* legitimiert eine solche Vorgeschichte das herrschende Königshaus.

Sie wird gegen Ende des ersten Aktes erzählt, als sich herausstellt, dass der Diamant abhandengekommen ist. Der »Sage« nach hat der Stammherr des Geschlechtes den mitleidlosen Friedrich Barbarossa auf seinem Feldzug gegen Mailand begleitet. Bei einem gemeinsamen Ritt erscheint ein verstümmelter Soldat auf dem Weg. Er blickt den Kaiser aus »hohlen Augen« an und legt sich quer über vor die

Pferde, statt wie befohlen zur Seite zu gehen. Der Kaiser reitet gelassen über den Mann hinweg, während der schaudernde Stammherr einen »Umweg« macht. Da taucht die Gestalt »verwandelt, riesig und wild«, zur *Instanz* geworden, erneut vor ihnen auf. Sie greift dem Kaiser in die Zügel, raunt ihm mit »Kalykidnos« dessen späteren Sterbeort zu und spricht den Stammherrn an: »Du hast gezeigt, daß du ein Mensch geblieben bist, nimm diesen Diamanten zum Lohn! Solange er bei deinem Hause bleibt, ist das Glück dir und deinen Nachkommen treu; dem Letzten deines Stamms werde ich selbst ihn wieder abfordern« (249 f.).

Einem Herrscherhaus und seinen Nachkommen ist das Glück treu, solange es Herrscherhaus ist und Nachkommen hat. Das ist das genealogische Prinzip in reiner Form. Der, dem der Diamant abgefordert wird, wird der Letzte seines Stammes gewesen sein – denn den *vorerst* Letzten gibt es immer, und die Abforderung des Steines *prophezeit*, dass er es bleiben wird. Solange aber der vorerst Letzte noch nicht zum endgültig Letzten erklärt worden ist, handelt es sich um das Haus eines Herrschers, der *Mensch* geblieben ist. Die Vorgeschichte weist den Diamanten also als eine *Leihgabe* aus, die das Herrscherhaus legitimiert. Unter diesen Voraussetzungen bleibt das Herrscherhaus der rechtmäßige Ort des Diamanten, wenn er nicht anderweitig verlorengeht oder geraubt wird. Der Fortgang der Komödie zeigt, dass er dazu bestimmt ist, an den rechtmäßigen Ort zurückzukehren. Und die armen Schlucker, die wie der Jude Benjamin unwissend dazu beitragen, können sich immerhin schmeicheln, dass ihr Tun »in den Sternen beschlossen lag«: »Hättest du die Hütte des Bauern nicht betreten, hättest du den Stein nicht, wie auf den Wink des Schicksals, instinktmäßig zu dir gesteckt und dem einfältigen Besitzer dadurch die Augen über den Wert seines Schatzes geöffnet, würde man ihm auf die Spur gekommen sein? Nimmermehr!« (293 f.)

Das alles ist freilich die Perspektive des märchenhaften Herrscherhauses, das diese kleine Gründungsgeschichte in

Umlauf gebracht hat. Hebbels Komödie wäre nicht schwarz, wenn die Dinge in Wahrheit so einfach lägen. Die Vorgeschichte erzählt von geisterhaften Instanzen, die in der Gestalt verstümmelter Soldaten Diamanten überreichen. Das ist eine narrensichere Methode, insofern man annehmen darf, dass in der prosaischen Gegenwart dergleichen nicht auftauchen wird, um den Stein zurückzufordern. Man muss eben schon an Geister glauben, um die Widerruflichkeit der Dauerleihgabe zu denken. Unter solchen Vorzeichen könnte das Verschwinden des Steines als akzidentell angesehen werden, es wird jedoch zu einer wesentlichen Bedrohung, weil genau das geschieht.

Das liegt an der vorerst Letzten des zur Kleinfamilie geschrumpften Stammes, die den Stein in Verwahrung hat. Die träumerische Königstochter ist das, was man einige Jahre später als Neurasthenikerin bezeichnen wird. Seit dem 19. Jahrhundert sind gerade diese Spätgeborenen in ausgezeichneter Weise Menschen. Menschlich war daher ihre Reaktion, als ihr Vater sie mit der Bewandtnis des Steins bekannt machte: »Schon in jener Stunde, wo Sie mir dies alles mitteilten, und wo ich den geheimnisvollen Stein zum erstenmal berührte, ging mir, wie von ihm ausströmend, ein Todesschauer durch die Seele, und jeder Blutstropfe, gefrierend und langsamer dahinrollend, ließ mich fühlen: Du bist die Letzte deines Stamms!« (250) Bevor sich die Komödie am Ende dazu anschickt, ihr zu zeigen, dass sie im Irrtum ist, scheint die Wirklichkeit ihren Vorahnungen zunächst Recht zu geben. Der für die Erfüllung der Rückforderung erforderliche Geist entsteigt nämlich förmlich dem Stein, um leibhaftig vor ihr zu stehen, wie die Prinzessin berichtet: »Vor vierzehn Tagen saß ich allein, ohne meine Frauen in einer Gartenlaube, ich hielt den Diamanten in der Hand, die Sonne sank, er funkelte wie ein Auge in ihrem verdämmernden Scheidestrahl. Ich betrachtete ihn lange und dachte an den Geist; als ich aufsah, stand der Geist vor mir!« (251) Alles passt genau zur tradierten Beschreibung des Ahnherrn: »Ein Verstümmelter, ohne

Bein, aus hohlen Augen blickend, kein Wort, keinen Laut von sich gebend, eine Grauengestalt, nicht tot, nicht lebendig.« Kann dieser Anblick etwas anderes sein als die Abforderung der Gabe? »Stumm, wie er vor mir stand, von Entsetzen überwältigt, warf ich ihm den Diamanten zu, bewußtlos, als hätt' ich ihm mein Leben selbst hingeworfen, sank ich zurück« (251).

Der König, der diesen Bericht angehört hat, ist für einen kurzen Augenblick aus der Fassung: »Wäre das mehr als Traum und Einbildung? Die Krone schwankt auf meinem Haupt, wenn ich's nur denke.« Aber dann ermannt er sich und ruft sich auf den Boden der Tatsachen zurück: »Nein, es ist keine Wahrheit, es soll keine sein!« (251) Was soll es aber heißen, dass diese Übergabe keine Wahrheit sein *soll*? Es heißt, dass er als Herrscher einstweilen noch über eine *Deutungshoheit* verfügt und dass er diesen selbstvergessenen Akt nicht als verbindliche Rückgabe anerkennen *will*. In gewisser Weise gibt ihm der weitere Verlauf recht. Aber andererseits: Wie könnte der Diamant denn, wenn es keine Geister gibt, anders zurückgefordert werden als durch eine solche Fügung? Wenn damals ein verstümmelter Soldat zur Instanz geworden ist, warum sollte ein anderer verstümmelter Soldat jetzt nicht ebenso zu einer Instanz werden? Was ist das überhaupt für ein Königreich, das seine Soldaten in dieser Weise leben und sterben lässt?

Zur Frage der Überlieferung. Was überliefert wird, sind keine Dinge, sondern etwas *Geistiges*. Oder etwa nicht? Wie soll es denn aussehen, wenn bloße Dinge ›überliefert‹ werden? Zum Beispiel folgendermaßen, als Gegenstand einer Überlieferung.

In seinem *Gedicht vom heiligen Kreuz* greift Heinrich von Freiberg etwa um 1300 einen im abendländischen Mittelalter beliebten Legendenstoff auf. Bei der Vertreibung aus dem Paradies hat Gott Adam das »öle der barmherzikeit« (9) in Aussicht gestellt. Nachdem er lange Jahre mit Eva in Ebron gelebt hat und seinen Tod herannahen fühlt, schickt er seinen Sohn Seth zu den Pforten des Paradieses, um in dieser Sache nachzufragen. Seth darf das Paradies kurz betreten und sieht bei dieser Gelegenheit auch den Baum der Erkenntnis, der von »rinden und loubes« (11) bloß dort steht. Statt des Öles der Barmherzigkeit erhält Seth nun eine andere Gabe durch einen Engel: drei Kerne von dem Apfel, den Eva von diesem Baum gepflückt hat. Er soll sie nach Adams Tod unter dessen Zunge legen. Daraus würden drei Bäume entsprießen: »der eine heizet cêdrus, / cipres der ander ist genant, / der dritte pinus ist bekannt. / hie bî und got bezeient hât / sin êwige trinität: / den vater bezeicent cêdrus, / den sun der cipressus, / der pinus zeichent den heiligen geist.« (12) Tatsächlich wachsen nach Adams Tod drei Ruten empor. Sie sind stets grün, bleiben jedoch von einer geringen Größe. In dieser Verfassung findet Moses die Ruten auf seinem Auszug aus Ägypten. Einer höheren Eingebung folgend, nimmt er sie mit sich. Auf der Wanderung durch die Wüste erweisen sie sich als wirksam zur Heilung von Krankheiten. Auch bilden sie den Stab, mit dem Moses Wasser aus dem Felsen schlägt. Vor seinem Tod pflanzt Moses »die gertel« am Berg Tabor ein. Dort stehen sie »tûsend jâr« (14), bis sie auf Geheiß des Königs David nach Jerusalem gebracht werden. Dort werden sie eingepflanzt, wachsen rasch an und wirken weiterhin Wunder (ohne sich freilich *instrumentalisieren* zu lassen). Überdies lässt Gott die Dreifaltigkeit der Gerten auch zur Einheit eines Stammes zusammenwachsen: »gewurzet in des brunnen grunt / wâren an der selben stunt / die driu in ein würzel gar.« (15) Als später der salomonische Tempel gebaut wird und nur noch ein Schlussbalken fehlt, wird der heilige Baum gefällt. Wunderbarerweise aber passt das Holz nicht. Es ist mal zu lang und mal zu kurz. Darauf lässt Salomon es als heiliges Holz in den Tempel legen. Als sich aber eine Frau namens Maxilla betend auf dieses Holz setzt, fängt ihr Kleid lichterloh zu brennen an, und sie ruft »mit wîssagender stimme«: »Jêsus, mîn got und herre mîn!« (17) Für die Juden ist sie daraufhin des Teufels und wird – als erste Märtyrerin im Namen Jesu – gesteinigt. Das heilige Holz wird im Hass in einen trüben Teich geworfen, »piscina probatica« (17) genannt. Als es für die in diesem Teich Badenden weiterhin Wunder wirkt, wird es zu einem Steg über einen Bach verbaut, damit die Füße der Sünder seine wundertätige Kraft vernichten. Als die Königin von Saba auf ihrem Besuch bei Salomon über diesen Steg schreiten soll, erkennt sie aber dessen Bestimmung und geht lieber barfuß durch den Bach. Gleichwohl bleibt das heilige Holz ein Steg, bis der Heiland zum Kreuzestod verurteilt wird. Auf der Suche nach dem passenden Material, um daraus ein Kreuz zu fertigen, folgt man dem Vorschlag eines Juden, *dieses* Holz zu nehmen.

Erzählt wird also die *Vorgeschichte* des Heiligen Kreuzes als Geschichte des *Stoffes*, aus dem es gemacht ist. Freilich ist dieses Holz nicht bloßer Stoff, sondern stammt vom Baum der Erkenntnis, der das Kreuz nach der kirchlichen Lehre *präfiguriert*. Die geistige Analogie zwischen dem Baum der Erkenntnis (bzw. dem Baum des Lebens) und dem Heiligen Kreuz wird von der Legende in eine materielle Beziehung überführt. Die Präfiguration wird gewissermaßen durch Prädestination ersetzt – und damit durch eine Geschichte, die sich als eine Reihe von Metamorphosen und Ortswechseln erzählen lässt. Einerseits wird erst mit dem Kreuzestod Christi offenbar, wozu dieses Holz bestimmt war, andererseits aber hat das Holz auf eine dunkle Weise schon von Beginn an auf diese Zukunft hingewiesen. Es ist gewissermaßen mit einer anfänglichen – und einmal mehr nur für einige Auserwählte spürbaren – Prägung durch die Vorgeschichte seiner Erfüllung gewandert. Das beginnt schon mit der anfänglichen *Gabe*, die eine *Vorgabe* ist. Erstens ist die Gabe der drei Kerne mit einer genauen, aber unverständlichen Gebrauchsanweisung verknüpft, zweitens werden die Kerne als nicht näher ausgewiesener Ersatz für das Öl der Barmherzigkeit gegeben (in dieser Hinsicht hat Heinrich von Freiberg die anderweitig überlieferte ›Pointe‹ unterschlagen, dass das aus den Wunden des

Heilands fließende Blut eben als dieses Adam verheißene Öl verstanden werden muss).

Bevor dieses Ding – wenn man es so nennen will – zum Kreuzesholz geworden ist, kann es also niemand begreifen. Seine äußere Gestalt ändert sich, es wechselt seinen Ort, und noch nicht einmal seine Zahl bleibt dieselbe, da aus drei Kernen ein Baum wird. Was sich durchhält, ist sein unerschlossener ›Eigensinn‹, der sich zum einen in den Wundern äußert, die es wirkt, und zum anderen in seiner Widerständigkeit, in seiner Sperrigkeit. Am deutlichsten kommt sie zum Ausdruck, als sich das Holz nicht in den Tempelbau fügen will. Die Sperrigkeit dieses Dings bewahrt es davor, seine Geschichte bloß zu *erleiden*. Keineswegs erzählt die Legende diese Dinggeschichte als Odyssee (oder als Passion).

Dem ›Eigensinn‹ dieses Dinges steht die fundamentale Diskontinuität dessen gegenüber, was ihm von außen zustößt. Die Kontinuität dieser Geschichte wird nur auf der Ebene der Legendenerzählung selbst hergestellt. Seth weiß zwar nicht, wozu er die drei Kerne dem toten Vater unter die Zunge legen soll, aber er weiß zumindest, wo er sie herhat. Dieses Wissen ist jedoch *nicht überliefert* worden, wenn die Legende den Faden mit der Auffindung der drei Ruten durch Moses wieder aufnimmt. Nach dessen Tod liegen die Ruten wiederum über tausend Jahre brach (wenn man so sagen darf), und wenn sie von David nach Jerusalem geholt werden, so nicht deshalb, weil sie das Holz vom Paradiesesbaum sind. Noch auffallender ist der Umgang mit diesem Ding beim Bau des Tempels. Etwas mühsam versucht die Legende zu begründen, warum der kurz zuvor noch unter David so in Ehren gehaltene Baum nun einfach zu einem Balken verarbeitet werden soll, als hätte man seine Vergangenheit *vergessen*. Dies geschah nämlich, weil man »in Libanô noch anderswâ / in keinem walde hie noch dâ« einen passenden Baum mehr gefunden habe, so dass die »rechte nôtdurft« (16) zu dieser Fehlverwendung geführt habe. Und beim nächsten Wechselfall der Geschichte, als das Kleid der auf dem Holz betenden

Maxilla lichterloh entbrennt und diese eine Vision hat, nimmt es ebenso wunder, dass die Verehrung des Holzes als heilig gleich nach diesem einmaligen Vorfall wie *ausgelöscht* ist.

Die Erniedrigung, der das Holz auf seinen weiteren Etappen bis zu seiner Erhöhung zum Kreuzesholz ausgesetzt ist, erweist sich nur als der Spezialfall dieser allgemeinen Konstitutionslogik: Das Holz *kann* nur unter der Bedingung der Nichtüberlieferung seiner Geschichte durch die Geschichte wandern. Wer inkognito reisen will, muss seine Vergangenheit stets neu abwerfen. Unabhängig davon, welche Stimmung ihm *de facto* entgegenschlägt, befindet er sich *de jure* in der Position dessen, der Feindesland durchquert. Entsprechend ist die Geschichte des *lignum crucis* skandiert durch die Totzeiten, in denen es liegengelassen wird. Sie stehen für das wiederholte *Abbrechen* einer Überlieferung. Ein bloßes, vereinzeltes Ding selbst kann nicht Gegenstand von Überlieferung sein; es müsste – wie hier das Kreuzesholz – schon einen ›Eigensinn‹ haben, um an einem Bestimmungsort anzukommen.

Daraus entsteht, was das Kreuzesholz betrifft, nicht zuletzt ein Gegensatz oder ein Widerspruch zwischen der nichtüberlieferten Geschichte des Holzes und der Erzählung selbst, die ja nun genau jene Überlieferung sein soll. Tatsächlich ist für diese Geschichte wesentlich, dass niemand von ihr Zeugnis ablegen kann. Denn das Ding spricht nicht. Damit weist sich die Legende implizit als Fiktion aus (und für ein Symptom dessen mag genommen werden, dass Heinrich von Freiberg in seinem Gedicht des Öfteren auf nicht näher bezeichnete Überlieferungen verweist, in denen er von dieser Sache gelesen habe). Entsprechend reserviert gibt Jakob de Voragine in der *Legenda aurea* die Vorgeschichte des heiligen Kreuzes wieder: »Man liest«, heißt es etwa, dass Seth an der Pforte zum Paradies vom Erzengel Michael »ein Zweiglein« bekam; »apocryph« sei die Überlieferung, »daß der Engel dem Seth von dem Holze gab, daran Adam gesündigt hatte«; man finde »in keiner bewährten Historik oder Chronik«, dass der daraus gewachsene Baum dauerte »bis zu Salomonis Zeiten« (350).

Diese Vorbehalte finden sich in dem Abschnitt *Von des Heiligen Kreuzes Findung*. Gefunden wird das Kreuzesholz »von Seth, dem Sohne Adams, im irdischen Paradiese« und dann »von Salomon auf dem Libanon, darnach von der Königin von Saba im Tempel Salomonis, darnach fanden es die Juden in dem Fischteich« (349). Was gefunden wird, muss zuvor *verloren* worden sein. Was überliefert wird, sind letztlich Dinge, die verloren und wiedergefunden werden können: Schriftrollen, Bücher, Datenträger. Gleichwohl stellen uns solche Schicksale vor Augen, wie wir uns *die* Überlieferung *nicht* vorstellen. Denn die Überlieferung präsentiert sich uns aus der Vogelperspektive als ein *kontinuierliches Ganzes*. Abbrechen und verlorengehen kann nur Einzelnes, nicht aber der große, ununterbrochene Strom, in dem es mitgeführt wird. Und kann nicht nur das wiedergefunden werden, was seinen Platz in der Überlieferung schon hat?

Kann aber das, was seinen Platz hat, nicht auch verlorengehen? Die Geschichte des Heiligen Kreuzes geht noch weiter. Mit der »Findung« des heiligen Kreuzes meint die *Legenda aurea* nämlich zunächst einmal dessen breit ausgeführte *Wiederauffindung* durch »Helena, des Kaisers Constantini Mutter« im Jahr 335 (an die übrigens bis 1960 mit einem Fest am 3. Mai erinnert wurde), nachdem das »kostbare Kreuzesholz« nach dem Tod Christi »mehr denn zweihundert Jahr« in der Erde verborgen lag (351). Und damit ist die Nachgeschichte dieser höchsten aller christlichen Reliquien natürlich nicht zu Ende; deren hauptsächliche Daten sind: der Raub des Kreuzes durch die Perser im Jahre 614; die Wiedergewinnung durch Kaiser Heraklius 628, der abermalige Verlust, als Jerusalem 636 muslimisch wird; die abermalige Wiedergewinnung durch Gottfried von Bouillon 1099; schließlich der endgültige Verlust im Jahre 1187. Aber zum Glück hatte schon Helena ein großes Stück vom Holz an ihren Sohn geschickt.

Und von diesem Stück ließen sich weitere Teile abspalten und von diesem wiederum Späne.

Man sieht, dass das Heilige Kreuz eine *Vorgeschichte* hat – das ist die Geschichte des Kreuzesholzes – und eine *Nachgeschichte* – das ist die Geschichte einer Reliquie. Das Kreuz selbst hat keine Geschichte. Von seinen *bedeutsamen* Momenten wird in den Vor- und Nachgeschichten des Kreuzes erzählt. Wenn Christus hingegen das Kreuz trägt und an das Kreuz genagelt wird, so ist das kein bedeutsamer Moment für das Kreuz. Das Kreuz ist in diesem Moment, an dem es *an seinen Platz kommt*, nichts als ein totes Ding, während die Passion *alles* ist – auch die Bedingung der Möglichkeit dafür, dass dem Kreuz eine bedeutsame Vergangenheit nachgesagt wird und eine bedeutsame Zukunft bevorsteht. Es ist daher folgerichtig, dass die berühmteste bildliche Darstellung der Legende vom Heiligen Kreuz, nämlich der Freskenzyklus in der Kirche San Francesco in Arezzo (mit Bildern von Adams Tod bis zur Eroberung des Kreuzes durch Heraklius), der seinem Schöpfer den Beinamen Piero de la Francesca eingetragen hat, auf eine Darstellung der Kreuzigung verzichtet. Eine Geschichte hat das Kreuz nur, insofern es noch nicht oder nicht mehr an seinem Platz ist. Damit teilt es trotz seiner Einzigartigkeit, was seine Nachgeschichte angeht (da es in seiner Vorgeschichte ja ein ›Ding der Unmöglichkeit‹ ist), bis zu einem gewissen Grade das Schicksal aller Dinge der Überlieferung: Von ihrer sogenannten wechselvollen Geschichte ist die Rede, wenn sie verloren und wiedergefunden werden oder wenn sie vergessen und wiederentdeckt werden.

Vergessen und wiederentdeckt: Darin insistiert die Dinglichkeit der Überlieferung in einem *übertragenen* Sinne. Eine Kultur, ein Wissen, eine Kunst, ein Autor, ein Text können vom großen, ununterbrochenen Strom der herrschenden Überlieferung vergessen werden, obwohl alles Überlieferte den Anspruch in sich trägt, bewahrt und weitergegeben zu werden (vor allem deshalb, weil es schon bewahrt und weitergegeben worden *ist*). Ein Werk kann von einem oder mehreren Einzelnen wiederentdeckt und etwa als sogenannte *vergessene Perle* apostrophiert werden, um einen gebührenden Platz in der Überlieferung dafür zu beanspruchen. Diesem Unterfangen widmet sich Heinrich Heine in *Jehuda ben Halevy*, einer seiner »Hebräischen Balladen« im *Romanzero*.

Seine betörenden Verse heben mit einem Zitat an, das darauf verpflichtet, nicht zu vergessen: »Lechzend klebe mir die Zunge / An dem Gaumen, und es welke / Meine rechte Hand, vergäß ich / Jemals dein Jerusalem –« (129). Das Ich der folgenden Zeilen stellt sich dem Anspruch, die jüdische Kultur nicht zu vergessen, die sich durch den Anspruch auszeichnet, Jerusalem nicht zu vergessen (und nicht durch den Vorsatz, das Kreuzesholz zu erniedrigen). Dafür steht Jehuda ben Halevy. Er ist eine jener »Traumgestalten«, die in seinem Kopfe »rasch vorüber« huschen, und wird erkannt »An dem rätselhaften Lächeln / Jener schön gereimten Lippen, / Die man nur bei Dichtern findet« (130). In den nächsten Strophen wird die Lebensgeschichte des vor siebenhundertfünfzig Jahren »Zu Toledo in Kastilien« geborenen Jehuda ben Halevy als Vertrautwerden mit der jüdischen Überlieferung geschildert: »Für die Entwicklung seines Geistes / Sorgte früh der strenge Vater, / Der den Unterricht begann / Mit dem Gottesbuch der Thora.« (130) Der Vater liest sie mit dem Sohn »im Urtext«, es schließt sich das »Studium des Talmuds« an, wo ihn vor allem »die blühende Hagada« mit den »schönen alten Sagen, / Engelmärchen und Legenden« (133) entzückt. Und so wurde Jehuda ben Halevy, wie der erste Teil zusammenfasst, »nicht bloß ein Schriftgelehrter, / Sondern auch der Dichtkunst Meister, / Sondern auch ein großer Dichter« (134). Der zweite Teil der mäandernden Ballade kommt auf Umwegen auf die große Liebe ihres Helden zu sprechen, die eine »Herzensdame« besonderer Art gewesen sei, keine »Laura«, keine »Chatelaine«, sondern »ein traurig armes Liebchen, / Der Zerstörung Jammerbildnis, / Und sie hieß Jerusalem« (138). Und am Ende des zweitens Teils erfahren wir, dass Jehuda ben Halevy, den die »Sehnsucht nach Jerusalem« (140) nicht mehr losgelassen hat, »zu Füßen seiner Liebsten« (141) gestorben ist.

Was hat das mit wandernden Dingen zu tun? Der dritte Teil der Ballade setzt neu ein und berichtet davon, dass sich im Beutegut von Alexander dem Großen nach dessen Sieg über Darius bei Arabella ein höchst wertvolles Kästchen befunden habe, das der »Bewahrung von Kleinodien« des Monarchen gedient hatte. Das Kästchen behält er für sich selbst, seinen Inhalt verschenkt er an verschiedene Personen (unter ihnen Aristoteles, der einen »Onyx für sein großes / Naturalienkabinett« erhält). Das Augenmerk gilt indes einem besonderen Ding: »In dem Kästchen waren Perlen, / Eine wunderbare Schnur, / die der Königin Atossa / Einst geschenkt der falsche Smerdis – / Doch die Perlen waren echt – / Und der heitre Sieger gab sie / Einer schönen Tänzerin / aus Korinth, mit Namen Thais.« (142) Nun wird der Weg dieser Perlen verfolgt: Thais hat diese Perlen getragen, als sie die Königsburg zu Persepolis in Brand steckte; ein »Pfaff aus Memphis« ersteigerte sie und brachte sie nach Ägypten, »Wo sie später auf dem Putztisch / Der Kleopatra erschienen« (143). Dann kamen die Perlen »Mit den letzten Omayaden« nach Spanien zum »Kalifen zu Corduba«, wo sie »Abderam der Dritte« trug. »Nach dem Fall der Mohrenherrschaft« gingen sie »In den Kronschatz von Kastilien« über, und die »Katholschen Majestäten« (143) schmückten sich mit ihnen, wenn sie bei den Autodafés »Sich erquickten am Geruche / Von gebratnen alten Juden« (144). Nachdem der spanische Finanzminister sie zur Deckung des Staatshaushaltes verkaufen musste, hat man die Perlenkette noch jüngst »An dem Hof der Tuilerien« gesehen, wo sie »schimmerte am Halse / der Baronin Salomon« (144), der Frau des Bankiers Rothschild.

Was hat das nun mit Jehuda ben Halevy und dem Festhalten an der Überlieferung zu tun? Offenbar werden diese Perlen nicht überliefert, und sie überliefern nichts. Sie wechseln nur den Eigentümer. Als Geschenk eines falschen Herrschers und als zweites Geschenk eines großen Eroberers tritt die Per-

357

lenkette eine mehr als zweitausendjährige Reise rund ums Mittelmeer an, wobei sie – teils von Frauen, teils von Männern getragen – stets im Dunstkreis oder Bannkreis der Macht verbleibt. Alle großen Religionen kommen mit ihr in Berührung; sie wird verknüpft mit Gewalt, Eroberung und Fanatismus. Am Ende landet sie bei der jüdischen Finanzmacht, der die Zunge nicht am Gaumen klebt, obwohl sie Jerusalem vergessen hat. Das ist zwar nicht die herrschende Überlieferung, aber vielleicht das, was bei den Herrschenden an die Stelle der Überlieferung tritt (insofern es den Anschein hat, als ›überlieferten‹ diese Perlen den wiederkehrenden Kontext, in dem sie auftauchen). In jedem Falle ist es das Gegenteil des Anspruches, dem Jehuda ben Halevy sich verschrieben hat.

Die Verbindung zu diesem Gegenteil stellt die Ballade in zwei Schritten her. Der erste Schritt ist metonymisch: Nachdem die Geschichte der Perlenkette zum Abschluss gebracht ist, wendet sich das Ich dem von Alexander behaltenen Kästchen zu, das sie einst beherbergte. Es stellt sich vor, dass Alexander die Lieder »Des ambrosischen Homeros« (144) statt der Geschmeide darin aufbewahrt hat, und kommt zu dem Ergebnis: »Käm ich in Besitz des Kästchens, / Und mich zwänge nicht Finanznot / Gleich dasselbe zu versilbern, / So verschlösse ich darin / Die Gedichte unsres Rabbi / Des Jehuda ben Halevy« (145). Der zweite Schritt ist metaphorisch: dann wäre dieses prunkvolle Kästchen das angemessene Gefäß für einen ganz anderen Schatz – für ganz andere Perlen. Als Gabe der Natur sind Perlen bei rechtem Lichte besehen – wie wir schon wissen – »nur der bleiche Schleim / Eines armen Austerntiers, / Das im Meergrund blöde kränkelt« (146). Die Perlen als *immaterielle* Gabe hingegen »Sind entquollen einer schönen / Menschenseele, die noch tiefer, / Abgrundtiefer als das Weltmeer – / Denn es sind die Tränenperlen / Des Jehuda ben Halevy, / Die er ob dem Untergang / Von Jerusalem geweinet / Perlentränen, die verbunden / Durch des Reimes goldnen Faden, / Aus der Dicht-

kunst güldnen Schmiede / Als ein Lied hervorgegangen.«
(146f.)

Es gibt also wirkliche Perlen und Perlen im übertragenen Sinne. Das Gedicht bringt sie miteinander in Berührung, um sie einander entgegenzusetzen. Beide können in einem Kästchen verwahrt werden. Beide sind Dinge, die aus einer fernen Vergangenheit zu uns gelangen können. Aber nur die wirklichen Perlen sind dazu bestimmt, von einer Hand in die andere zu wandern. Die Perlen im übertragenen Sinne wandern nicht. Sie kennen im Grunde nur zwei Zustände. Sie schlummern, als Dinge der Überlieferung, entweder auf dem Grunde oder werden emporgeholt und mit unserer Aufmerksamkeit bedacht. In fremden Händen sind sie nicht. Die wirklichen Perlen gehen durch viele unreine Hände, die sie in einem übertragenen Sinne beschmutzen. Die Perlen im übertragenen Sinne bleiben rein, weil sie jedes Mal neu als eine unmittelbare Gabe an uns erscheinen.

Um die Sache der Überlieferung geht es in dieser hebräischen Ballade auf vertrackte Weise. Zum »Perlentränenlied« wird nicht irgendeines der vielen Werke des um 1075 geborenen und 1141 gestorbenen Jehuda ben Halevy ernannt, sondern die »vielberühmte Klage« um das *Zion ha-lo tischali*, das von den west- und ostjüdischen Gemeinden in die Liturgie des Trauertages aufgenommen wurde, an dem der Zerstörung des Tempels gedacht wird. Die Perlentränen sind also einerseits Dokumente des Festhaltens an einer Überlieferung und andererseits auch fester Bestandteil einer Überlieferung geworden. Aber diese Überlieferung ist ihrerseits nicht *herrschend*. Deswegen muss die hebräische Ballade an diese Überlieferung erinnern und auf die Perlen des Jehuda ben Halevy hinweisen als etwas, das es zu entdecken gilt.

Wer kennt schon Jehuda ben Halevy? Die Ehefrau des dichtenden Ich jedenfalls nicht, die sich zu Beginn des vierten Teils (nach Lektüre des dritten Teils) darüber beschwert, dass die Lieder dieses Dichters in diesem unverhältnismäßig wertvollen Kästchen verwahrt werden sollen: »Sonderbar! –

359

setzt sie hinzu – / Daß ich niemals nennen hörte / Diesen gro-ßen Dichternamen, / Den Jehuda ben Halevy.« (150) In sei-ner Erwiderung spricht das Ich von den »Lakunen / Der fran-zösischen Erziehung« und beklagt die herrschende Überlie-ferung, die den »großen Namen / Aus dem großen Goldzeit-alter / Der arabisch-althispanisch / Jüdischen Poetenschule« (150) nicht den gebührenden Platz einräumt. Seiner Frau gibt er den weltfremden Rat, »Nachzuholen das Versäumte / Und Hebräisch zu erlernen« (151); sie solle sich einige Jahre diesem Studium widmen, damit sie die vergessenen Perlen im Originale lesen könne. Das wird nicht geschehen. Die Per-len werden Perlen bleiben. Sie werden nie zur herrschenden Überlieferung werden. Sie werden sich immer fern vom Bannkreis der Macht überliefert haben.

Denn in Wahrheit können auch die Dinge der Überliefe-rung sehr wohl im übertragenen Sinne beschmutzt werden wie die wirklichen Perlen, die von Hand zu Hand gehen. Sie werden es genau dann, wenn sie behandelt werden wie bloße Dinge, deren man sich bemächtigt als einer *Siegesbeute*. Diese wird – so Walter Benjamin in *Über den Begriff der Geschichte* – »wie das immer so üblich war, im Triumphzug mitgeführt«. Ein »Dokument der Kultur«, so heißt es dort weiter, sei immer auch eines der »Barbarei«. »Und wie es selbst nicht frei ist von Barbarei, so ist es auch der Prozeß der Überlieferung nicht, in der es von dem einen an den andern gefallen ist.« (696)

ANHANG ÜBER EIN VERMÄCHTNIS MIT AUFLAGE. Wenden wir uns am Schluss noch einem Sonderfall zu, in dem die Wei-tergabe eines Dings unter einer ausdrücklichen Vorgabe statt-findet. Eine fragwürdige Geschichte und ein tatsächlicher Fall von hohem Bekanntheitsgrad: der sogenannte *Iffland-Ring*.

Hören wir zunächst die Geschichte, wie sie sich 1932 dem berühmten Juristen Rudolf Stammler in seinem Aufsatz *Ifflands Ring* darstellte: »August Wilhelm Iffland besaß einen wertvollen Ring. Er enthielt auf seiner Fläche das Porträt Iff-lands, das in Eisen geschnitten und von vielen Diamanten eingefaßt war. Iffland gab diesen Ring bei seinem letzten Gastspiel in Breslau kurz vor seinem Tode – er starb am 22. September 1814 – dem jungen Ludwig Devrient, der damals gerade zu seiner höchsten künstlerischen Blüte gelangt war.« Indem er den jungen Mann »als seinen würdigsten Nachfolger hinstellte, mag er bei seiner Stiftung zum Ausdruck gebracht haben, daß jener mit dem Ring später einmal entsprechend verfahren solle. In jedem Falle kam bei Devrients Tod, am 30. Dezember 1832, das kostbare Erbstück an Emil Devrient, den Neffen des berühmten Schauspielers. Von ihm erhielt es 1872 Theodor Döring und von diesem wieder, nur sechs Jahre später, Friedrich Haase, der nun über drei Jahrzehnte im Besitze des Ringes blieb.« (100) Zur Zeit sei der Ring im Besitz von Albert Bassermann, dem Haase ihn mit einem Begleitschreiben vermacht habe, in dem er erklärt, diesen Ring von Döring erhalten zu haben »*mit dem kategorischen Wunsche, ihn nur dem Schauspieler bei meinem Ableben zu hinterlassen, den ich zur Zeit für eine solche Ehrengabe als Würdigsten erachtete.*« Entsprechend formuliert Haase an Bassermann die Aufforderung: »*vererben Sie ihn ebenfalls rechtzeitig demjenigen Bühnenkünstler, den Sie zur Zeit für den Geeignetsten erachten*« (100f.).

Stammler interessiert sich natürlich für die juristische Seite der Angelegenheit. Er nimmt daher an, dass der Ring tatsächlich von Iffland als eine Auszeichnung mit der Vorgabe überreicht wurde, ihn später mit derselben Vorgabe als eine Auszeichnung weiterzureichen. Stammler stellt zunächst fest, dass »*Vermächtnisse* als *Sondernachfolgen*« mit einer Einsetzung von »*incertae* personae« (102) rechtlich möglich sind. Auch den Umstand, dass mit dem Ring die »Auflage in stets der gleichen Weise« (104) weitergegeben werden muss, findet er nicht weiter bedenklich. Solange es funktioniert, ist es in Ordnung. Aber was, wenn es nicht funktioniert? Wenn der Inhaber den Ring nicht loswird, weil der Auserwählte die Annahme verweigert? Oder wenn der Inhaber des Ringes stirbt, ohne einen Nachfolger bestimmt zu haben? Dann stellt sich die Frage, wem der Ring eigentlich gehört. Kann der Ring jemals wieder zu unbeschwertem Eigentum werden? Nach Stammlers Meinung ist die »von dem Stifter seinerzeit festgelegte Zweckbestimmung [...] in sich so deutlich und stark«, dass im Notfall »kein anderer Ausweg« bleibt, »als das Erbstück, von dem wir sprachen, an die Erben oder Erbeserben Ifflands zurückgelangen zu lassen« (108).

Kommen wir nun dazu, wie sich die Geschichte des Iffland-Ringes aus heutiger Sicht darstellt. Seine Anfänge gehören in den Bereich der Legende. Zum einen scheint Iffland, auch hierin dem Geist der Zeit folgend, mehrere Ringe als Auszeichnungen vergeben zu haben – man spricht von insgesamt sieben –, wobei die übrigen allerdings weniger prunkvoll gewesen sein sollen. Zum anderen gibt es dafür, dass Iffland, wie Rudolf Stammler unterstellt, den in Frage stehenden Ring unter der genannten Auflage überreicht hat, nicht nur keinen Beleg, es ist auch ganz und gar unglaubhaft, da bei Friedrich Haase überhaupt erstmals von dieser Auflage die Rede ist. Die betreffenden Schauspieler müssten also über fast hundert Jahre ohne Not vor aller Welt geheimgehalten haben, dass ihnen die ehrenvollste Auszeichnung zuteil geworden ist, die sich für ihr Metier im deutschen Sprachraum denken lässt. Zu vermuten ist daher, dass der Ring, der unstreitig Iffland gehört hat, zumindest bis zu Theodor Döring auf gänzlich informelle Weise von einem zum anderen gelangte. Möglich ist, dass Döring die Auflage, ihn an den Würdigsten weiterzureichen, lose formuliert hat; sicher ist, dass Haase diese Auflage bei der Vererbung des Ringes an Bassermann schriftlich fixiert und damit aktenkundig gemacht hat. Erst mit Bassermann – der zu der Zeit, als Stammler seinen Artikel schrieb, noch dessen Inhaber war – hat der Ring folglich juristisch gesehen wirklich aufgehört, unbeschwertes Privateigentum zu sein.

Rudolf Stammler nimmt eine Legende zum Ausgangspunkt für seine juristische Konstruktion. Das führt dazu, dass er als Ursprung eine Art privaten Gesetzgeber annimmt, dessen Kraft sich in eine unabsehbare Zukunft erstreckt und dadurch mythische Züge annimmt. Noch in den fernsten Zeiten würde der Iffland-Ring an die Erben Ifflands zurückfallen, wenn die Schauspieler es nicht fertigbringen, ihn durch eine gesetzeskonforme Übergabe in den eigenen Reihen zu halten. Das ist gewissermaßen die Legende des Privatrechts. Und so ist es denn auch anders gekommen. Tatsächlich hat schon die erste Übergabe, die gesetzeskonform hätte sein müssen, nicht funktioniert. Albert Bassermann suchte nacheinander drei Nachfolger aus, die alle vor ihm starben, weshalb er den Ring, bevor er einem Vierten den Tod brächte, 1935 vorerst der Theatersammlung der Österreichischen Nationalbibliothek übergab. Nach dem Tod Bassermanns 1952 ergaben sich Streitigkeiten über die Eigentumsfrage. Von Ifflands Erben sprach aber niemand. 1954 wurde der Iffland-Ring zum zweckgebundenen Eigentum des österreichischen Staates erklärt. Der Kartellverband deutschsprachiger Bühnenangehöriger beschloss einstimmig, den Ring an Werner Krauss zu verleihen. Zugleich wurden Richtlinien erlassen, wie diese Auszeichnung in Zukunft weitergereicht werden sollte. Insbesondere hatte der Ringträger – mehr war er nun ja nicht mehr – spätestens drei Monate nach Übergabe des Ringes schriftlich einen Nachfolger zu bestimmen. So kam der Ring von Werner Krauss an Josef Meinrad und von Josef Meinrad an Bruno Ganz.

Stammler hatte die Auffassung, dass die »Vollziehung der Auflage im *öffentlichen Interesse*« (105) liegen könnte, noch lebhaft abgelehnt. Nun aber ist eine staatliche Institution an die Stelle des mythischen Gesetzgebers getreten. Der ist jetzt nur noch der Namensgeber. Der Iffland-Ring ist eine staatliche Auszeichnung geworden, und an den Staat fällt der Ring zurück, wenn die Übergabe scheitert. Dinge der Überlieferung sind eben keine Privatsache.

Ausführung.
Das wandernde Ding lässt sich nicht abzeichnen

Eine Geschichte wird Paradigma

THE PURLOINED LETTER. Wovon handelt diese Geschichte von Edgar Allan Poe, deren Titel sowohl mit *Der entwendete Brief* als auch mit *Der stibitzte Brief* übersetzt wurde? Die Königin hat einen höchst kompromittierenden Brief erhalten. Beim ersten Lesen wird sie vom König überrascht und kann ihn nur noch offen auf den Tisch legen. Aber der König bleibt arglos. Anders der Minister D., der kurz darauf das Boudoir der Königin betritt. Nach Erledigung der Dienstgeschäfte vertauscht er den Brief gegen einen anderen, den er zur Hand hat. Die Königin sieht es, kann aber nichts dagegen tun. Nun kann der Minister die Königin erpressen und Einfluss auf die Politik nehmen. Den Brief muss er allerdings in Reichweite haben, um ihn jederzeit vernichten zu können. Andererseits muss er ihn so verstecken, dass die von der Königin heimlich eingeschaltete Polizei ihn nicht findet. Die Polizei lässt den Minister nachts überfallen und durchsuchen. Sie durchkämmt systematisch sein Palais. Erfolglos. In seiner Verzweiflung wendet sich der Polizeipräfekt an Auguste Dupin, der ihm schon in zwei anderen Fällen geholfen hat. Dupin stattet dem Minister, der ihm von früher her bekannt ist, einen Besuch ab. Unter dem Kaminsims erblickt er einen einzelnen verschmutzten und zerknitterten Brief, der dem gesuchten ganz unähnlich ist. Verschiedene Indizien überzeugen ihn jedoch, dass er gefunden hat, was er sucht. Unter einem Vorwand wiederholt Dupin seinen Besuch, nachdem er ein äußerliches Duplikat des besagten Briefes hergestellt hat. Dieses vertauscht er mit dem gestohlenen Brief, während der Minister durch einen eigens arrangierten Vorfall auf der Straße abgelenkt wird. Er übergibt den Brief dem Polizeipräfekten, nicht ohne zuvor eine Belohnung von fünfzigtausend Francs ausgehandelt zu haben.

Soweit also die *Geschichte*. In ihr geht es ohne Zweifel um das wandernde Ding, das ihr den Titel gibt. Seine Stationen sind: der ungenannte Absender des Briefes, die Königin, der Minister D., Dupin, der Polizeipräfekt und schließlich – wie zu vermuten ist – wieder die Königin. Natürlich ist diese Wiedergabe des Inhalts irreführend. So wird die Geschichte nicht erzählt – *The Purloined Letter* gehört in die kleine Reihe der von Poe selbst so getauften *tales of rationication*, in denen Auguste Dupin, begleitet von einem Erzähler, als der Prototyp des Detektivs in der Literatur auftritt. *Erzählt* wird die Geschichte der Lösung eines Falles. Poes Text besteht aus nichts als zwei Dialogsituationen. Zunächst erhalten der Erzähler und Dupin, die in dessen unbeleuchtetem Bücherzimmer ihren Gedanken nachhängen, den unvermuteten Besuch vom Präfekten, der hilfesuchend von seiner misslichen Lage berichtet und enttäuscht wieder von dannen zieht. Als sich einen Monat später der Besuch des verzweifelten Präfekten wiederholt, übergibt Dupin ihm den Brief (der hier also seinen einzigen Auftritt in der Erzählung hat), nachdem der Präfekt den Scheck über die Belohnung ausgestellt hat, und erklärt nach dessen überstürztem Aufbruch dem Erzähler, auf welche Weise und unter welchen Voraussetzungen er sich in dessen Besitz gebracht hat.

Dabei hält die Erzählung einen ausgeprägten Diskurs. Sie verfolgt theoretische Überlegungen, die sich schon beim ersten Besuch des Präfekten ankündigen und im übrigen Themen weiterführen, die bereits in *Die Morde in der Rue Morgue* und *Das Geheimnis um Marie Rogêt* federführend waren. Vor allem geht es um die Theorie der *analytischen* Fähigkeiten, zu deren Ausbildung man, wie Dupin hier erörtert, »Dichter *und* Mathematiker« (933) sein muss. Noch bevor der Präfekt seinen Fall vorträgt, orakelt Dupin darüber, was wohl in einer Sache den Blick verstellen mag, die der Präfekt selbst einerseits als »ganz simpel« und andererseits als »überaus komisch«

(916) bezeichnet; vielleicht sei es »gerade die Einfachheit der Sache, die Ihnen den Blick trübt« (916), vielleicht sei »das Geheimnis ein bißchen *zu* schlicht« (917).

Was in *The Purloined Letter* exemplarisch (und zukunftsweisend) einander gegenübergestellt wird, sind zwei verschiedene Weisen des Suchens. Im ersten Teil legt der Präfekt ausführlich dar, wie *methodisch* dieses Stück Papier gesucht worden ist. So hat man alle Flächen des Hauses in nummerierte Abschnitte aufgeteilt. In der Bibliothek hat man »jedes Blatt in jedem Bande« umgewendet und auch »die Dicke eines jeden Buch-*Deckels*« ausgemessen (924). Gerade in dieser Behandlung der Bücher werden die Prämissen eines solchen Suchens offensichtlich: Gesucht wird nach einem Gegenstand, der erstens versteckt ist und sich zweitens in einem realen Raum befinden muss, wo er ein bestimmtes Raumvolumen einnimmt. Um so zu suchen, muss man nicht *lesen* können. In gewissem Sinne *darf* man nicht lesen wollen. Man kann auch sagen, dass es sich um eine Suche ohne *Beziehung* auf den gesuchten Gegenstand handelt. Und man kann ebenso sagen, dass es sich um eine Suche ohne Beziehung auf das *Subjekt* handelt, das den Gegenstand versteckt hat.

Dies sind notwendige Folgen des Suchens mittels Algorithmus, des Suchens »nach genauen Regeln« (922) – kein fehlerhaftes Suchen, sondern ein Suchen auf einer bestimmten Ebene. Die polizeiliche Suche wurde, wie der fündige Dupin doziert, »in vollkommener Weise durchgeführt. Hätte sich der Brief im Bereich der Durchsuchung befunden, so hätten ihn die Burschen ganz fraglos gefunden« (928). Edgar Pankow hat in seiner Studie *Brieflichkeit* auf Poes unübersetzbares Spiel mit dem Wort *premises* hingewiesen, das nicht nur ›Prämissen‹ heißt, sondern auch ›Grundstück‹: Die Polizei durchsucht (ihrem Wesen nach) ein *Grundstück*, ohne über die *Prämissen* ihrer Suche zu reflektieren; einen »Fall ernster Ironie« (170) nennt Pankow es daher, wenn Dupin den Präfekten nach seinem ersten Besuch nur den Rat mit auf den Weg gibt, eine »thorough research of the premises« vorzunehmen.

Nach den Prämissen Dupins ist es entscheidend, dass man sich zunächst »mit dem Intellekt seines Gegenspielers identifiziert« (930). Diese Fähigkeit geht der Polizei ab. Weil Dupin den Minister »als Mathematiker *und* Dichter« kennt und weil er weiß, dass dieser sich über die »üblichen Polizeimaßnahmen im klaren« ist, schließt und fühlt er als Mathematiker *und* Dichter, dass der Minister »alle gewöhnlichen Versteckwinkel« (936) verschmähen müsse und »wie selbstverständlich zur *Simplizität* getrieben werden würde« (936f.).

Die Erörterungen, die Poe Dupin in den Mund legt, werfen schwierige Fragen auf, die an dieser Stelle nicht erörtert werden können – gewiss ist aber, dass der *Scharfsinn*, mit dem Dupin brilliert, sich erst *bewahrheiten* muss. Nicht nur deshalb liegt er in der Nähe dessen, was Charles S. Peirce einige Zeit später als *Abduktion* bezeichnen wird. Wäre das Versteck nach den »Prinzipien« der Polizei gewählt worden, so hinge die »Entdeckung überhaupt nicht mehr vom Scharfsinn der Suchenden ab, sondern allemal bloß von ihrer Sorgfalt, Geduld und Entschlossenheit« (932). Dupin hingegen muss, als er schließlich vor Ort ist, seinen von getönten Brillengläsern geschützten Blick umherschweifen lassen und darauf warten, ob ihm etwas *ins Auge fällt.* Der Erfolg bedarf der *Schickung*, die auch ausbleiben kann. Längere Zeit erblickt Dupin denn auch nichts, »was einen irgend besonderen Verdacht hätte erregen können«. Und dann: »Schließlich fielen meine Blicke, die das Zimmer im Kreise durchschweiften, auf ein schäbiges Filigran-Gestell aus Pappkarton, das an einem kleinen Messingknopf just in der Mitte unter dem Kaminsims baumelte. In diesem Gestell, das drei oder vier Fächer hatte, befanden sich fünf oder sechs Visitenkarten und ein einzelner Brief. Dieser letztere war stark verschmutzt und verknittert. Er war fast mittendurch gerissen – wie wenn die Absicht, ihn als wertlos gänzlich zu zerreißen, im zweiten Augenblick geändert oder aufgegeben worden wäre. Er trug ein großes schwarzes Siegel, das überaus auffällig die D—Initiale zeigte, und war, in winziger Frauenhandschrift, an D–, den Minister selber, adressiert. Achtlos und, wie es schien, gar verächtlich war er in eine der obern Abteilungen des Gestells geworfen worden.« (939 f.)

Die Polizei sucht einen versteckten Gegenstand und findet ihn nicht. Dupin sucht und findet einen als Brief versteckten Brief, der – wie er bei genauerer Beobachtung erkennt – »gewendet worden war wie ein Handschuh, das Innere nach außen, und sodann neu adressiert und gesiegelt« (941). Gesucht und gefunden wird ein *Ding* an einem bestimmten *Ort*, während die Polizei nur nach *etwas* gesucht hat, was *Raum* einnimmt. Aber das heißt auch: Während die Methoden der Polizei gewissermaßen sauber sind, ist die Vorgehensweise Dupins auf eine grundlegende Weise *zwielichtig*. Er ist auf eigene Faust unterwegs.

Nur deshalb lässt sich der Brief überhaupt als ein wanderndes Ding ansprechen. Denn nicht jeder Gegenstand, der einer Person entwendet und ihr daraufhin von den staatlichen Organen zurückerstattet wird, ist darum schon ein wanderndes Ding. Zwar sind dann mit dem Eigentümer, dem Dieb und der Polizei stets drei Positionen im Spiel, aber die letztere Position zählt nicht, insofern sie nur dazu bestimmt ist, den Gegenstand zurückzuerstatten. Dupin hingegen wird auf vielfältige Weise als eine *gesonderte* Position inszeniert. Das folgt zwangsläufig aus den Prämissen, die ihm seinen eigenen Überlegungen zufolge das Finden des Briefes ermöglichen.

Der Diskurs, den die Erzählung hält, redet jenen Momenten des Intellekts das Wort, die in den exakten Wissenschaften verfemt sind, in Wahrheit aber erst den Analytiker ausmachen. Die Geschichte, die in *The Purloined Letter* erzählt wird, soll dies unter Beweis stellen. Insofern hat sie die Funktion eines illustrierenden Beispiels. Für sie gelten in etwa die Worte, mit denen der Erzähler in *Die Morde in der Rue Morgue* von seinen langen Ausführungen darüber, dass »der *wahrhaft* imaginativ Begabte« stets »über eine analytische Fähigkeit verfügt«, zur eigentlichen Erzählung überleitet: »Die folgende Erzählung wird dem Leser in etwa als Kommentar zu den hier vorgetragenen Behauptungen erscheinen.« (727) *The Purloined Letter* zeigt aber, dass das kommentierende Beispiel schon aus theoretischen Gründen mehr als ein bloßes Beispiel sein muss. Denn die Anwendung des von Dupin entfalteten Prinzips besagt ja gerade, dass er es nicht bei der bloßen Anwendung eines Prinzips belassen kann. Er muss den Fall (wie alle wahren Privatdetektive nach ihm) zu seiner *Sache* machen, er muss sich in ihn involvieren lassen.

Das rückt auch den Text, in dem er figuriert, ins Zwielicht und macht ihn erratisch. Beim näheren Hinsehen erweist er sich als durchzogen von Merkwürdigkeiten, Verschiebungen, Winkelzügen, Ungereimtheiten. So – zum Beispiel – der Brief selbst, wie Dupin ihn vorfindet: Er trägt das schwarze Siegel des Ministers und ist zugleich an ihn adressiert. Er hätte ihn also an sich selbst geschrieben, zudem in »winziger Frauenhandschrift«. Das schwarze Siegel soll das rote Siegel ersetzen, die Adresse soll den Minister als rechtmäßigen Besitzer ausweisen. Was dabei herauskommt, ist eine postalische Unmöglichkeit, über die der Text jedoch an keiner Stelle ein Wort verliert.

BRIEF, BUCHSTABE. Die Psychoanalyse hat sich daher schon sehr früh der Texte Edgar Allan Poes bemächtigt. Dabei wurden die Texte meist biographisch gelesen. Sie waren der Königsweg zur Psyche ihres Verfassers und seinen krankhaften Obsessionen, wie es vor allem die umfangreiche Studie von Marie Bonaparte von 1933 dokumentiert, zu der Freud ein kleines Vorwort verfasst hat. Von dieser Betrachtungsweise ist Jacques Lacans *Seminar über E. A. Poes »Der entwendete Brief«* denkbar weit entfernt. Bei ihm geht es um die Sache der Psychoanalyse selbst. In Lacans Lektüre, deren schriftliche Fassung er an den Anfang seiner 1966 erschienenen *Ecrits* gestellt hat, wird *The Purloined Letter* zu so etwas wie einer »dramatic allegory of psychoanalysis« (11), wie Shoshana Felman in *Jacques Lacan and the Adventure of Insight* gesagt hat, oder, wie die Herausgeber John P. Muller und William J. Richardson in ihrem Band *The Purloined Poe* schreiben, zu einer »parable of his conception of psychoanalysis« (62). Wie das zugeht, kann hier freilich nur in Ansätzen und Umrissen dargestellt werden.

Das Verhältnis, das Lacan zu seinem Referenztext herstellt, ist ebenfalls zwielichtig. Das Seminar steht im Zusammenhang seiner Bemühungen um den Freudschen Begriff des *Wiederholungszwanges* – ein Terminus, den Lacan nicht, wie sonst üblich, mit *compulsion de répétition*, sondern mit *automatisme de répétition* übersetzt. Das ist bedeutsam, da die Geschichte von Poe einen solchen *Automatismus* als Effekt einer intersubjektiven Struktur (und nicht den *dunklen Zwang* eines Subjekts) vorführen soll. Lacan erklärt überleitend, er wolle nunmehr die »Wahrheit«, dass »die symbolische Ordnung konstitutiv sei für das Subjekt«, »an einer Geschichte [...] illustrieren« (9 f.). Der literarische Text wird also von einem dominanten Diskurs auf die Ebene eines bloßen Beispiels herabgestuft. Aber wie bei Dupin, der in seinen Anwendungsfall involviert wird, bleibt es nicht dabei. Zwar heißt es noch zunächst, zur fälligen Demonstration eigne sich »eine Fabel so gut wie jede andere Geschichte« (10), aber dann erweist sich die Geschichte, die hier erzählt wird, als *Paradigma*. Und der Grund dafür ist, dass das wandernde Ding als ihr *Strukturmotiv* aufgefasst wird.

Lacan beginnt damit, dass er das »Drama« von seiner »erzählerischen Darstellung« unterscheidet. Letztere »verdoppelt das Drama durch einen Kommentar, ohne den keine Inszenierung möglich wäre« (10). Das heißt zunächst einmal: Das Drama ist eine Geschichte, die einen Erzähler benötigt, denn »nichts vom Drama könnte in Erscheinung treten, könnte vom Auge oder durch das Ohr aufgenommen werden, ohne das Licht, das die Erzählung auf jede der Szenen wirft vom Gesichtspunkt aus, den jeder der Akteure hatte, als er sie spielte« (10). Die Positionen der Akteure bedürfen der erzählerischen Explikation, weil sie sich nicht selbst *artikulieren* und weil von diesem Drama nicht unbedingt etwas *zu sehen* ist. Denn gesprochen wird hier vor allem um des blauen Dunstes willen – um von dem abzulenken, was gesehen werden *könnte*. Aber auch die erzählerische Explikation ist unvollständig und verlangt daher nach einem analytischen Kommentar, der sich der Darlegung der Positionen widmet, die von den Subjekten eingenommen werden.

Das Drama besteht in Lacans Kommentar aus zwei Szenen, deren erste er als »Urszene« und deren zweite er im Hinblick darauf als »Wiederholung« bezeichnet (10). Dies ist der entscheidende Schritt, der das Thema des Wiederholungszwanges ins Spiel bringt und die weitere Lektüre vorzeichnet. In der Urszene wird der Brief entwendet. Dabei kann man drei Subjektpositionen ausmachen, denen drei Blicke entsprechen. Zunächst gibt es die Position dessen, »der nichts sieht«. Das ist der Blick des arglosen Königs, dem der Brief während seines Aufenthaltes im Boudoir der Königin bis zum Schluss nicht ins Auge fällt. Dann gibt es die Position dessen, »der sieht, daß der erste nichts sieht«. Das ist der Blick der Königin, die hofft, auf diese Weise durch Stillhalten den offen daliegenden Brief verbergen zu können. Und schließlich gibt es die Position, »die sieht, daß diese beiden Blicke das zu Verbergende offen liegen lassen für den, der sich seiner bemächtigen will« (13). Das ist der Blick des Ministers, der die Gelegenheit ergreift und den Brief an sich nimmt, ohne dass der erste Blick etwas sieht und der zweite Blick etwas dagegen tun kann.

In der Wiederholungsszene wird der Brief zum zweiten Mal entwendet. Während aber die Akteure der Urszene in einem gemeinsamen Raum sind, so dass ihre Blicke sich kreuzen können, sind die Positionen jetzt zeitlich und räumlich zueinander versetzt, was für Lacan jedoch von untergeordneter Bedeutung ist. Denn ihm muss es darum gehen, von den akzidentellen Unterschieden abzusehen und die logische Struktur herauszuarbeiten. Nun ist die Polizei, die den Brief trotz oder genauer wegen ihrer erschöpfenden Suche nicht sieht, in der Position des Königs. Der Minister, der den Brief dem

Blick der Polizei nur entziehen kann, indem er ihn den Blicken aussetzt, befindet sich in der Position der Königin. Und Dupin, der sich deshalb des Briefes bemächtigen kann, rückt in die Position des Ministers. Entscheidend ist, dass sich die Position des Ministers im Zuge der Wiederholung um einen Platz verschieben musste.

Während der König sich schlicht arglos im Boudoir aufhielt, hat die Polizei voller Argwohn die Wohnung des Ministers durchsucht. Während die Königin in ihrem Boudoir der Entwendung des Briefes tatenlos zusehen musste, wird der Minister ihn noch längere Zeit in seiner Wohnung wähnen. Während der Minister bei seinem Auftauchen im Boudoir eine unvorhersehbare Gelegenheit sogleich beim Schopfe packte, muss Dupin sie bei einem zweiten Besuch aufwendig herbeiführen. Wer angesichts solcher Unterschiede bestreiten wollte, dass es sich um eine Wiederholung handelt, dem entgeht der wesentliche Punkt: Der Automatismus der Wiederholung bewahrheitet sich gerade darin, dass er sich *trotz* dieser Unterschiede durchsetzt. Und das liegt am wandernden Ding – an dem Brief, der den Subjekten ihre Positionen zuweist. Am handgreiflichsten wird die Wiederholung darin, dass die Entwendung des Briefes beide Male mit einer Vertauschung einhergeht. Woraus sie sich jedoch *ableitet*, ist der Umstand, dass der Minister nach dem Diebstahl des Briefes »keine andere Wahl« hat, »als dasselbe Verfahren anzuwenden, dessen Ziel er selbst vereitelt hatte: ihn aufgedeckt zu lassen« (30). Indem er sich die Ohnmacht der Königin zunutze macht und sich des Briefes bemächtigt, hat er seine eigene zukünftige Ohnmacht in Kauf genommen (muss sich der Minister nicht denken, dass die Hände der seine Wohnung durchsuchenden Polizisten ohne Zweifel auch diesen Brief in die Hände nehmen werden und er darauf angewiesen ist, dass sie ihn nicht als den gesuchten Brief erkennen?).

Sicherlich ist der Wiederholungszwang nicht das Thema, von dem die Erzählung Poes handeln möchte, aber sie muss ihm erliegen. So ist die Vorgehensweise Dupins durch den von ihm gehaltenen Diskurs nicht ausreichend gedeckt. Denn er hätte des Briefes auch auf andere Weise habhaft werden können. Er hätte beispielsweise nach Aushandlung der Belohnung in aller Ruhe des Nachts, während der Minister regelmäßig außer Haus ist und die Polizei regelmäßig dessen Wohnung durchsucht, seinen Blick dort schweifen lassen können. Am Automatismus der Wiederholung hätte das – was den Minister betrifft – nichts geändert, es hätte ihn bloß noch unkenntlicher gemacht. Nur auf diese Weise freilich ist dafür gesorgt, dass der privatisierende Dupin – »Prototyp eines neuen Maulhelden« (16) – seinerseits in die durch den Brief gestiftete intersubjektive Struktur eintritt. In dem Augenblick, da er sich in den Besitz des Briefes gebracht hat, ist er Lacan zufolge »ebenfalls Abnehmer in der intersubjektiven Triade und als solcher in der mittleren Position, die vorher die Königin und der Minister eingenommen haben« (37). Für ihn wird es darum gehen, »sich aus dem symbolischen Kreislauf der Letter zurückzuziehen« (36). Zuvor aber kann er sich nicht enthalten, seinem Opfer einen unmotivierten »Schlag unter die Gürtellinie« (37) zu versetzen, indem er den ohnehin zum Untergang verurteilten Minister im hinterlegten Duplikat des fraglichen Briefes *vorsorglich* einen üblen Spottvers zukommen lässt. Denn in gewisser Weise ist der Minister jetzt in die Position des Blinden geraten, der nicht sieht, dass er den Brief nicht mehr hat. Und in gewisser Weise ist Dupin derjenige, der zusehen muss, wie ihm der Brief (durch Übergabe an den Präfekten) verlorengeht. Im ›übertragenen Sinne‹ aber gerät der Brief – in dieser implizierten dritten Szene – in die Hände des Analytikers Lacan.

Alles hängt vom Brief ab, der, »wie der Titel anzeigt, das *wahrhaftige Subjekt* der Erzählung ist«. Lacan weist darauf hin, dass die »buchstäbliche Übersetzung« des seltenen Wortes *purloined* in etwa »*prolongiert*« lautet und dass es der »*einen Umweg nehmende Brief*« ist, um den es in der Erzählung geht (28). Was lässt sich nun aber über diesen Brief sagen, dessen Inhalt uns vorenthalten wird? Wodurch zeichnet er sich aus? Offenbar ist das einzige, was an diesem Brief zählt, dass ihn »die Königin ihrem Herrn und Meister nicht zur Kenntnis bringen kann« (26). Ganz gleich, was in diesem Brief steht, von dem wir nur wissen, dass er das Siegel des Grafen S. trägt: Wie alle Briefe, insofern sie ›halbe Sachen‹ sind, ist er das »Symbol eines Paktes« (27), der in diesem Falle mit der Position der Adressatin als Gattin des Souveräns, unter dessen Gesetz sie als Untertanin zugleich steht, nicht vereinbar ist.

Weil sie *halbe Sachen* sind, weil sie als das Symbol eines Paktes fungieren, stehen Briefe ohnehin windschief zur Ordnung des Eigentums. Daher werden sie – wie auch Lacan anmerkt – bisweilen zurückverlangt. Man kann hinzufügen: Es wird bisweilen auch ihre Vernichtung verlangt. Um gestohlen oder entwendet zu werden, wie es in unserer Geschichte der Fall ist, bedürfen Briefe keines Eigentümers, sondern bloß eines Besitzers. Der Besitzer übt die tatsächliche Sachherrschaft aus, zu der ein Besitzwille gehört. Diesen Besitzwillen hat die Königin ohne Zweifel, sie kann ihn aber nicht geltend machen, weil »der Besitz des Briefes unmöglich öffentlich vertreten werden kann« (27). Das Gleiche gilt natürlich für den Minister und für Dupin, der sich genau in dem Moment als Besitzer des Briefes ausweist, in dem er ihn an den Präfekten abgibt. Das Eigentümliche dieses Briefes besteht also darin, dass niemand sich als sein Besitzer *zeigen* kann, dass niemand ihn in der Hand behalten kann. Will man des Briefes nicht verlustig gehen, muss man ihn aus der Hand legen, wie es die Königin tut, als der König den Raum betritt. Das prädestiniert ihn dazu, die Runde zu machen.

Auf dem »Weg, *der ihm eigen ist*« (28) zeichnet der Brief den Subjekten die Plätze vor, die sie einnehmen können. Unabhängig von seinem Inhalt ist er das *Bezeichnende*, das man nicht besitzen kann, dem man unterworfen ist. Daher identifiziert Lacan den Brief mit dem Signifikanten, entsprechend der Doppelbedeutung des französischen *Lettre* und des englischen *Letter* als Brief und Buchstabe. Wie der Brief enthüllt sich die Wirkung des Signifikanten in seiner Verschiebung. Er ist nichts Eigenes, er hat eben nur den *Weg*, der ihm eigen ist. Lacan wird nicht müde zu betonen, dass dies die Entdeckung Freuds und die Sache der Psychoanalyse sei: »Wenn das, was Freud freigelegt hat und immer von neuem wieder in überraschender Weise freilegt, einen Sinn hat, dann, weil die Verschiebung des Signifikanten die Subjekte in ihren Handlungen, in ihrem Geschick, in ihren Weigerungen, in ihren Verblendungen, in ihrem Erfolg und ihrem Schicksal ungeachtet ihrer angeborenen Anlagen und ihrer sozialen Erwerbungen, ohne Rücksicht auf den Charakter und das Geschlecht bestimmt, und weil wohl oder übel dem Zug des Signifikanten als Sack und Pack alles psychologisch Gegebene folgt.« (29)

Der Brief veranschaulicht also das Prinzip der Signifikation. Er ist ein Bezeichnendes ohne Bezeichnetes – nicht ein Signifikant, sondern *der* Signifikant: »der reine Signifikant« (14). In der psychoanalytischen Theorie von Lacan ist das der (symbolische) Phallus. Erst mit dieser Bestimmung bekommt die Analyse des Textes von Poe auch eine im landläufigen Sinne psychoanalytische Stoßrichtung. Während der imaginäre Phallus etwas ist, was man vorzeigen zu können behaupten mag, ist der als Signifikant ohne Signifikat verstandene Phallus etwas, was sich nicht repräsentieren lässt und immer schon die Kastration ins Spiel bringt. Es ist, wie Lacan in *Die Wissenschaft und die Wahrheit* erklärt, der »Penismangel der Mutter, worin sich die Natur des Phallus enthüllt« (257). Schon Marie Bonaparte hatte in dem ministeriellen Aufbewahrungsort des Briefes bei Poe – »ein schäbiges Filigran-Gestell aus Pappkarton, das an einem schmutzigen blauen Band von einem Messingknopf just in der Mitte unter dem Kaminsims baumelte« (939) – den Ort erblickt, wo der mütterliche Phallus vermisst wird. Den nicht als Eigenes vorzeigbaren Brief, den der Minister im Boudoir der Königin in männlicher Entschlusskraft der wehrlosen Königin genommen hat, muss er sich nun, seinerseits zu weiblicher Passivität verurteilt und ohne daran festhalten zu können, von einem anderen Mann nehmen lassen, dem sich das ministerielle Kabinett in

375

den Worten Lacans gleich einem »ungeheuren Frauenkörper« darbietet, den er »nur noch mit Hilfe seiner durch grüne Gläser geschützten Augen zu entkleiden braucht« (35). Unterstützt wird der *»odor di femina«* (35), den das Interieur des Ministers ausstrahlt, durch die bereits erwähnte Merkwürdigkeit, dass er den Brief an die Königin zu einem selbstverfassten Frauenbrief umgestülpt hat.

Die Ebene der Geschichte. Was besagt dies nun für das *Paradigmatische* dieser Geschichte von Edgar Allan Poe? Das heißt zum einen: Inwiefern ist diese Geschichte, in der ein Brief wandert, für die Psychoanalyse paradigmatisch? Und zum anderen: Inwiefern ist die Analyse dieser Geschichte für die Beschreibung von Geschichten wandernder Dinge paradigmatisch?

Zunächst zur ersten Frage. Die psychoanalytische Lektüre kann an der Geschichte von Poe etwas demonstrieren, etwas *zeigen.* Die Geschichte bringt ihr zentrales Theorem zur Darstellung: die Unterworfenheit des Subjekts unter den Signifikanten. Dies ist nur möglich, weil der wandernde Brief die Verschiebung des Signifikanten *sichtbar* und *lokalisierbar* macht, weil er also im Rahmen einer Geschichte als Strukturmotiv erfasst wird. Die Analyse geht dabei notwendigerweise von dem aus, was man den *Kern* der Geschichte nennen kann, das heißt vom Drama mit seinen beiden Szenen. Sie macht diesen Kern fruchtbar, indem sie ihn entfaltet. So gelangt sie von der erzählten Geschichte zu einer Lektüre der Erzählung und des Textes, an dem sie eine Fülle von Beobachtungen macht und Licht in verschiedene Merkwürdigkeiten bringt, die zuvor kaum aufgefallen, geschweige denn gedeutet worden waren. Freilich geschieht dies, um zu erhellen, was dieser Kern in seinem Kern ist. Dahinter steht folglich die implizite Behauptung, dass der Text selbst (ob er es will oder nicht, ob er es weiß oder nicht) auf dem Weg zu einer analytischen Deutung dieses Kerns ist, dass er daran *arbeitet.*

Allemal zu kurz greifen daher die Einwände, in Lacans

Analyse werde der Text Poes in ein theoretisches Korsett ge-
zwängt, das nicht mehr viel mit ihm zu tun habe. Vielmehr
kommt die Lektüre mit einem Minimum psychoanalytischer
Begrifflichkeit aus und bleibt in der Entwicklung ihres Ge-
dankenganges stets sehr eng am Text. Insofern sie eine Forderung aufnimmt, die ihren Voraussetzungen zufolge in diesem
Text bereits angelegt ist, lässt sie sich in stärkerem Maße und
in anderer Weise auf ihn ein, als es die Literaturwissenschaft
zu tun pflegt. Sie nimmt den Text ernst, indem sie die Geschichte, die er erzählt, als etwas nimmt, was einen Anspruch
auf Wahrheit erhebt. Aber eben: die *Geschichte.*

Dies ist der Ausgangspunkt der ausführlichen Auseinandersetzung, die Jacques Derrida in *Der Facteur der Wahrheit*
mit dem Seminar Lacans geführt hat: »Diese Geschichte ist
gewiß die eines Briefes, der Entwendung und Verschiebung
eines Signifikanten. Doch das, wovon das Seminar handelt, ist
lediglich der Inhalt dieser Geschichte, das, was man zu Recht
die Geschichte nennt, das Rezitierte eines Rezits, den inneren
und narrierten Hang der Narration. Nicht die Narration
selbst. Das Interesse für die Instanz des Signifikanten in seiner Letter stürzt sich auf diese Instanz, insofern sie präzise
konstituiert, beim ersten Zugang, den beispielhaften Inhalt,
den Sinn, das Geschriebene der Fiktion Poes, im Gegensatz
zu ihrer Schrift, zu ihrem Signifikanten und zu ihrer narrie-
renden Form. Die Verschiebung des Signifikanten wird also
analysiert wie ein Signifikat, wie der erzählte Gegenstand einer Novelle.« (202) Zwar stimmt es nicht, dass Lacan nur vom
»Inhalt« der Geschichte spricht, da er seine Lektüre sehr wohl
auf das Drama des Kommentars und die Ebene der Narration
ausdehnt. Aber er liest sie eben vom *Kern* der erzählten Geschichte her (während Derridas Lektüre sich dem *Rand,* der
»Bordüre« überantworten muss). Zum grundsätzlichen Ein-
wand wird die Feststellung Derridas freilich erst dadurch, dass
die Lektüre sich auf diese Weise in Widerspruch zu sich selbst
zu setzen scheint. Wenn die Verschiebung des Signifikanten
auf der Ebene des Signifikats analysiert wird, wird sie eben

nicht mehr als sie selbst analysiert. Dies wäre nur möglich auf der Ebene des Textes. Daher will Derrida die von Lacan im Innern aufgewiesenen Dreiecke nicht stehen lassen, sondern die über den ganzen Text verstreuten Spuren der Narration als die *vierte* Position eines Narrators geltend machen – »Geviert, unsichtbar aber strukturell irreduzibel« (206).

Folgen daraus aber auch, wie man sagen könnte, *sachhaltige* Einwände? Ein wesentlicher Punkt betrifft die *Bahn* des Briefes. Derrida weist darauf hin, dass diese Bahn letztlich eine »geregelte *Zirkulation*« (212) ist, die den Brief am Ende an seinen Ausgangspunkt zurückführt. Der Brief bekomme auf diese Weise »einen eigenen Sinn, eine eigene Wegstrecke, eine eigene Statt« (214). Nur deshalb – so Derrida unter Verwendung des psychoanalytischen Vokabulars, dessen Lacan sich in seiner Analyse enthalten hatte – könne Dupin gleich einem Psychoanalytiker diese »Statt der Kastration« kennen: »die Frau als entschleierte Statt des Penismangels, als Wahrheit des Phallus, das heißt der Kastration« (215). Deswegen könne der Brief zur Königin zurückkehren. Die »Kastrations-Wahrheit« sei am Ende dazu da, »wiederkommen zu machen den Phallus, den Signifikanten, den Brief oder den Fetisch in den *oikos*, in ihre familiäre Bleibe, an ihre eigene Statt« (217). Als *der* reine Signifikant bleibt der Brief gegen jede Zerstörung, gegen jede Verstreuung gefeit. Unverzichtbar für diese »beschränkte Ökonomie« sei die von Lacan niemals demonstrierte »Materialität des Briefes als *Unteilbarkeit*« (217).

Tatsächlich sagt Lacan im *Seminar über E. A. Poes »Der entwendete Brief«*, dass die »Materialität des Signifikanten« darin »*einzigartig*« sei, »daß er eine Teilung nicht zuläßt. Zerschneiden Sie einen Brief in kleine Teile, er bleibt der Brief, der er ist« (22). Man muss offenbar von der empirischen Materialität des Briefes absehen, um dies als eine Demonstration zu akzeptieren. Etwas weiter unten dekretiert Lacan, »daß der Signifikant Einheit ist aufgrund seiner Einzigkeit, da er infolge seiner Natur nur das Symbol einer Abwesenheit ist. Und somit kann man, wie wohl von anderen Objekten, vom Brief nicht behaupten, er müsse irgendwo sein *oder* nicht sein, sondern, daß er – im Gegensatz zu jenen – dort, wo er ist, wohin er auch immer ginge sein *und* nicht sein wird.« (23)

Derrida wendet sich in *Der Facteur der Wahrheit* gegen die darin postulierte »Idealität des Signifikanten« (244), die als »Unantastbarkeit einer Identität an sich« erscheine, »sich verschiebend ohne Alteration« (243). Es sei dahingestellt, was es bedeuten kann, dass ein Signifikant als solcher nicht zerstört oder zerteilt werden kann (weil nur Reales zerstört oder zerteilt werden kann), sicher hingegen ist, dass der Brief *in der Geschichte* von Poe etwas ist, was sehr wohl zerstört werden könnte – und zerstört werden wird, wenn ihn die Königin zurückerstattet bekommt. Das wird allerdings nicht erzählt. In dem, was *erzählt* wird, *wirkt* der Brief als reiner Signifikant. Das ist es, was Lacan meint. Das ändert aber nichts daran, dass er in einer Geschichte nur auftauchen kann, weil er zugleich *etwas anderes* ist. In diesem Sinne *vertritt* er in dieser Geschichte nur die Stelle des reinen Signifikanten. Eben insofern der Brief den reinen Signifikanten *bezeichnet*, wird dieser als Signifikat analysiert. Er vermag dies, weil er eine andere Materialität hat als die ideale Materialität des Signifikanten – weil man ihn *vorzeigen* kann, weil man etwas mit ihm *demonstrieren* kann. In Geschichten können reine Signifikanten eben nicht vorkommen. Der Brief ist zwar in ausgezeichneter Weise signifikant, aber er ist nicht nur »Symbol einer Abwesenheit«, sondern zugleich ein Ding, ein Gegenstand mit verschiedenen Eigenschaften, die es beispielsweise ermöglichen, dass Dupin ihn an seinem Ort aufspürt.

In Geschichten wandern keine Signifikanten, sondern Dinge. Dinge, die auf verschiedene Weise, bis zu einem bestimmten Grad und für eine bestimmte Wegstrecke die Stelle des Signifikanten einnehmen können. Dass das nicht unbedingt Briefe sein müssen, zeigt schon die Beobachtung, dass sich der Inhalt des Briefes in *The Purloined Letter* wegkürzen lässt. Zwar ist die Königin gerade dabei, ihn zu lesen, als der König das Boudoir betritt, aber das ist nicht notwendig. Sie kann ebenso gut – wie kurz darauf der Minister – schon an der Adresse erkannt haben, was es mit dem Brief auf sich hat. Um die Eigentümlichkeit dieses Brief-Dinges deutlich zu machen, lohnt sich der Versuch, es durch ein anderes Ding zu ersetzen und die Geschichte zu modifizieren. Also eine Ersetzungsprobe, um herauszufinden, was sich dadurch ändert.

Statt des Briefes könnte der Absender der Königin beispielsweise auch einen überaus wertvollen Edelstein, ein Schmuckstück geschenkt haben, das – wie die Diamantohrringe in Vilmorins *Madame de* ... nie öffentlich würde getragen werden können, weil sein Besitz nicht erklärt werden könnte. Beim Eintreten des Königs hätte die Königin das Schmuckstück in aller Hast zu den übrigen Schmuckstücken auf ihrem Tisch gelegt. Während der arglose König das verbotene Geschenk in der Menge von Gegenständen gleicher Art übersehen hätte, würde es das Luchsauge des Ministers erspäht haben (vielleicht, weil er es aus einem anderen Zusammenhang bereits kannte). Zwar könnte er dieses Schmuckstück nun nicht wie den Brief durch einen gleichgearteten Gegenstand ersetzen, den er zufällig in der Tasche hätte, aber das wäre auch nicht notwendig, da sein Fehlen inmitten ähnlicher Gegenstände dem Unbedarften nicht ohne weiteres auffallen würde. Der Minister müsste den Blick des Königs also nur für einen Moment ablenken (wie es Dupin bei Poe in der Szene der Wiederholung mit dem Minister macht), um das Schmuckstück an sich zu bringen. Auch die Szene der Wiederholung könnte unter diesen Voraussetzungen funktionieren. Ebenso wie beim entwendeten Brief wäre der Minister gezwungen, ein offenbares Versteck zu wählen, das sich den Blicken einer systematischen Durchsuchung entzieht. Während der Brief durch einen ihm unähnlichen Brief ersetzt werden musste, müsste hier der Edelstein in einer Menge gleich aussehender Gegenstände verborgen werden. So geschieht es etwa in Hitchcocks letztem Film *Family Plot* (*Familiengrab*), wo der skrupellose Juwelier und Kidnapper Arthur Adamson den Diamanten augenscheinlich im üppigen Kronleuchter seiner Wohnung den Blicken preisgegeben und verborgen hat. Hier ist es allerdings eine Frau, die sympathische kleine Betrügerin Blanche Tyler, die uns am Ende zu verstehen gibt, dass sie dieses Versteck – weil sie hellseherische Fähigkeiten vorzutäuschen vermag oder weil sie jederzeit weiß, was sie will? – durchschaut hat.

Man sieht, dass sich die Geschichte bis zu einem gewissen Grade auch mit einem anderen Gegenstand als einem Brief realisieren ließe. Man sieht aber auch, woran es bei dieser Ersetzung hapert. So ist der Brief ein gewöhnlicher Gegenstand, der eine unscheinbare Außenseite hat. Es ist leicht, etwas als einen Brief zu identifizieren, aber es ist schwer, den einen Brief vom anderen zu unterscheiden, solange man ihn nicht in die Hand nimmt, um ihn zu lesen. Das Schmuckstück hingegen ist ein auffallender Gegenstand, der keine Innenseite hat. Daher bedarf es einer größeren Menge weiterer auffallender Gegenstände, die seine Signifikanz einerseits verbergen, von denen es sich aber andererseits abheben muss, um identifizierbar zu sein. Während in der ersten Szene der Brief, den der Minister in der Tasche hat, und der Brief, den er entwendet, sich möglichst nicht unterscheiden sollen, muss der entwendete Brief in seinem offenbaren Versteck der von ihm gegebenen Beschreibung möglichst unähnlich sein, weswegen er sich als beschmutzt, halb zerrissen und verknittert zeigt. Um dies zu bewerkstelligen, kommt wiederum die Innenseite ins Spiel, die sich nach außen kehren lässt. Der Edelstein hingegen, der sich selbst nicht ändern kann, bedürfte hier einer Umgebung gleichartiger, aber wertloser Gegenstände, von denen er sich möglichst wenig unterscheiden soll (während er in der ersten Szene inmitten gleichartiger wertvoller Gegenstände versteckt worden wäre). Das macht die Realisierung der Geschichte etwa mit einem Edelstein schwieriger, aber eigentlich resultiert diese Schwierigkeit gerade daraus, dass der Edelstein in dieser Hinsicht dem Signifikanten *ähnlicher* ist als ein Brief. Denn auch der Signifikant lässt sich – materiell gesehen – nicht selbst ändern. Dass hingegen der Brief, je nachdem, wo er sich befindet, verschieden aussieht, ist für Lacan der Witz seiner *idealen* Materialität. Denn ein Signifikant ist nicht in sich selbst, sondern nur dadurch signifikant, dass er sich von anderen Signifikanten unterscheidet. Und das heißt hier (da bei diesem reinen Signifikanten die Ebene der *langue* fehlt), dass er sich von seiner Umgebung (der *parole*) unterscheiden muss.

Das hauptsächliche Hindernis einer Realisierung der Geschichte mit einem anderen Gegenstand besteht indes nicht auf der Ebene der beiden Szenen selbst, sondern auf der Ebene ihrer Verkettung. Zwar ließe sich die Geschichte so konstruieren, dass auch ein Edelstein oder ein Schmuckstück im Besitz der Königin den Bruch eines Paktes bedeutete, doch würde er diese Bedeutung in dem Moment verlieren, in dem sich der Minister seiner bemächtigte. Warum sollte der Minister diesen Diebstahl begehen? Erpressen kann er die Königin nicht, da das Schmuckstück keine *Adresse* hat, der zu entnehmen wäre, wem es zugedacht war. Der Minister stünde wie ein gewöhnlicher Dieb da, der nur mit seinem Wort für die kompromittierende Herkunft des Schmuckstückes einstehen könnte. Folglich müsste der Minister dieses Ding um seiner selbst und nicht um seiner Signifikanz willen entwenden. Und die Königin könnte es nicht um seiner Vernichtung willen wiederhaben wollen. Das Ding in dieser Geschichte würde damit zu einem gewöhnlichen Beutegut. Zwar wäre es wie der Brief unzustellbar und könnte wie der Brief in der besagten Weise versteckt werden müssen, würde sich aber grundlegend vom Signifikanten unterscheiden, der an und für sich nichts wert ist.

Zugleich ist diese Adresse des Briefes aber die Gewähr (oder die Bedingung) dafür, dass es sich bei dem Umweg des Briefes um mehr handelt als um die Verschiebung des Signifikanten. Die »Emissions- und Destinationsstätte« des Briefes sei, so Derrida, ein Loch, und die »Kontur dieses Lochs« sei »bestimmbar: »sie magnetisiert die ganze Strecke des Umwegs, der von Loch zu Loch führt, von dem Loch zu sich selbst, und der also eine *zirkuläre* Form hat« (212). Weil es in dieser Geschichte um einen *Brief* geht und nicht um die Geschichte eines reinen Signifikanten, beugt sie sich folgerichtig der in dieser Prämisse implizierten mythischen Figur der Rückkehr (auch wenn diese Rückkehr nicht erzählt wird). Nur ein Stück des Wegs (das aber ausreicht, um als Modell zu fungieren) ist der bloßen Logik der Verschiebung geschuldet, während den zum wahrhaft unzustellbaren Beutegut gewordenen Diamanten nichts daran hinderte, von immer neuen Händen in einem günstigen Moment zu ihrem eigenen Verderben ergriffen zu werden, bis ein Prinz Florizel von Böhmen auftauchte, um dem Fluch ein Ende zu machen.

Die eingangs gestellte *zweite* Frage, inwiefern die Analyse der Geschichte vom *entwendeten Brief* für die Beschreibung von Geschichten wandernder Dinge paradigmatisch ist, hat sich mit dieser skizzierten Ersetzungsprobe und ihrer angedeuteten Auswertung im Grunde bereits beantwortet. Denn was auf diese Weise in Gang gesetzt wird, ist eine Art Fortsetzung der Analyse *im Medium* der Geschichte, die sich weiter treiben ließe und zu neuen Geschichten und zu neuen Fragen führen könnte. Dies ist möglich, weil die Geschichte Poes und ihre Fortsetzung in der Analyse Lacans einerseits ein *Paradigma* aufstellen, das sich aber andererseits – wie könnte es anders sein? – als *Ausnahme* erweist.

Zunächst einmal bieten der Brief und seine psychoanalytische Theorie natürlich eine Erklärung dafür an, was es mit der *Signifikanz* von wandernden Dingen in Geschichten auf sich hat. Das ist paradigmatisch, weil die Geschichten den Dingen, die in ihnen wandern, einen signifikanten Zug verleihen. Damit wird zugleich eine Dimension jenseits der Ordnung des Eigentums, der Ausübung umfassenden Herrschaftsrechtes aufgespannt. Sie ist gleichbedeutend mit der Funktion der Verkettung, die mit dem Wandern einhergeht. In ihr wird das Subjekt in Abhängigkeit von einer (intersubjektiven) Position gezeigt. Über Bedeutungen kann niemand verfügen. Ich weiß nicht, was es bedeutet haben wird, wenn ich einen Gegenstand an mich nehme, weitergebe, überlassen bekomme, wegwerfe, finde, gezeigt bekomme und anderes mehr.

Der entwendete Brief ist aber auch eine Ausnahme, eben weil er nicht mehr als Ding, sondern als bloßer Signifikant aufgefasst wird. Das prädestiniert ihn für eine psychoanalytische Theoriebildung, in der das Verhältnis von Subjekt und Signifikant als Unterwerfungsverhältnis gedacht ist. Aber wie man gesehen hat, kann die von Poe erzählte Geschichte in dieser Theorie nicht restlos aufgehen. Insofern sie nicht vom ›reinen‹ Signifikanten handeln können, der sich nicht *vorzeigen* lässt, sind alle Geschichten gewissermaßen ›unrein‹. Sie sind es nicht erst auf der Ebene der Textualität (worauf Derrida insistiert), sondern bereits auf der Ebene der *Geschichte*, auf der die Dinge sich nicht auf Signifikanten reduzieren lassen, auf der sie Anderes und Verschiedenes sind. Daher war es in diesem Buch nicht nur statthaft, sondern auch unumgänglich, sich möglichst lange auf dieser Ebene zu *halten*.

Unser Ding

THEORIE. Dass man alle möglichen Dinge Dinge nennen kann, macht es für den, der wie Heidegger *Die Frage nach dem Ding* stellt, nicht einfacher. Unter der Überschrift »Die vieldeutige Rede vom Ding« spricht Heidegger von einer »engeren und einer weiteren Bedeutung« (4) dieses Wortes. Und es wundert nicht, dass er in seinen Überlegungen zunächst einmal die engere Bedeutung zum Ausgangspunkt nimmt, »die Dinge um uns herum«, das »Nächstliegende«, das »Handgreifliche« (5). Aber auch die Dinglichkeit dieser beweglichen Sachen ist fragwürdig. Heidegger zitiert den englischen Physiker Eddington, dass ein Ding wie beispielsweise der Tisch hier »einen Doppelgänger« habe, weil er einerseits »der seit der Kindheit bekannte Tisch« ist, andererseits aber »nach der heutigen Atomphysik nicht aus Holz, sondern zum größten Teil aus leerem Raum« bestehe, in den »da und dort elektrische Ladungen eingestreut« seien (10). »Kein Mensch kann mehr glauben«, doziert Vilém Flusser in *Auf dem Weg zum Unding*, »daß der harte Tisch, auf dem ich schreibe, in Wirklichkeit nicht ein Schwarm von Elektronen, also in Wirklichkeit ›leer‹ ist« (188). Die guten Dinge sind hart. Sie sind aber, so Flusser, derzeit dabei, »von weichen Undingen verdrängt zu werden« (185), die sich wie die *Software* »nicht mit den Fingern greifen« (187) lassen.

Die exakten Wissenschaften können mit der Dingkategorie nicht viel anfangen, weil Dinge etwas anderes sind als die Objekte der Erkenntnis dieser Welt. Es bedarf schon einer größeren theoretischen Anstrengung, wenn Fritz Heider in dem berühmten Aufsatz *Ding und Medium* von 1921 das Ding zu rehabilitieren versucht, indem er ihm – im Gegensatz zu den aufgezwungenen Schwingungen des Mediums – »Eigenschwingungen« (331) attestiert. Damit ist etwas ins Spiel gebracht, was über den bloßen Aufweis einer Eigenschaft hinausgeht. Denn im gewöhnlichen und wissenschaftlichen Verständnis ist das Ding insofern ein Objekt der Erkenntnis, als es – wie Heidegger in *Die Frage nach dem Ding* zusammenfasst – als der »vorhandene Träger vieler an ihm vorhandener und dabei wechselnder Eigenschaften« (26) in Frage kommt. Träger von Eigenschaften ist aber auch der Nebel, der uns die Sicht auf die Dinge entzieht. Wollten wir den Nebel als Ding bezeichnen, so wäre er ein *merkwürdiges* Ding. Von *Dingen* hört man häufig sagen, sie seien *merkwürdig*, von *Sachen* kann man hingegen sagen, sie seien *klar*. Die wesentliche Eigenschaft des Dinges ist, dass es sich nicht in seinen wahrnehmbaren Eigenschaften erschöpft – dass es uns zwar *erscheint*, zugleich aber *opak* ist, dass es uns *nahe* ist, sich zugleich aber *entzieht*. Darauf verweist auch Kants Unterscheidung zwischen der Erscheinung des Gegenstandes für uns und dem Ding an sich.

Eine rohe Form der Erfahrung dieses Entzugs stellt sich ein, wenn das Ding unseren Bemühungen widersteht. Das bringt zwar auch nur eine Eigenschaft an ihm hervor – jedoch eine, mit der wir nicht gerechnet haben. In Klaas Huizings Kant-Roman *Das Ding an sich* bleibt die Tonscherbe von allen Versuchen unberührt, sie mittels Vernichtung dazu zu bringen, »auf unsere Fragen zu antworten« (57), und wird dadurch gewissermaßen zum Ding an sich in der Erscheinung. Nicht ganz unähnlich verhält es sich in dem Film *Die Götter müssen verrückt sein* aus Botswana. In diesem Erfolgsfilm von Jamie Uys aus dem Jahre 1980 fällt einem Stamm Buschmänner in der Kalahari-Wüste eine achtlos aus einem Kleinflugzeug geworfene Coca-Cola-Flasche vor die Füße. Für die Angehörigen des Stammes, die in einem aggressionsfreien Naturzustand leben, ist dies ein Ding aus einer anderen Welt. Vor allem der Umstand, dass es sich als unzerstörbar erweist, erhärtet die Vermutung, dass es sich um ein Geschenk der Götter handeln muss: Es ist nämlich härter alle übrigen Dinge, die diese guten Menschen in ihrer steinfreien Welt kennen. Weil aber in dieser Naturreligion auch göttliche Gaben als Werkzeuge dienen, stellt die weitergereichte Colaflasche in der Folge ihre vielfältigen Verwendungsmöglichkeiten (als Mörser etwa oder als Musikinstrument) unter Beweis. Als Unikat wird das Gemeinschaftsgut jedoch zum Zankapfel. Hader zieht ein. Man beschließt, das Ding unter die Erde zu bringen. Das Vergraben kann aber, weil das Ding unverweslich ist, keine Beerdigung sein. So fügt es sich, dass ein Tier das Ding wieder ausgräbt und erneut der Gemeinschaft aufdrängt. Jetzt nimmt es das Stammesoberhaupt höchstpersönlich auf sich, die nunmehr als ›böses Ding‹ entlarvte Flasche ans Ende der Welt zu bringen, um die kollektive Annahmeverweigerung kundzutun und sie den Göttern zurückzuerstatten (wobei es dann zu den unvermeidlichen Begegnungen mit der Zivilisation kommt).

Verschiedene Bestimmungen des Dings lassen sich hier wiederfinden. Es ist nicht nur hart und – trotz seiner Durchsichtigkeit – opak, sondern auch selten und von höherer Abkunft. Und vielleicht ist es in dieser Hinsicht auch von Bedeutung, dass es eine Leere umschließt. In dem Film *Mongolian Ping Pong* (*Lu Caodi*) des Chinesen Ning Hao aus dem Jahre 2005 findet ein Junge in den mongolischen Weiten beim Spielen einen Tischtennisball, ein ihm unbekanntes Objekt, das laut Expertise der Großmutter eine glühende, vom Himmel gefallene Perle ist. Nachdem sich der Junge und seine Freunde mit den sinnlichen Eigenschaften des Balles vertraut gemacht haben, wird ihnen eine lückenhafte Aufklärung zuteil. Aus dem neu angeschlossenen Fernseher, der aber nur den Ton liefert, hört der Junge das ihm bekannte Geräusch eines geschlagenen Tischtennisballes, während ein Kommentator vom »Nationalball Chinas« spricht. In der Überzeugung, er sei in den Besitz dieses Nationalballes gelangt, macht sich der Junge auf den Weg, den Schatz zurückzugeben.

Auch hier ist das Ding ein einmaliger, unvorhersehbarer *Fund*, dem höhere Abkunft unterstellt wird. Es kann keinen privaten Eigentümer haben, sondern nur einen legitimen Verwahrer. Gleichwohl ist es kein *sakrales Objekt*. Ein solches müsste in der betreffenden Kultur einen *Platz* haben. Daher kann man sich trotz dieser höheren Abkunft ganz unbefangen mit ihm *befassen* und seine Eigenschaften kennenlernen. Man sieht auch, dass das Ding eine *Einheit* ist. Man kann es nicht zerlegen und wieder zusammensetzen, um ihm auf den Grund zu kommen. Es ist keine Sache für Bastler. Und die Leere, die der Tischtennisball umschließt, steht für eine Innenseite, die sich dem Erkennen entzieht. In gewissem Sinne ist das Ding *unmittelbar sinnlich* und *unmittelbar übersinnlich* zugleich. Auf die Dauer ist ein solches Ding unmöglich. Es hat *seinen* Platz *anderswo*.

Natürlich sind solche Geschichten von Colaflaschen und Tischtennisbällen dazu da, an banalen Massenprodukten stellvertretend eine Dingerfahrung vorzuführen, die uns verlorengegangen sein soll. Aber auch für die Buschmänner und die Steppenbewohner handelt es sich um eine *unintegrierbare* Erfahrung. Ebenso wie wir gehen sie mit den Gegenständen des Alltags zunächst und zumeist anders um. Die

Begegnung mit dem Ding stellt eine Art Ausnahmezustand dar.

Insofern sind die Dinge eine Sache des *Denkens*. Sie sind dem Denken überantwortet oder übertragen. In *Das Ding* stellt Heidegger fest, dass uns das »Ding als Ding verwehrt, nichtig und in solchem Sinne vernichtet« bleibe: »Dies geschah und geschieht so wesentlich, daß die Dinge nicht nur nicht mehr als Dinge zugelassen sind, sondern daß die Dinge überhaupt noch nie als Dinge dem Denken zu erscheinen vermochten.« (169) Heidegger versucht das Ding – am Beispiel des Kruges, bei dessen Herstellung der Töpfer zunächst das »Unfaßliche der Leere« (167) fasst – im Rahmen des *Gevierts* zu denken: Das Ding *versammelt* oder »verweilt« dieses »Geviert«, nämlich »Erde und Himmel, die Göttlichen und die Sterblichen« (176). Diese Beschreibung dient – unter anderem – dazu, der besonderen Art der *Nähe* des Dings näherzukommen. Denn das Ding bringt »die Vier in ihren Fernen einander nahe. Dieses Nahebringen ist das Nähern. Nähern ist das Wesen der Nähe. Nähe wahrt die Ferne.« (176) Es geht um eine Nähe, die jenseits von Vereinnahmung und Abstandslosigkeit ein »Schonen« impliziert: »Insofern wir das Ding als das Ding schonen, bewohnen wir die Nähe.« (180)

Von welcher Beschaffenheit diese Nähe ist, hätte vor allem die psychoanalytische Theorie zu bedenken. Denn die Psychoanalyse ist gewiss der privilegierte Ort, von dem aus sich die ›inneren‹ Beziehungen, die die Menschen zu Objekten und auch zu Dingen unterhalten, als etwas beschreiben lassen, was der ›äußeren‹, rechtlichen Bestimmung durch das Eigentumsverhältnis entgeht. In der Tat ist es wiederum das Denken Lacans, in dem das Ding in besonderer Weise zu einer Sache der Psychoanalyse gemacht hat. In der Theorie Lacans spielt sowohl das deutsche Wort *Ding* eine Rolle wie auch das französische *la chose* (in dem die *causa*, die Ur-Sache enthalten ist). Wie man unschwer erkennen kann und wie Alain Juranville in *Lacan und die Philosophie* näher ausgeführt hat, schließt Lacan dabei an Heidegger an. Auch er nennt im Seminar *Die Ethik der Psychoanalyse*, das die Ding-Kategorie in den Mittelpunkt stellt, die *Sache* ein »Produkt der Betriebsamkeit oder des menschlichen Handelns als eines durch Sprache regierten«, während das *Ding* »seinen Ort anderswo« habe: »Was da ist in *das Ding*, das ist das wirkliche Geheimnis« (59).

Unter anderem weist Lacan darauf hin, dass man das Objekt als Ding unterscheiden müsse vom Objekt als »Punkt einer imaginären Fixierung, der, in welchem Register auch immer, einem Trieb Befriedigung verschafft« (140). Er veranschaulicht dies mit Hilfe einer persönlichen Erinnerung an eine »Sammlung von Zündholzschachteln«, die er vor Jahren bei seinem Freund Jacques Prévert gesehen habe. Die immergleichen Schachteln seien in einem langen Zug angeordnet gewesen, der sich über die Wände hinzog, verbunden »mit Hilfe einer leichten Verrückung des Innenschubers«. Dieser Zug habe einen »Schock« ausgelöst, in dem sich enthüllte, »daß eine Zündholzschachtel nicht einfach ein Objekt ist, sondern in der Form, in der Erscheinung, wie sie hier in wahrhaft beeindruckender Multiplikation vorgeführt war, ein *Ding* sein kann«. Gerade das »vollkommen Willkürliche, Wuchernde, Überflüssige, gleichsam Absurde dieser Sammlung« mache deutlich, dass die Zündholzschachtel »für sich allein ein Ding ist in ihrem kohärenten Sein« (141 f.).

Die Serie industriell gefertigter und surrealistisch angeordneter Streichholzschachteln, die bei Lacan die Konfrontation mit der »Dinghaftigkeit« beschert, ist zwar etwas ganz anderes als der vom Töpfer gefertigte Krug bei Heidegger, und doch gleicht sich das Ergebnis: Dem Ding wird ein *kohärentes Sein* zugesprochen, das sich unter bestimmten Voraussetzungen in der sinnlichen Erscheinung des Objekts enthüllt und verbirgt (was auf der physikalischen Ebene den von Fritz Heider beschriebenen Eigenschwingungen des Dings entspricht). Wir nehmen das Ding mit den Sinnen wahr, aber zugleich ist das Ding *mehr.*

Woher oder woran rührt dieses Mehr? Anknüpfungspunkt

der Überlegungen Lacans ist eine Stelle aus Freuds *Entwurf einer Psychologie*, in der dieser den *Nebenmenschen*, der für das Subjekt »das erste Befriedigungsobjekt, im ferneren das erste feindliche Objekt wie die einzige helfende Macht ist« (426), als »Ding« bezeichnet. Unter diesen Bedingungen sondere sich der »Komplex des Nebenmenschen« in zwei Bestandteile, von denen der eine unsere Wahrnehmungen dieses Nebenmenschen beinhalte, die bearbeitet und beurteilt werden können, der andere hingegen »durch konstantes Gefüge imponiert, als *Ding* zusammenbleibt« (427). Was demzufolge mit dem Namen Ding belegt wird, ist in den Worten Lacans »das erste Außen«, an dem sich der ganze Weg des Subjekts orientiert« (67), das unvergleichlich ist und sich – als »*vollkommen kohärent*« (66) – nicht in Eigenschaften zerlegen lässt. Es ist zunächst die Mutter, die »Muttersache«, wie Lacan an einer Stelle sagt, die den »Platz des Dings« (84) einnimmt. Der »prähistorische Andere« (89) befindet sich an diesem Platz des Dings, weil er in seiner »stummen Realität« (70) weder als Subjekt noch als Objekt begegnet.

Dem entspricht die Verbindung von Ding und *Namen*. Einerseits ist das Ding – und zumal das bewegliche Ding – eine sinnliche Einheit, die insofern nach der Benennung ruft. Als das benannte, mit einem Nomen belegte Ding wird es sich freilich – so Juranville in *Lacan und die Philosophie* – »in eine Welt einschreiben, in der es als Ding verschwindet« (278). Andererseits kann das Ding jederzeit als *Unheimliches* begegnen: »Namenlos gelassen, gar als unbenennbar erlebt, widersteht das Ding seiner Auflösung in die Ordnung der Welt bestens« (278). Denn das Ding als Ding »erscheint in der Welt, es gehört ihr aber nicht an. Es ist, könnte man sagen, der Nabel der Welt, worin sich so etwas wie eine Geburt bezeigt« (279).

Auch wenn das Ding eine Sache des Denkens ist, ist es *gegeben* nur in der Begegnung. Erst in der Begegnung fordert es nach seiner Benennung. Das heißt auch, dass es *nicht* eine Sache des Vorstellens und des Phantasierens ist. Niemand von den Buschmännern hat sich je eine Colaflasche vorgestellt, bevor sie vom Himmel fiel, niemand einen Pingpongball in der mongolischen Steppe. In der Begegnung sehen wir uns unvermittelt dem wirklichen Ding als jener opaken sinnlichen Einheit gegenüber, die uns in gewissem Sinne vorausgeht. Insofern muss »unsere Beziehung auf das Ding«, wie Juranville an Heidegger anschließend formuliert, »durch das Ding selbst eingeführt werden, welches den Menschen als sein Gegenüber setzt« (278). Nur für den Menschen gibt es Dinge. Wenn wir das Ding als Ding denken, heißt es bei Heidegger in *Das Ding*, »sind wir vom Ding als dem Ding gerufen. Wir sind – im strengen Sinne des Wortes – die Be-Dingten« (179).

WANDERN. Kann das so gedachte Ding überhaupt etwas sein, das wandert? Ist es nicht vielmehr gerade das, was *nicht* von Hand zu Hand geht? Oder ist nicht zumindest der Umstand, in welchen Händen sich das Ding befindet, diesem ganz und gar äußerlich? Unsere Welt ist bevölkert von Dingen, die wir als Objekte erwerben oder verzehren, begehren oder abstoßen. Je nachdem, was wir mit ihnen tun, weisen wir ihnen einen Platz zu. Und insofern diese Dinge bewegliche Sachen sind, kann sich dieser Platz ändern. Von einer Begegnung mit dem Ding in seiner unheimlichen Nähe kann in der Abstandslosigkeit dieses Umgangs nicht die Rede sein. Auch die Geschichten, in denen von wandernden Dingen erzählt wird, handeln kaum unverstellt von solchen Begegnungen.

Aber das wandernde Ding ist eben nicht dasselbe wie das von Hand zu Hand gehende Ding. Es geht nicht auf in den Akten, die Subjekte mit ihm vollziehen können, weil es einen *eigenen Weg* hat. Aus der Sicht der Geschichte, in der das wandernde Ding figuriert, ist es das Ding selbst, das wandert. Mag es auch den Besitzer oder den Eigentümer wechseln, aus der Sicht der Geschichte wird es niemandem gehört haben. Es ist, gleichsam *als Subjekt der Geschichte*, mehr als nur Objekt und gehört – wie alles, was wandert – nur sich selbst. Und es ist –

wie alles, was wandert – noch nicht an seinen Platz gekommen. Das heißt, das wandernde Ding ist, wenn sich das Augenmerk auf es richtet, auf rätselhafte Weise *mehr* als das, was die Figuren in den Geschichten mit ihm anstellen und was es für sie bedeutet. Innerhalb der Geschichten mag das Ding als bloßes Indiz oder als symbolisches Objekt des Tausches fungieren, als imaginärer Phallus oder als Partialobjekt, an das sich das illusorische Begehren heftet – das Ding selbst, wie es in der Geschichte erscheint, ist stets mehr als das. Indem das wandernde Ding dort selbst eine Figur macht, lässt es sich nicht auf das reduzieren, was es für eine menschliche Figur in dieser Geschichte bedeutet. Zum Beispiel wird es sich gemeinhin nicht darin erschöpfen, das Objekt zu sein, das der eine begehrt, weil es der andere begehrt. Es kann nicht nur für verschiedene Figuren in der Geschichte, sondern auch für dieselbe Figur zu verschiedenen Zeiten etwas Unterschiedliches bedeuten. Das wandernde Ding ist in seiner Bedeutung nicht fixiert. Denn es wird losgelöst von den Figuren betrachtet.

Die Loslösung ergibt sich schon daraus, dass die Geschichten das Ding nicht nur in Beziehung auf eine einzige Figur zeigen. Aber bereits in der einzelnen Beziehung zeigt sich die Vielfältigkeit der Formen, in denen man ein Ding *haben* kann. Ob man seinen Besitz zeigt oder ihn verhehlt, ob man ihn am Körper trägt oder deponiert, ob man ihn jemandem anvertraut oder ihn versteckt – all das (und noch mehr) wird weniger vom Besitzer abhängen als von den anderen und von dem Ding selbst. In diesen verschiedenen Weisen des Habens wird nicht zuletzt der Abstand zwischen dem Ding und seinem Besitzer ausgemessen, und das Ding zeigt sich als etwas, das bereits auf dem Weg ist, sich zu verselbständigen.

In seinem Wandern erweist sich, dass das Ding etwas anderes ist als das von Lacan *Objekt a* genannte Partialobjekt – kein Teil und kein Stück, sondern ein ›kohärentes Sein‹. Daher ist es im Prinzip auch *unteilbar* (wie der als Signifikant fungierende Brief in Poes Erzählung). Würde etwa der Monddiamant, wie es in Wilkie Collins' Roman für einen bestimmten Fall vorgesehen ist, zerschnitten, so wäre seine Geschichte zu Ende. Eine Ausnahme machen allein jene Wunderdinge, deren Kraft in ihrem Stoff, in ihrer Substanz stecken mag. Auf paradoxe Weise ist dies in Alex von Warmerdams *Das geheimnisvolle Kleid* der Fall (wo noch vom letzten Fetzen eine geheimnisvolle Kraft auszugehen scheint, wo es aber auch nur einen *einzigen* Fetzen gibt) und in dem neugeschmiedeten Schwert Nothung in Wagners *Ring des Nibelungen* (in dem wie beim *Recycling* nur der Stoff erhalten geblieben ist, obwohl doch der Name derselbe ist). Was teilbar ist, wandert nicht, sondern verstreut sich als eine Substanz wie das Gift, das überall eindringt, oder wie das *lignum crucis*, von dem – wie Anton Legner in *Reliqien in Kunst und Kult* vermerkt – immer wieder Teilchen abgespalten wurde »und von den Teilchen wiederum Späne« (63), bis Luther mutmaßte, von diesen Partikeln könne man wohl ein ganzes Haus bauen.

Das wandernde Ding ist, wenn wir es recht auffassen, kein Objekt, es ist aber auch kein Subjekt. Auch als Subjekt der Geschichte ist es nur *gleichsam* Subjekt. Das wird gerade dort deutlich, wo es als mütterliches Ding, als der ›prähistorische Andere‹ hervorzutreten scheint wie der dunkle Esel in Bressons *Au Hasard, Balthasar.* Wenn uns in dieser Kreatur die reine Passion entgegentritt, so nur nach Maßgabe ihrer Stummheit. Balthasar bleibt ein kohärentes, opakes Sein, durch keine Artikulation in ein Subjekt gespalten (in anderer, äußerlicher Weise gilt dies auch für die mit dem Blut der werdenden Mutter imprägnierte rote Violine in François Girards Film). Dort hingegen, wo das Ding tatsächlich zu sprechen beginnt – wie das Auto in Käutners *In jenen Tagen,* der Shilling in Addisons *Adventures of a Shilling* oder das Taschentuch in Coopers Taschentuch-Autobiographie –, hat sich das Sprechen vollständig von dem dinglichen Körper und seiner Passion gelöst. Nahezu unerträglich kann es jedoch sein, wenn sich die Erzählung eines Dinges annimmt und es mit allen Attributen der Subjektivität ausstattet, es aber zugleich in die vollkommene Sprachlosigkeit eines unmenschlich starren Körpers bannt, wie es in *Der tapfere Zinnsoldat* von Andersen geschieht.

Am unmittelbarsten Subjekt der Geschichte und damit *unser* Ding ist das wandernde Ding, wenn es für niemanden ein Objekt ist – wenn es verloren oder vergessen ist und wiedergefunden oder wieder gefunden werden muss. Der *Moment des Wiederfindens* – in welcher Weise auch immer – ist gewiss die reinste Ausprägung seines Wanderns (in einem streng idealistischen Universum, wie in *Tlön, Uqbar, Orbis Tertius* von Borges, gibt es keine Dinge, und die Kategorie des Wiederfindens muss ganz sinnlos bleiben). Auf diesen Moment hat das Ding – so muss man sagen – *gewartet.* Die rote Violine bei Girard hat darauf gewartet, dass die Zigeuner das Grab schänden, dem sie beigegeben war; der Herrscherring bei Tolkien hat darauf gewartet, dass er zum Unheil seines Finders aus dem tiefen Wasser eines Flusses gefischt wird; der Brotbeutel bei Böll hat darauf gewartet, vom nächsten Kriegsteilnehmer aufgelesen zu werden. Ähnlich hat auch der Rubin in Hebbels Märchenspiel darauf gewartet, den Blick des jungen Assad gefangenzunehmen, oder der Ring des Polykrates, im Bauch eines Fisches wiedergefunden zu werden. Und in abgeleiteter Weise gilt dies auch für den Brief bei Poe, der darauf wartet, dass Dupin ihn entdeckt, und vielleicht sogar für den zerbrochenen Spiegel, der dem Angestellten C. C. Baxter in Billy Wilders *The Apartment* ins Auge fällt.

Dieses Finden, das bisweilen für die Figuren der Geschichte, in jedem Falle aber für *uns* ein Wiederfinden darstellt, ist keine Transaktion, sondern etwas, das *zufällt.* Der Zufall ist natürlich notwendig, da es in solchen Geschichten die *Bestimmung* des Dinges ist, wiedergefunden zu werden. Doch wie kann das sein? Wie kann ein Ding in dieser Weise eine Bestimmung haben? Aber möglicherweise ist ein Ding als Ding gerade etwas, dem eine Bestimmung zugesprochen werden kann. Damit ist nicht lediglich gemeint, dass Dinge halbe Sachen von der Art des Briefes sind, dazu bestimmt, einen Bestimmungsort zu haben. Und noch weniger ist damit gemeint, dass das Ding dazu bestimmt ist, im Getriebe der Welt als Teil eines Ganzen zu funktionieren. Es soll vielmehr heißen, dass die Geschichten das Ding als etwas auffassen können, das – in wie immer übertragenem Sinne – an dem ihm *gebührenden* Platz anzukommen bestimmt ist und nicht an dem Platz, der ihm zugewiesen wird (weshalb es niemals als bloßes Privateigentum firmiert). Offenbar wird dies dort, wo das Ding zum Mythos wird und sich seine Bestimmung zum Schicksal verdichtet. Mit seiner Ankunft am Ort der Bestimmung kommt die Geschichte allerdings ans Ende, und das Ding hört auf, *unser Ding* zu sein.

Am Ende darf man nicht vergessen, dass die wandernden Dinge – die *unser* Ding sind, weil sie niemandem gehören – sich nur in Geschichten konstituieren, die nicht von ihnen handeln. Denn – um es noch einmal zu sagen – die Geschichten handeln nicht von Dingen, sondern von Subjekten, die handeln. *An sich* hat das Ding nichts zu tun mit den Affären, von denen diese Geschichten erzählen. Auf der anderen Seite sind nur die Geschichten der Ort, wo wir es aus den Augen verlieren und wiederfinden können. Insofern ist das wandernde Ding keine Sache der Theorie: Wenn wir den Blick starr auf es richten, um es abzuzeichnen, wird es uns umso sicherer entgleiten.

Bücher

Addison, Joseph: Adventures of a Shilling. In: Tatler, Nr 249, 11. November 1710. *32, 266–268, 324, 393*

Adolphsen, Peter: Brummstein. Erzählung. München – Wien 2005. *334–340*

Albrecht, Roland: Museum der unerhörten Dinge. Berlin 2005. *98f.*

Alewyn, Richard: Brentanos *Geschichte vom braven Kasperl und dem schönen Annerl.* In: Probleme und Gestalten. Frankfurt am Main 1982, 133–197. *107*

Alexis, Willibald: Der falsche Woldemar. 3 Bde. Berlin 1842. *217*

Alexis, Willibald: Der Werwolf. Berlin o. J. *58–60, 64f., 97f.*

Alexis, Willibald: Die Hosen des Herrn von Bredow. Berlin 1985. *58, 258f., 342–344, 346*

Andersen, Hans Christian: Der Silbertaler. In: Andersens Märchen. 4. Aufl. Kempen 1951, 306–311. *180f., 267*

Andersen, Hans Christian: Der standhafte Zinnsoldat. In: Gesammelte Märchen. Zürich 1949, 212–219. *32, 252, 322*

Andersen, Hans Christian: Die Galoschen des Glücks In: Gesammelte Märchen. Zürich 1949, 159–204. *234f.*

Anon.: Die Geschichte des Buckligen. In: Die Erzählungen aus den Tausendundein Nächten. Vollständige deutsche Ausgabe. Übertragen von Enno Littmann. Wiesbaden 1953. Bd. 1, 292–300. *293–297, 322*

Anon.: Die Geschichte von dem treulosen Wesir. In: Die Erzählungen aus den Tausendundein Nächten. Vollständige deutsche Ausgabe. Übertragen von Enno Littmann. Wiesbaden 1953. Bd. 1, 65–83, 402–406. *286*

Anon.: Die Geschichte von den drei Äpfeln. In: Die Erzählungen aus den Tausendundein Nächten. Vollständige deutsche Ausgabe. Übertragen von Enno Littmann. Wiesbaden 1953. Bd. 1, 214–224. *122–127, 133, 322*

Anon.: Das Nibelungenlied. Nach dem Text von Karl Bartsch und Helmut de Boor ins Neuhochdeutsche übersetzt und kommentiert von Siegfried Grosse. Stuttgart 1997. *47, 126*

Aristoteles: Nicomachische Ethik. Stuttgart 1994. *58, 93*

Auster, Paul: Lulu on the Bridge. Ein Film mit Mira Sorvino und Harvey Keitel. Reinbek bei Hamburg 1998. *232f.*

Auster, Paul: Timbuktu. Reinbek bei Hamburg 1999. *297f.*

Basile, Giambattista: Der Hahnenstein. In: Pentamerone. München 1985, 228–235. *194, 196*

Baudelaire, Charles: Das falsche Geldstück. In: Sämtliche Werke / Briefe. Hg. Von F. Kemp und C. Pichois. Bd. 8. München 1985, 221–223. *181–184*

Benjamin, Walter: Über den Begriff der Geschichte. In: Gesammelte Schriften. Frankfurt am Main 1980, Bd. I.2, 691–704. *360*

Binding, Rudolf G.: Die Perle. In: Marcel Reich-Ranicki (Hg.): Notwendige Geschichten 1933–1945, 232–247. *165–172, 213–215*

Boccaccio, Giovanni di: Das Dekameron. Mit 110 Holzschnitten der italienischen Ausgabe von 1492. 7. Aufl. Frankfurt am Main 1981. *136–142, 226, 303–305*

Böll, Heinrich: Abenteuer eines Brotbeutels. In: Romane und Erzählungen Bd. I. 1947–1951. Köln 1977, 276–284. *187–190, 394*

Borges, Jorge Luis: Das Sandbuch. München 1977. *275*

Borges, Jorge Luis: Der Zahir. In: Labyrinthe. München 1979, 85–94. *310–314*

Borges, Jorge Luis: Tlön, Uqbar, Orbis Tertius. In: Labyrinthe. München 1979, 131–149.

Brentano, Clemens: Das Märchen von Gockel und Hinkel. In: Werke. Bd. 3. Hg. Friedhelm Kemp. Darmstadt 1965, 484–565. *20f., 394*

Brentano, Clemens: Geschichte vom braven Kasperl und dem schönen Annerl. Stuttgart 1985. *41, 97, 105–108*

Brown, Dan: Sakrileg. The da Vinci Code. Bergisch Gladbach 2006. *203*

Butor, Michel: Der Zeitplan. Roman. Aus dem Französischen von Helmut Scheffel. Frankfurt am Main 1989. *276f., 279*

Calvino, Italo: Die Mülltonne. In: Die Mülltonne und andere Geschichten. München 1997. *51*

Canetti, Elias: Masse und Macht. Frankfurt am Main 1980. *44*

Chandler, Raymond: Der lange Abschied. Erste vollständige deutsche Ausgabe. Übersetzt von Hans Wollschläger. Zürich 1975. *271*

Chesterton, Gilbert Keith: Caesars Kopf. In: Die besten Pater-Brown-Geschichten. Ausgewählt und übersetzt von Stefanie Kuhn-Werner. Leipzig 2000, 195–215. *187*

Collins, Wilkie: Der Monddiamant. München [4] 1977. *81–83, 86, 96, 204–206, 208–211, 228, 333, 393*

Conrad, Joseph: Der Geheimagent. Eine einfache Geschichte. Zürich 1975. *287*

Cooper, James Fenimore: Die französische Erzieherin oder das gestickte Taschentuch. Aus dem Englischen von Eduard Mauch. 2. Aufl. Stuttgart 1853. *32, 243–246, 248, 252, 323–325, 393*

Crofts, Freeman Wills: Die Frau in dem Faß. München 1974. *200–202*

DeLillo, Don: Unterwelt. Aus dem Amerikanischen von Frank Heibert. Köln 1998. *44–48, 51f., 247, 322*

Derrida, Jacques: Der Facteur der Wahrheit. In: Die Postkarte von Sokrates bis an Freud und jenseits. 2. Lieferung. Berlin 1987, 183–282. *377–379, 382–384*

Derrida, Jacques: Wenn es Gabe gibt – oder: »Das falsche Geldstück«. In: Michael Wetzel; Jean-Michel Rabaté (Hg.): Ethik der Gabe. Denken nach Jacques Derrida. Berlin 1993, 93–136. *181f.*

Doyle, Arthur Conan: Die Pappschachtel. In: Sherlock Holmes. Werkausgabe, Erzählungen Bd. IV: Seine Abschiedsvorstellung. Zürich 1988, 51–83. *199, 316*

Doyle, Arthur Conan: Die sechs Napoleons. In: Sherlock Holmes. Werkausgabe, Erzählungen Bd. III: Die Rückkehr von Sherlock Holmes. Zürich 1988, 215–240. *48*

Dumas, Alexandre: Die Königin Margot. Berlin – Weimar 1966. *287*

Eco, Umberto: Baudolino. München 2001 *256*

Eco, Umberto: Der Name der Rose. München – Wien 1982. *286*

Felman, Shoshana: Jacques Lacan and the Adventure of Insight. Psychoanalysis in Contemporary Culture. Cambridge – London 1987. *369*

Flusser, Vilém: Auf dem Weg zum Unding. In: Medienkultur. Hg. Steffen Bollmann. Frankfurt am Main 1997, 185-189. *385*

Fouqué, Friedrich Freiherr de la Motte: Das Galgenmännlein. In: Werke. Hg. von Walther Ziesemer. Berlin 1908. Nd. Hildesheim – New York 1973, 223-248. *75–77, 81, 332*

Fouqué, Friedrich Freiherr de la Motte: Der Zauberring. In: Sämtliche Novellen und Romane. Bd. 4. Nürnberg 1812. Nd. Hildesheim – New York 1989. *172*

Franco, Ernesto: Fünf Knöpfe aus Seide. Stuttgart – München 2001. *308–310*

Freiberg, Heinrich von: Gedicht vom heiligen Kreuz. In: Programm des K. K. Staats-Gymnasiums in Cilli. Hg. am Schlusse des Schul-Jahres 1881 von F. Z. Svoboda. Cilli 1881, 8–18. *349–353*

Freud, Sigmund: Entwurf einer Psychologie. In: Gesammelte Werke. Nachtragsband. Frankfurt am Main 1975, 375–486. *390*

Gellert, Christian Fürchtegott: Das Loos in der Lotterie. Ein Lustspiel in fünf Aufzügen. In: Christian Fürchtegott Gellerts sämmtliche Schriften. Dritter Theil, Leipzig 1769 [Nd. Hildesheim 1968], 221-342. *110f.*

Gerhardt, Walter: Mobiliarsachenrecht. Besitz – Eigentum – Pfandrecht. München 1976. *16f., 22f., 71*

Gogol, Nikolaj: Die Nase. In: Sämtliche Erzählungen, München 1961, 563–593. *317f.*

Grass, Günter: Die Blechtrommel. Neuwied 1959. *306*

Grillparzer, Franz: Das goldene Vließ [Der Gastfreund. Die Argonauten. Medea]. In: Werke in sechs Bänden. Herausgegeben von Helmut Bachmaier. Bd. 2: Dramen 1817–1828, Frankfurt am Main 1986, 205–390. *83–88, 178–180, 198, 202, 231f.*

Grimm, Brüder: Daumesdick. In: Kinder- und Hausmärchen. Hg. von Heinz Rölleke. Frankfurt am Main 1985, 178–184.

Grimm, Brüder: Die treuen Tiere. In: Kinder- und Hausmärchen. Hg. von Heinz Rölleke. Frankfurt am Main 1985, 449–453. *233f.*

Hammett, Dashiell: Der Malteser Falke. Deutsch von Peter Naujack. Zürich 1974. *46–48, 203, 289, 291, 345f.*

Handwörterbuch der deutschen Rechtsgeschichte. Bd. 1. Berlin 1971. *15*

Hebbel, Friedrich: Der Diamant. In: Werke. Bd. I, München 1963, 219-301. *73, 77–81, 193, 207, 209, 346–349*

Hebbel, Friedrich: Der Rubin. Ein Märchen-Lustspiel in drei Akten. In: Werke. Bd. I, München 1963, 595-650. *60–63, 71, 81, 93, 184f., 209, 394*

Hebel, Johann Peter: Die Tabaksdose. In: Werke. Herausgegeben von Eberhard Meckel Erster Band. Frankfurt am Main 1968, 186–187. *219f.*

Hebel, Johann Peter: Drei Wünsche. In: Werke. Herausgegeben von Eberhard Meckel. Erster Band. Frankfurt am Main 1968, 235–238. *314–316*

Heidegger, Martin: Das Ding. In: Vorträge und Aufsätze. Pfullingen 1959, 163–181. *331, 388, 391*

Heidegger, Martin: Die Frage nach dem Ding. Zu Kants Lehre von den transzendentalen Grundsätzen. Tübingen 1962. *383f.*

Heider, Fritz: Ding und Medium. In: Claus Pias et al. (Hg.): Kursbuch Medienkultur. Die maßgeblichen Theorien von Brecht bis Baudrillard. Stuttgart 1999, 319–333. *385, 389*

Heine, Heinrich: Jehuda ben Halevy (aus: Romanzero. Hebräische Melodien). In: Sämtliche Schriften. Bd. 6.1. München 1975, 129–158. *356–360*

Helmlé, Eugen: Im Nachtzug nach Lyon. Lipogramm. Berlin 1995. *100, 209*

Herodot: Historien. Deutsche Gesamtausgabe. Übersetzt von A. Horneffer. Stuttgart 1971. *55–57*

Hoffmann, Ernst Th. A.: Das Fräulein von Scuderi. In: Die Serapions-Brüder. München 1995, 648–709. *211–213*

Hoffmann, Ernst Th. A.: Spielerglück. In: Die Serapions-Brüder. München 1995, 712–737. *56f., 81*

Hofmeister, Adolf: Die heilige Lanze ein Abzeichen des alten Reichs. Breslau 1908. *254*

Holt, David; Mooney, Bill: The Exploding Toilet. Modern Urban Legends. Little Rock 2004. *286f.*

Homer: Ilias. Neue Übersetzung, Nachwort und Register von Roland Hampe. Stuttgart 1979. *229f.*

Homer: Odyssee. Neue Übersetzung, Nachwort und Register von Roland Hampe. Stuttgart 1979. *229*

Huizing, Klaas: Das Ding an sich. Ein Kant-Roman. München 2000. *175–177, 179f., 184, 332, 386*

Jacobs, William Wymark: Die Affenpfote. In: Mary Hottinger (Hg.): Gespenster. Gespenstergeschichten aus England. Zürich 1982, 131–152. *174f., 178, 180, 333f.*

Jacobus de Voragine: Die Legenda Aurea. Aus dem Lateinischen übersetzt von Richard Benz. 10 Aufl. Heidelberg 1984, 349–358 (Von der Kreuzesfindung), 634–655 (Von Sanct Augustin), 698–705 (Von der Erhöhung des Kreuzes). *253, 257f., 353f.*

Jean Paul: Leben Fibels, des Verfassers der Bienrodischen Fibel. In: Sämtliche Werke. Abt. I. Sechster Band. 4. Aufl. Darmstadt 1987, 365–562. *78*

Juranville, Alain: Lacan und die Philosophie. München 1990. *388, 390f.*

Kant, Immanuel: Metaphysik der Sitten. In: Kants Werke. Bd. VI. Berlin 1914, 203–549. *14*

Keller, Gottfried: Die Berlocken. In: Sämtliche Werke. Bd. 6. Frankfurt am Main 1991, 331–348. *113–118, 230f., 247f., 309*

Kohl, Karl-Heinz: Die Macht der Dinge. Geschichte und Theorie sakraler Objekte. München 2003. *96, 255–257*

Lacan, Jacques: Das Seminar über E. A Poes *Der entwendete Brief.* In: Schriften I. Frankfurt am Main 1975, 7–60. *266, 282f., 369–379, 383f.*

Lacan, Jacques: Die Ethik in der Psychoanalyse. Weinheim Berlin 1996. *18f., 389f.*

Lacan, Jacques: Die Wissenschaft und die Wahrheit. In: Schriften II. Olten 1975, 231–257. *375*

Lacan, Jacques: Subversion des Subjekts und Dialektik des Begehrens im Freudschen Unbewussten. In: Schriften II. Olten 1975, 165–204. *197, 392*

Laclos, Choderlos de: Gefährliche Liebschaften. *Les Liaisons dangereuses.* Ungekürzte Ausgabe. München o.J. *283f.*

Lafayette, Madame de: Die Prinzessin von Cleve. Übersetzt von Hans Broemser und Gerda von Uslar. Hamburg 1958. *38f.*

Lagerlöf, Selma: Der Ring des Generals. In: Die Löwenskölds. Aus dem Schwedischen von Marie Franzos und Pauline Klaiber-Gottschau, München 1960 [1977], 5–82. *102–105, 217, 341f., 344*

Legner, Anton: Reliquien in Kunst und Kultur zwischen Antike und Aufklärung. Darmstadt 1995. *253f., 257, 393*

Lernet-Holenia, Alexander: Das Halsband der Königin. Hamburg – Wien 1962. *226f., 346*

Lessing, Gotthold Ephraim: Die Juden. Ein Lustspiel in einem Aufzuge [1749]. In: Werke. München 1970, Bd. 1, 375–414. *220–222*

Lessing, Gotthold Ephraim: Minna von Barnhelm, oder das Soldatenglück. In: Werke. München 1970. Bd. 1, 605–704. *41, 146–150, 164, 191–193, 215, 322*

Marx, Karl: Das Kapital. Kritik der politischen Ökonomie. Bd. 1. In: Karl Marx; Friedrich Engels: Werke. Bd. 23. Berlin 1979. *31*

Mauss, Marcel: Die Gabe. Form und Funktion des Austauschs in archaischen Gesellschaften. In: Soziologie und Anthropologie. Bd. 2. München 1975, 11–144. *161–163*

May, Karl: Der Schatz im Silbersee. Zürich 1996. *88*

Meyer, Conrad Ferdinand: Die Hochzeit des Mönchs. In: Sämtliche Werke. Novellen II. Bern 1961, 5–98. *215f.*

Muller, John P.; Richardson, William J.: The Purloined Poe. Lacan, Derrida and Psychoanalytic Reading. Baltimore – London 1988. *389f.*

Musset, Alfred de: Die beiden Geliebten. In: Die beiden Geliebten und andere Erzählungen. München 1986, 5–62. *26–31, 39, 125, 241f., 326, 328*

Pankow, Edgar: Brieflichkeit. Revolutionen eines Sprachbildes. München 2002. *366*

Platen, August Graf von: Die verhängnisvolle Gabel. Ein Lustspiel in fünf Akten [1826]. In: Platens Werke. Herausgegeben von G. Wolff und U. Schweizer. Bd. 2. Leipzig und Wien o.J., 1–87. *32, 128*

Poe, Edgar Allan Poe: Der stibitzte Brief. In: Das gesamte Werk in vier Bänden. Olten 1966. Bd. II, 915–943. *41, 108f., 227, 282f., 364–384, 394*

Poe, Edgar Allan: Die Morde in der Rue Morgue. In: Das gesamte Werk in vier Bänden. Olten 1966. Bd. II, 723–777. *365, 368f.*

Ponge, Francis: Im Namen der Dinge. Mit einem Nachwort von Jean-Paul Sartre. Frankfurt am Main 1973. *335f.*

Proulx, E. Annie: Das grüne Akkordeon. Zürich 1997. *36f., 93f. 235f., 327*

Schiller, Friedrich: Der Ring des Polykrates, in: Schillers Werke. Nationalausgabe. Bd. I. Nd. Weimar 1992, 62–365. *41, 53–55, 81, 217, 345, 394*

Schubert, Dieter: Monkie. Rotterdam 1986. *250–252*

Shakespeare, William: Der Kaufmann von Venedig. In: Erich Fried. Shakespeare. 27 Stücke von William Shakespeare in der Übersetzung von Erich Fried. Frankfurt am Main 1995. Bd. 1, 439–498. *79, 143–147, 164, 198, 216*

Shakespeare, William: Othello. In: Erich Fried. Shakespeare. 27 Stücke von William Shakespeare in der Übersetzung von Erich Fried. Frankfurt am Main 1995. Bd. 3, 69–144. *29, 128–136, 241–243, 327*

Simenon, Georges: Der Mann aus London. Zürich 1988. *223*

Simenon, Georges: Der Zug aus Venedig. Zürich 2005. *223*

Stammler, Rudolf: Ifflands Ring. In: Deutsches Rechtsleben während des 19. Jahrhunderts. Lehrreiche Rechtsfälle gesammelt und bearbeitet von Rudolf Stammler. München 132, 100–108. *360–363*

Stern, William: Zur Psychologie der Aussage. Experimentelle Untersuchungen über Erinnerungstreue. Berlin 1902. *38*

Stevenson, Robert Louis: Der Diamant des Rajahs. In: Der Selbstmörderclub / Der Diamant des Rajahs. Zürich 1979, 131-251. *89–94, 96, 208–211, 333, 341, 383*

Stevenson, Robert Louis: Der Flaschenteufel. In: Der Flaschenteufel und andere Geschichten. Zürich 1979, 101–154. *75, 332*

Stevenson, Robert Louis; Osborne, Lloyd: Die falsche Kiste. Frankfurt am Main 1994. *101f., 185, 199f. 293*

Stifter, Adalbert: Das alte Siegel. In: Werke und Briefe. Historisch-Kritische Gesamtausgabe. Bd. 1,5. Stuttgart – Verlin – Köln – Mainz 1982, 343–408. *173*

Storm, Theodor: Bulemanns Haus. In: Sämtliche Werke in zwei Bänden. München 1967, 406–426. *9–13*

Thackeray, William Makepeace: Die Rose und der Ring. Eine Feengeschichte, München o. J. *233*

Tieck, Ludwig: Karl von Berneck. In: Schriften in zwölf Bänden. Bd. 1: Schriften 1789–1794. Herausgegeben von Achim Hölter. Frankfurt am Main 1991, 449–540. *32, 96f.*

Tolkien, John R. R.: Das Silmarillion. Stuttgart 1978 *207, 228f.*

Tolkien, John R. R.: Der Herr der Ringe. Deutsch von Margaret Carroux. 19. Auflage. Stuttgart 1992. *42, 92, 95, 187f., 218, 331f., 394*

Twain, Mark: Die Eine-Million-Pfund-Note. In: Gesammelte Werke in fünf Bänden. Bd. V, München 1967. 587–614. *74, 271*

Vedder, Ulrike: Geschickte Liebe. Zur Mediengeschichte des Liebesdiskurses im Briefroman *Les Liaisons dangereuses* und in der Gegenwartsliteratur. Köln – Weimar – Wien 2002. *284*

Vieweg, Klaus; Werner, Almuth: Sachenrecht. Köln u. a. 2003. *18*
Vilmorin, Louise de: Madame de … Erzählung. München 1953. *156–160, 164f., 380*
Wagner, Richard: Der Ring des Nibelungen. Text mit Notentafeln der Leitmotive. Mainz – München 1994. *42, 94f., 218, 331f., 393*
Weimar, Wilhelm: Rechtsberater für den Kunstsammler. München 1980. *23*
Weissberg-Cybulski, Alexander: Im Verhör. Ein Überlebender der stalinistischen Säuberungen berichtet. Wien 1993. *319–321*
Werner, Zacharias: Der vierundzwanzigste Februar. Eine Tragödie in einem Akt: In: Dramatische Werke. Sechster Band. Grimma 1840 [Nd. Bern 1970], 1–54. *32*
Woolf, Virginia: Flush. Die Geschichte eines berühmten Hundes. Frankfurt am Main 1980. *297f.*
Yourcenar, Marguerite: Eine Münze in neun Händen. München – Wien 1987. *268–270, 273, 322f.*
Zuckmayer, Carl: Der Hauptmann von Köpenick. 71. Aufl. Frankfurt am Main 2003. *41, 111, 261–264, 266, 326*

Filme

Agnihotri, Atul: Dil ne jise apna kahaa [Was das Herz sein eigen nennt]. Indien 2004. *316*
Aldrich, Robert: Kiss me Deadly [Rattennest]. USA 1950. *289–292*
Asquith, Anthony: The Yellow Rolls Royce [Der gelbe Rolls Royce]. Großbritannien 1964. *35f.*
Auster, Paul: Lulu on the Bridge. USA 1998. *232f.*
Baxmeyer, Florian: Dir rote Jacke. Deutschland 2002. *261*
Benedek, Laszlo: The Wild One [Der Wilde]. USA 1953. *66–70, 81, 111, 230, 322*
Boese, Carl: Ein falscher Fuffziger. Deutschland 1935. *183, 202f.*
Boyle, Danny: Millions. Großbritannien 2004. *223*
Bresson, Robert: Au Hasard, Balthazar [Zum Beispiel Balthasar]. Frankreich 1960. *301–303, 393*
Bresson, Robert: L'Argent [Das Geld]. Frankreich – Schweiz 1983. *180*
Bresson, Robert: Pickpocket. Frankreich 1959. *71*
Bucksley, Colin: Blue Money. Großbritannien 1984. *223*
Camerini, Mario: Le Crime rend la Monnaie [Die Leiche ist im falschen Koffer]. Frankreich/ Italien 1960. *293*
Carné, Marcel: Le jour se lève [Der Tag bricht an]. Frankreich 1939. *120f.*
Chaplin, Charlie: The Circus. USA 1924. *71*
Chéreau, Patrice: La Reine Margot [Die Bartholomäusnacht]. Frankreich 1994. *287*
Clair, René: Le Million [Die Million]. Frankreich 1931. *49f., 73–75, 109f. 184*

Danksagung

Dieses Buch war vor langen Jahren ein gemeinsames Vorhaben von Rüdiger Campe und mir. Mit dem endgültigen Umzug von Rüdiger Campe in die USA war klar, dass wir nicht die Gelegenheit finden würden, das Buch gemeinsam zu schreiben. Weil er mir die Realisierung großzügig überlassen hat, gilt ihm mein erster Dank. Mein zweiter Dank geht an Manfred Schneider, den ersten Leser des fertigen Manuskriptes. Weiterhin möchte ich all jenen danken, die mich auf Geschichten von wandernden Dingen hingewiesen und sich bereitwillig welche von mir haben erzählen lassen; dazu gehören Thomas Bauer, Peter Friedrich, Birgit Hellstern, Johannes Lehmann, Wim Peeters und Peter Risthaus – vor allem aber meine Frau und meine Töchter.